D1673376

Metamorphosen

Metamorphosen

Annäherungen an einen vielseitigen Freund

Für Horst Ehmke zum Achtzigsten

Herausgegeben von
Karlheinz Bentele, Renate Faerber-Husemann,
Fritz W. Scharpf und Peer Steinbrück

Bibliographische Information der Deutschen Bibliothek

Die Deutsche Bibliothek verzeichnet diese Publikation in der
Deutschen Nationalbibliographie; detaillierte bibliographische
Daten sind im Internet über http://dnb.ddb.de abrufbar.

978-3-8012-0375-7

Copyright © 2007 by
Verlag J.H.W. Dietz Nachf. GmbH
Dreizehnmorgenweg 24, 53175 Bonn
Lektorat: Dr. Heiner Lindner
Umschlag & Satz: Just in Print, Bonn
Fotos auf dem Umschlag: Fritz W. Scharpf (s. Bildnachweis, S. 345)
Druck und Verarbeitung: Koninklijke Wöhrmann B. V.
Printed in Germany 2007

Inhalt

6

Inhalt

Vierter Teil   233
Horst Ehmke, der Parlamentarier und Außenpolitiker

8

Das Wiedersehen

Ein Mann, der Herrn K. lange nicht gesehen hatte,
begrüßte ihn mit den Worten: »Sie haben sich gar nicht
verändert.«
»Oh!«, sagte Herr K. und erbleichte.

Berthold Brecht, Geschichten vom Herrn Keuner

Metamorphosen
Annäherungen an einen vielseitigen Freund

Dieses Buch verdankt seine Entstehung dem Anstoß einer umsichtigen Frau und der Bereitschaft vieler Weggefährten von Horst Ehmke, ihre Gedanken und Erinnerungen an ihn zu Papier zu bringen. Zu Beginn des Jahres 2006 dachte Maria Ehmke voraus auf den 4. Februar 2007, den Tag, an dem Horst Ehmke seinen 80. Geburtstag feiert, und stellte ein Defizit fest: Es gibt unglaublich viele, zumeist dem journalistischen Tagesgeschäft entstammende Artikel *über* Horst Ehmke, es gibt eine Fülle Veröffentlichungen *von* Horst Ehmke (wie die im Anhang dieses Buchs enthaltene Publikationsliste ausweist) – aber es gibt keine »Festschrift« *für* Horst Ehmke. Von Maria angesprochen, erinnerten wir uns freilich auch an die lebenslange Skepsis des Jubilars gegenüber dieser, der akademischen Welt entstammenden Form von Ehrung, an der er sich selbst nur in ganz ausgewählten Sonderfällen mit Beiträgen beteiligt hatte. Eine klassische »Festschrift« kam also nicht in Frage. Aber auch wir waren überzeugt: Ein Desiderat, eine Lücke blieb da schon.

So haben sich die vier Herausgeber dieses Bandes daran gemacht, Weggefährten von Horst Ehmke für eine Festgabe zum 80sten Geburtstag zu gewinnen. Nicht eine Sammlung von ohnehin in den Schubladen ruhenden Texten sollte entstehen, bei denen im Vorspann oder Nachklapp eine Verbindung zu dem zu Ehrenden konstruiert wird, sondern es sollten persönliche Erinnerungen, gemeinsame Erfahrungen und vielleicht auch Überlegungen dazu zusammenkommen, was über den Tag hinaus vom vielfältigen Wirken Horst Ehmkes bleibt.

Wir waren überrascht, auf wie viel freudige, spontane Bereitschaft unsere Anfragen stießen. Immer wieder die nämliche Reaktion: »Was – der Horst wird schon achtzig?« »Ich glaub's nicht: Klar, bin ich dabei.« »Bis wann, wie viel?« Schon diese Reaktion von mehr als 40 potentiellen Autoren aus der Welt der Wissenschaft, der Politik, der Publizistik wie der Kunst sagt viel über Horst Ehmke aus – über die Vielfalt, die Dauerhaftigkeit und die Lebendigkeit der Beziehungen zu seinen Weggefährten. Absagen gab es jedenfalls nur sehr selten und meist aus zwingenden Gründen. Einige der wichtigsten Freunde konnten wir freilich gar nicht fragen: Rudolf Augstein, Willy Brandt, Peter Glotz oder auch Otto Herbert Hajek leben nicht mehr.

Angesichts der Vielfalt der persönlichen und sachlichen Bezüge in den vorliegenden Beiträgen hatten wir dann jedoch ein Gliederungsproblem, für das wir nach vielen gescheiterten Entwürfen am Ende doch die einfachste Lösung wählten, nämlich die Gliederung nach Lebensphasen und der Abfolge unterschiedlicher Berufsrollen:

- Vom wissenschaftlichen Assistenten der SPD-Bundestagsfraktion in Bonn über den Freiburger Staatsrechtslehrer und den Verteidiger im SPIEGEL-Prozess.
- Vom Reformer im Justizministerium der Großen Koalition, dem mächtigen und umstrittenen Hausmeier von Bundeskanzler Willy Brandt bis zum gestaltungs- und technologieorientierten Ressortchef.
- Vom erfolgreichen Wahlkämpfer und Brückenbauer in der Programmdiskussion der SPD bis zum unentbehrlichen Kämpfer in der Spitze der SPD-Bundestagsfraktion.
- Vom Partner geheimer Gespräche mit den italienischen Eurokommunisten bis zum weltweit vernetzten Außenpolitiker in der SPD-Bundestagsfraktion.
- Vom konsequenten Aussteiger aus der aktiven Politik und Wissenschaft bis zur neuen Rolle des erfolgreichen Autors von Kriminalromanen.

So sind die fünf Kapitel entstanden, nach denen wir das Buch gegliedert haben, ergänzt um eine Einleitung, die eine umfassende Biografie des Jubilars enthält, und einen Anhang mit einem Verzeichnis der Publikationen, einem tabellarischen Lebenslauf und kurzen biographischen Hinweisen auf die Autoren.

In den Kapiteln finden sich dann Beiträge mit so unterschiedlichen Erinnerungen, Einsichten und Gedanken, dass man fragen könnte, ob die Autoren über ein- und dieselbe Person schreiben. Was ist bei Horst Ehmke Veränderung, was Konstante? Was beschreibt die Rolle, was die Situation, was die Art der Beziehung, was schließlich die Person? – Wer die Texte vergleicht, wird sehen, dass den Autoren, die Ehmke in ganz unterschiedlichen Rollen, Situationen und Beziehungen erlebt haben, immer wieder eine scheinbar widersprüchliche Kombination von Eigenschaften aufgefallen ist: Disziplin und Spontaneität, Grundsatztreue und Neugier, protestantische Ethik und katholische Lebensfreude, Liberalität und Solidarität, Aggressivität und Fürsorglichkeit, analytische Schärfe und ästhetische Sensibilität. Aber wie kann denn einer mit solchen Gegensätzen zurechtkommen? Horst Ehmke kann es – wegen einer weiteren Eigenschaft, die nun gerade nicht durch ihr Gegenteil ergänzt wird: Gustav Heinemann hat sie einmal als seine »fröhliche Unverfrorenheit« beschrieben. Wir sehen darin den Ausdruck einer großen inneren Unabhängigkeit, einer »inner directedness« im Sinne von David Riesman, der es um die jeweilige Sache oder die jeweilige Person geht, aber nie um das, »was die Leute sagen« könnten.

Natürlich haben nicht alle Autoren, und auch nicht die vier Herausgeber, Ehmke in allen Facetten seiner Person erlebt oder beschreiben wollen. Aber in der Summe bestätigen die Texte den von uns gewählten Titel des Bandes: Wie in den von Ovid besungenen Metamorphosen in der antiken Götterwelt oder bei der biologischen Metamorphose von der Raupe zum Schmetterling ändern sich auch hier die Erscheinungsformen in radikaler Weise, ohne die Identität des Individuums in Frage zu stellen. Vom brillanten Jungstar der Staatsrechtslehre zum durchsetzungsstarken Chef der Regierungszentrale, zum Moderator ideologischer Konflikte in der Partei, zum Brückenbauer in der Außenpolitik und schließlich zum Autor ebenso realitätsgesättigter wie philosophisch profunder Politthriller. Nur in einer Hinsicht passt unser Vergleich nicht: Ehmke war zumeist nicht Objekt der

Veränderung, sondern fast immer handelndes Subjekt. Aber das macht ihn ja nur noch interessanter.

Wir möchten diese Einleitung abschließen mit dem Dank an jene, die dieses Buch erst möglich gemacht haben.

- Da ist an erster Stelle Maria Ehmke zu nennen, die den Anstoß gab und immer wieder Mut machte, wenn bei der Vielzahl der Autoren die Kommunikationsprobleme überhand nahmen.
- Dann gilt unser Dank den Autoren ganz unterschiedlicher Provenienz, Prominenz und Lebenserfahrung, die trotz unserer Pressionen schließlich doch termingerechte Beiträge geliefert haben, die zusammen genommen die Vielfalt des Menschen Horst Ehmke wie seine Konstanten erkennbar machen.
- Dank auch an Brigitte Hardt, die sehr viel praktische Arbeit geleistet hat. Ohne sie wäre das Buch nicht rechtzeitig fertig geworden.
- Für den Dietz-Verlag und besonders den Lektor Heiner Lindner war es keine einfache Aufgabe, so viele so unterschiedliche Anforderungen in einem Buch zu vereinen. Wir meinen, es ist gelungen.

Uns alle, Autoren, Mitarbeiter, Sponsor, Verlag und Herausgeber, verbindet eines: Der Dank dafür, dass wir in unterschiedlichen Zeiten Metamorphosen von Horst Ehmke miterleben durften. Dieses Buch möchte davon etwas zurückgeben.

Karlheinz Bentele – Renate Faerber-Husemann –
Fritz W. Scharpf – Peer Steinbrück

EINLEITUNG

RENATE FAERBER-HUSEMANN

Mal Haudegen, mal Gelehrter der Fraktion
Die vielen Leben des Horst Ehmke und seine
Begabung zum Glücklichsein

Da steht er mit fast 80 Jahren im brechend vollen Saal
der Bonner Friedrich-Ebert-Stiftung. Aufrecht, die balkendicken
Augenbrauen, einst schwarz und sein Markenzeichen, heute so
weiß wie die immer noch dichten Haare. Für jeden Gast, der es
schafft, sich zu ihm durchzukämpfen, hat er einen persönlichen
Satz. Sein Gedächtnis für Namen und Gesichter ist beneidens-
wert. Attraktive Frauen jeden Alters schaut er immer noch besonders genau – und besonders wohlwollend an. Gerade hat er seinen
fünften Thriller vorgestellt, ein Buch über den internationalen
Terrorismus. Und das ist nicht nur spannend zu lesen, sondern,
wie es sich für den einstigen hoch angesehenen Staatsrechtler gehört, auch gespickt mit grundsätzlichen Gedanken zur Rolle des
Staates, zur Auslegung der Verfassung in schwierigen Zeiten.

Horst Ehmke, der Sohn eines Danziger Chirurgen, war in seinem Leben Professor für Staatsrecht, Dekan der juristischen
Fakultät in Freiburg, Staatssekretär im Justizministerium und
dann dort Minister. Unvergessen ist er als Willy Brandts Kanzleramtschef. Danach war er Bundesforschungsminister, stellvertretender Fraktionsvorsitzender, Sicherheits- und Außenpolitiker mit Kontakten rund um den Globus. Nach dem Abschied aus
der Politik begann er eine neue Karriere als Autor politischer
Thriller. Was er geleistet hat, würde bei anderen ausreichen für
mehrere Leben.

Triebfeder mag neben seiner außergewöhnlichen Intelligenz,
seiner Konzentrationsfähigkeit, unbändigen Energie und Schnelligkeit vielleicht seine bis heute ungebremste Neugier auf Menschen sein. Dass dazu bei ihm noch Gerechtigkeitssinn, Mitgefühl
und ein starkes Bewusstsein für Verantwortung kommen, wird
er schon nicht mehr so gerne lesen. Denn jede Form von Lob-

hudelei oder gar Pathos ist ihm fremd und wird sofort mit einem Witz überspielt. Er hat übrigens in seinem Leben keine Orden angenommen, was er immer damit begründete, dass sich das für einen Hanseaten aus Danzig nicht schicke. Was aber hat aus dem Großbürgersohn einen erfolgreichen Sozialdemokraten gemacht, eine Leitfigur, an der sich viele gerieben haben, um den aber Jahrzehnte lang kaum jemand herum kam?

Das Elternhaus

Alles begann am 4. Februar 1927 in Danzig mit einer glücklichen Kindheit. In dem Buch »Mein Elternhaus« hat er davon erzählt, und es ist verblüffend, wie intensiv seine Erinnerungen noch Jahrzehnte später waren. Bis zum Danziger Barockschrank in einem Korridor oder der dunklen Ledertapete und dem schummrigen Licht in einem der Räume kann er das Haus liebevoll und detailliert beschreiben, in dem er und seine beiden Schwestern aufwuchsen. Es war ein Leben mit vielen Verwandten, mit Familiengeschichten, die weiter gegeben wurden und in denen tüchtige Großmütter, die sich nicht auf eine Familienrolle reduzieren ließen, eine wichtige Rolle spielten. Auch Horst Ehmkes Mutter, sehr musisch, sehr gebildet, packte an, als der Vater nach dem ersten Weltkrieg zunächst eine ärztliche Allgemeinpraxis aufbaute. Es war eine Kleine-Leute-Praxis, und die Kinder fuhren mit auf Krankenbesuch. Bewundernd beschreibt Horst Ehmke die Fähigkeit seines Vaters, mit einfachen Leuten umzugehen. Das galt auch noch, als Vater Ehmke Facharzt für Chirurgie und angesehener Klinikchef war. Eine Gabe, die der Sohn wohl von seinem Vater geerbt oder sich schon als Kind abgeschaut hat. Das Leben im Hause Ehmke mit vielen Gästen, mit immer offenen Türen für Freunde, mit Diskussionen über Naturwissenschaften und reichem kulturellen Angebot liest sich heute wie die Geschichte aus einer untergegangenen Welt, und diese Welt ist wohl auch untergegangen. Bürgerlich-liberal sei man gewesen, nicht nur in Theorie-Debatten. Horst Ehmke zitiert Freunde seiner Eltern, die meinten, die Kindererziehung des Sohnes und der beiden älteren Schwestern sei so liberal gewesen, dass sie eigentlich gar nicht stattgefunden habe. Und das in einer Zeit, in der Prügel als normales Mittel der Erziehung galten, in der Bürgerkinder ungefragt den Mund nicht zu öffnen hatten!

Sonderbarerweise wurde im Elternhaus wenig über Politik gesprochen. Die Mutter scheint hellsichtiger als der Vater gewesen zu sein. Sie lehnte Hitler und die Nazis konsequent ab. Der Vater, Freimaurer, Liberaler, war lange Zeit wohl eher ambivalent, denn wie so viele Deutsche war er »gegen Versailles« und wie so viele Danziger der Meinung, Danzig müsse heim ins Reich.

Mit dem Krieg ging auch die idyllische Welt der Ehmkes unter. Das Haus ein Trümmerhaufen, aus dessen Schutt sich nicht einmal ein Erinnerungsstück retten ließ. Die Familie wurde zerrissen und fand erst nach einer Odyssee wieder im Westen zusammen.

Flakhelfer, Arbeitsdienst, Soldat, Kriegsgefangener

Viel hat Horst Ehmke nie über sein Leben im Krieg gesprochen. Mit 16 Jahren musste er von zu Hause fort, wurde wie seine Klassenkameraden Flakhelfer, mit 17 kam er zum Arbeitsdienst und wurde – noch nicht 18 Jahre alt – Soldat. Es gibt von ihm keine Anekdoten über das angeblich so lustige Landserleben. Wenn er, selten genug, anderen einen Blick auf diesen 17- und 18-Jährigen erlaubt, auf diesen behüteten Bürgersohn, der von heute auf morgen in die brutale Welt des Krieges gestoßen wurde, dann ist die Angst und Verstörtheit dieses Kindes von damals spürbar.

In seiner Autobiographie »Mittendrin« schreibt er betont sachlich: »Ich war zum ersten Mal an der Front. Die Angst, selbst dran glauben zu müssen, verdrängte die Hemmung, auf andere zu schießen, erschreckend schnell. Die eigene Übersicht war gering, wir ballerten ziemlich sinnlos in der Gegend herum. Den raschen Rückzug durch Wälder und Felder um Berlin erlebte ich wie in Trance. In Berlin erwischte mich dann auf einer Eisenbahnbrücke ein MG-Schuss an der rechten Hand. Notdürftig verbunden fand ich im Keller des Reichsgesundheitsamtes in der Klopstockstraße Schutz. Dort lag ich einige Tage zwischen Butterfässern und Kisten mit Cognac ›Napoleon‹. Die Kombination hört sich besser an, als sie ist, wenn man nichts anderes zu essen und zu trinken hat.«

Nach dem Fall Berlins wurde er von sowjetischen Soldaten gefangen genommen, kam in ein Lager bei Frankfurt/Oder und hatte ungeheueres Glück, dass er nicht in die Sowjetunion verfrachtet, sondern nach Hause geschickt wurde. Da war er 18 Jahre alt und wog noch 86 Pfund.

Der Großbürgersohn und die SPD

Nachdem Horst Ehmke im Jahre 1946 in Flensburg sein Abitur nachgeholt hatte, ergatterte er in Göttingen einen der raren Studienplätze. In überfüllten Hörsälen und fast ohne Bücher stürzte er sich nach der intellektuellen Ödnis der vergangenen Jahre mit Heißhunger auf seine Fächer Jura und Volkswirtschaft. Warum diese Fächer? Er hatte, so erinnert sich der ältere Ehmke an den jungen, den vagen Wunsch, im öffentlichen Leben tätig zu sein. Zunächst aber ging es um die Bewältigung eines heute unvorstellbar schwierigen Studentenalltags. Gewiss wurde getanzt und gefeiert, die Kriegsgeneration hatte schließlich nach den Jahren der Entbehrungen und der Angst viel Nachholbedarf, aber das tägliche Überleben im Hungerland kostete Zeit und Kraft. Ehmke hatte einen Teilzeitjob als Versicherungsvertreter – wie erfolgreich, darüber schweigt er. Man nennt diese Generation bis heute die »skeptische«. Und viele von ihnen begannen das neue Leben mit dem festen Vorsatz: Nie wieder Parteien, nie wieder Politik. Ehmke dagegen wurde, so sagt er selbst, eher angetrieben von dem Vorsatz: »Nie wieder so«. Ein Besuch seines Seminars für Völkerrecht bei den Nürnberger Prozessen mag ihn darin noch bestärkt haben.

Es hat den Anschein, dass er sich der SPD weniger mit heißem Herzen als mit kühlem Verstand angeschlossen hat. Das war 1947 und er gerade 20 Jahre alt. Die Begründung, die er vor langer Zeit einmal aufgeschrieben hat, ist es wert, zitiert zu werden: »Damals wurde mir klar, dass von allen demokratischen Kräften der Weimarer Zeit die SPD bei der Verteidigung der Republik die überzeugendste Rolle gespielt hat. Trotz mancher Fehler, die kritische Betrachter ihr im Nachhinein vorrechnen mögen, ist sie es gewesen, die in ihrer demokratischen Überzeugungstreue unbeirrt geblieben ist und dafür unter der nationalsozialistischen Gewaltherrschaft furchtbare Opfer gebracht hat. Wie viel Leid, Elend und Scham wäre dem deutschen Volk erspart geblieben, wenn seine Mehrheit sich 1933 die sozialdemokratische Vorstellung von der Zukunft zu Eigen gemacht hätte! Diese Kraft gilt es zu stärken. Als ich 1947 der SPD beitrat, ging es für mich also darum, aus einer klaren und handgreiflichen Lehre der Geschichte meines Vaterlandes die Konsequenz zu ziehen.«

Vor zwanzig Jahren schrieb Horst Ehmke, das sei damals wohl eher ein Bekenntnis als ein Ausdruck praktischen Engagements gewesen – und lange Zeit geblieben. Vielleicht mussten sich der liberale Großbürgersohn und die damals doch leicht muffig wirkende, vom Marxismus geprägte SPD erst aneinander gewöhnen. Diesen Exotenstatus hat Horst Ehmke übrigens immer behalten, auch als er längst schon mitten im politischen Geschehen war. Viele liebten ihn für seine Unkompliziertheit im menschlichen Miteinander, andere – und nicht nur die Kanalarbeiter – konnten sich mit seiner Scharfzüngigkeit nur dann anfreunden, wenn diese in vielen großen Bundestagsreden den politischen Gegner traf.

Doch zunächst beschränkte sich sein Engagement auf den Sozialistischen Deutschen Studentenbund, SDS, damals noch eng verbandelt mit der SPD. Er lernte so unterschiedliche, später große Sozialdemokraten wie Peter von Oertzen und Helmut Schmidt kennen, verstand sich als »links und frei«, ohne Berührungsängste vor Menschen anderer politischer Meinung zu haben.

Eines seiner menschlichen und vielleicht auch gesellschaftspolitischen Schlüsselerlebnisse scheint ein USA-Aufenthalt gewesen
zu sein. Er durfte als einer der ersten deutschen Austauschstuden-
ten nach Princeton und erlebte eine andere Welt. Nicht nur, weil
das florierende Land ohne Häuserruinen, ohne Hunger und Not
für ihn das reine Wunder war, sondern er erlebte ein neues Frei-
heitsgefühl. Die Studenten debattierten unerschrocken und kritisch selbst mit Stars wie Albert Einstein. Der Umgang zwischen
Studenten und Professoren war leger, es gab kein Misstrauen und
keine Kontrollen, selbst Examensarbeiten wurden ohne Aufsicht
geschrieben. So sehr Amerika ihn faszinierte, Ehmke ging zurück ins kaputte enge Deutschland, schloss sein Studium ab, promovierte bei dem von ihm verehrten Staatsrechtslehrer Rudolf
Smend und heiratete 1952 die langjährige Freundin Theda. 1953
kamen die Zwillingstöchter Cornelia und Sabine zur Welt, 1955
Sohn Hannspeter. Die kleine Familie lebte inzwischen in Bonn,
Horst Ehmke wurde wissenschaftlicher Assistent des großen Adolf
Arndt und fand in Carlo Schmid und Fritz Erler freundschaftliche
Förderer. Sie hielten ihn davon ab, sich zu früh mit Haut und
Haaren der Politik zu verschreiben.

Die Idylle in Freiburg

Erst die Wissenschaft und damit Unabhängigkeit, mahnten ihn
Fritz Erler und Carlo Schmid. Dass er ihrem Rat folgte, hat ihn
später wohl davor bewahrt, den Abstand zur Tagespolitik zu
verlieren, denn ihm blieb stets die Alternative: zurück an die
Universität. Der Wissenschaftler mit einer Habilitation über
»Wirtschaft und Verfassung« wurde – nach einem Jahr an der
Law School in Berkeley – Professor in Freiburg, bald Ordinarius
für Öffentliches Recht. Die Wissenschaft machte Freude, die Arbeit mit den Studenten auch. Es gibt zahllose Geschichten von

der Gastfreundschaft im Hause Ehmke, von Fußballspielen im Sommer und Rodelpartien im Winter mit den Studenten. Im Beruf eine wissenschaftliche Blitzkarriere und im Privatleben eine Idylle mit Kindern und Haus in Freiburg. Für den unruhigen Geist war das auf Dauer anscheinend zu viel südbadische Heimeligkeit. Die SPIEGEL-Affäre katapultierte ihn dann praktisch über Nacht heraus aus dem ruhigen und schönen Professorenleben.

Die SPIEGEL-Affäre

Dieser staatliche Übergriff auf die Pressefreiheit mit der skandalösen Verhaftung von Rudolf Augstein, Conrad Ahlers und einer Reihe weiterer SPIEGEL-Mitarbeiter wegen eines kritischen Artikels über die Sicherheitspolitik erschütterte die Republik. Die Menschen gingen auf die Straße, was damals noch ungewohnt war. Künstler, Wissenschaftler, Studenten, Journalisten solidarisierten sich mit der Redaktion. Am Ende der Affäre war die Republik eine andere als zuvor, selbstbewusster, misstrauischer gegenüber den Obrigkeiten. Verteidigungsminister Franz Josef Strauss musste gehen, Bundeskanzler Konrad Adenauer war schwer angeschlagen. Und der junge Horst Ehmke, damals 35 Jahre alt, stand am Beginn einer neuen Karriere. Er war Mitglied im Team der Strafverteidiger, zuständig für die verfassungsrechtliche Seite und wieder einmal »der Jüngste«. Rechtsanwalt Josef Augstein, der Bruder des SPIEGEL-Herausgebers, hielt ihn bei der ersten Begegnung für den Sohn des »Professor Ehmke«. Der »Abgrund an Landesverrat« – so Konrad Adenauer – löste sich am Ende in nichts auf. Die Strafverfahren wurden eingestellt. Das Verfassungsbeschwerde-Verfahren endete nach knapp vier Jahren im Sommer 1966 mit einer juristischen Sensation, nämlich Stimmengleichheit. Die Hälfte der Richter war der Argumentation der Kläger gefolgt. So wie die Republik war auch der Freiburger Professor bereit zum Aufbruch zu neuen Ufern.

Es war ein Kuhhandel, der Horst Ehmke als Staatssekretär in die
Bonner Rosenburg, damals Sitz des Bundesjustizministeriums,
katapultierte. Die Große Koalition im Herbst 1966 war ohne Franz
Josef Strauß nicht zu haben. Franz Josef Strauß aber war spätestens seit der SPIEGEL-Affäre der Buhmann aller Linken und vie-
len Sozialdemokraten von Herzen verhasst. Umgekehrt waren der
eloquente Rechtsprofessor – inzwischen Dekan an der Freiburger
Universität – und der SPIEGEL-Chefredakteur Conrad Ahlers für
viele Konservative dicke Kröten, die sie nicht schlucken mochten.
Helmut Schmidt hatte die Idee, die unvermeidliche Berufung von
Strauß durch einen stellvertretenden Regierungssprecher Ahlers
und einen Staatssekretär Ehmke im Justizministerium unter
Gustav Heinemann auszubalancieren und damit sozusagen ein
Gleichgewicht des Schreckens herzustellen.

Bis heute spricht Horst Ehmke liebevoll über Heinemann, dessen Nachfolger er 1969 nach der Wahl des Justizministers zum
Bundespräsidenten wurde. Dabei waren größere Gegensätze als
diese beiden kaum denkbar. Der spröde, trockene Jurist mit seinem kühlen Staatsverständnis und der unkonventionelle, pro-
minente Staatssekretär, der sich immer mal wieder den Mund
verbrannte – das war für die Bonner Journalisten ein rätselhaftes
Traumpaar.

Im damals noch reichlich biederen rheinischen Politikbetrieb
sorgte einer wie Horst Ehmke natürlich für ungewohnte Schlagzeilen. Da seine fachliche Kompetenz unumstritten war, seine
Liberalität, seine Respektlosigkeit und sein schneller Witz dem
Sozi ohne Stallgeruch auch in der eigenen Partei einen Exotenstatus verschafften, wurde er rasch zum Darling der Journalisten.
Denn er steckte nicht nur voller Geschichten – er erzählte sie
auch. Beamtete Staatssekretäre hatten eigentlich eher eine Rolle
im Hintergrund zu spielen, waren – wenn sie gut waren – graue
Eminenzen mit mehr Einfluss, als sie nach außen hin zugaben.
Naturgemäß war das keine Rolle für Horst Ehmke mit seinem

robusten Selbstbewusstsein, seiner hohen wissenschaftlichen Reputation und seiner rhetorischen Begabung.

Noch etwas machte ihn wichtig in diesen drei alles in allem erfolgreichen Jahren der Großen Koalition: Bei aller Schärfe der politischen Auseinandersetzung hielt er – und hält er bis heute – nichts von simplem Freund-Feind-Denken. Ein typisches Beispiel dafür findet sich in seinem Buch »Mittendrin«. Franz Josef Strauß, der Ehmkes Freunde in den Knast gebracht hatte und den dies dann sein Amt als Verteidigungsminister kostete, saß also als Finanzminister wieder im Kabinett. Sein Widersacher im SPIEGEL-Prozess, Horst Ehmke, scheint ihn mit offener Neugier und oft mit Vergnügen beobachtet zu haben: »Strauß forderte mich eines Tages auf, ein paar Haken und einen Hammer mitzubringen. Er würde Hängematten beisteuern, dann könnten wir es uns gemütlich machen. Strauß war ich gleich zu Beginn unserer gemeinsamen Regierungstätigkeit bei Willy Brandt begegnet, im gelben Salon des Auswärtigen Amtes. [...] Dann hatte Strauss das Thema SPIEGEL-Affäre aufgegriffen. Willy Brandt war sofort geflohen. Ich aber hatte mir etwa eine Stunde lang einen Redeschwall von Strauß angehört. Er gipfelte in der Behauptung, nicht er, sondern Fritz Erler als Fragesteller habe 1962 den Bundestag belogen. So war der Mann: kurzweilig und beängstigend zugleich.«

Der Bundesjustizminister und die Zeit der Reformen

Über Kiesinger schreibt Ehmke in »Mittendrin«: »Kiesingers Begabung zu plaudern wurde nur noch von seiner Fähigkeit übertroffen, Entscheidungen zu vertagen.« Doch in der Großen Koalition wurde nicht nur geplaudert und gelästert, es wurde ernsthaft gearbeitet, und zwei grundverschiedene Parteien und Weltanschauungen mussten sich verständigen. Während die jungen Leute stürmisch auf Reformen drängten, reagierte das bürgerliche Lager verschreckt und ablehnend auf alle gesellschaftspolitischen Veränderungen. Und die kamen geballt aus dem Bundesjustiz-

ministerium. Nichteheliche Kinder wurden den ehelichen (fast)
gleichgestellt. Die öffentliche Vormundschaft nichtehelicher Kinder und damit quasi Entmündigung ihrer Mütter wurde abgeschafft. Im Strafrecht wurde der Kuppeleiparagraph abgeschafft ebenso der Straftatbestand des Ehebruchs. Homosexuelle wurden nicht mehr als Straftäter behandelt, der Strafvollzug reformiert, das immer mehr ausgeuferte politische Strafrecht reformiert. Die Verjährung für Mord wurde nach heftigen Auseinandersetzungen in der Koalition von 20 auf 30 Jahre angehoben. Grund war die berechtigte Furcht, bisher nicht entdeckte Mörder aus der Nazizeit könnten ohne die Fristverlängerung straffrei davonkommen. Zehn Jahre später wurde die Verjährungsfrist – aus dem gleichen Grunde – endgültig aufgehoben. Mehr noch als die Verjährungsdebatte zerrissen die Notstandsgesetze das Land und natürlich auch die Koalition. Obwohl gerade durch die Arbeit der Sozialdemokraten die ursprünglich unerträglichen Entwürfe auf ein demokratisch erträgliches Maß zusammengestutzt wurden, blieb das Misstrauen bei Gewerkschaften, Künstlern und Studenten tief. Die Zeiten waren – und blieben – also stürmisch. Die Verjährungsdebatte hatte die Stimmung bei den Rechten aufgeheizt, die Notstandsgesetze bei den Linken.

Ehmke und die rebellierenden Studenten

Das alles waren nur Vorläufer der großen Auseinandersetzungen Ende der sechziger, Anfang der siebziger Jahre des vorigen Jahrhunderts, die sich damals schon ankündigten, nämlich Auseinandersetzungen zwischen Establishment und rebellierender Jugend. Die »Außerparlamentarische Opposition« wurde vorwiegend von Studenten getragen. Wie immer, wenn es hoch herging, war Horst Ehmke dort, wo es gerade brannte. Seine Universitätskarriere, sein Ansehen als Staatsrechtler schienen ihn zum geborenen Vermittler in stürmischen Zeiten zu machen. Doch die Studenten sahen in ihm einen »Knecht des Establishments«, obwohl gerade Ehmke damals eine – für ihn durchaus untypische – Geduld mit den jungen Leuten zeigte. In zahlreiche Diskussionen stellte er sich den Studenten, und zwar ohne Sicherheitsbeamte an seiner Seite. Er beobachtete, dass auch brutale Polizeieinsätze zur Eskalation der Gewalt beitrugen, und er nahm den Protest gegen den Vietnamkrieg der Amerikaner ernst und beklagte später das Schweigen des SPD-Außenministers Willy Brandt dazu. Die alles in allem besonnene Deeskalations-Strategie, getragen vor allem von Respektpersonen wie Gustav Heinemann und Willy Brandt, sorgte dafür, dass die angekündigte Revolution nach heißen Monaten durch den »Marsch durch die Institutionen« ersetzt wurde. Nur ein sehr kleiner Teil der APO tauchte ab in den Terrorismus. Auf dem eher rechten Flügel der SPD war es damals absolut unpopulär, sich neugierig mit den Wurzeln des Studentenprotests auseinander zu setzen. Sätze wie die von Horst Ehmke: »Zum ersten Mal in der Geschichte engagierte sich eine Studentengeneration für eine Demokratisierung gesellschaftlicher Strukturen«, wurden nicht nur von der Kanalarbeiter-Riege kompromisslos abgelehnt.

Horst Ehmke hat sich in jenen ersten Jahren in der Politik ziemlich übernommen. Sein Arbeitsprogramm war atemberaubend und ist nur zu erklären durch seine Begeisterung für dieses neue Leben – und seine Selbsteinschätzung, dass ohne ihn nur wenig gehe. Später hat er das ähnlich gesehen und nicht ohne Selbstironie geschrieben:

»Diese Überhäufung mit Aufgaben in Regierung und Partei war natürlich Unsinn. Mein Anteil an diesem Unsinn war beträchtlich. Ich fühlte mich geehrt und von dem großen Gefühl getragen, an der Renovierung der Welt mitzuwirken. Geschont habe ich mich ohnehin nie. Und Geltungsdrang war natürlich auch dabei. Journalistische Fans ernannten mich zum ›Senkrechtstarter‹ und zur ›Mehrzweckwaffe der SPD‹«.

Der »Onkel« (Herbert Wehner) brachte die Sache ironisch auf den Punkt, indem er sagte: Ein Fahrer fragt Ehmke, wohin er ihn fahren solle. Ehmke: »Egal, ich werde überall gebraucht.«

Es war im Stuttgarter Wahlkampf im Sommer 1969, als Horst
Ehmke und sein mörderisches Arbeitstempo zumindest vorübergehend etwas ausgebremst wurden: Bei einem der zahlreichen
Stuttgarter Stadtfeste, die er mit sichtlichem Spaß besuchte,
lernte er eine junge Prager Studentin namens Maria kennen.
Sie hatte nach dem schrecklichen Ende des Prager Frühlings mit
dem Einmarsch der sowjetischen Besatzungstruppen das Land
verlassen, war absolut kompromisslos, wenn es um das Freiheits-
recht der Menschen im Ostblock ging und wusch dem damaligen
Bundesjustizminister mehr als einmal den Kopf. Was diesen, der
das Wort Streitkultur erfunden haben könnte, natürlich ebenso
faszinierte wie ihre Wärme und ihre exotisch wirkende Schönheit. Leicht hatten es die beiden, die heute ein eingespieltes Ehe-
paar sind, in den ersten Jahren nicht. Die Scheidung und Wieder-
verheiratung wurden in der aufgeheizten Atmosphäre um die
Ostverträge von der rechten Kampfpresse politisch missbraucht.
Bis heute vermutet Horst Ehmke einen Zusammenhang zwischen
der von ihm sehr ernst genommenen politischen Aufsicht über
den BND und einer Diffamierungskampagne gegen ihn und seine
Frau. Dass sie als »Sicherheitsrisiko« bezeichnet wurde, war noch
die harmloseste Variante. In dem Buch »Mittendrin« schreibt
er:
»Eine Erklärung des Bundesinnenministers – ausgelöst durch
eine parlamentarische Anfrage –, meine Frau sei überprüft worden, änderte daran nichts. Die Kampagne lief zunächst über verschiedene obskure rechte Informationsdienste und fand schließlich im ›Deutschland-Magazin‹ ihre Krönung. In einer Titelgeschichte ›Lenin-Orden für Horst Ehmke?‹ wurde unter anderem
behauptet, ich hätte mir Listen von BND-Agenten vorlegen lassen,
von denen manche kurz danach im Ostblock verhaftet worden
seien. Meine Frau sei eine fanatische Parteigängerin der tschechischen Kommunisten und eine Vertraute des tschechischen Ge-
heimdienstes gewesen. Die übrige Kampfpresse und die Union im
Bundestag griffen das Thema ›Sicherheitsrisiko‹ auf.«

Doch zurück zum Herbst 1969. Noch in der Wahlnacht – für den neuen Stuttgarter Abgeordneten Horst Ehmke ein glänzender Erfolg – fuhr er nach Bonn. Gegen den Rat einiger SPD-Granden und trotz heftiger Gegenwehr innerhalb der FDP wagten Willy Brandt und Walter Scheel die erste sozial-liberale Koalition und Horst Ehmke wurde Kanzleramtsminister. Die Kanzler vor Brandt hatten als »rechte Hand« im Alltagsgeschäft beamtete Staatssekretäre, die sich aufs Administrieren konzentrierten. Erst Willy Brandt gab dieser Funktion politisches Gewicht und holte den persönlichen Freund an seine Seite. Die Idee entstand während eines Spaziergangs im Garten des Palais Schaumburg – damals noch die Regierungszentrale – am Rande einer Sitzung. Horst Ehmke erinnert sich: »Da hab ich nicht überlegt, ich habe sofort Ja gesagt. Ich war so begeistert von dem Vertrauen, das Brandt mir entgegenbrachte, dass ich mir erst hinterher überlegt habe, dass das natürlich ein Feuerstuhl ist. Wir hatten so das Gefühl, wir machen jetzt mal eine gründliche Renovierung dieser Republik und vorne fangen wir an und da haben wir noch einen Flügel und da kommt ein erster Stock und wo ist noch was, was wir umstellen können? Es war ja damals eine solche Aufbruchstimmung. Die Illusion war, man könne bei Null anfangen, aber nach sechs Wochen hatte man schon begriffen, dass die Strukturen, die geschaffen worden sind, sehr viel stärker waren als das, was man ändern konnte.«

Obwohl damals schon ein gestandener Mann von Mitte vierzig galt Ehmke bei Parteifreunden und -feinden sowie bei Journalisten immer noch als der »wilde junge Mann« der SPD. Schon als Bundesjustizminister war er der reformfreudige Feuerkopf, und diesem Ruf blieb er auch im Kanzleramt treu. Nach kurzer Zeit hatte er – berechtigt oder nicht – einen Ruf wie Donnerhall. Mit dem Maschinengewehr sei er durch das Kanzleramt gefegt und habe die alten konservativen Beamten herausgeschossen, wurde in den Zeitungen kolportiert. Das ist eine hübsche Geschichte, die nur leider nicht stimmt. Sie geht zurück auf einen alten Freund

Ehmkes, Staatssekretär Dieter Spangenberg bei Bundespräsident Heinemann. Ehmke erzählt das so: »Da hat Heinemann wohl mal gefragt, wie geht das denn, mit dieser alten CDU-Mannschaft nun eine neue Politik zu machen? Und da hat Spangenberg gesagt, der geht mit dem Maschinengewehr da durch und zack-zack-zack ist die Chose in Ordnung. Meine Ehrenrettung kam erst viele Jahre später, als Marie Schlei mal kurzfristig Kanzleramtsministerin bei Helmut Schmidt war und darauf angesprochen wurde. Da hat sie gesagt, jetzt weiss ich nicht, ob er geschossen hat, aber getroffen hat er jedenfalls nicht, denn es sind immer noch sehr viele CDU-Leute da.«

Schlagzeilen machte damals auch Horst Ehmkes Versuch, als Geheimdienstkoordinator aus dem geheimnisumwobenen, völlig abgeschotteten Bundesnachrichtendienst in Pullach einen modernen Dienst zu formen. Die Schlapphüte fühlten sich überhaupt nicht verpflichtet, der ungeliebten neuen Regierung in Bonn zuzuarbeiten. Sie hielten es wohl – wie so viele Konservative damals – für eine rasch zu korrigierende Panne der Geschichte, dass nun die Sozis regierten. Mit ihrer neuen Ostpolitik brachten die Sozialliberalen nun auch noch die eingefahrene Kalte-Kriegs-Welt, ein Dorado für Agenten aller Sorten, durcheinander. Für Ehmke wurde der Versuch, diesem Dienst demokratischere Strukturen zu verpassen und ihn transparenter zu machen, zu einer seiner härtesten Aufgaben. »Das war schon ein Geheimdienst, der aus dem Ruder gelaufen war, schon in der Spätphase der Organisation Gehlen seltsame Blüten trieb, personal- wie sachpolitisch und außerdem zum Teil Strauß in München direkt zuarbeitete. Das in Ordnung zu bringen, war nicht leicht. Dass jeder moderne Staat einen Geheimdienst braucht, ist ganz unbestreitbar, aber dass der Geheimdienst so war wie er war, lag eben auch daran, dass die alten Kameraden und die neuen Kameraden in der Tradition der alten standen, und es war sehr, sehr schwer, jüngere aufgeschlossene Leute für diese Aufgaben zu bekommen.«

Doch auch im Kanzleramt selbst war es schwer, eine moderne Politik zu machen, und das lag schon am Gebäude selbst. Die charmante Villa aus der Mitte des 19. Jahrhunderts war zwar ein

prächtiger Repräsentationsbau und ist bis heute zweiter Dienst-
sitz des Kanzlers, doch eine moderne Verwaltung war in dem
alten Gemäuer kaum zu installieren. Horst Ehmke lacht noch
Jahrzehnte später, wenn er sich zurückerinnert: »Es gab keinen abhörsicheren Raum, obwohl die Abhörerei unglaublich zu-
nahm und nicht nur aus der DDR. Und es gab keine politische
Leitzentrale. Personalakten gab es im Kanzleramt nur in den Ak-
tenschränken der Referatsleute. Es gab keine Personalregistratur.
Kiesinger hatte während der Großen Koalition einmal geklagt, es
sei wie im Mittelalter.«

Ostpolitik, Reformklima und Links-Terrorismus

Die neue Regierung hatte sich ein unglaubliches Arbeitspensum
vorgenommen – und vieles auch erstaunlich schnell abgearbeitet. Das Land war in einer noch nie zuvor da gewesenen Weise
politisiert – und polarisiert durch Willy Brandts Ostpolitik, die
auch in der mit dünner Mehrheit regierenden Koalition nicht
unumstritten war. Ehmke lässt diese Jahre in seinem Buch »Mittendrin« wieder sehr lebendig werden. Es war gerade für die jungen Menschen eine Zeit der Hoffnung. Man glaubte daran, dass
sich die Welt verändern und natürlich verbessern ließe! Die gesellschaftlichen Reformen gingen weiter. Finanziell und wirtschaftlich stand das Land gut da. Man setzte auf Bildung und
auf Reformen an den Hochschulen. Die Ostpolitik ließ Hoffnung
aufkeimen auf eine friedlichere Zukunft.

Und gleichzeitig zogen dunkle Wolken auf: Das bis Mitte der
sechziger Jahre in fast biedermeierlicher Ruhe erstarrte Land
musste geschockt zur Kenntnis nehmen, dass der Links-Terroris-
mus auch Deutschland nicht verschonte – und dass junge Leute
aus der Mitte des Bürgertums zu den Waffen griffen und im Staat
ihren Feind sahen. Es ging turbulent zu in dieser Zeit. Das Establishment zeigte sich irritiert durch eine zunehmende Zahl de-
monstrationsfreudiger junger Menschen, die politische Versamm-
lungen aggressiv störten und sich zwar nicht verbotenen aber

unerwünschten linken Parteien und Gruppierungen anschlossen.
In einer Atmosphäre von Gereiztheit gab es – auch von Sozialdemokraten – Überreaktionen.

Symbol dafür wurde der »Radikalenerlass«, der eine große Zahl junger Menschen zu Gegnern der demokratischen Parteien werden ließ. Aus einem harmlosen Schneeball – nämlich dem Beschluss, in Einzelfällen zu überprüfen, ob ein Bewerber oder Angehöriger des öffentlichen Dienstes »die Gewähr dafür biete, jederzeit für die demokratische Verfassungsordnung einzutreten«, wurde eine Lawine. Unzählige junge Menschen wurden überwacht, bei Demonstrationen fotografiert, verhört und ausgesiebt. Die »freiheitlich-demokratische Grundordnung« wurde zu einer Spottvokabel. Vielen Studierenden wurde die Zukunft verbaut, vor allem – aber nicht nur – in konservativ regierten Bundesländern. Willy Brandt hat später einmal gesagt, die Zustimmung zu diesem Radikalenerlass sei sein größter politischer Fehler gewesen. Mit der ihm eigenen Offenheit gesteht auch Horst Ehmke, dass er sich damals nicht mit Ruhm bekleckert, die dramatischen Folgen dieses »Routine-Vorgangs« nicht bedacht hatte: »Es ist heute unbestritten, dass in der Ära der sozial-liberalen Koalition in dieser Frage verhängnisvolle Fehler gemacht worden sind. Ich war an ihnen beteiligt. Unrichtig ist dagegen, was sich in den Köpfen vieler damals junger Menschen festgesetzt hat, dass der »Radikalenerlass« ein kühl kalkulierter Repressionsakt der Regierung Brandt gewesen sei. Es gab gar keinen »Erlass« der Bundesregierung, sondern lediglich eine gemeinsame Erklärung der Regierungschefs von Bund und Ländern. Und kalkuliert war daran gar nichts. Wir sind vielmehr in blamabler Weise in die Sache hineingestolpert – was den Vorgang nicht besser macht.«

Überläufer, Misstrauensvotum, Neuwahlen

In Bonn wurde es immer schwieriger, die Reformprogramme, die auf der Agenda der Regierung standen, durchzubringen. Überläufer vor allem aus der FDP aber auch aus der SPD ließen die schmale

Mehrheit der sozial-liberalen Koalition weiter schmelzen – bis
es zur Patt-Situation im Bundestag kam. Gerüchte über gekaufte
Abgeordnete machten die Runde. Der zum historischen Bündnis
hochstilisierten sozial-liberalen Koalition schien schon nach drei
Jahren die Luft auszugehen. Und das, obwohl das Ansehen des
Kanzlers und Friedensnobelpreisträgers Willy Brandt und seiner
Mannschaft im In- und im Ausland hoch war. Nie mehr später
wurde so lustvoll und intensiv diskutiert wie in jenen Jahren.
Willy Brandts Aufforderung in seiner ersten Regierungserklärung, mehr Demokratie zu wagen, war ernst genommen worden. Man hatte das Gefühl, die Fenster seien aufgestoßen worden und frische Luft sei durch alle politischen Räume gezogen.
Deshalb war der Aufruhr im Lande so groß, als bekannt wurde,
die Union wolle – mit Hilfe eines Misstrauensvotums – Kanzler
Brandt kippen und Oppositionschef Rainer Barzel zum Bundeskanzler wählen. Mit Hilfe von Überläufern schien das sogar realistisch zu sein. Horst Ehmke jedenfalls erzählte, im Kanzleramt hätten sie vor der Abstimmung vorsichtshalber schon ihre
Akten eingepackt. Die Akten konnten wieder ausgepackt werden,
denn dem fassungslosen Rainer Barzel fehlten zwei Stimmen zur
Kanzlermehrheit. Nach dem ersten Freudentaumel auf Seiten
der sozial-liberalen Koalition zog Nüchternheit ein, denn nichts
hatte sich an der Patt-Situation im Bundestag geändert, die jedes Regierungshandeln unmöglich machte. Der letzte Erfolg der
ersten Regierung Brandt/Scheel war die Verabschiedung der Ostverträge am 17. Mai 1972.

Der Abschied aus dem Kanzleramt

Für Horst Ehmke begann in dieser Zeit der innere Abschied aus
dem Kanzleramt. Lange hat es gedauert, bis der Mann mit dem
schnellen Mundwerk über diese Zeit offen geredet hat. Er musste
lernen, dass sein Stil der offenen Konfrontation und die zahlreichen Spekulationen in der Presse über Brandts »Kronprinz«
ihm mächtige Feinde gemacht hatten. Der Sache und der Person

Brandt verpflichtet, war er zu naiv gewesen, um die ständigen Sticheleien gegen ihn selbst richtig einzuordnen. Sie sollten ja vor allem den Kanzler treffen. Ebenso war das mit Helmut Schmidts Bedingung für den Wechsel vom Verteidigungs- ins Finanzressort. Er würde die vakante Stelle nur übernehmen, wenn Ehmke aus dem Kanzleramt verschwinden würde, war seine Forderung. Dass dies ein reines Machtspiel war, dass Schmidt sich eines Konkurrenten entledigen wollte, mag Brandt sofort klar gewesen sein, bei Ehmke dauerte es länger. Denn dies waren nicht die Kategorien, in denen der Mann dachte, dem sein Kanzler immer wieder milde seine zu große Offenheit vorgeworfen hatte.

Jedenfalls wurde Ehmkes Position durch die Flüsterpropaganda über seinen von Schmidt gewollten und dann auch erzwungenen Ressortwechsel nach den Wahlen geschwächt – und damit auch die Position des Kanzlers, der wie so oft eine Phase des Zögerns, des Nichtentscheidens durchlief.

Im November 1972 hatte die SPD einen grandiosen Wahlsieg eingefahren. Es waren reine »Willy-Wahlen«, und Brandt war bis zum letzten Tag ein fulminanter Wahlkämpfer. Die SPD wurde erstmals stärkste Partei, mehr als 91 Prozent der Bürger waren zur Wahl gegangen, der Koalitionspartner FDP legte kräftig zu. Doch der Wahlsieg wurde verschenkt. Der Kanzler musste sich zu Beginn der Koalitionsverhandlungen ins Krankenhaus begeben und hatte nach einer Stimmbandoperation 14 Tage absolutes Redeverbot. In den Koalitionsverhandlungen tanzten die Mäuse auf dem Tisch, weil die Katze aus dem Haus war. Und Ehmke hatte nicht mehr den Einfluss, Schmidt und Wehner in den Arm zu fallen, denn er war Kanzleramtsminister auf Abruf. Der Schwung war hin, schon zu Beginn der neuen Legislaturperiode. Dazu kamen alte und neue Probleme: Immer noch die RAF, Enttäuschung bei den jungen Leuten wegen des Radikalenerlasses und ihre Abwendung von der SPD, bald die Ölkrise und in ihrer Folge Preissteigerungen, schwaches Wirtschaftswachstum und höhere Arbeitslosigkeit.

Horst Ehmke arbeitete sich ein in sein neues Ressort und schrieb später: »Das Forschungsministerium und die Bundespost in Personalunion zu leiten war genauso interessant wie ich es mir vorgestellt und genauso unpopulär wie Brandt es mir prophezeit hatte. [...] Die Bedeutung der modernen Nachrichtentechnologie für unsere Gesellschaft hatte ich richtig eingeschätzt. Die politischen Einflussmöglichkeiten des Bundes hatte ich überschätzt.«

Dennoch: Das Ministerium arbeitete erfolgreich. Ein neues Energieforschungsprogramm zur Einsparung und besseren Nutzung von Energie wurde entwickelt und ein Programm zur Humanisierung des Arbeitslebens. Im Postministerium wurde damals schon an der neuen Unternehmensverfassung gearbeitet.

Was Ehmke in jener Zeit gefreut haben muss, war die nachträgliche Anerkennung seiner Arbeit im Kanzleramt. Zu viele Köche gab es neuerdings, alle für sich interessante Leute, aber kaum teamfähig. Die Arbeitsteilung war unklar, die Ergebnisse waren entsprechend. Brandt fühlte sich von allen im Stich gelassen und ließ sich gehen. Die Alleingänge Herbert Wehners häuften sich – bis zu jener von Horst Ehmke nie verziehenen kalten Provokation ausgerechnet während einer Reise nach Moskau. Vor Journalisten höhnte Wehner: »Der Herr badet gern lau«. Solche und andere Unverfrorenheiten konnten nur ein Ziel haben: die Demontage Willy Brandts.

Die Guillaume-Affäre

Die Guillaume-Affäre brachte den schon vorher angeschlagenen Kanzler dann zu Fall – und Horst Ehmke wieder eng an die Seite Willy Brandts. Es waren wohl eindeutig Schlampereien bei den Verfassungsschützern, die dem Kanzleramt – damals noch unter dem Chef Horst Ehmke – die Unbedenklichkeit Guillaumes attestierten. Und selbst als ein wachsamer Beamter in der Spionageabwehr zwei Jahre später ernsthaft und sorgfältig recherchierte und damit dem DDR-Agenten auf die Spur kam, reihte sich Panne an Panne und mit dem Bundeskanzler wurde ein schlimmes Spiel getrieben, als man ihn bat, den schon enttarnten Spion wie vorher geplant mit in die Sommerferien nach Norwegen zu nehmen. »Schäbig« sei das gewesen, sagt Ehmke zornig bis heute.

Nach der Verhaftung und den Geständnissen des Ehepaares Guillaume kam es wieder zu intensiven Gesprächen zwischen Brandt und Ehmke. Der erinnerte sich später so: »Ich war fassungslos, dass Willy Brandt mich nicht informiert hatte, obwohl er wusste, dass ich mit dem Fall bei der Einstellung Guillaumes befasst gewesen war. Mir wurde deutlich, dass Brandt sich über die politische Dimension des Falles noch nicht im klaren war. [...] In der Nacht saßen wir lange bei ihm auf dem Venusberg zusammen. Später bat Willy Brandt Grabert (Kanzleramtschef) hinzu, weil ich weitere Details wissen wollte. Der berichtete die absurdesten Einzelheiten, meinte aber guten Mutes, das Schlimmste sei schon vorbei. Ich hätte ihn auf den Mond schießen können. Erst in diesem Gespräch wurde Brandt sich der Schwere des Vorgangs und seiner möglichen Folgen bewusst.«

Willy Brandt wollte zunächst kämpfen, gab aber bald schon auf. Im Land wurde sein Rücktritt mit Erschütterung aufgenommen. Es gab viele Tränen. Vage wurde vielen Menschen klar, dass mit der Ära Brandt die Zeiten einer starken gefühlsmäßigen Bindung an die Politik zu Ende waren. Auch Horst Ehmke trat zurück, aus Loyalität gegenüber Willy Brandt, aber auch aus einem zweiten, längst unmodern gewordenen Grund: Er empfand politische Verantwortung, obwohl ihm keinerlei persönliche Fehler bei der Einstellung Guillaumes nachzuweisen waren. Ehmke: »Diese Auffassung von politischer, nicht auf nachweisbares Verschulden eingeschränkte Ministerverantwortung hielt ich [...] für politisch-moralisch richtig. Ich hatte sie in Vorlesungen und Reden oft vertreten. Nun wollte ich mich auch selbst danach richten.«

Was nun? Zurück zur Wissenschaft war eine Option, die er schnell verwarf. Zu sehr war er vom politischen Bazillus infiziert. Er entschied sich zunächst für ein Leben als »einfacher Abgeordneter«, nahm sich nach sieben Jahren Stress Zeit für Ehefrau und Freunde, für Literatur, Kunst und Reisen. Vieles ließ sich miteinander verbinden: Im Stuttgarter Wahlkreis lebte der Maler-Freund Otto Herbert Hajek; in der Wähler-Initiative wurden lange brach liegende Freundschaften wiederbelebt; ein Kreis von Künstlern, Wissenschaftlern und Intellektuellen fühlte sich verbunden mit Horst Ehmke und er sich mit ihm. Auf Reisen mit seiner Frau Maria machte man Station bei Freunden, einer unter ihnen Max Ernst (und niemand kann heute mit größerer Freude als Horst Ehmke, sprudelnd vor Geschichten, durch das Max-Ernst-Museum in Brühl führen).

Auch die Arbeit im Parteivorstand der SPD fand Horst Ehmke spannend. Durch den Eintritt von Studenten und Schülern und kritischer gewordenen Bürgern wurden die Diskussionen zwar mühsamer, aber auch lebendiger und differenzierter. Immer noch rümpften viele Rechte in der Partei, vor allem aber in der Fraktion, die Nase über den Mann ohne Stallgeruch, über den Großbürgersohn mit seinen weltweiten Kontakten. Wie wichtig sein rhetorisches Talent, seine Lust am intelligenten Streit mit der Opposition für die Fraktion waren, sahen aber auch viele seiner Gegner in den eigenen Reihen ein. Er hielt in den Jahren nach 1974 furiose Reden im Bundestag. Der Fraktionsvorsitzende Herbert Wehner, obwohl kein Mitglied seines Fan-Clubs, ließ ihn an sehr langer Leine laufen. Im Vorwort zu einem 1980 erschienenen Buch über Ehmke schrieb Willy Brandt: »Aus der Diskussion über die zentralen politischen Fragen ist er kaum mehr wegzudenken. Seine Beiträge zur Friedens- und Sicherheitspolitik sind ebenso von Gewicht wie seine Aussagen zu den Grundwerten einer demokratischen Gesellschaft oder zu den Zukunftsproblemen der Industrienationen.«

Horst Ehmke, über den in seinen frühen politischen Zeiten
gelästert wurde, er löse Probleme, bevor sie überhaupt entstanden
seien, übernahm erstaunlicherweise in der SPD-Bundestagsfraktion, deren stellvertretender Vorsitzender er 1977 wurde, eine aus-
gleichende moderierende Rolle. Seine Kompetenz in außen- und
sicherheitspolitischen Fragen war unbestritten, der außenpolitische Sprecher der Fraktion deshalb willkommener Gesprächspartner in Ost und West. 1980 gab er seinen Stuttgarter Wahlkreis auf und wechselte nach Bonn. Wie immer warf er sich mit
Enthusiasmus auf die neue Aufgabe, verblüffte die damals noch
überwiegend konservativen Bonner mit einem originellen und
fröhlichen Wahlkampf.

Das harte Brot der Opposition

Doch in der Bundespolitik herrschte Götterdämmerung. Die Gemeinsamkeiten in der sozial-liberalen Partei waren, wie man so
schön sagt, verbraucht. Man stritt sich in der Koalition wie in
einer alten Ehe, in der nur noch Überdruss herrscht. Der Nato-
Doppelbeschluss zerriss nicht nur das Land, sondern auch die
SPD. Kanzler Helmut Schmidt genoss zwar für sein Krisenmanage-
ment in schwierigen Zeiten weltweites Ansehen, aber die eigene
Partei mochte ihm immer weniger folgen. Er galt als autoritär,
als unfähig zu begreifen, was besonders die jungen, damals stark
politisierten Bürger umtrieb. Während der Kanzler sich stark auf
die Wirtschaftspolitik konzentrierte, bewegten den politischen
Teil der Bevölkerung – und besonders den sozialdemokratisch
orientierten – ganz andere Fragen.

Horst Ehmke hat diese Stimmung, die zur Gründung der
»Grünen« führte, später so beschrieben: »Während innerhalb
und außerhalb der SPD die Auseinandersetzung mit der ›neuen
Linken‹ nach und nach abklang, stellten die Friedensbewegung
und die Frauenbewegung die politischen Parteien, voran die SPD,
vor neue Herausforderungen. Die Frauenbewegung, die die Vorherrschaft der Männer und männliches Denken überwinden

wollte, kam einer Kulturrevolution gleich. Die Ökologiebewegung forderte den ›Frieden mit der Natur‹, sie stellte den Glauben an ständigen technischen Fortschritt und die Vorherrschaft industrieller Eliten in Frage. Die Friedensbewegung forderte für eine Welt voller Massenvernichtungswaffen ein neues Sicherheitsdenken. Alle drei Bewegungen wollten mehr Demokratie wagen – von unten.« Resigniert stellte Ehmke fest, dass Helmut Schmidt für diese Bewegungen und ihre Sorgen so wenig Verständnis hatte wie seinerzeit für die Studentenbewegung.

Horst Ehmke war in diesen Jahren ständig unterwegs: Für die Sozialistische Internationale, für die SPD, auch im Auftrag des Kanzlers. Immer noch war er die Vielzweckwaffe der Partei, allerdings misstrauisch beäugt vom rechten und immer noch machtvollen Kanalarbeiter-Flügel und dessen Nachfolgern. Nach dem Ende der sozial-liberalen Ära wurde er Stellvertreter des neuen Oppositionschefs Hans-Jochen Vogel, eine schwierige Kombination, obwohl sich beide zunächst große Mühe gaben. Horst Ehmke hat mit großer Fairness immer wieder auf die starken Seiten von Vogel hingewiesen. Das änderte aber nichts daran, dass sie politisch und menschlich herzlich wenig miteinander anfangen konnten: Und so hat er einmal eingestanden, dass sein wichtigster Gesprächspartner in dieser Zeit der Parteivorsitzende Willy Brandt war.»Mit ihm zu diskutieren war selbst dann eine Erholung, wenn wir, was jetzt häufiger vorkam, politisch nicht übereinstimmten.«

Mit Willy Brandts Rücktritt vom Parteivorsitz nach kleinlichem Gezänk um eine Pressesprecherin, die der Vorsitzende wollte, die aber von der Partei, deren Mitglied sie nicht war, abgelehnt wurde, ist es in der Politik einsamer geworden um Horst Ehmke. Politisch schien das Land wie gelähmt, Mehltau lag über der Republik. Über Kanzler Kohl zuckte man die Achseln oder machte Witze, doch die SPD schien den Bürgern keine Alternative zu sein. So glitt das Land ab ins Unpolitische. Und die SPD erlitt eine Niederlage nach der anderen. Die Folge waren Nervosität, Hektik, endlose Personalquerelen anstatt programmatischer und personeller Neubestimmungen. Horst Ehmke, inzwischen

60 Jahre alt geworden, hatte nun nicht mehr das Gefühl, überall gebraucht zu werden und zog sich auf seinen Aufgabenbereich in der Außen-, Sicherheits- und Deutschlandpolitik zurück. 1994 stieg er aus der aktiven Politik ganz aus, getreu seinem Motto: »Die Jüngeren werden nicht dadurch besser, dass die Älteren länger bleiben.«

Kaum jemand hätte damals für möglich gehalten, dass Ehmke tatsächlich ernst machen würde mit dem Ausstieg aus Ämtern und Mandaten. Die SPD war für ihn immer ein politisches Zuhause gewesen. Sein ausgeprägtes Selbstbewusstsein, das Wissen um erfolgreiche Arbeit über den Tag hinaus und nicht zuletzt die vielen persönlichen Freunde im Haifischbecken Politik hatten ihn auch Niederlagen gut verkraften lassen. Immer wieder wurde er bei den Wahlen auf Parteitagen abgestraft, weil er kein Blatt vor den Mund nahm, sich nicht nach dem üblichen Rechts-Links-Schema einordnen ließ und es versäumt hatte, eine Hausmacht zu bilden. Vielleicht aber auch, weil die Delegierten spürten, dass er sich nie ganz vereinnahmen lassen würde, dass es für ihn ein Leben gab neben der Politik.

Der Autor politischer Thriller

Das neue Leben führt Horst Ehmke mit der gleichen Intensität wie sein Vorleben als Wissenschaftler und als Politiker. Mit seiner Frau und den Katzen pendelt er zwischen der Bonner Penthouse-Wohnung und dem einsamen Haus tief in der Eifel. Dort sucht und findet er die Ruhe zum Schreiben.

Wer erwartet hatte, nun würde der bekannte Staatsrechtler politische Grundsatzwerke verfassen oder Erinnerungen über politische Weggefährten, sah sich getäuscht: Horst Ehmke saß an seinem Schreibtisch und brütete über politischen Thrillern. Schwer sei das gewesen mit dem ersten Buch, hat der gebildete Vielleser einmal bekannt. Denn sowohl die juristische als auch die politische Schreibe sind keine gute Vorbereitung für das Schreiben von Romanen. Er musste mühsam lernen, einen Menschen, eine Landschaft, eine Straße so zu beschreiben, dass die Leser ihm folgen konnten, also riechen, sehen, schmecken konnten, was er ihnen sagen wollte. Und mit den erotischen Szenen, so sagt er mit einem Augenzwinkern, sei das auch bei großer Erfahrung nicht so einfach.

In seinem ersten Roman »Global Players« ging es um Atomschmuggel und die Mafia. Ehmke ließ – das war lange vor dem Regierungswechsel im Herbst 1998 – eine rot-grüne Koalition agieren und dann platzen. Es folgte rot-schwarz mit einem sozialdemokratischen Innenminister, den er einem mysteriösen Bombenattentat zum Opfer fallen lässt. Angeblich hat Otto Schily ihm das ziemlich übel genommen. Nach dem zweiten Buch »Der Euro Coup«, das von Lothar Späth in Berlin vorgestellt wurde, erschien im Jahre 2001 der dritte Thriller »Himmelsfackeln«, der sich schon vor dem 11. September mit islamistischem Terror beschäftigte. Es folgte »Privatsache«, eine Geschichte über Frauenhandel und die Flüchtlingsprobleme in Afrika. Der neueste Roman heißt »Im Schatten der Gewalt«. Wieder stehen der internationale Terrorismus und die Zusammenarbeit der Geheimdienste im Mittelpunkt. Und obendrein erhält der Leser noch eine temperamentvolle Vorlesung über staatliche Verantwortung in den Zeiten des Terrorismus. Die Bücher sind spannend zu lesen, oft aber auch bedrückend. Denn hier entwickelt ein Autor, der während seines langen Politikerlebens in der Welt, die er beschreibt, zu Hause war, realistisch, was sein könnte. Den Kollegen der Thriller-Zunft hat er voraus, dass er weiß, worüber er schreibt, denn schließlich war er als Chef des Kanzleramts für die Kontrolle der Geheimdienste zuständig. Und aus seinen Politiker-Jahren hat er gute Kontakte zu den Experten aus Wirtschaft, Wissenschaft und Politik, was ihm seine sorgfältigen Recherchen erleichtert. Der Lohn der Mühe: Als sein zweiter Roman »Euro-Coup« vorgestellt wurde, in dem es ganz wie im richtigen Leben um gigantische Börsenspekulationen geht, um den Versuch, Währungen zu ruinieren, da hatte er eigentlich mit heftigen oder zumindest spöttischen Gegenreaktionen aus den Spitzenetagen der Banken gerechnet.

Doch war das nicht der Fall. Im Gegenteil: Anerkennung und Lob wurden ihm zuteil.

Immer ist in seinen Büchern eine Menge über Staats-, Verfassungs- und Völkerrecht zu lernen. Die Frage, was darf der Staat angesichts einer massiven terroristischen Bedrohung, beschäftigt ihn gerade in seinem letzten Buch intensiv. »Ich versuche«, sagt er, »mich zu politischen Themen zu äußern, aber nicht mehr in Interviews und mit Schlagzeilen, sondern indem ich ein bestimmtes Thema aufarbeite in Form eines Romans.«

Immer noch schreibt er seine Bücher mit einem Stift. Den Computer überlässt er allein seiner Frau. »Es muss der Stift das Papier berühren, sonst kriegt der Geist keine Form.«, sagt Horst Ehmke.

Es ist ein beneidenswertes Leben, das Horst Ehmke heute führt. Wenn es ihm im beschaulichen Bonn zu langweilig wird, kann er auf Recherchereise gehen – für sein viertes Buch bis nach Sierra Leone. Ist sein Bedarf an Abenteuern und Trubel gedeckt, zieht er sich zurück in die Eifel und schreibt seine ziemlich harten Romane, die kein Stoff für Zartbesaitete sind. Der Bildungsbürger, der »Josef und seine Brüder« von Thomas Mann sein Lieblingsbuch nennt, sagt dazu:

»Ja, harte politische Romane sind das schon. Es geht um die Gefahren, die diese Art von Kriminalität für die Gesellschaft bedeutet, aus der sie ja wächst. Das ist mein Thema: Wie bestimmte Arten von Kriminalität Sonden sind über den Zustand der Gesellschaft. Und so wie der Zustand der Gesellschaft ist, kann ich noch viele Kriminalromane schreiben.«

ERSTER TEIL

Horst Ehmke als Wissenschaftler

PETER HÄBERLE

Der Wissenschaftler

I.

Der hier veröffentlichte Beitrag wird zu Horst Ehmkes »großem« Geburtstag vorgelegt[1]. Eine erste Fassung findet sich als Vorwort zu den von mir betreuten Ausgewählten Schriften von Horst Ehmke. Das Werk des Jubilars bleibt nach wie vor von hoher Aktualität in der wissenschaftlichen Diskussion zum Grundgesetz. Die damalige Zweiteilung in »Beiträge zur Verfassungstheorie« und »Beiträge zur Verfassungspolitik« konnte nur Schwerpunkte akzentuieren, nicht mehr: Denn nach objektivem Inhalt, Form und Selbstverständnis sind auch die verfassungstheoretischen Studien Ehmkes ein Stück Verfassungspolitik; umgekehrt gilt dasselbe. So deutlich in Ehmkes persönlicher Entwicklung der Weg von der Wissenschaft zur Politik führte, so klar waren beide Komponenten, waren Theorie und Praxis sachlich von vornherein in seinem wissenschaftlichen Werk angelegt. Auch heute dürfte und sollte die Ethik des Wissenschaftlers Horst Ehmke in Ehmke als »Politiker der praktischen Vernunft« und Repräsentant bzw. »elder statesman« einer großen politischen Partei wirksam bleiben (Ehmke war von 1977 bis 1991 stellvertretender Fraktionsvorsitzender der SPD im Deutschen Bundestag).

Einige der im Sammelband von 1981 abgedruckten Arbeiten fanden sich schon in den beiden älteren Sammelbänden Horst Ehmkes: in »Politik der praktischen Vernunft«, 1969 – dort freilich ohne wissenschaftlichen Anmerkungsapparat – bzw. in »Politik als Herausforderung«, 1974. In der Sache ergaben sich aber kaum Überschneidungen. Denn die beiden früheren Bücher stehen un-

---

[1] Zum 70. Geburtstag von H. E. etwa F.K. Fromme, FAZ vom 4. 2. 1997, S. 5. Zum 60. Geburtstag: Bonner Generalanzeiger vom 7. 2. 1987, S. 4: »Der Mann ist noch gut für Überraschungen«. – Schon klassisch: K. Hesse, H. Ehmke zum 65. Geburtstag, AöR 117 (1992), S. 1 bis 3.

ter anderen Leitthemen, sie sind entsprechend anders struktu-
riert. Der 1981 vorgelegte wissenschaftliche Band war bewusst
unter dem Motto »Verfassungstheorie und Verfassungspolitik«
konzipiert und fasst die einschlägigen *wissenschaftlichen* Arbeiten
Horst Ehmkes zusammen. Die damalige chronologische Reihenfolge
gab die *Entwicklung* eines Wissenschaftlers in zeitlicher Hinsicht
wieder und sagt insoweit auch etwas zur Sache. Sie ist auch heute
noch angemessen.

II.

Es kann nicht Aufgabe dieses Festschriftenbeitrags sein, eine Ge-
samtwürdigung[2] des wissenschaftlichen Werkes von *Horst Ehmke*

---

2   Ein Indiz für den Rang der Schriften von *Ehmke* mag auch darin gesehen
werden, dass in der repräsentativen Reihe »Wege der Forschung«, die
die Wissenschaftliche Buchgesellschaft (Darmstadt) verlegt, drei Bände
Wiederabdrucke von seinen Arbeiten enthalten: der Band »Staat und
Gesellschaft« (hrsg. von *E.-W. Böckenförde*, 1976, S. 241 ff.), der Band »Ver-
fassung« (hrsg. von *M. Friedrich*, 1977, S. 399 ff.), und der von *P. Häberle*
verantwortete Band: »Verfassungsgerichtsbarkeit« (1976), mit einem Aus-
zug aus dem Freiburger Staatsrechtslehrermitbericht S. 305 ff. – *Ein wei-
terer Maßstab* für den Rang eines öffentlich-rechtlichen Autors dürfte es
sein, inwieweit die übrigen nichtjuristischen Disziplinen seine Werke
beachten (so naheliegend es ist, dass hier persönliche Kontakte eine
Rolle spielen). In dieser Hinsicht hat *Ehmke* über die Jurisprudenz hi-
naus viel Anerkennung erfahren: S. z. B. *H. H. Hartwich*, Sozialstaatspos-
tulat und gesellschaftlicher status quo, 1970, S. 277 ff., 327 ff.; *N. Luhmann*,
Grundrechte als Institution, 2. Aufl. 1974, S. 11 f., 27, 116; *H. Laufer*, Verfas-
sungsgerichtsbarkeit und politischer Prozess, 1968, S. 24, 34, 143 ff., 354;
H. Grebing, Konservative gegen die Demokratie, 1971, S. 116 ff. 205, 371 u. ö.;
W. Rosenbaum, Naturrecht und positives Recht, 1972, S. 32, 41, 55 f., 58, 60
(i. V. m. Fn. 33, 62, 104, 113, 121) u. ö.; vgl. auch *B. Blanke/U. Jürgens/H. Kasten-
diek*, Kritik der Politischen Wissenschaft, 1975, S. 127; ferner: *R. Vierhaus*,
Hist. Zeitschr. 201 (1965), S. 497; *W. Real*, Hist. Jb. 1966, S. 222; *U. Bermbach*,
PVS 1967, S. 514; *E. Angermann*, NPL 1968, S. 220 (223 f.); *K. D. Bracher*, PVS
1968, S. 2 (5, 26); *W. Piepenstock*, PVS 1971, S. 252 (254); *M. Friedrich*, PVS 1972,
S. 582 (583); *B. Rudolph*, PVS-Literatur 1979, S. 14 (15 f.); vgl. auch *R. Hickel/
G. Schmieg*, Leviathan 1975, S. 170 (177). – Bei all dem ist freilich zu beden-

bis heute (2006) zu versuchen. Dies könnte Thema einer Dissertation sein. So sehr eigentlich bei ihm alles in der ersten Hälfte
der 60er Jahre – bis zum Zeitpunkt seiner »Entscheidung für
Bonn«, d. h. bis Herbst 1966 bei der Begründung der »Großen Koalition« – auf einen Entwurf als systematisches *Gesamtwerk* aus
seiner Feder hinzudeuten schien, und so bedauerlich es für die
deutsche Staatsrechtslehre ist, dass sich *Ehmke* anders, d. h. auf
Dauer für die praktische Politik entschieden hat: Bestimmte wissenschaftliche Themenkreise und Grundsatzfragen strukturieren
seine Arbeiten der frühen Jahre an den Universitäten Göttingen,
Bonn und Freiburg/Br. einerseits und seine spätere Tätigkeit in
Bonn (seit Herbst 1966) andererseits. Solche Schwerpunkte sind:
die Verfassung, ihre »Theorie«[3], ihre Funktion, ihre Auslegung
und Fortentwicklung, sind »Staat und Gesellschaft«, sind Par-
lamentarismus und Demokratie.[4] Sie bleiben auch im wieder-

---

ken, dass die (juristische) Zitierpraxis auch ein Generationenproblem ist.
Dazu mein Beitrag: Verantwortung und Wahrheitsliebe im verfassungs-
juristischen Zitierwesen, FS Schmitt Glaeser, 2003, S. 395 ff.

3 Ein in der »Badischen Zeitung« im Wintersemester 1961/62 mit Bild ver-
öffentlichtes Interview (zur Vorstellung von *Ehmke* als neuem Professor in
Freiburg/Br.) trug das Zitat: »Am liebsten Verfassungstheorie« als Überschrift.

4 Grundsätzlicher lohnte sich die Untersuchung der folgenden Fragen: Inwieweit, in welcher Gestalt und in welcher zeitlichen Phasenverschie-
bung wirkt juristische »primäre« Forschungsliteratur auf die übrigen
Arten der »Rechtswissenschaft als Literatur«, also etwa auf die Kom-
mentar- und die Lehrbuchliteratur, spätere Monographien etc.? Einbezogen werden müsste die Wirkung auf Staatsrechtslehrerreferate und das
BVerfG, einschließlich seiner Sondervoten. Gibt es hier »Vorlieben«, etwa
besonders geschätzte Kommentare oder Autoren? – *Ehmkes* wichtigste Arbeiten sind in der vollen Breite und Tiefe *aller* Literaturgattungen aufgegriffen worden: vom *Lehrbuch* [z. B. *K. Hesse*, Grundzüge des Verfassungsrechts der BR Deutschland, 12. Aufl. 1980, S. 5, 9, 29 (20. Aufl. 1995, S. 5,
8, 11, 20, 32); S. auch *K. Doehring*, Staatsrecht der Bundesrepublik Deutschland, 2. Aufl. 1980, S. 22; *Ekk. Stein*, Staatsrecht, 6. Aufl. 1978, S. 186 (11. Aufl.
1993, S. 204 f.); *K. Stern*, Das Staatsrecht der Bundesrepublik Deutschland,
Band I, 2. Aufl 1984, S. 125, 130 f., 134, 139, 165)] über den *Kommentar* [z. B.
von Mangoldt/Klein, Das Bonner Grundgesetz, Bd. III, 1974 (zu Art. 79, z. B.
S. 1865, 1877); *Maunz/Dürig/Herzog/Scholz*, z. B. Art. 79/Rdn. 2 ff.; *von Münch*

Horst Ehmke als Wissenschaftler

vereinigten Deutschland und im »europäischen Deutschland«
(Thomas Mann) aktuell.

Die Dissertation »Grenzen der Verfassungsänderung« (1953),
1952 bei Rudolf Smend in Göttingen gefertigt und in unnachahm-
licher Weise dem »Göttinger Smend-Seminar« gewidmet, setzte
den ersten Akzent. Ulrich Scheuner begrüßte sie mit den Worten:
Sie »enthält mehr, als der Titel besagt: ein wirklicher Beitrag zu
einer modernen Theorie des demokratischen Staates«.[5] Sie behandelt Fragestellungen wie den Verfassungsbegriff, die auch in den
späteren Arbeiten Ehmkes immer wiederkehren und in der wis-

(Hrsg.), Bd. 2, 1976, z. B. zu Art. 79 GG (Rdn. 5, 14, 24 f.)] bis zu Monographien
und Aufsätzen: s. etwa H. H. Rupp, Grundfragen der heutigen Verwaltungs-
rechtslehre, 1965, S. 196, 200, 208, ferner S. 136, 220, 236 u. ö.; J. Isensee,
Subsidiaritätsprinzip und Verfassungsrecht, 1968, S. 149 ff. (2. Aufl. 2001);
U. K. Preuß, Zum staatsrechtlichen Begriff des Öffentlichen, 1969, S. 153 ff.,
ferner S. 29, 83, 111, 137, 140, 145 u. ö.; O. Kimminich, Deutsche Verfassungsgeschichte, 1970, S. 327; N. Wimmer, Materiales Verfassungsverständnis,
1971, S. 63 f.; ferner S. 29, 55, 77, 79, 103; W. Henke, Das Recht der politischen
Parteien, 2. Aufl. 1972, S. 1 ff. (3); H. Willke, Stand und Kritik der neueren
Grundrechtstheorie, 1975, S. 42, 104 f., ferner S. 32, 71, 188 u. ö.; H. Traut-
mann, Innerparteiliche Demokratie im Parteienstaat, 1975, S. 14 f., 24, 36,
94, 185 u. ö.; H. Rittstieg, Eigentum als Verfassungsproblem, 2. Aufl. 1976,
vgl. S. 108 ff., 119 ff., 149 ff., 161, 169 ff.; E.-W. Böckenförde, Staat, Gesellschaft, Freiheit, 1976, S. 176 i. V. m. Anm. 24, 193; E. Tosch, Die Bindung des
verfassungsändernden Gesetzgebers an den Willen des historischen Ver-
fassungsgebers, 1979, S. 33 f., 46, 54, 61, 108; D. G. Bodenheim, Der Zweck der
Steuer, 1979, S. 189; G. F. Schuppert, Funktionell-rechtliche Grenzen der Verfassungsinterpretation, 1980, S. 5, 8 f. – Die Verarbeitung von Ehmkes Veröffentlichungen in der »Sekundär«- und »Tertiär-Literatur« (die nicht
nur in Dissertationsform erscheint!) kann hier naturgemäß nicht im
einzelnen verfolgt werden, auch nicht der Einfluss auf die juristische
Praxis, besonders die Gerichte. Erinnert sei nur an das von Ehmke in Wei-
terentwicklung von BVerfGE 4, 7 (13, 15) vertretene positive Verständnis
der Kompetenznormen des Grundgesetzes als materieller Staatsziel-
bestimmungen (vgl. H. E., Wirtschaft und Verfassung, 1961, S. 25 f., 29 ff.,
111, 157, 194 f., 421; vgl. auch VVDStRL 20, 89 ff.), das sich in der Sache auch
in der Rechtsprechung des BVerfG niedergeschlagen hat [vgl. z. B. E 48,
127 (159 f., 161); anders E 69, 57 (Sondervotum)].

5 U. Scheuner, Besprechung, DÖV 1954, S. 255.

senschaftlichen Diskussion seit 1953 fortwirken.[6] Rückblickend dürfte die Dissertation von 1953 zu den wenigen bleibenden verfassungstheoretischen Arbeiten der 50er Jahre gehören. Sie hat bis heute eine beträchtliche Wirkung entfaltet[7] und den Namen des jungen Verfassers mit einem Schlag bekannt gemacht. Der Aufsatz über »Verfassungsänderung und Verfassungsdurchbrechung« von 1954/55[8] war ein – höchst aktuell gewordenes – Seitenstück dieses großen Themas (vgl. Art. 79 Abs. 1 S. 2 GG).[9]

Methodisch und sachlich lebt die Göttinger Doktorarbeit von einem »materialen Verfassungsverständnis«, das *Ehmke* in den folgenden Jahren Stück für Stück ausgebaut hat: zunächst in

---

6   *K. Hesse*, Grundzüge, a. a. O., S. 5 (20. Aufl. 1995, S. 5); *A. Hollerbach*, Verträge zwischen Staat und Kirche, 1965, S. 162; vgl. auch *ders.*, Ideologie und Verfassung, in: *W. Maihofer* (Hrsg.), Ideologie und Recht, S. 37 (45 ff.); *K. Stern*, Das Staatsrecht der BR Deutschland, Bd. I, 1977, S. 134 f.; *U. Scheuner*, Staatstheorie und Staatsrecht, 1978, S. 69, 180. Ferner *P. v. Oertzen*, Die soziale Funktion des staatsrechtlichen Positivismus, 1974, S. 17 f.; *D. Göldner*, Integration und Pluralismus im demokratischen Rechtsstaat, 1977, 5.12; *F. Ermacora*, Allgemeine Staatslehre, Bd. 2, 1970, S. 1113.

7   *Z. B. G. Dürig/H.-U. Evers*, Zur verfassungsändernden Beschränkung des Post-, Telefon- und Fernmeldegeheimnisses, 1969, S. 19 bzw. S. 46, 48; *P. Häberle*, Die Abhörentscheidung des BVerfG vom 15. 12. 1970, JZ 1971, S. 145 ff. (auch in: *ders.*, Kommentierte Verfassungsrechtsprechung, 1979, S. 91 ff.). Aus der »Nachfolgeliteratur« vgl. *D. Murswiek*, Die verfassunggebende Gewalt nach dem Grundgesetz, 1978, S. 163 Anm. 2, 223 Anm. 211, 240 Anm. 280; *U. Steiner*, Verfassunggebung und verfassunggebende Gewalt, 1966, S. 21, 48, 52, 84, 164, 169 u. ö.; *R. Bäumlin*, Staat, Recht und Geschichte, S. 18 (mit Anm. 6), 38 (mit Anm. 79), 46 f.; *C. Bushart*, Verfassungsänderung in Bund und Länder, 1989, bes. S. 36 ff.; *B.-O. Bryde*, Verfassungsentwicklung, 1982, z. B. S. 22; *D. Heckmann*, Geltungskraft und Geltungsverlust von Rechtsnormen, 1997, S. 220 ff. – Aus der *Kommentarliteratur*: *H. Dreier*, in: ders. (Hrsg.), Grundgesetz-Kommentar, Band 2, 1998, Art. 79 III; *K.-E. Hain*, in: v. Mangoldt/Klein/Starck, GG III, 2001, Art. 79 Abs. 3, z. B. Rdnr. 37. – Aus der *Handbuchliteratur*: *P. Kirchhof*, Die Identität der Verfassung, HStR II, 3. Aufl. 2004, § 21 Rn. 46

8   AöR 79 (1954), Heft 4. S. auch *H. Ehmke*, Noch einmal: Die Verfassungsnovelle vom 26. März 1954, DÖV 1956, S. 449 ff.

9   Aus der »Nachfolgeliteratur« z. B. *W. Martens*, in FS Reimers, 1979, S. 303 (318 Anm. 62).

seiner Bonner Habilitationsschrift »Wirtschaft und Verfassung«
(1961).[10] Dieses Werk enthält in nuce eine Verfassungstheorie,
mehr oder weniger deutlich in die Analyse der Rechtsprechung
des US-Supreme-Court zur Wirtschaftsregulierung »verpackt«. Es
ist mitunter in bewusst »aggressivem« Stil geschrieben (z. B. gegen *Forsthoff* und *C. Schmitt*) und löste eine bis heute anhaltende
Diskussion aus.[11] Der verfassungstheoretische Teil ist eine Art ver-
fassungstheoretischer »Sprengsatz« mit dem verfassungsverglei-
chenden Teil als »Trägerrakete«.

Einen zentralen Platz nimmt die Bonner Antrittsvorlesung
»Staat und Gesellschaft als verfassungstheoretisches Problem«
(1962) ein. Sie hat die einschlägige Diskussion weit über die Ju-
risprudenz hinaus ungemein befruchtet, wie sich z. B. in dem
Sammelband »Staat und ›Gesellschaft‹«[12] allenthalben zeigt. Der
Entwurf – und »Wurf« – ist aus der heutigen Grundsatzdiskussion

10 Dazu vor allem *E.-J. Mestmäcker*, Wirtschaft und Verfassung, DÖV 1964,
    S. 606 ff. (612: »bedeutendste monographische Behandlung der Frage
    von Wirtschaft und Verfassung in der Nachkriegszeit«); vgl. auch *Reuss*,
    VerwArch 53 (1962), S. 189 ff.
11 Vgl. etwa *U. Scheuner*, Staatstheorie und Staatsrecht, 1978, S. 731, 739 ff.;
    O. Bachof, Der Verfassungsrichter zwischen Recht und Politik (1963),
    jetzt in: ders., Wege zum Rechtsstaat, 1979, S. 263 (270); *R. Schmidt*, Wirt-
    schaftspolitik und Verfassung, 1971, S. 97, 103; *H.H. Rupp*, Grundgesetz
    und »Wirtschaftsverfassung«, 1974, S. 7 f.; *P. Badura*, JuS 1976, S. 205 ff.;
    M. Schmidt-Preuß, Verfassungsrechtliche Zentralfragen staatlicher Lohn-
    und Preisdirigismen, 1977, S. 84 ff.; *P. Saladin/H.J. Papier*, VVDStRL 35 (1977),
    S. 7 (10 f.) bzw. 55 (56). – S. zur Auseinandersetzung um *C. Schmitt* noch
    H. Ehmke, Besprechung des Buches von *P. Schneider*, Ausnahmezustand und
    Norm (1957), ZgStW 115 (1959), S. 181 ff. Das Gespräch mit *H. Ehmke* in Sa-
    chen *Schmitt* sucht *H. Hofmann*, Legitimität gegen Legalität, 4. Aufl. 2002,
    S. 4 f., 8, 123 f.
12 Hrsg. von *E.-W. Böckenförde*, 1976. Vgl. etwa noch *R. Herzog*, Allgemeine
    Staatslehre, 1971, S. 39; *K. Schlaich*, Neutralität als verfassungsrechtliches
    Prinzip, 1972, S. 20, 57, 247 ff.; *G. Leibholz*, Strukturprobleme der moder-
    nen Demokratie, 1974, S. 327; *W. Schmidt*, AöR 101 (1976), S. 24 (27, 32);
    K. Meyer-Teschendorf, Staat und Kirche im pluralistischen Gemeinwesen,
    1979, S. 41 ff.; *K. Hesse*, Grundzüge a.a.O. 20. Aufl. 1995, S. 8; *W. Weiss*, Pri-
    vatisierung und Staatsaufgaben, 2002, S. 13 ff. Kritisch: *H. H. Rupp*, Die
    Unterscheidung von Staat und Gesellschaft, HStR II, 3. Aufl. 2004, § 31

nicht wegzudenken und hat auch bei den Gegnern die gebotene Anerkennung gefunden.

Nicht weniger gilt dies von dem »Mitbericht« auf der Freiburger Staatsrechtslehrertagung von 1961: »Prinzipien der Verfassungsinterpretation«. Dieser darf – ohne Übertreibung – schon heute als ein »Klassiker« seines Gegenstandes gelten. So vorsichtig, z. T. auch recht kritisch, die ersten Diskussionsäußerungen auf der Freiburger Tagung 1961 selbst noch waren, vor[13] und hinter[14] den Kulissen: Heute hat sich das Referat weithin durchgesetzt. Die Kritik ist fast verstummt, und die wichtigsten Thesen sind in Inhalt und Sprache nahezu eine Art »communis opinio« geworden.[15]

Rn. 25; krit. wohl auch P. *Badura*, Grundrechte als Ordnung für Staat und Gesellschaft, HGR I, 2003, § 20 Rn. 8 Fn. 14.

13 Vgl. VVDStRL 20 (1963), S. 106 ff.

14 Vgl. das erste Echo von H. J. *Wolff*, zitiert in: P. *Häberle*, Kommentierte Verfassungsrechtsprechung, 1979, S. 37 Anm. 116; S. auch die unschöne Kritik hinsichtlich des Trierer Parallelreferats durch W. *Lewald*, NJW 1961, S. 1712 (1713).

15 Vgl. K. *Hesse*, Grundzüge a. a. O., S. 20 ff. (20. Aufl. 1995, S. 20 ff.); F. *Müller*, Normstruktur und Normativität, 1966, S. 41 ff., 55; K. *Stern*, a. a. O., S. 114; M. *Kriele*, Theorie der Rechtsgewinnung, 2. Aufl. 1976, S. 28 f., 32, 114 f., u. a.; K. *Larenz*, Methodenlehre der Rechtswissenschaft, 4. Aufl. 1979, S. 149 Anm. 75. – Vgl. auch D. *Simon*, Die Unabhängigkeit des Richters, 1975, S. 99 ff. zu den »bahnbrechenden« Referaten; ähnlich R. *Dreier*, Zur Problematik und Situation der Verfassungsinterpretation, in: R. *Dreier*/ F. *Schwegmann* (Hrsg.), Probleme der Verfassungsinterpretation, 1976, S. 13 (46); S. auch P. *Lerche*, Die Verfassung als Quelle von Optimierungsgeboten? (1997), jetzt in: *ders.*, Ausgewählte Abhandlungen, 2004, S. 72 (75). – Zur Kontroverse noch E.-W. *Böckenförde*, NJW 1976, S. 2089 ff., F. *Ossenbühl*, NJW 1976, S. 2100 ff. S. ferner die Würdigung des Freiburger Referats bei H. P. *Ipsen*, AöR 97 (1977), S. 349 (390). Den Versuch einer zusammenhängenden Darstellung unternimmt R. *Schlothauer*, Zur Krise der Verfassungsgerichtsbarkeit, 1979, S. 127 ff.; S. aber auch F. *Hase*/K. H. *Ladeur*, Verfassungsgerichtsbarkeit und Politisches System, 1980, S. 302. Zuletzt C. *Möllers*, Staat als Argument, 2000, S. 144, 171 f., 239 f.; R. C. *van Ooyen*, Politik und Verfassung, 2006, S. 54.

Auch der Verfasser knüpft vielfach an dieses Grundlagenreferat an.[16] Der Begriff »Vorverständnis« und die für das Verfassungsrecht fortentwickelte Vokabel »Konsens aller ›Vernünftig- und Gerecht Denkenden‹« sind fast geflügelte Worte geworden.[17] In der Sache jedenfalls haben sie ihrerseits viel Konsens gestiftet.[18] Die Rezeptionsgeschichte gerade dieses Vortrags zeigt aber auch, wie schwer es wissenschaftliche Pionierleistungen junger Dozenten zunächst haben, wenn sie sich gegen eingefahrene Dogmatiken durchsetzen müssen: Geschenkt wird ihnen nichts.[19]

Das Freiburger Staatsrechtslehrerreferat kann, so theoretisch es *auch* ist, ohne die praktischen Fallanalysen und den stetigen Blick auf das amerikanische Verfassungsrecht bzw. die US-Supreme-Court-Judikatur nicht gedacht werden. Es ist insofern ein Beispiel für ein noch zu schreibendes Kapitel über den großen Einfluss dieses nordamerikanischen Gerichts und der Diskussion um seine »Doktrinen« auf die deutsche Staatsrechtslehre seit 1949

---

16 Besonders in: Die offene Gesellschaft der Verfassungsinterpreten, JZ 1975, S. 297 ff., jetzt in: *ders.*, Verfassung als öffentlicher Prozess, 1978, S. 155 ff (3. Aufl. 1998).

17 S. auch J. *Essers* »Vorverständnis und Methodenwahl« (1970, z. B. S. 158), an dessen vorangegangene Arbeiten (vor allem: Grundsatz und Norm in der richterlichen Fortbildung des Privatrechts, 1956) *Ehmke* allenthalben anknüpft (VVDStRL 20 (1963), S. 53 (54 ff., 76, 99).

18 S. die Sammelbände R. *Dreier/F. Schwegmann* (Hrsg.), Probleme der Verfassungsinterpretation, 1976, S. 164 ff.; H. J. *Koch* (Hrsg.), Seminar: Die juristische Methode im Staatsrecht, 1977, S. 485 ff. S. auch H. H. *Hartwich*, Sozialstaatspostulat und gesellschaftlicher status quo, 1970, S. 277 ff., 327 ff.; G. *Roellecke*, in: Festgabe BVerfG, Bd. II, 1976, S. 22 (34, 36); U. *Scheuner*, Staatstheorie und Staatsrecht, 1978, S. 235: Wechselbeziehung von Sachkompetenzen und Grundrechten; C. *Starck*, VVDStRL 34 (1976), S. 43 (74 f.). Zuletzt F. *Müller/R. Christensen*, Juristische Methodik II, 2003, S. 181.

19 Insofern liegt die – wenn auch entfernte – Parallele zu R. *Smend* Mitbericht, VVDStRL 4 (1928), S. 98 ff. nahe.

52   unter dem GG.[20] Vieles am Werk von *Horst Ehmke* gehört in dieses
       Kapitel.[21] [22]

20   S. z. B. den Streit um die Übernahme der »political question doctrine« auf
     der Freiburger Tagung selbst: Vorbehalte bei *E. Friesenhahn*, VVDStRL 20
     (1963), S. 121; *G. Leibholz*, ebd., S. 117 ff.; S. aber später *F. W. Scharpf*, Grenzen
     der richterlichen Verantwortung, 1965; *W. Haller*, Supreme Court und Po-
     litik in den USA, 1972, S. 180 ff., 353 ff. (dazu meine Bespr. in DVBl. 1973,
     S. 388 f.); *F. C. Zeitler*, Verfassungsgericht und völkerrechtlicher Vertrag,
     1974, S. 103 ff., ferner S. 138 f., 251, 266 f., 282 f., 285 f.; *R. Dolzer*, Die staats-
     rechtliche und staatstheoretische Stellung des BVerfG, 1972, S. 100 ff.;
     D. Göldner, Verfassungsprinzip und Privatrechtsnorm (...), 1969, S. 149 ff.
     (allg.), S. 188. – Repräsentative Werke, die aus dem Verfassungsrecht der
     USA für Deutschland »schöpften«: z. B. *H. Steinberger*, Konzeption und
     Grenzen freiheitlicher Demokratie, 1974; *R. Steinberg*, Politik und Ver-
     waltungsorganisation, 1979; *W. Brugger*, Grundrechte und Verfassungs-
     gerichtsbarkeit in den Vereinigten Staaten von Amerika, 1987. Politik-
     wissenschaftlich herausragend ist das Lebenswerk von *E. Fraenkel*, dazu
     z. B. *H. Kremendahl*, Pluralismustheorie in Deutschland, 1977, S. 186 ff.(vgl.
     meine Bespr. in FAZ vom 7.7.1978, S. 6); *van Ooyen*, a. a. O., S. 33 ff.
21   Aus der öffentlich-rechtlichen Habilitations- bzw. Dissertationslitera-
     tur, die in für das deutsche Verfassungsrecht *relevanter* Weise (und nicht
     nur ornamental) rechtsvergleichend im Blick auf die USA arbeitet: z. B.
     J. Pietzcker, Der Staatsauftrag als Instrument des Verwaltungshandelns,
     1978, S. 9 ff.; *E. Moeser*, Die Beteiligung des Bundestages an der staatlichen
     Haushaltsgewalt, 1978, S. 194 ff.; S. auch *H. Klein*, Koalitionsfreiheit im
     pluralistischen Sozialstaat, 1979, S. 22 ff. und die Studie von *J. Scherer*,
     Verwaltung und Öffentlichkeit, 1978, S. 41 ff.; zuletzt *A. Schmitt Glaeser*,
     Vorverständnis als Methode, 2004.
22   Der Einfluss der neueren *französischen* Staatsrechtslehre und Praxis aus
     der ersten Hälfte des 20. Jahrhunderts auf die deutsche Diskussion ist
     demgegenüber trotz mancher Hauriou-Rezeptionen unter dem GG seit
     1962 (dazu meine Bespr. von *M. Hauriou*, Die Theorie der Institution und
     zwei andere Aufsätze, hrsg. von *R. Schnur* (1965), DVBl. 1966, S. 120 f.)
     deutlich schwächer. Deutsche öffentlich-rechtliche Dissertationslite-
     ratur mit französischen Themen ist z. T. nachgewiesen in meiner Be-
     sprechung von *H. J. Hoenisch*, AöR 101 (1976), S. 484. S. noch *P. Häberle*, Die
     Wesensgehaltgarantie des Art. 19 Abs. 2 GG, 1. Aufl. 1962 (3. Aufl. 1983),
     bes. S. 73 ff. (zu Hauriou). Zu Duguit: *D. Grimm*, Solidarität als Rechtsprin-
     zip, 1973, S. 27 ff. – Bemerkenswert *D. H. Scheuing*, Les aides financières
     publiques, 1974. – Ein gutes Beispiel für deutsche Dissertationen über
     englisches Recht: *K. U. Meyn*, Die Verfassungskonventionalregeln im Verfas-

Mit diesem Referat hat sich *Ehmke* in den Staatsrechtslehrer- tagungen ein Forum geschaffen, auf dem er und von dem aus er in seinen späteren »rein wissenschaftlichen« (Freiburger) Jah- ren wirkte: teils als »streitbarer« Debattenredner [wichtig z. B. das Votum zu »Staat und Verbände«, VVDStRL 24 (1966), S. 94– 97, zu Gesetzgeber und Verwaltung (ebd. S. 230–232), Verwaltung und Schule (VVDStRL 23 (1966), S. 257–259, 276 f.), zum Staats- oberhaupt bzw. Bundespräsidenten mit der Gretchenfrage seiner Abschaffung (VVDStRL 25 (1967), S. 239)], teils als umsichtiger, temperamentvoller, witziger und souveräner Diskussionsleiter (VVDStRL 26 (1968), S. 261, 275, 284, 292 f., 296, 303 f., 307 sowie 25 (1967), S. 401, 408, 411 ff.). Freilich konnte er nicht die um- strittenen Äußerungen von Bundesverfassungsrichter *Leibholz*[23] zur staatlichen Parteienfinanzierung verhindern.

Die Anstöße, die von diesem Forum der Staatsrechtslehrer ausgingen und noch ausgehen, wären gesondert zu würdigen.[24] Hier sei nur festgehalten, dass das auf Staatsrechtslehrertagun- gen *gesprochene* Wort *Ehmkes*[25] und sein »agonales« Verständnis von

---

sungssystem Großbritanniens, 1975; *M. H. W. Koch*, Zur Einführung eines Grundrechtskatalogs im Vereinigten Königreich von Großbritannien und Nordirland, 1991.

23 Zu den »Folgen« vgl. BVerfGE 20, 1, 9, 26; dazu *H.-R. Lipphardt*, Die Gleich- heit der politischen Parteien vor der öffentlichen Gewalt, 1975, S. 463 Anm. 27; *H. Zwirner*, AöR 93 (1968), S. 81 (84 ff., 132 ff.).

24 Vgl. für *G. Dürig*: mein Geburtstagsblatt, Staatsrechtslehrer im Verfas- sungsleben, jetzt in: *P. Häberle*, Die Verfassung des Pluralismus, 1980, S. 110 (113 f.); allgemein zur VDStRL: *H. P. Ipsen*, AöR 97 (1972), S. 375 ff.; *U. Scheuner*, ebd., S. 349 ff. (für Weimar); S. auch *Scheuner*, VVDStRL 31 (1973), S. 7 ff. – Ein Forschungsprogramm bei *P. Häberle*, in: *ders.*, Verfas- sung als öffentlicher Prozeß, 1978, S. 128 Anm. 38 (3. Auf. 1998). S. auch meinen Beitrag: Ein »Zwischenruf« zum Diskussionsstand in der deut- schen Staatsrechtslehre, FS H. Maier, 1996, S. 327 ff.; S. auch *ders.*, Die ge- schlossene (?) Vereinigung der deutschen Staatsrechtlehre – ihr offenes Diskussionsforum, FS Tsatsos, 2003, S. 164 ff.

25 *Ehmke* hat sich gern auf seine hanseatische Heimatstadt Danzig berufen (vgl. VVDStRL 24 (1966), S. 230 f., s. auch die Replik von *K. Vogel*, ebd., S. 232). *G. Grass* seinerseits hat *Ehmke* literarisch »unsterblich« gemacht: vgl. *G. Grass*, Tagebuch einer Schnecke, 1972, S. 58, 59, 62, 68 f.: »Sobald

Wissenschaft für ihn ebenso kennzeichnend waren wie sie bis heute wirkungsvoll geworden und geblieben sind.[26]

Nur auf den ersten Blick nimmt der Bonner Probevortrag »›Ermessen‹ und ›unbestimmter Rechtsbegriff‹ im Verwaltungsrecht« (1960)[27] einen Nebenplatz ein: Bei näherem Zusehen zeigt sich, dass im nur vordergründig »technischen« Verwaltungsrecht allenthalben verfassungstheoretisches Grundsatz- und Tiefendenken am Werke ist. Und gerade diese Arbeit offenbart bei heutiger Lektüre eine (für *Ehmke* auch stilistisch ja typische) große »Frische«. In dem Augenblick, als die Praxis der Gerichte, begleitet, ja »angeleitet« von der Wissenschaft, die richterliche Kontrolle unter dem Banner des Art. 19 Abs. 4 GG weit, ja zu weit in den Verwaltungsbereich vorangetrieben hatte, schrieb *Ehmke* diese Arbeit sozusagen antizyklisch – als ein Plädoyer für den Handlungsspielraum der Verwaltung. Damals war er mit wenigen Streitgenossen fast allein: Heute markiert dieser Vortrag rück-

Sontheimer, Baring, Gaus, Jäckel d. Ä. und ich auf Ehmke und Eppler (die beide Minister sind) stoßen, beginnen sich schon oder bald Vierzigjährige mit Worten einzureißen, wobei jeder im anderen seinen eigenen, klapprig gewordenen Pragmatismus erkennt und verschrotten möchte: wir mögen uns nur teilweise … Nichts, das Ehmke nicht besser wüsste …. Da wir zu allererst uns nur mißtrauen – sogar Ehmke tut das, sobald er sich Pausen einräumen muß – sehen wir keinen Grund, anderen weniger zu mißtrauen. Trickspieler, die nicht müde werden, sich beim Schummeln zu ertappen. Wir sind unheilbar fleißig. (…) – Beim Landsmann Ehmke kaschubische Heiterkeit. Er guckt sich gefräßig Fotos an, findet sich überall prima drauf (»Mänsch Hotten!«). (…) Mal sehen, ob das geht: … Aufbau von Wählerinitiativen während der Vorwahlkampfzeit in fünfzig Wahlreisen; … Ehmke tut so, als habe er uns erfunden (…)«.

26 Auch in den schriftlichen Referaten bleibt der Freiburger Mitbericht von *H. E.* präsent: z. B. *R. Alexy*, Verfassungsrecht und einfaches Recht, VVDStRL 61 (2002), S. 7 (13); *C. Link*, Staatszwecke im Verfassungsstaat, VVDStRL 48 (1990), S. 7 (42 f.); *K. Korinek*, Die Verfassungsgerichtsbarkeit (…), VVDStRL 39 (1981), S. 7 (48); *K. Schlaich*, ebd., S. 99 (113).

27 Die Probevorlesung ist zugleich ein Beispiel für den Typus einer juristischen Fakultät als Forschergemeinschaft: Fast alle damaligen Bonner Professoren und Dozenten sind »angesprochen« (*Flume* ebenso wie *Stratenwerth*, *Scheuner* wie *Friesenhahn*).

Horst Ehmke als Wissenschaftler

blickend den *Beginn* eines Prozesses des Umdenkens, der in der Rechtsprechung sich dann schlagartig etwa in den berühmten Entscheidungen des BVerwG zu § 131 AO[28] und des Gemeinsamen Senates[29] zeigte. Im Verlauf der »Wellenbewegungen« in der Lehre vom Ermessen und unbestimmten Rechtsbegriff[30] war *Ehmke* sehr früh eine – salopp formuliert – neue »Welle«. Auch in der weiteren Diskussion ist diese »verwaltungsrechtliche« Arbeit wirkkräftig.[31]

III.

Personenbezogenes wissenschaftliches Arbeiten war *Ehmke* nicht fremd. Das zeigt sich nicht nur »äußerlich« in persönlichen Widmungen (z. B. seiner Dissertation: »Dem Göttinger *Smend-Seminar*«, 1953, der Habilitationsschrift: »Meinem Lehrer *Rudolf Smend*«, der Rotteck-Studie an *Arnold Berstraesser*, des Bandes »Politik der praktischen Vernunft« an *Adolf Arndt* – den »realen Humanisten«,

---

28 BVerwGE 39, 197 ff.; vgl. dazu O. *Bachof*, JZ 1972, S. 208 ff.; F. *Ossenbühl*, DÖV 1972, S. 401 ff.

29 GemSOBG NJW 1972, S. 1411 ff.; vgl. dazu O. *Bachof*, JZ 1972, S. 641 ff.; H. *Kellner*, DÖV 1972, S. 801 ff. Dazu aber auch H. *Maurer*, Allgemeines Verwaltungsrecht, 11.Aufl. 1997, S. 134.

30 Dazu *Bachof, Ule*, VVDStRL34 (1976), S. 276, 310 f. (Diskussion).

31 Vgl. P. *Häberle*, Öffentliches Interesse als juristisches Problem, Freiburger Habilitationsschrift, 1970 (2. Aufl. 2006), S. 595 ff., bes. 627 f., 631, 633, 646, 653, 656 ff., 685, 691 ff. – Allgemein ferner H. *Soell*, Das Ermessen der Eingriffsverwaltung, 1973 (dazu meine Bespr. in: JZ 1976, S. 191 f.); H.H. *Lohmann*, Die Zweckmäßigkeit der Ermessensausübung als verwaltungsrechtliches Rechtsprinzip, 1972, S. 42, 81, 87, 91 u. ö.; R. *Scholz*/ E. *Schmidt-Aßmann*, VVDStRL 34 (1976), S. 145 (164, 166) bzw. S. 220 (252); H. *Schulze-Fielitz*, Sozialplanung im Städtebaurecht, 1979, S. 302 ff.; R. *Pfaff*, Planungsrechtsprechung und ihre Funktionen, 1980, S. 98 Fn. 100, 119 Fn. 89; s. auch K. *Larenz*, Methodenlehre der Rechtswissenschaft, 4. Aufl. 1979, S. 281 f. (Anm. 23); K. *Engisch*, Einführung in das juristische Denken, 7. Aufl. 1977, S. 111 ff. i. V. m. Anm. 123, 126, 129, 132, 139. Zum Diskussionsstand heute: H. *Maurer*, Allgemeines Verwaltungsrecht, 11. Aufl. 1997, S. 119 ff.

1969[32]), in seiner (Mit-) Herausgebertätigkeit (für *Adolf Arndt* hinsichtlich dessen Festschrift, 1969, und dessen Politische Reden und Schriften, 1976; ebenfalls bei der Festschrift für *Carlo Schmid*, 1972) oder in Geburtstagsansprachen (für *Ulrich Scheuner* in der von ihm mit herausgegebenen FS Scheuner, 1973, S. 11 ff.: unnachahmlich in ihrer Mischung von Verehrung und Kritik, Anerkennung und »Mahnung« für den Habilitationsvater!). Es zeigt sich in dem Nachruf auf *O. Kirchheimer* aus dem Jahre 1966, und es zeigt sich – noch mehr »gefiltert« – in der Besprechung des großen Buches von *E. Fraenkel*: »Das amerikanische Regierungssystem« aus dem Jahre 1962. In all diesen Äußerungen wird spürbar, wie sehr auch für *Ehmke* hinter Sachlich-Wissenschaftlichem immer etwas Persönlich-Menschliches durchschimmert. Im Bekenntnis zu seinen Lehrern *Rudolf Smend, Adolf Arndt* und *Ulrich Scheuner* ist immer auch die Sache – sind ihre »Sachen« – mitgemeint und umgekehrt.

Wissenschaftliche Entwicklung lässt sich gerade in einer offenen Gesellschaft von bestimmten Persönlichkeiten und Vorbildern nicht trennen. Auch und besonders die Wissenschaft verlangt »Erziehung«: zum Handwerklichen, zur Unbestechlichkeit, zur Fairness, zum Ernstnehmen des »Gegners«, zur Bereitschaft, den eigenen Standpunkt (offen!) zu modifizieren, so schmerzlich dies sein mag. Erst die Sachlichkeit schafft wissenschaftliche Freiheit. Es gibt keinen »Meister« ohne Lehrjahre und Vorbilder, jedenfalls nicht in der nationalen und europäischen Verfassungsrechtswissenschaft[33].

Die Freiburger Antrittsvorlesung über *Karl v. Rotteck* (1964) war, so paradox es klingen mag, ein Stück Freiburger »Abschiedsvorlesung«; jedenfalls rückblickend mag es so erscheinen: als »self-

---

32 Ehmke war wissenschaftlicher Assistent bei *A. Arndt* im Deutschen Bundestag (1952–1956). S. auch die Würdigung *A. Arndts* durch *H. Ehmke*: Adolf Arndt: Die Macht des Rechts, JöR 50 (2002), S. 159 ff.

33 Auch in der Festschriften-Literatur – im Glücksfall ein Konzentrat guter Wissenschaft – bleibt *H. Ehmke* präsent, z. B.: *C. Starck*, Das Verwaltungsermessen (...), FS Sendler, 1991, S. 167 (168, 172); *F. Ossenbühl*, Staat und Markt ..., FS Quaritsch, 2000, S. 235 (251); *U. Di Fabio*, Der offene Staat ..., FS K. Vogel, 2000, S. 3 (6).

fulfilling prophecy«. Denn der Vortrag trägt den Zusatz:»Der
politische Professor«. *Ehmke* hat sich zwar wohl immer mehr oder
weniger als solcher verstanden. Sein (materialgesättigter) Aus-
flug in die verfassungsgeschichtliche Biographie (*Karl von Rottecks*)
war aber wohl zugleich eine Art vorweggenommene Erkundung
der eigenen Möglichkeiten, Hoffnungen und Wünsche (?).»Der
politische Professor«[34]: Das war damals nicht nur in Freiburg/
Br. (auch im Hörsaal und Seminar, in der Fakultät und ihrer
»Ambiance«) etwas Neues. Denn Professorentum und Politik, das
blieben auch bei einem (deutschen) Rechts- oder Staatsrechtslehrer herkömmlich»zwei Welten«. Sie hat *Ehmke* in seiner Freiburger Antrittsvorlesung wissenschaftlich zusammengedacht:[35]
Er hat sie in den späteren Jahren noch energischer zusammen-
gelebt, vielleicht zu sehr.

IV.

Das führt zu den *politischen Implikationen* bzw.»Vorgaben« in der
Sache, aber auch zu den politischen Antriebskräften bei *Horst
Ehmke* persönlich. Sie sollen hier nur kurz skizziert werden, sofern
und soweit sie sich in seinem wissenschaftlichen Werk objekti-
viert haben. Das politische Moment»im kleinen« steckte gewiss
auch schon in seinem erwähnten Plädoyer für das»Ermessen« der
Verwaltung; es zeigt sich aber auch vor allem schon in Passagen
der Göttinger Dissertation (S. 123:»immer neue Katharsis« des
politischen Gemeinwesens), und es tritt in den späteren Schriften

---

34 Dazu (unter Hinweis auf *H.E*) H. *Hofmann*, Repräsentation, 4. Aufl. 2003,
   S. 446, 451.
35 In Gestalt der Tätigkeit als geschäftsführender Mitherausgeber des AöR
   (seit 1964) neben O. *Bachof* und W.*Mallmann* nahm er auch auf die Ausrichtung einer führenden öffentlich-rechtlichen Zeitschrift Einfluss: Die
   konsequenten Rechtsprechungsberichte haben in jener Zeit begonnen
   [vgl. AöR 90 (1965), S. 205 ff. (A. *Köttgen*), 341 ff. (*P. Lerche*), 452 ff. (*W. Weber*)].
   Aktive»Redaktionspolitik«, für den Wissenschaftsprozess unverzichtbar,
   war *Ehmke* bis zuletzt ein großes Anliegen. Sie ist heute für jede Fachzeit-
   schrift dringender denn je.

immer stärker zu Tage: im Plädoyer für die »Political Question Doctrine«, in der Arbeit für den deutschen Juristentag über die parlamentarischen Untersuchungsausschüsse (1964), naturgemäß sich ständig intensivierend[36] dann in den »verfassungspolitischen« Arbeiten der Bonner Zeit (zunächst als Staatssekretär unter Bundesjustizminister *G. Heinemann*, s. dessen ebenso bekannte wie treffende Charakterisierung *Ehmkes* mit den Worten: »fröhliche Unbekümmertheit«): beginnend mit dem Beitrag (1969) in der FS für *A. Arndt* über »Verfassungsrechtliche Fragen einer Reform des Pressewesens«. Das Engagement vor dem BVerfG im Jahre 1974 im Verfassungsstreit zu § 218 StGB[37] schließlich kehrt in manchem wieder zu früheren Äußerungen, z. B. zur Verfassungsinterpretation, zurück (z. B. S. 558)[38] (s. auch *H. E.*: Eine alte

---

36 Vgl. auch *H. Ehmke*, Parlamentarische Untersuchungsausschüsse und Verfassungsschutzämter, DÖV 1956, S. 417 ff.; dazu zuletzt wieder *H.-P. Schneider*, NJW 1978, S. 1601 (1605); *C. Gusy*, DÖV 1980, S. 431 (436). – Erwähnt sei auch *Ehmkes* Prozessvertretung im »Spiegel-Prozess« (vgl. BVerfGE 20, 162 ff.). – Die gemeinsam mit dem Bonner Friesenhahn-Seminar im Frühjahr 1962 unternommene Israelreise (vgl. dazu: Bericht über eine Studienreise junger deutscher Juristen aus Bonn und Freiburg nach Israel (4. März bis 5. April 1962), hrsg. von *E. Friesenhahn* und *H. Ehmke*, Basel 1963) hatte fachlich-juristische und im weiteren Sinne politische Zwecke und Themen.

37 Auch gesondert erschienen: *H. Ehmke*, Die Fristenregelung und der Gesetzgeber, 1975. Dazu *C. Landfried*, Bundesverfassungsgericht und Gesetzgeber, 1984, S. 92.

38 Vgl. auch den Beitrag *Ehmkes* in den zwei von *J. Habermas* herausgegebenen Bänden: Stichworte zur »geistigen Situation der Zeit« (1979), Bd. I, S. 51 ff.: »Was ist des Deutschen Vaterland?«. Abgesehen von *Ehmke* vertritt kein Autor in diesem Band die Vereinigung der Deutschen Staatsrechtslehrer. Zwar schreibt *J. Seifert* über das Thema: »Haus oder Forum: Wertsystem oder offene Verfassung«, Bd. II, S. 321 ff.; er greift auch manche Gedanken der aktuellen verfassungsrechtlichen Diskussion auf, wenn auch nicht immer mit Nachweisen. Doch hätten ihm trotz »informierter Willkür« Autoren zur Seite gestellt werden müssen – wenn der Band »repräsentativ« auch für das Spektrum der verfassungsrechtlichen und politischen Diskussion zum Grundgesetz sein wollte. Bei manchen Beiträgen dieses Bandes fällt auf, wie wenig »kritische Sympathie« (*W. Scheel*) mit unserem politischen Gemeinwesen und seinem

Frage neu gestellt: Zur Diskussion um die Einführung von Volksabstimmungen[39]).

Es wäre reizvoll zu untersuchen, ob und inwiefern die kon-
krete Verantwortung in der Bonner Partei und die »Bindungen
der Praxis« (auch als Kanzleramtsminister unter Bundeskanzler
W. Brandt) Auswirkungen auf das wissenschaftliche Denken und
Schreiben Ehmkes gezeitigt haben (und umgekehrt)[40], ob sich Ak-

Grundgesetz seit 1949 festzustellen ist. Allgemein zum Problem »Die BR
Deutschland in der Literatur« H. Koopmann, in dem Sammelband:. Becker
(Hrsg.), 30 Jahre Bundesrepublik Deutschland, Tradition und Wandel,
1979, S. 123 ff.; P. Häberle, Das Grundgesetz der Literaten, 1983. Das gibt
auch zu selbstkritischen Fragen Anlass, ob die deutsche Staatsrechtslehre
nach 1949 immer alles getan hat, um sich über die Fachkreise hinaus, z. B.
in Politischer Wissenschaft, Soziologie, aber vor allem in der »Schönen
Literatur« einer breiteren Öffentlichkeit verständlich zu machen und
Gehör zu finden. Erfreulich ist immerhin, dass in führenden Tageszei-
tungen wie der FAZ (z. B. C. Starck, FAZ vom 9. 2. 1980; K. Kröger, FAZ vom
28. 12. 1979) oder der FR (z. B. H.-P. Schneider, FR vom 8. 8. 1978; I. Staff, FR
vom 11. 11. 1978; K. Lange, FR vom 8. 2. 1979) Staatsrechtslehrer gelegentlich
zu Wort kommen; zuletzt etwa C. Möllers, FAZ vom 15. 2. 2006, S. 39. Auch
»Der Spiegel« bringt gelegentlich Staatsrechtslehrerzitate, z. B. in Sachen
Verfassungsgerichtsbarkeit (vgl. die Serie von 1978). In der Schweiz besteht
hier eine größere und bessere Tradition: vgl. etwa für die NZZ die Aufsätze von W. Kägi (zitiert nach der Bibliographie der ihm gewidmeten
Festschrift, 1979, S. 443 ff.) oder von Hans Huber (Nachweise in dessen:
Ausgewählte Aufsätze, 1971, S. 623 ff.). Wohl dank seiner St. Galler Lehr-
tätigkeit (1981–1999) kam der Verf. ebenfalls in der NZZ zu Wort, z. B. NZZ
vom 20. 11. 1990, S. 23: »Eine Werkstatt für Verfassungspolitik« sowie vom
7./8. 12. 1991, S. 25: »Im Dienste der Europäisierung Europas«.
39 In: Die Neue Gesellschaft, 1988, S. 247 ff. Siehe auch ebd. Nr. 4 (1988),
S. 2 ff.: Deutsche »Identität« und unpolitische Tradition; H. E., Reformpolitik und »Zivilgesellschaft«, 2001.
40 Ehmkes starkes Engagement für Planung im Kanzleramt unter Bundeskanzler W. Brandt (vgl. z. B. H. E., Planung im Regierungsbereich, in:
Bulletin des Presse- und Informationsamtes der Bundesregierung vom
16. 12. 1971, S. 2026 ff.) dürfte nicht zuletzt die praktische Umsetzung eines
»Freiburger Themas« sein: vgl. die seit 1965 von J. H. Kaiser herausgegebenen Bände: Planung I ff. In diesen Kontext gehört die praktische und
theoretische Arbeit von R. Jochimsen, vgl. z. B. seine Aufsätze in: Bulletin

zentverlagerungen etwa beim Verfassungsbegriff, bei der Einord-
nung der Aufgabe- des politischen Prozesses, auch der Opposition
(!) nachweisen lassen. Das kann und will dieser Beitrag indes
nicht leisten.

Wenn der Verfasser an dieser Festgabe mitwirkt, so nicht nur
aus bleibender Hochachtung vor dem wissenschaftlichen Werk
von *Horst Ehmke*, sondern auch aus persönlicher Dankbarkeit: Er
war von Ende 1961 bis Herbst 1966 als Ehmkes (und *K. Hesses*) wissenschaftlicher Assistent in Freiburg/Br. tätig und blickt gerne
auf diese harten, aber fruchtbaren Lehrjahre zurück. Die beiden
Freiburger verfassungsrechtlichen Seminare von *K. Hesse* (seit
1956) und *H. Ehmke*[41] (1961–1966) ergänzten sich fast ideal – sie

---

des Presse- und Informationsamtes der Bundesregierung vom 16.7.1970,
S. 949 ff., vom 23.7.1971, S. 1236 ff. sowie vom 9.6.1972, S. 1179 ff., ferner
R. *Jochimsen*/P. *Treuner*, Staatliche Planung in der BR Deutschland, Beilage
zur Wochenzeitung Das Parlament B 9/1974 S. 29 ff. Zum ganzen auch:
J. H. *Kaiser*, VVDStRL 29 (1971), S. 116 (117); U. *Scheuner*, Staatstheorie und
Staatsrecht, 1978, S. 374, 409 f.

41 Folgende von *Ehmke* als Erstreferent angeregte bzw. betreute Freiburger
juristische Doktorarbeiten sind als gedruckte Bücher erschienen und
beachtet worden (z. T. mit *K. Hesse* bzw. *W. v. Simson* betreut): F. W. *Scharpf*
(Anm. 20); E. *Wienholtz*, Normative Verfassung und Gesetzgebung, 1968;
H. H. *Klumpp*, Landesrecht vor Bundesgerichten im Bundesstaat des
Grundgesetzes, 1969; M. *Quilisch*, Die demokratische Versammlung, 1970;
H. *Ehringhaus*, Der kooperative Föderalismus in den Vereinigten Staa-
ten von Amerika 1971; St. *Pelny*, Die legislative Finanzkontrolle in der
BR Deutschland und in den Vereinigten Staaten von Amerika, 1972;
J. *Glückert*, Die Arbeitskampfschutzklausel des Art. 9 Abs. 3 S. 3 GG, 1973;
U. *Bopp*, Der Gewissenstäter und das Grundrecht der Gewissensfreiheit,
1974. – Weitere »Freiburger« Arbeiten aus jener Zeit, die mit *Ehmkes* Frei-
burger Wirken in Zusammenhang stehen, vgl. M. *Schmitz*, Die Freund-
Feind-Theorie Carl Schmitts, 1965; W. *Billing*, Das Problem der Richterwahl
zum Bundesverfassungsgericht, 1969. – Zu *K. Hesse* und seinem berühm-
ten Seminar: P. *Häberle*, Zum Tode von Konrad Hesse, AöR 130 (2005),
S. 289 ff. – Allgemein zur »Freiburger Schule«: F. *Günther*, Denken vom
Staat her, 2004.

42 Für *Ehmkes* Freiburger Zeit wäre es ebenso reizvoll wie ergiebig, Querverbindungen, Anregungen, Wahlverwandtschaften nachzuweisen zu Forschern wie *Hans Maier* (vgl. aus dessen Oeuvre: Die ältere deutsche Staats- und Verwaltungslehre, 1966 (2. Aufl. 1980); *ders.*, Katholische Sozial- und Staatslehre und die neuere deutsche Staatsrechtslehre, AöR 93 (1968), S. 1 ff.) oder *R. Bäumlin* (Staat, Recht und Geschichte, 1961). Auch der so früh verstorbene Ökonom *R. Jochimsen* gehörte in diesen Kreis.
43 Zu *H. E.*, »Mittendrin – von der Großen Koalition zur Deutschen Einheit«, 1994: *J. Fischer*, Raufbolzen und Lästermaul, Der Spiegel vom 14. 3. 1994, S. 54 ff. – Nach wie vor aktuell: *H. Ehmke*: »Wir sind den USA verpflichtet«, Die Welt vom 21. 1. 1980, S. 3. Zuletzt: *H. E.*, Das BVerfG und Europa, in: integration, 3/1998, S. 168 ff.

Freiburger Anfänge

Er war anders als die anderen. Wie ein Wirbelwind tauchte
er 1961, eben 34 Jahre alt, im geruhsamen Freiburg auf. Die Freiburger Juristen und Volkswirte hatten den gebürtigen Danziger
als Extraordinarius in die ehrwürdige Rechts- und staatswissenschaftliche Fakultät berufen, in der die Traditionen der »Gesamten Staatswissenschaft« bis in die Gegenwart lebendig geblieben
waren. Auch die »Freiburger Schule« der Nationalökonomie, die in
der Nachkriegszeit eine politische Rolle spielen sollte, verdankte
ihre Entstehung dieser Zusammenarbeit von Ökonomen und Juristen – Hans Großmann-Doerth, Walter Eucken, Constantin von
Dietze, Franz Böhm. In diese Umgebung passte Ehmke gut hinein,
weil ihn das Verhältnis von Recht und Wirtschaft schon immer
interessierte und weil er 1961 mit seiner monumentalen Habilitationsschrift »Wirtschaft und Verfassung« – sie behandelte
die Rechtsprechung des Supreme Court zur Wirtschaftsregulierung – ein neues breites Feld der Diskussion, nämlich das amerikanische, eröffnet hatte. (Er bezweifelte manchmal in lockeren
Gesprächen, ob die Freiburger Väter der »Sozialen Marktwirt-
schaft« in ihrer Praxis jemals größere Betriebe gesehen hätten als
mittelständische mit ein paar hundert Beschäftigten!).

Horst Ehmke kam nach Freiburg mit einer doppelten »Weihe«:
Er war »Amerikaner«, und er war »Göttinger«. Beides war ungewohnt und ergab verblüffende, manchmal faszinierende
Mischungen. Auf der einen Seite der ungezwungene Umgang
zwischen Professoren und Studenten, die kritische Offenheit,
der sportlich-legere Ton, wie sie auf dem Campus von Princeton
üblich waren (Ehmke war dort einer der ersten Austauschstuden-
ten nach dem Krieg) – auf der anderen die Esoterik des Göttinger
Seminars von Rudolf Smend, bei dem er promoviert hatte, ge-
heimnisumwittert, exklusiv, Pflanzstätte eines neuen Staats- und

Kirchenrechts (und Ursprung bedeutender Schüler wie Wilhelm
Hennis und Konrad Hesse).

Ehmke konnte im Umgang mit Studenten und Kollegen blitz-
schnell von einem Ton zum anderen wechseln: von schnodd-
riger Direktheit zu mahnendem Nachdruck, von fröhlicher Respektlosigkeit zu bewundernder, ja ehrfürchtiger Demut vor den
(wenigen) Großen, die er schätzte und verehrte. Er und seine Frau
Theda – sie hatten bald ein eigenes Haus in einem Neubauviertel
im Freiburger Osten – waren überaus gastfreundliche Leute. Bei
Besuchen und Gesprächen herrschte eine muntere Stimmung,
von Feierlichkeit keine Spur (ich erinnerte mich wehmütig daran, als ich Mitte 1962 unmittelbar vor meiner Habilitation die
steife Besuchstour bei den Mitgliedern der Philosophischen Fakultät absolvierte, unter ihnen viele Berühmtheiten: wie viele
Demutsbezeugungen, wie viele Verbeugungen waren nötig!). Die
Ehmkes dagegen kamen problemlos zu uns nach Hause, als ich
gerade frisch habilitiert (und jung verheiratet!) war: sie läuteten,
und Horst rief meiner Frau wie aus der Pistole geschossen zu: »Ist
die Suppe schon fertig? Wir haben Hunger!«

Diese ungezwungene Art zog viele jüngere Leute an, und so
gehörten bald nicht wenige Nachwuchswissenschaftler in Freiburg, Juristen, Ökonomen, Historiker, Politikwissenschaftler,
zum Freundeskreis des jungen, 1963 zum Ordinarius ernannten Rechtsprofessors – ich nenne nur Peter Häberle, Alexander
Hollerbach, Manfred Hättich, Alexander Schwan. Es gehörte zum
Stil des kollegialen Umgangs, den Ehmke pflegte, dass er, als er für
die Staatsrechtslehrer-Vereinigung ein Referat über »Prinzipien
der Verfassungsinterpretation« vorbereitete, die Fachkollegen,
jüngere und ältere, einlud, um seine Thesen vorzutragen und
zur Diskussion zu stellen. Daraus ergaben sich höchst leben-
dige, oft kontroverse Gespräche. Respekt vor Königsthronen war
Ehmke fremd. Zu einer Berühmtheit bemerkte er nach einem
verunglückten Diskussionsbeitrag spitz, der verehrte Kollege
habe wohl »noch einen gewissen Nachholbedarf an Verfassungstheorie«. Den ungelenken Beiträgen der Studenten dagegen begegnete er hilfreich. Überhaupt kümmerte er sich sehr um die

Studenten und widmete ihnen viel Zeit – keineswegs nur bei wissenschaftlichen Gesprächen, auch bei Wanderungen, bei Fahrten am Oberrhein im Sommer und bei winterlichen Rodelpartien im Schwarzwald. Wir wussten, dass Ehmke Sozialdemokrat war (die Mehrzahl von uns stand eher den Unionsparteien nahe). Doch wir kooperierten miteinander bei den vielfältigen Aktivitäten der politischen Bildung, um die sich in Freiburg viele Menschen mühten (von Marianne Grewe bis zu meinem Lehrer Arnold Bergstraesser, der damals ein ganzes Netz staatsbürgerlicher Bildungseinrichtungen über das Land Baden-Württemberg zog). Politische Bildung hatte in der Nachkriegszeit auch an der Universität ihren festen Sitz. Die Studenten waren in den fünfziger und frühen sechziger Jahren – entgegen der späteren Legende – durchaus politisch interessiert und engagiert; nur eben breiter, vielfältiger und kontroverser als in den ideologisch einförmigen Jahren der Studentenbewegung nach 1968. Ein fester Bestandteil des Freiburger Studium generale war das Colloquium politicum, in dessen Veranstaltungen alles auftauchte, was Rang und Namen hatte, von Robert Schuman bis zu Henry Kissinger, von Bruno Kreisky bis zu Raymond Aron. Ehmke bereicherte das Spektrum durch den von ihm gegründeten Ernst-Reuter-Kreis. Der Name war – nach der erfolgreich überstandenen Berliner Blockade und nach der Neupositionierung der SPD in Godesberg – ein politisches Programm. Er stand für Festigkeit, Reformwillen, Offenheit, für eine erneuerte Sozialdemokratie. Ehmke war auch Vertrauensdozent der Friedrich-Ebert-Stiftung. Die Aktivitäten der Gegenseite betrachtete er neugierig, gelegentlich mit mildem Sarkasmus – so als er uns mit Blick auf den bevorzugten Ferienort des »Alten« vorschlug, wir sollten uns doch einfach »Die Cadenabbia« nennen!

Meine Neugier zielte natürlich auch auf die Herkunft Ehmkes – auf sein Ostpreußentum, seinen Protestantismus, seine Denk- und Lebensweise, sein »Innenfutter« überhaupt. Das Ergebnis war nicht eindeutig. Natürlich war Ehmke bibelkundig, religiös gebildet, kenntnisreich in Kirchengeschichte und Kirchenrecht –

wie hätte es bei einem Schüler Rudolf Smends anders sein können. Aber er bekannte den Freunden auch mit Freimut, nach
dem Besuch der christlichen Stätten im Heiligen Land seien
ihm Bultmanns Thesen zur Entmythologisierung erst richtig
aufgegangen. Gegenüber den preußischen Überlieferungen, der
Verbindung von religiöser Orthodoxie und strengem Pflicht-
bewusstsein, militärischem Geist und Sendungsglauben war er
eher skeptisch. Dagegen hatte er keinerlei Vorurteile gegenüber
Katholiken (wie sie unter protestantischen Akademikern damals noch recht häufig waren!), und dies nicht nur, weil Katho-
lisches an der Freiburger Universität und in der oberrheinischen
Umwelt häufiger vorkam als anderswo. Etwas vom rheinischen
Katholizismus schien ihn in seiner Bonner Zeit berührt zu haben,
die Lebensfreude, die Gelassenheit, das augenzwinkernde Einverständnis mit der Welt. Er schwärmte von Köln und erzählte
begeistert Kölner Witze. Einer davon entsetzte die Protestanten
und vergnügte die Katholiken: Ein junger Mann, lebenslustig,
ausgekocht, Bonvivant mit entsprechenden Erfahrungen kniet
nach einer langen Beichte mit vielen Sünden in der Kirchenbank
im Kölner Dom und betet seine Buße – als plötzlich der Beicht-
vater aus dem Beichtstuhl kommt und quer durch den Dom auf
ihn zugeht. Er schaut entsetzt – was erwartet ihn wohl? Noch
ein längeres Bußgebet? Eine Zornesrede? Gar die Verweisung aus
dem Dom? Nein, der Pfarrer lächelt verständnisvoll und sagt auf-
munternd: »War schön in Kölle, was?«

Dann habe ich Horst Ehmke aus den Augen verloren. Ich ging
nach München, wo ich Politikwissenschaft zu lehren begann, neben dem berühmten und so ganz anderen Meister Eric Voegelin.
Ehmke dagegen ging in die Politik. In den Jahren der Studentenrevolte trafen wir uns wieder in München. Er hielt, damals
Staatssekretär im Bundesjustizministerium, an der Münchner
Universität einen Vortrag über die Notstandsgesetze. Der Hörsaal
war brechend voll. Die Münchner Matadore der Revolte, Pohle
und Jendis, waren anwesend – aber auch die Gegenseite war da:
Manfred Schreiber, der Münchner Polizeipräsident, Peter Lerche
(den Ehmke immer sehr bewundert hat!) und ich. Die Atmosphäre

war gespannt. Man erwartete jeden Augenblick einen Ausbruch, doch es blieb ruhig. Horst Ehmke beherrschte das Thema und beherrschte die Szene – es war eindrucksvoll, fast ein Lehrstück. Am Ende machte Frau Lerche, promovierte Biologin, dem politischen Jungstar aus Bonn ein Kompliment:»Schade, dass Sie nicht in der Wissenschaft geblieben sind!«

Dann sah ich – inzwischen selbst in der Politik – Horst Ehmke wieder im Deutschen Bundestag. Am 14. Februar 1974 hielt ich dort als bayerischer Kultusminister eine Rede in einer Debatte, in der es um die »Solidarität der Demokraten« ging. Hinterher kam Horst Ehmke an die Bundesratsbank, winkte mir zu und sagte wie im Seminar:»War eine ordentliche Rede!« Kurz danach, am 6. Mai 1974, trat Willy Brandt nach Entdeckung der Spionagetätigkeit seines Referenten Günter Guillaume zurück. Ich dachte später oft: Musste Horst Ehmke als Kanzleramtsminister und »Mann fürs Grobe« als Folie dienen – als Kontrastbild für den sensiblen Willy Brandt? Musste er »böse« werden, damit der andere der »gute Mensch« blieb, den die Medien feierten und schon zu Lebzeiten zur Legende machten?

Jedenfalls: ich denke gern an die kurze, schöne Zeit in Freiburg zurück, an die Aufbruchsstimmung, die damals herrschte, an die vielen Weggefährten, zu denen auch Horst Ehmke gehörte. Er nahm an meinem Leben, an meiner akademischen Karriere Anteil, obwohl ich kein Jurist und nicht sein Schüler war. Aber auch die Historie, die Politikwissenschaft, die Philosophie interessierten ihn eben. Er blickte über die Fach- und Zunftzäune hinaus. Einmal sah er mich bei einer der Vorlesungen, die ich als junger Privatdozent hielt, durch die Glaswand (es war ein Behelfsraum). Ich trug damals die Haare noch länger und las über das Katheder gebeugt. Er spottete:»Eindrucksvoll, diese Haare; und wenn die später erst einmal weiß sind – gar nicht auszudenken!«

Nun, das Alter kommt schneller, als man denkt, beim einen wie beim andern. Gratulation also und Gruß eines mittlerweile Fünfundsiebzigjährigen an den Achtzigjährigen zum 4. Februar 2007 – und gute Wünsche für die Zukunft. War schön in Freiburg – was?

Horst Ehmke als Wissenschaftler

Der freche, junge Professor

Es war ein unerhörter Vorgang. Zumindest hatte es in der baden-württembergischen SPD, die zwar bis heute unbedeutende Wahlergebnisse einfährt, aber damals in ihrem Inneren der Tradition des Landes entsprechend auf überkommene Regeln und (Geschäfts)Ordnungen hielt, derartiges bis dato nicht gegeben. Es war Landesparteitag in Offenburg, nach meiner Erinnerung wahrscheinlich Anfang 1968. Während ein prominenter Redner in Anwesenheit Willy Brandts eine grundsätzliche Rede hielt, stand in der ersten Reihe ein für damalige SPD-Verhältnisse junger, in der Landespartei bis dahin unbekannter etwa 40jähriger Genosse auf. Der Redner hielt inne und wartete, was der quirlige Genosse zu sagen hatte. Die beiden diskutierten eine Weile vor dem Parteitag und klärten ihre Widersprüche. Die Szene wiederholte sich noch ein- zweimal. Niemand schritt ein; kein Präsidium intervenierte, im Gegenteil, von den Delegierten gab es Beifall und kurz danach wurde der Professor aus Freiburg, der zum ersten Mal an einem Landesparteitag teilnahm, auch umgehend in den Landesvorstand gewählt.

Was war da los? Wieso durfte der das? Damals waren auf einem baden-württembergische Landesparteitag nicht einmal Zwischenrufe üblich. Was war es, das die Autoritäten auf dem Podium davon abhielt einzugreifen und den Saal gespannt zuhören ließ? War das die Gottesgabe Charisma? – Wir Freiburger waren davon überzeugt. Wir kannten Horst Ehmkes Ausstrahlung und auch seine Ungeduld, das, was er für richtig hielt, genau dann zu sagen, wenn es ihm einfiel, und nicht, wenn irgendeine Tagesordnung oder Rednerliste ihm die Zeit dafür zumaß. Und da das, was er zu sagen hatte, (fast) immer interessierte und entscheidende Punkte der Diskussion betraf, wurde ihm das weder verwehrt, noch verübelt.

Wann und wie war er eigentlich nach Freiburg gekommen? Mir scheint, dass er genauso plötzlich wie selbstverständlich eines Tages einfach da war. Wie ein Naturereignis, ein nicht angekündigter Wetterumschwung. Ohne Vorbereitung war in allen möglichen Zusammenhängen von ihm die Rede. Überall outeten sich Ehmke-Fans. Es begann mit der Fama vom Ehmke-Seminar, die juristische Freunde und/oder Genossen verbreiteten. Da gebe es einen neu berufenen jungen Professor für Staats- und Öffentliches Recht, der nicht nur ein vorzügliches und lebendiges Seminar abhalte, sondern der danach noch mit seinen Studenten in die Wirtschaft gehe. Dort würde dann bei Feierling, Ganter oder einem Viertele aktuelle Politik diskutiert. Mein beruflicher Wirkungskreis lag weit außerhalb der Jurisprudenz, weshalb diese Erzählungen zwar interessant waren, mich aber nicht betrafen. Dann lernte ich ihn und seine damalige Frau kennen, da wir fast Nachbarn waren. Ich verfiel sofort seinem jugendlichen Charme, seinen sprudelnden Ideen, gepaart mit einem körperlich spürbaren Drang, diese sofort anzupacken, und seinem in der damaligen Freiburger Zeit ungewöhnlich unprofessoralen Auftreten. Und doch war er ein Professor par excellence, der Schüler um sich sammelte und sie prägte. So viel bekam ich aus den Seminaren des Öffentlichen Rechts auch von außen mit. Meine eigenen Erinnerungen an Horst Ehmke sind zwar heute noch immer lebendig, aber eher anekdotisch als systematisch.

Seine Attraktivität und sein Charme fielen auch auf, als er die ersten Male im SPD-Ortsverein erschien und dessen offizielle und inoffizielle Strukturen sofort durchschaute. Er beteiligte sich an den Diskussionen, aber Ämter interessierten ihn nicht, ein Umstand, der ihn trotz seiner offen demonstrierten Intelligenz bei den Amtsinhabern beliebt machte. Stattdessen gründete er seine eigene inoffizielle Basis. Aus dem Ehmke-Seminar erwuchs der »Ernst Reuter Kreis« in Freiburg, daraus im erweiterten Sinne der »Tübinger Kreis« auf Landesebene. Was als Diskussionskreis jüngerer Genossinnen und Genossen begonnen hatte, wurde bald zur intellektuellen Nachwuchsschmiede der Baden-Württembergischen SPD, aus der vor allem nach 1972 viele Bundestagsabgeordnete, Parlamentarische Staatssekretäre und Minister hervorgingen. Wie so oft dienten auch hier, als die Genossinnen und Genossen ein wenig in die Jahre gekommen waren, die alten »Tübinger« Seilschaften der Absicherung gewonnener Positionen.

Nach einer Landtagswahl traf sich die Baden-Württembergische SPD zu einem außerordentlichen Landesparteitag in Kehl, um einerseits ihre Wunden zu lecken und um andererseits über die Koalitionsfrage zu beraten. Zur Überraschung des Parteiestablishments stimmte der inzwischen verjüngte Parteitag mit deutlicher Mehrheit gegen die von der Führung gewünschte große Koalition, woran Horst und ich unseren Anteil hatten. Wir waren Teil der »Rotkehlchen«, wie die Landespresse die Kehler Mehrheit damals nannte. Die Landtagsfraktion setzte sich jedoch über den Beschluss hinweg und vereinbarte in den folgenden Tagen eine Koalition mit der CDU unter Filbinger.

Also wurde der Landesvorstand einberufen, um das Vorgehen der Fraktion abzusegnen. Horst nahm mich in seinem Wagen mit nach Stuttgart. Die Sitzung fand im Landtag statt und verlief entsprechend turbulent. Im Gegensatz zum Parteitag waren wir dort mit 6 von 20 Stimmen in der Minderheit, so dass der Koalition nichts mehr im Wege stand. Da der Vorstand der CDU gleichzeitig getagt hatte, wurde anschließend im Landtagsrestaurant gemeinsam gefeiert. Am fortgeschrittenen Abend konnten etliche Honoratioren der CDU, soweit sie keine eigenen Büros im Landtag hatten, ihren Heimweg nicht antreten, da das Fraktionsgeschäftszimmer, in dem sie Mäntel und Taschen verwahrt hatten, verschlossen war. Auch ich saß müde auf dem Trockenen. Horst, der mich wieder mit nach Freiburg nehmen musste, war verschwunden, unauffindbar. Schließlich tauchte die bildhübsche Sekretärin der CDU-Fraktion wieder auf, die man schon zu Hause gewähnt hatte, und konnte das Fraktionsgeschäftszimmer öffnen. Auch Horst saß plötzlich aufgeräumt und munter am Tisch, und jedermann und jede Frau konnte sich auf den Heimweg machen. Ich dankte im Stillen der CDU für ihre charmante Sekretärin, die so viel Gutes an unserem verehrten Freund bewirkt hatte, dass dieser uns zu später Nachtstunde wach und fröhlich plaudernd sicher nach Freiburg bringen konnte.

Wir waren jedenfalls alle sehr stolz auf unseren Freiburger Star und empfanden es als einen herben Verlust, als Gustav Heinemann ihn als Staatssekretär ins Bundesministerium der Justiz berief. In Freiburg blieb eine Herde heimatloser junger Juristen zurück, denen später Trost zuteil wurde, indem Horst den einen oder anderen in Bonner Ämter vermittelte.

Unsere Wege kreuzten sich noch einmal in Bonn, wo ich dann Gelegenheit hatte, eine Seite von ihm kennen zu lernen, die ich als Nichtjurist bis dato nicht beurteilen konnte, die aber auf Grund der Verehrung, die ihm seine Studenten entgegenbrachten, zu vermuten war: Seine Professionalität als Öffentlichrechtler.

Es muss im Spätherbst 1974 gewesen sein, als im Bundestag ein neues Arzneimittelgesetz beraten wurde, das erste, das seinen Namen verdiente, und das die Zulassung und Verkehrsfähigkeit von Arzneimitteln auf eine wissenschaftliche Grundlage stellen sollte. Und obwohl schreckliche Unglücksfälle mit Arzneimitteln vorausgegangen waren, drohte das Gesetz im Bundestag zu scheitern, und zwar an einer quer durch alle Parteien bestehenden Mehrheit von Abgeordneten, die lieber weiterhin auf Intuition als auf die Wissenschaft vertrauen wollten. Sie fürchteten um Behandlungsverfahren, für die es – jedenfalls damals – keine wissenschaftlichen Begründungen gab. Der Pluralismus in der Medizin schien ihnen in Gefahr, ebenso die ärztliche Therapiefreiheit, während die pharmazeutische Industrie von Eingriffen in Eigentumsrechte sprach. Ich war damals Präsident des Bundesgesundheitsamtes, der Behörde, die das Gesetz nach Inkrafttreten zu vollziehen haben würde, und natürlich hatte ich auch die Gesundheitsministerin Dr. Katharina Focke bei ihren Überlegungen zu beraten, wie der Entwurf noch zu retten sein könnte. Ein Gutachten sollte in Auftrag gegeben werden, das die verfassungsrechtlichen Fragen ebenso prüfen sollte wie die medizinisch-pharmakologischen. Schnell war Horst Ehmke als einer der Gutachter ausersehen. Da er als Abgeordneter politisch exponiert war, musste sein Pendant ein fachlich ebenso unbestritte-

ner, aber politisch konservativer Kollege sein. Wir fanden ihn in
Erik Westermann. Was wir dabei nicht voraussehen konnten, war,
dass die beiden nicht nur hervorragend zusammenarbeiteten,
sondern sich auch gut verstanden. Sie titulierten sich gegenseitig
als Roter und Schwarzer Bruder und legten ein gemeinsames Gutachten hin, das dem Gesetzgebungsprozess neue Dynamik gab. Das
Gesetz wurde zügig verabschiedet und trat 1976 in Kraft.

»Ein Akt, wenn nicht nackter, so doch nur notdürftig bekleideter Willkür«
Als SPIEGEL-Anwalt vor dem Bundesverfassungsgericht

In die eher zahme »heile« Welt der juristischen Fakultät an der Freiburger Uni platzte die Nachricht von der Ankunft eines neuen, sehr jungen a.o. Professors Anfang 1962 wie eine Sensation.

»Kinder, so etwas habt ihr noch nicht erlebt«, stürzte ein Altsemester in die ruhige kleine Bibliothek des rechtsphilosophischen Instituts von Erik Wolf, »da unten liest ein junger Mann so aufregend wie frech über Verwaltungsrecht, das dürft ihr Euch nicht entgehen lassen, wie der den Forsthoff auseinander nimmt!« Forsthoffs Ruhm und akademischem Ruf hatte seine beachtliche Nazi-Vergangenheit im erzkonservativen Freiburg bis dahin wenig anhaben können.

Obwohl die Vorlesung – wie üblich bei A.o.'s – einfach in unsere Mittagspause gepfercht worden war, entwickelte sie sich in wenigen Wochen zum absoluten Renner, auf den weder Jung- und Altsemester noch Nichtjuristen verzichten wollten. Der Hörsaal platzte aus allen Nähten, Treppenabsätze und Stehplätze inbegriffen. Der politische Geist, die pointierte Gedanken-Klarheit, der spöttische Ton, das war absolut neu. Ein leidenschaftlicher Vortrag von ungewohnt herausfordernder Frische. Nahezu jede seiner Attacken schloss HE am Ende der Stunde mit den Worten: »Aber wer bin ich denn, dass ich mich an einem so bedeutenden Mann wie (…) zu vergreifen wage?«

Uns gefielen der neue Mann und seine hartnäckige Art, mit der er Gott und die Welt in die Pfanne haute. Uns gefiel auch, wie er unsere Meinung während der Vorlesung immer wieder zu x-beliebigen Themen hören wollte, es sei denn, die Frage galt einem selber. Für übernächtigte Schlafmützen wurde es zuweilen

Horst Ehmke als Wissenschaftler

auf peinliche Weise gefährlich.»Sie da, mit dem roten Pullover
in der vierten Reihe, was meinen Sie denn zu diesem Problem?«,
hieß es eines Montags, als ich mich nach einem anstrengenden
Wochenende während der Vorlesung kaum hatte wach halten
können. Ich wusste nicht einmal, worüber er geredet hatte, geschweige denn eine Antwort. Darauf Ehmke:»Wie heißen Sie
denn?«Als ich verstört meinen Namen stammelte, den damals an
der Uni jeder kannte, weil mein Vater dort alte Geschichte lehrte,
spottete Ehmke coram publico vor sicher 250 Zuhörern:»Aha, ein
Sohn des berühmten Althistorikers. Da kann man mal sehen,
der Apfel fällt manchmal leider ziemlich weit vom Stamm.«Ich
schwor Rache, die ich bis heute allerdings noch nicht losgewor-
den bin.

Um so mehr war ich daher überrascht, als HE mich zu Beginn
des Wintersemesters 1962/63 fragte – ich hatte inzwischen Exa-
men gemacht – ob ich nicht wissenschaftliche Hilfskraft bei ihm
werden wolle. Ich sagte begeistert zu. Wenige Wochen später,
Ende 1962, die SPIEGEL-Affäre lief sozusagen auf vollen Touren,
fragte er mich, ob ich ihm helfen wolle, die ihm angetragene
Verfassungsbeschwerde für den SPIEGEL zu fabrizieren. Ich war
Feuer und Flamme, denn Rudolf Augstein war für uns Studenten
ein Gott, und in jenem Moment galt er uns als mutiger Retter
der jungen deutschen Republik, die uns zu Recht erneut gefähr-
det schien. Jeder von uns, der sich den SPIEGEL damals leisten
konnte, las ihn pünktlich und trug ihn stolz als Statussymbol
unterm Arm.

Gedämpft wurde meine Begeisterung allerdings durch Ehmkes
überraschende Forderung, mein Vater müsse sein Einverständnis
zu meiner Mitarbeit an dem SPIEGEL-Mandat geben. Wozu das?
Ich war schließlich 23 Jahre alt, volljährig also, und mit diesem
zusätzlichen Job auch finanziell unabhängig.»Du wirst schon
noch begreifen, wie sinnvoll das ist!«, kommentierte mein Vater sein promptes Einverständnis. Er behielt Recht. Wenig später schon schwappten die Wogen landesweiter Entrüstung über
die»Landesverräter Augstein, Ahlers etc.« auch in die Freiburger Uni. Es sei unverantwortlich, hörte man aus akademischen

Kreisen, dass sich Freiburger Professoren und Assistenten für die »Verräter« einsetzten und auf diese Weise den guten Ruf der Universität beschmutzten. Ehmke, Nesselhauf sen. & Co. wurden wegen »Nestbeschmutzung« ab sofort von ziemlich vielen Leuten deutlich geschnitten.

In der Fakultät rührten die Ankläger beflissen die akademischen Trommeln: Der renommierte Strafrechtler Jescheck bot im Sommersemester 1963 eine Vorlesung mit dem Titel »Staatsschutz und Pressefreiheit« an. Unter diesem eher allgemein gefassten Titel ging es fast ausschließlich um die SPIEGEL-Affäre. Ausgehend von dem für ihn als unumstößlich feststehenden Urteil, der SPIEGEL habe Landesverrat begangen, plädierte Jescheck unverhohlen für massiven Staatsschutz und deutliche Einschnitte bei der Pressefreiheit.

Mich machte vor allem eine ganze Reihe von falschen Tatsachen-Behauptungen in dieser Vorlesung so wütend, dass ich mir eines Tages den Zwischenruf »Das ist eine Lüge!« nicht verkneifen konnte. Jescheck unterbrach und verwies mich des Hörsaals. Mein Vater, den Jescheck unverzüglich von dem Vorfall verständigt hatte, verlangte von mir eine formgerechte Entschuldigung, weil er nicht dulden wollte, dass »sein Sohn einen Kollegen öffentlich einen Lügner« schalt. Den »Lügner« nahm ich zurück, nicht die Feststellung, dass Jeschecks Behauptungen unwahr gewesen seien.

Auch die folgende Episode mag beleuchten, dass HE, damals 36 Jahre alt, in der konservativen Fakultät wie ein Katalysator für Aufbruch, Aufklärung und wache Partizipation wirkte. Die Gefahr für die Pressefreiheit trieb uns, seine Schüler, auf die Strasse, obwohl die Studentenrevolte noch in weiter Ferne lag. »Strauss hat Parlament und Volk belogen!«, schrieben wir einmal auf unser Spruchband, mit dem wir zu siebt durch die Innenstadt marschierten. Als wir danach in das Amtsgerichtsgebäude zurückkamen, wo ich inzwischen Referendar bei der Staatsanwaltschaft war, empfing uns mein Ausbilder voller Entsetzen: Der leitende Oberstaatsanwalt Schorpp habe getobt, wir seien Hochverräter und müssten sofort aus unserem Beamtenverhältnis auf Widerruf

entlassen werden; nur mit langem guten Zureden und unter Hinweis darauf, dass auch er unser Verhalten anstößig finde, sei es
ihm gelungen, Schorpp davon zu überzeugen, dass es jedenfalls
am subjektiven Tatbestand des Hochverrats fehle.

Diese Anekdoten bebildern, welch ungewöhnlichen Mut HE –
damals eben noch außerordentlicher Professor, also noch ohne
Lehrstuhl – bewies, als er das SPIEGEL-Mandat, vor allem die
Verfassungsbeschwerde, aber auch große Teile der straf- wie zivil-
rechtlichen Aufgaben übernahm.

Die SPIEGEL-Affäre war, wie HE Ende Januar 1966 in der münd-
lichen Verhandlung vor dem Verfassungsgericht sagte, »ein Akt,
wenn nicht nackter, so doch nur notdürftig bekleideter Willkür«
aller möglichen von Franz Josef Strauß instrumentalisierten
staatlichen Organe.

Rudolf Augstein, Hans Detlev Becker und eine Reihe von Re-
dakteuren, darunter vor allem der in Spanien regelrecht gekid-
nappte Conrad Ahlers, wurden verhaftet, sämtliche, damals noch
im Hamburger Pressehaus untergebrachten Redaktionsräume des
SPIEGEL einschließlich des Archivs wurden geschlossen und ver-
siegelt. Der SPIEGEL hätte nicht überlebt, wenn nicht nahezu
alle Hamburger Verlage in vorbildlicher Solidarität mit Räumen,
Materialien, Hilfskräften etc. eingesprungen wären. So war es
möglich, Woche für Woche ein SPIEGEL-Heft herauszubringen,
wenn es auch manchmal eher ein Heftchen war. Aber auch die
Heftchen wurden den Verkäufern aus den Händen gerissen. Und
als 1966 das Verfassungsgericht schließlich sein Urteil verkündete,
da betrug die SPIEGEL-Auflage, die Ende 1962 bei knapp 400.000
Exemplaren gelegen hatte, mehr als 700.000.

Ehmkes Lehrer, Adolf Arndt, ein exzellenter Politiker, Bundestagsabgeordneter und »Kronjurist« der SPD, hatte, weil selbst
krank, Rudolf Augstein, seinen »glänzenden jungen Mann« für
die juristischen Aufgaben, vor allem die Verfassungsbeschwerde
wärmstens ans Herz gelegt: »Ehmke hat die Kraft, die man für
dieses ungewöhnliche Verfahren braucht.« Heute ist kaum mehr
vorstellbar, wie schwierig die Suche nach einem solchen Mann angesichts der politischen Brisanz der SPIEGEL-Affäre und des blei-

ernen politischen Klimas und der Adenauerschen und Strauss-
schen Einschüchterungskampagne damals war. Einen brillanten
Kopf zu finden, der bereit war, wegen dieser Affäre Kopf, Kragen
und Karriere zu riskieren, schien nahezu ein Ding der Unmög-
lichkeit.

Nie zuvor war eine in jeder Hinsicht so komplexe Verfassungsbeschwerde von so entscheidender politischer Tragweite in Karlsruhe vorgelegt worden. Die politischen Vorzeichen standen alles
andere als günstig. Das Verfahren sei nicht zu gewinnen, tönten
die maßgeblichen Meinungsmacher. Der Gegenwind blies uns also
frontal ins Gesicht, als wir hoch motiviert im Frühling 1963 zu
zweit an die Arbeit gingen. Es galt zunächst, den Sachverhalt so
präzise und umfassend wie irgend möglich aufzuklären.

Zu diesem Zwecke fuhren HE und ich im Frühling 1963 zum ersten Mal nach Hamburg. Um Zeit und Kosten zu sparen, düsten wir
in Ehmkes altem Peugeot nachts an die Elbe und von dort nach
zwei Tagen auch wieder nachts nach Freiburg zurück. Es blieb
nicht aus, dass wir uns auf diesen immer häufiger werdenden
Fahrten nahe kamen. Wie Spießgesellen lachten, fluchten und
fachsimpelten wir. Wenn der stets gut gelaunte HE am Steuer saß,
fürchtete ich wegen seines Rennfahrer-Tempos um mein Leben;
wenn ich hingegen fuhr, sah er wortgewaltig den schrecklichen
Tod seines alten, aber geliebten Autos voraus. Von HE habe ich
gelernt, dass sich hohe juristische Kompetenz, Fröhlichkeit und
Sinn für Unsinn nicht ausschließen müssen. Wir hatten trotz
eines monatelangen 16-Stunden-Tages immer wieder auch unseren ausgiebigen Spaß bei einer spannenden und interessanten
Arbeit.

In Hamburg hatte uns der SPIEGEL beim ersten Besuch im
Weinhaus Jacobs einquartiert, für uns damals schon eine piek-
feine Nobeladresse; später wurden die Quartiere mit jedem Mal
bescheidener. Die 40 roten Rosen, die HEs Zimmer bei der Ankunft schmückten, hatte allerdings nicht der SPIEGEL seinem
Verteidiger geschickt, wie ich damals in meiner Naivität annahm,
sondern eine Herzens-Dame des Verlegers. Sie erwartete sich von

dem angereisten Professor juristischen Rat auch in einer Privat-
angelegenheit.

Bei einem unserer Besuche in Hamburg beschloss HE wohl, mir unbedarftem Provinzler zu zeigen, wo »die Orgel Luft holt«, wie also das Leben wirklich ist. Und so zogen wir eines winterlichen, kalten Abends los, Ehmke im dunklen langen schweren Mantel und bedeckt mit einem großrandigen, flachen schwarzen Hut. Er steuerte, zu Fuß, eine Gegend an, die ich nicht kannte, verlief sich dabei aber. Also musste er sich nach dem Weg erkundigen. Der erste Passant, den er würdevoll professoral und sehr umständlich ansprach, sagte: »Hochwürden, ich weiß nicht recht, was sie meinen.« Daraufhin wurde HE wohl etwas deutlicher, denn sein Gegenüber brüllte auf einmal los: »Ach so, du suchst den Puff, da musst du (…)«. Wir landeten schließlich, als Passanten, in der berühmt-berüchtigten Herbertstraße, die HE gesucht hatte.

Im SPIEGEL befragten wir alle und jeden, der irgendetwas zum Sachverhalt beitragen konnte, von den ersten Anfängen der Titelgeschichte »Bedingt abwehrbereit« bis zu den Verhaftungen, dem Kidnapping, der Durchsuchung und den Beschlagnahmen.

Spätestens von acht Uhr an saß ich jeden Morgen an dieser Arbeit, und jeden Nachmittag um Punkt vier Uhr überarbeiteten und verfeinerten HE und ich das Rohmanuskript, oft genug bis in den frühen Morgen. Nach etwas mehr als vier Wochen war der 104 gedruckte Seiten umfassende Schriftsatz, vervollständigt durch einen wirklich innovativen verfassungsrechtlichen Teil, fertig.

Die Verfassungsbeschwerde des SPIEGEL war sozusagen die Mutter aller Verfassungsbeschwerden, was die Pressefreiheit anging. Vieles, was heute als selbstverständliche Errungenschaft gilt, war damals weit davon entfernt, selbstverständlich zu sein.

Das Verfassungsgericht wies mit seinem Urteil in Jahr 1966 die Verfassungsbeschwerde ab. Dieses Ergebnis wurde gleichwohl weithin als großer Sieg des SPIEGEL gewertet: Das Gericht, damals noch mit acht Richtern besetzt, hatte (erstmals) 4:4 entschieden, und ebenfalls erstmals fand sich am Schluss des Urteils ein Dissenting Vote.

Rudolf Augstein und Horste Ehmke waren schon früh Freunde geworden. Mir schrieb der Verleger Anfang 1967 drei immer dringlicher werdende Briefe. Ich solle die Wissenschaft für den SPIEGEL eintauschen, drängte Augstein. Er und Hans Detlev Becker bräuchten einen Assistenten in der Geschäftsführung. Ehmke half mir aus dem Hintergrund bei den Verhandlungen. Am 1. Oktober 1967 trat ich in den SPIEGEL ein und blieb dort achtzehn Jahre.

Horst Ehmke als Wissenschaftler

Der »außerordentliche« Professor

In seiner Freiburger Antrittsrede hat Horst Ehmke das
Thema »Karl von Rotteck, der politische Professor« gewählt und
diesen Beitrag selbst als eine Hommage an Freiburg bezeichnet.
Aber diese Rede ist mehr, sie ist eine Art Spiegel, ein autobio-
grafisches Selbstbekenntnis von jener Art, die Goethe einmal
Bruchstücke einer großen Konfession genannt hat. Es hätte nahe
gelegen, die Überschrift der Antrittsrede mit einem kleinen Na-
menstausch auch über diesen Text zu setzen, der die Freiburger
Jahre des Jubilars nachzuzeichnen versucht. Aber Horst Ehmke
hat mir, ohne dies selbst zu ahnen, ein anderes charakteristisches
Adjektiv geliefert. Als wir nach der Verleihung des Großen Ver-
dienstkreuzes an den Ehmkeschüler Fritz W. Scharpf noch in
kleiner Runde feiernd in einem Düsseldorfer Lokal zusammen
saßen, erzählte er eine Anekdote aus seiner Freiburger Zeit.

Er sei in Gesellschaft einer attraktiven (was sonst?) jungen
Dame munteren Schrittes vom Schauinsland heruntergekommen
und am Fuße dieses Freiburger Hausberges auf den Ordinarius
Constantin von Dietze getroffen, renommierter Agrarpolitiker
und Widerstandskämpfer im Dritten Reich – von uns Studenten übrigens mit dem halb ehrenvollen, halb ironischen Spitz-
namen »C.v.D.« (Christ vom Dienst) apostrophiert – der ihn mit
den Worten empfing: »Herr Ehmke, eines will ich Ihnen sagen,
Sie werden hier nie ordentlicher Professor!« Die deutsche Sprache hat ja, wie eigentlich jede Sprache, die man genauer kennt,
ihre kleinen Tücken und Fallen. »Außerordentlich« ist im traditionellen akademischen Hierarchiedenken nicht etwas Besseres
als »Ordentlich«, sondern nur eine darunter und davor liegende
Rangstufe. Aber in unserer normalen Alltagssprache ist »Außerordentlich« die Bezeichnung für übliche Regeln und Maßstäbe
sprengende Leistungen und Persönlichkeiten.

Horst Ehmke wurde 1961 als außerordentlicher Professor an die rechts- und staatswissenschaftliche Fakultät in Freiburg i. Br. berufen. Er war damals nicht nur außergewöhnlich jung, sondern blickte schon auf außergewöhnliche Erfahrungen als Assistent von Adolf Arndt im Deutschen Bundestag und zwei Studienaufenthalte in den USA sowie auf bemerkenswerte akademische Leistungen zurück. Die Dissertation über »Grenzen der Verfassungsänderung« bei Rudolf Smend in Göttingen und mehr noch die Habilitation 1960 an der Bonner Fakultät unter dem Titel »Wirtschaft und Verfassung« waren damals und sind bis heute Marksteine in der deutschen staatsrechtlichen Literatur.

Wenn man die besondere Wirkung von Horst Ehmke als akademischer Lehrer und unorthodoxes Vorbild auf uns junge Studenten und Juristen begreifen will, muss man sie notwendig vor dem Hintergrund der deutschen Universität der 60iger Jahre sehen. Wenige Jahre vor der Berufung Ehmkes, im Jahre 1957 hatte die Universität Freiburg ihr 500jähriges Bestehen gefeiert – mit traditionellem Pomp und eindrucksvollem Aufzug der Vertreter anderer deutscher und internationaler Universitäten in farbigen Talaren und prächtigen Amtsketten. Die Distanz zwischen Professoren und Studenten war, trotz gewissenhafter Betreuung in vielen Einzelfällen, unermesslich groß. Typisch ist die Geschichte über Gerd Tellenbach, berühmter Mediävist und Rektor der Universität, der einen jungen Verwandten zum Essen eingeladen hatte und im Verlauf des Tischgesprächs ausrief: »Heureka!« Worauf der junge Mensch naiv fragte: »Was heißt denn das?« und Tellenbach in das betretene Schweigen der Tischgesellschaft hinein mit süffisantem Lächeln sagte: »Ja, was machen wir denn da?« Oder die Geschichte, die Horst Ehmke genüsslich erzählte, wie ein Assistent zum ersten Mal bei seinem Professor zum Abendessen eingeladen und an der Wohnungstür vom kleinen Sohn des Professors empfangen wird, der einen Teddybär im Arm trägt. Auf die Frage des Assistenten:. »Wie heißt denn dein Teddy?« erhält er die Antwort: »Der heißt nicht, das ist mein Assistent!«

In dieser traditionsbestimmten Atmosphäre, später mit dem »Muff von tausend Jahren« pointiert karikiert, wirkte der junge

Professor Ehmke wie ein Wirbelwind, ein heftiger, befreiender
Windstoß. Einen Professor, der mit seinen Studenten Fußball
spielte, und das auch noch gut, mit Tor- und Erfolgsdrang, besser
als die meisten von uns, das hatten wir noch nie erlebt. Wichtiger noch war seine Fähigkeit unmittelbar auf die einzelnen
Studenten und Studentinnen zuzugehen, sie persönlich wahrzunehmen, sich für ihre Probleme auch außerhalb des Studiums
zu interessieren, mit besonderer Neugier und Verständnis für
ihre Beziehungsprobleme. Erfrischend auch, dass hier jemand die
Sprache junger Menschen verstand und lange vor der ideologisch
bestimmtem Duzerei der 68iger munter das »Du« und »Sie« je
nach Kontext und Situation zu vermischen verstand.

Die Schnelligkeit in der Auffassung und Beurteilung von Problemen galt ebenso für den wissenschaftlichen wie den persönlichen Bereich. Sie dokumentierte sich oft in einprägsamen
Formulierungen. So war Horst Ehmke in der Freiburger Zeit Herausgeber des AöR, des Archiv des öffentlichen Rechts. Zu dieser
Aufgabe gehörte auch das Lesen von umfangreichen Manuskripten und das Verfolgen der einschlägigen Literatur. Ehmke meinte
dazu: »Ich lese erst nur die Fußnoten, wenn ich die nicht kenne,
ist der Text für mich interessant.«

In der Erinnerung haften vor allem die kurzen Sentenzen, die
obiter dicta, beispielsweise der Satz: »In der Jurisprudenz gibt es
keine richtigen und falschen Entscheidungen, nur gut begründete und schlecht begründete«, eine Aussage, die gleichermaßen
zum Widerspruch wie zum Nachdenken anregt. Oder die kurze
und vernichtende Kritik an abweichenden Meinungen mit dem
einzigen Wort: »Kappes!« Unvergesslich auch die Erklärung der
topischen Methode in der Jurisprudenz durch den Vergleich mit
der Schweinewaage der amerikanischen Farmer der Pionierzeit:
Die legten auf eine Seite des Waagebalkens das Schwein und auf
die andere Seite verschiedene Steine und dann – schätzten sie das
Gewicht des Schweines. Voraussetzung für das Funktionieren dieser rustikalen Methode war allerdings, dass es sich um bekannte
Steine (mit akzeptiertem »Vorverständnis«) handelte.

Dieses Aperçu zur juristischen Interpretationslehre steht in engem Zusammenhang mit dem Koreferat Horst Ehmkes vor der Vereinigung der deutschen Staatsrechtlehrer unter dem Thema »Prinzipien der Verfassungsinterpretation«. Generell war das schnelle, selbstbewusste Aperçu bis hin zu jenem späteren Wort aus der Bonner Zeit: »Ich werde überall gebraucht!« schon damals ein Kennzeichen Ehmkescher Rhetorik. Gerade dies letztere, wohl berühmteste Zitat aus dem Ehmkeschen Anekdotenschatz, stammt allerdings nicht von ihm selbst, sondern wurde ihm, in sicher nicht ganz freundlicher Absicht, vom »Onkel« (Herbert Wehner) untergeschoben; es trägt aber das Echtheitskennzeichen wirklicher Anekdoten: »Si non è vero, è ben trovato«. Horst Ehmke hat es auch nachträglich ein wenig legitimiert, als er, nach seinem Ausscheiden aus der aktiven Politik in einem STERN-Interview auf das Zitat angesprochen, ironisch antwortete: »Das sehen heute nicht mehr alle Leute so.« Schon in den Freiburger Jahren faszinierten uns seine Schnelligkeit und seine unbändige Lebensfreude und Vitalität. Unbegreiflich wie jemand bis in die frühen Morgen feiern und dann nach Bonn fahren und dort einen substanzreichen Vortrag halten oder eine schwierige Verhandlung führen kann. Mehr als drei oder vier Stunden Schlaf, selbst über längere Zeit, blieben da nicht, wie wir uns staunend ausrechneten.

Eines der wirklichen Glanzlichter der traditionellen deutschen Universität unter dem Humboldtschen Prinzip der Einheit von Forschung und Lehre war das so genannte Oberseminar, in den Zeiten der Hörergelder noch gratis und privatissime mit persönlicher Einzelzulassung angeboten. Die Seminare von Arnold Bergstraesser, Heinrich Popitz, Konrad Hesse und Martin Bullinger waren Orte lebendiger Wissenschaft, aber auch hier hatte das Ehmkeseminar außerordentliche Züge, nicht nur durch die Abschlussveranstaltungen mit Weinproben im Kaiserstuhl oder Spargelessen am Tuniberg und winterlichem Rodeln im Schwarzwald, sondern Ehmke lud regelmäßig berühmte Kollegen in sein laufendes Seminar ein, mit denen es mitunter heftige Auseinandersetzungen, aber auch sternstundenhafte Begegnungen gab. Namen wie Theodor Eschenburg, Ernst Fraenkel, Richard Loewenthal und Waldemar Besson mögen hierfür als Beispiele stehen.

Die Anforderungen für Studenten und Doktoranden waren hoch, eine erhebliche Zahl hat es später in Politik und Wissenschaft zu Ansehen, Rang und Würde gebracht. Auch hier einige Namen: Peter Häberle (Ehmkeassistent und später u. a. Ordinarius in Bayreuth), Werner Gessler (u. a. Mitarbeiter im Bundeskanzleramt und jahrelang Sozialreferent an der Deutschen Botschaft in Rom), Hans Mahnke (u. a. Völkerrechtsexperte im Gesamtdeutschen Ministerium und im Außenministerium), Michael Nesselhauf (Staranwalt für Presserecht), Gerhard Kasper (u. a. langjähriger, sehr erfolgreicher Präsident der Stanford University), Fritz W. Scharpf (u. a. Professor in Konstanz und Direktor am MPI für Gesellschaftsforschung in Köln), Stefan Pelny, u. a. Staatssekretär in der Staatskanzlei in Schleswig Holstein, Reinhart W. Wettmann (u. a. Vorstandsmitglied bei Prognos und viele Jahre Vertreter der Friedrich-Ebert-Stiftung in Quito und Caracas), Ekkehard Wienholtz (u. a. Innenminister in Schleswig-Holstein).

Mit einer Gruppe aus dem Freiburger öffentlichrechtlichen Seminar – zusammen mit dem Bonner Staatsrechtler Ernst Friesenhahn und einigen von dessen Seminarteilnehmern – unternahm Horst Ehmke 1962 die erste Studienreise deutscher Juristen nach Israel; eine bewegte und bewegende Reise und eine Begegnung mit einem Rechtsystem, das ebenso von angloamerikanischen Rechtstraditionen wie den Beiträgen emigrierter deutscher Rechtswissenschaftler geprägt war. Eine Station auf dem Weg war auch die Insel Zypern, wo die Gruppe von der Staatsbarkasse der Regierung abgeholt wurde. Ihr Gastgeber war der Präsident des Verfassungsgerichts der damals noch ungeteilten Insel, Ernst Forsthoff, dessen Lehrbuch des Verwaltungsrechts für uns seinerzeit fast den Charakter einer heiligen Schrift hatte. Am Rande: Uns jungen Juristen war damals die belastete Vergangenheit von Professoren wie Ernst Forsthoff (wie auch von Karl Larenz, Gustav Böhmer, Ernst Rudolf Huber) kaum bewusst. Ehmke kannte diese dunklen Seiten wohl und war doch großzügig genug, die kalligrafische Kunst alter Schule zu bewundern, mit der Ernst Forsthoff seine persönliche, handschriftliche Korrespondenz mit ihm gestaltete. Im akademischen Unterricht knüpfte er jedoch bewusst an die demokratischen Traditionen der Staatsrechtslehrer der Weimarer Zeit wie Hermann Heller und Rudolf Smend. Die heimliche Bewunderung so mancher, gerade auch linker Kollegen für Carl Schmitt war ihm fremd.

Nicht nur sein bekanntes klares politisches Urteil, sondern überzeugtes, gleichsam handgreifliches ästhetisches Urteil zeigte Horst Ehmke übrigens auch an anderer Stelle dieser Studienreise, nämlich beim Besuch des Archäologischen Nationalmuseums in Neapel. Vor der Statue der Venus Kallipygos, der »schönsteißigen«, entbrannte, angefacht durch Peter Häberles Eintreten für die Winckelmannsche Ästhetik der edlen Einfalt und stillen Größe, ein Streit über das richtige Betrachten und Genießen von plastischen Kunstwerken. Nach dreimaligem Umrunden des Marmorbildnisses streckte Ehmke seine Hand aus und kniff der Statue in den namensverleihenden Teil ihrer Anatomie und sprach das geflügelte Wort: »Zucker!«

Geradezu wie eine Bombe schlug in diese akademische Welt, die bei aller Lebendigkeit immer etwas Beschauliches behielt, im Oktober 1962 die SPIEGEL-Affäre ein. Bei der juristischen und politischen Abwehr dieses Angriffs auf die Pressefreiheit durch die Regierung Adenauer/Strauß stand Horst Ehmke in der vordersten Linie. Aus heutiger Sicht lässt sich die epochale Bedeutung dieses Konflikts, der die Bundesrepublik tief veränderte, klar erkennen. Obwohl die Verfassungsbeschwerde mit Stimmengleichheit der Richter 4:4 formal scheiterte, war das Ergebnis doch ein »moralischer Sieg«. An der verfassungsrechtlichen Argumentation zur Begründung der Verfassungsbeschwerde hatte Horst Ehmke, unterstützt vor allem von Michael Nesselhauf und beraten von seinem Assistenten Peter Häberle, entscheidenden Anteil. Das institutionelle Verständnis der Grundrechte über ihre individualrechtliche Schutzfunktion hinaus, insbesondere der Pressefreiheit, wurde in wirkungsvoller Weise herausgestellt und hat die Rechtsprechung des Bundesverfassungsgerichts und die Staatsrechtslehre nachhaltig beeinflusst. Die Verbindung von

Verfassungsbeschwerde und wegweisender Grundrechtsinterpretation und die – heute manchmal vielleicht zu unkritische – politische und juristische Akzeptanz der Urteile und Beschlüsse der Karlsruher Verfassungsrichter hat mit der SPIEGEL-Entscheidung, auch wenn sie damals formal keinen Sieg bedeutete, einen erstaunlichen Siegeszug angetreten. Sie hat das Bewusstsein der Menschen gestärkt – auch hier manchmal vielleicht zu sehr: »Il-y-a des juges à Karlsruhe!« Allein die erstmalige Veröffentlichung der abweichenden Meinungen von Mitgliedern des Verfassungsgerichts, nach dem Vorbild der »dissenting opinion« des amerikanischen Supreme Court, ist ein wichtiges Stück Verfassungsgeschichte geworden. Ich selbst werde die Urteilsverkündung durch die Richter in den roten Roben im Gerichtssaal in Karlsruhe nie vergessen, denn zusammen mit einigen Freiburger Freunden hatte ich das Privileg, im Sitzungssaal anwesend zu sein.

Neben den juristischen Aktivitäten gewannen auch in Freiburg schon die politischen Aktionen im Leben von Horst Ehmke zunehmend Raum und Bedeutung. Das offene Bekenntnis eines Universitätsprofessors zur SPD in einer Zeit, da es schwer war, auf dem Lande in Südbaden überhaupt ein Lokal zu finden, wo ein Gastwirt bereit war, seine Räume für eine Parteiveranstaltung der »Roten« zur Verfügung zu stellen, wog schwer. In diese Jahre fällt auch der offene Konflikt der SPD mit ihrer eigenen Studentenorganisation, dem SDS, der im »Unvereinbarkeitsbeschluss« und den Worten Herbert Wehners gipfelte: »Mit dem SDS kann man nur noch mit dem Präservativ verkehren.« Obwohl viele von uns damals den SDS verließen, weigerten wir uns in Freiburg doch, einen SHB (Sozialdemokratischer Hochschulbund) zu gründen, wie es den Wünschen der Parteioberen entsprach. Wir gründeten stattdessen einen »Ernst-Reuter-Kreis« unter dem Patronat von Horst Ehmke und Reimut Jochimsen. (Die Gründungsversammlung fand bei mir zu Hause statt). Horst Ehmke besorgte die Zustimmung der Witwe von Ernst Reuter zur Namensführung. Er vermittelte auch die meisten Referenten für die öffentlichen Veranstaltungen in der Universität, mit denen der Kreis bald hervortrat. Es ging uns, über die Hochschulpolitik hinaus, auch um

Fragen von allgemeiner gesellschaftspolitischer Relevanz. Georg Leber sprach beispielsweise über Vermögensbildung für Arbeitnehmer; Dietrich Goldschmidt über die Zukunft der Volkskirche. Das Thema Gesundheitspolitik brachte volle Säle und lebhafte Diskussionen. Der absolute Höhepunkt aber war ein öffentliches Streitgespräch zwischen Rudolf Augstein und dem gerade gewählten sozialdemokratischen Ministerpräsidenten von Nordrhein-Westfalen, Heinz Kühn, zum Thema »Opposition heute«, das der SPIEGEL in vollem Wortlaut in einer Sonderbeilage veröffentlichte. Ich hatte die Ehre dieses Streitgespräch als »Sprecher des Ernst-Reuter-Kreises« zu moderieren.

Die lokale Freiburger SPD der frühen 6oer Jahre hatte eine durch und durch kleinbürgerliche Mitgliedschaft. Für sie war ein Professor ein exotischer bunter Vogel und Studenten im Ortsverein – wenig später sollte sich dies drastisch und konfliktreich ändern – zunächst eine Rarität. So ist auch die Bemerkung zu verstehen, die ich nach dem Offenburger Parteitag, auf dem Ehmke eine fulminante Rede gehalten und eine entscheidende Verbindung zu Willy Brandt geknüpft hatte, aus dem Munde einer Genossin hörte, die voller Verwunderung und Bewunderung sagte: »Der Professor gehört zu uns!« Wahrlich ein außerordentlicher Professor.

Horst Ehmke war auch ein außerordentlicher Doktorvater. Er hat mich nicht nur auf das Thema Versammlungsfreiheit gelenkt, sondern brachte im Arbeitsprozess immer wieder hilfreiche und wegweisende Impulse. Die Bemerkung: »Quilisch, du nimmst die Wissenschaft viel zu ernst!« hat mir seitdem immer wieder geholfen. Auch dass er, schon mitten in seiner aufreibenden Tätigkeit als Staatssekretär im Bundesjustizministerium in Bonn, die Zeit fand, meinen handschriftlichen Rohentwurf der Dissertation zu lesen und mich nachhaltig zu ermuntern, sie fertig zu stellen, erfüllt mich noch heute mit Dankbarkeit, ebenso wie die Tatsache, dass er meinem beruflichen Weg einen entscheidenden Impuls gegeben hat, als er auf dem Mannheimer Soziologentag mich mit Hellmut Becker zusammenbrachte, der damals für das

neu gegründete MPI für Bildungsforschung junge Juristen für
den Aufbau einer Juristischen Abteilung suchte.

Der Abschied Horst Ehmkes von Freiburg war schnell. Als »Seiteneinsteiger von oben« ging er nach Bonn. Übrigens war er schon vorher – entgegen der Vorhersage von Constantin von Dietze – ordentlicher Professor und Dekan der juristischen Fakultät geworden. Ein »außerordentlicher« Professor, Minister, Abgeordneter und Autor – und vor allem Mensch – blieb und bleibt er bis heute. Wir haben damals in Freiburg zum 40. Geburtstag von Horst Ehmke, halb im Ernst, halb im Scherz, eine Festschrift mit Beiträgen ohne Namensnennung der Gratulanten verfasst, wahrscheinlich ein Unikat unter den juristischen Festschriften. Es freut mich, 40 Jahre danach wieder zu einer Hommage an Horst Ehmke einen Beitrag zu leisten.

ZWEITER TEIL

Horst Ehmke als Mitglied der Regierung

Der beste Teil von Horst heißt Maria

Der beste Teil von Horst heißt Maria. Ein Blick genügt als Beweis. Nun schon über mehr als 3½ Jahrzehnte. Zuerst lernte ich sie als sympathische Stimme mit attraktivem Akzent kennen. Horst hatte mir die Kölner Telefonnummer gegeben, weil der Chef des Kanzleramtes immer erreichbar sein musste und in manchen Nächten eben für die Beamten nicht erreichbar sein wollte. Auf meine Verschwiegenheit, die er zuweilen als übertrieben bespöttelte, konnte er sich verlassen. Die Begründung leuchtete ein: Eine Tschechin in solcher Nähe zu dem Aufseher des BND in den höchsten Zeiten des kalten Krieges konnte zu allen möglichen und unmöglichen Verdächtigungen in den Zeiten der innenpolitischen Emotion über die neue Ost-Politik führen. Horst versicherte, Maria sei für ihn viel mehr als ein schöner Popo.

Das ist ja nun erwiesen. Aber an Maria und durch Maria bewies Horst auch Eigenschaften, die seine scharfe Zunge, seine sarkastischen Schnodderigkeiten nicht sofort erkennen ließen: Zähigkeit, Hingabe und Mut zum Risiko. Außerdem eine Seriosität, die manche hinter seiner Lust an sarkastischen Zuspitzungen verkannten. Schließlich eine Stärke der Argumentation, der er selbst zum Opfer fallen konnte. Und eine Härte, die bis zu einem »nun erst recht« gehen konnte. Wir erfuhren sie, als er plötzlich aus dem Urlaub mit einem Spitzbart auftauchte und sich gegen den nahe liegenden Spott taub stellte. Kritik an einigen Fassetten der Ost-Politik veranlasste Maria zu der Ermutigung: »Egon, lass dich von Horst nicht irre machen.« Die Fähigkeit zu Selbstzweifeln, ob das Ganze funktionieren würde, hatten alle Beteiligten.

Wer etwas Neues bewirken will und zeigen möchte, was er kann, hat Spaß, endlich die Hebel einer eingefahrenen Regierungsmaschinerie bedienen zu können. Vom ersten Tage an. Kleines Abfallprodukt des zufallenden Herrschaftswissens: Ich bekam Kenntnis von der Liste der Journalisten, die vom BND bezahlt wurden. Bedeutende Namen von bedeutenden Blättern darunter. Aber schließlich können Journalisten nicht die einzige Berufsgruppe sein, die für den Dienst tabu bleibt.

Im Amt haben Horst und ich uns im Falle von Abwesenheiten vertreten. Das steigerte meine Bewunderung für sein Organisationstalent – die Fähigkeit, Papiere und Vorgänge vom Tisch zu schaffen – und für seine Entscheidungsfreude. Diese Eigenschaften können noch unter die Sekundärtugenden gerechnet werden. Darüber rangierte ein strategischer Blick. Der Chef des Bundeskanzleramtes ist zu einem guten Teil der Sekretär der Bundesregierung, der dafür zu sorgen hat, dass der ganze Laden sinnvoll koordiniert wird, möglichst reibungslos läuft und die Versprechungen der Koalitionsvereinbarung zeitgerecht abgearbeitet werden. Dafür schuf er, was erstaunlicherweise so bis dahin nicht existiert hatte, einen Planungsstab. Diese Institution hat sich bis heute als unentbehrlich erwiesen. Über den Ressorts und den Ministern, die ihre Ministerien eigenständig führen, muss es eine Gesamtverantwortung geben, sodass Entwicklungen für das ganze Land rechtzeitig gesehen werden – mit allen Gefahren und Chancen. Diese Institution für das Land trägt das Markenzeichen Ehmke. Ohne ihn hätte es auch den funktionsgerechten Neubau des Kanzleramtes nicht gegeben.

Beliebt konnte er sich mit alledem bei den Bundesministern nicht machen. Einige fühlten sich bevormundet, sprachen sogar von Neigungen zum Überkanzler, und Willy Brandt brummte einmal, schließlich sei das Amt für den Bundeskanzler da und nicht umgekehrt. Das alles lag an der unbändigen Kraft, die Horst Ehmke nicht demonstrierte, sondern hatte. Ein Schwergewicht, dessen Talente sich endlich, befreit für eine große Aufgabe, entfalten konnten. Eitel war er auch – davon hatten alle Primadonnen in der politischen Landschaft ihren mehr oder minder entschuldbaren Teil mitbekommen –, und er zog gern die Pfeile auf seine Brust, die eigentlich Brandt treffen sollten. Erschwerend erwies sich zuweilen seine bestechend schnelle Intelligenz, wenn er anderen ins Wort fiel, weil er die Antwort schon nach dem ersten Halbsatz gab, bevor der zweite ausgesprochen werden konnte. Das

92 wurde als Ausdruck von Überlegenheit empfunden, den die meisten weniger Intelligenten nicht so sehr mochten. Walter Scheel fand einmal die Formulierung:»Der Kollege Ehmke löst fast alle Probleme, die er schafft.« Was kritisch klang, war in Wahrheit ein großes Kompliment; denn nur wenige lösen bekanntlich ihre Probleme.

Als die Aktionen der RAF begannen, haben wir vereinbart: Wenn es einen von uns trifft, entführt zu werden, würde der andere nach den Interessen des Staates handeln, als ob es nicht um den Freund ginge.

Im Frühsommer 1972 gab die veröffentlichte Meinung der Kleinen Koalition kaum noch eine Überlebenschance. Als die Partei in Bonn einen Bundestagskandidaten suchte, empfahl ich Horst Ehmke. Es wurde ein nachhaltiger Erfolg.

Die Zeit von 1969 bis zu den vorgezogenen Neuwahlen verging wie ein Rausch von Arbeit und Freude an der Arbeit. Der fabelhafte Wahlerfolg war der Gipfel. Von da an ging's bergab. Es war eine tolle gemeinsame Zeit, für die ich dankbar bleibe. Ich habe viel gelernt. Auch von Horst.

Mit Visionen und Fachwissen

Horst Ehmke wird heute 80. Zu diesem Geburtstag senden ihm alle seine Freunde besonders herzliche Grüsse und erinnern sich gerne an die meist gute und immer hoch interessante Zusammenarbeit mit ihm.

Schon die Breite und Vielfalt der Politikbereiche, in denen er herumwirbelte, zeigt uns auch heute noch den Ausnahmepolitiker Horst Ehmke. Er hatte halt unglaublich viele Interessen – und darüber hinaus auch unglaublich viele Kenntnisse. Das machte die Zusammenarbeit mit ihm nicht immer harmonisch. Dafür war Horst einfach zu schnell, zu gut und zu eigenwillig. Und immer gut vorbereitet. Ich hatte Spaß an inhaltlichen Auseinandersetzungen und erinnere mich deshalb voller Freude an manches Streitgespräch, in dem Horst von seinem Standpunkt so überzeugt war, dass Unterwerfung unter sein Wissen angesagt und ein Kompromiss nicht leicht zu erzielen war.

Horst Ehmke war immer ein Vorbild für jene aus meiner Generation, die ihr politisches Interesse und ihre aktive Partizipationslust Mitte bis Ende der 60er Jahre in der SPD umsetzen wollten. Horst war der neue Typus eines SPD-Politikers, den es – vorher jedenfalls – nicht häufig gab: voller politischer Leidenschaft, weltoffen, an Kunst und Kultur interessiert, erfolgreich als Wissenschaftler mit meterlangem Literaturverzeichnis – das imponierte uns.

Als angehende Juristin hat mich seine rechtspolitische Arbeit besonders interessiert. Die Rechtspolitik wurde und wird ja in der SPD nicht durchgehend als wichtiges Politikfeld anerkannt. Erst das Team Gustav Heinemann/Horst Ehmke, beide ebenso hervorragende politische Denker wie juristische Fachleute, hat die Rechtspolitik in der Ära Willy Brandt wieder zu der nötigen Bedeutung gebracht. Dort hielt sie sich eine Weile. In der letzten Jahren allerdings ist ein bedauerlicher Rückgang zu verzeichnen:

In den SPD-regierten Ländern ebenso wie in der Bundespolitik sind kaum mehr politische und juristische Persönlichkeiten von hohem Rang tätig. Verfassungspolitik wird mit der kleinen Münze der so genannten Föderalismusreform verschachert, Rechtspolitik als Umsetzung des Verfassungsauftrags findet kaum mehr statt.

In der Zeit Gustav Heinemanns und Horst Ehmkes war das anders: Zunächst Staatssekretär im Bundesministerium der Justiz bis zur Wahl von Gustav Heinemann zum Bundespräsidenten, übernahm Horst Ehmke das Amt des Justizministers bis zum Ende der Legislaturperiode ganz in eigner Verantwortung. Wer heute die Protokolle des Bundestages durchsieht, aber auch in den Akten des Bundesministeriums der Justiz nachliest, bemerkt schnell, dass die nachhaltige Wirkung der Rechtspolitik damals auf beide Persönlichkeiten zurückging: Auf Gustav Heinemann und Horst Ehmke.

Was wurde damals nicht alles durchgesetzt, auf den Weg gebracht oder inhaltlich vorbereitet: Besonders bekannt ist heute noch die Reform des Nichtehelichenrechts als Teil eines umfassend angelegten Reform des Ehe- und Familienrechts. Die Vorarbeiten der damals durch Heinemann und Ehmke eingesetzten Kommission zur Reform des Ehe- und Familienrechts führten allerdings erst Mitte der 70er Jahre mit dem veränderten Scheidungs- und Scheidungsfolgenrecht zu einem ersten Abschluss.

Auch die Einführung der Möglichkeit zu nach außen sichtbaren abweichenden Stellungnahmen (dissenting opinions) in den Entscheidungen des Bundesverfassungsgerichts geht auf Gustav Heinemann und Horst Ehmke zurück. Hier ging es ihnen um »die Autorität und Transparenz des Bundesverfassungsgerichts als Hüter der Verfassung«.

Ferner wurde damals – neben vielem anderen – die Reform von Strafrecht und Strafvollzugsrecht durchgesetzt oder begonnen, darüber hinaus die längst überfällige verfassungsgemäße Ausgestaltung des Demonstrationsrechts und des Staatsschutzrechts in Angriff genommen.

Insgesamt haben Gustav Heinemann und Horst Ehmke nach
langen Jahren der rechtspolitischen Dürre eine wichtige Aufbruchsphase gestaltet. Sie konnten das, weil sie beides hatten: klare Zielvorstellungen und gesellschaftspolitische Visionen auf der einen und das für eine gute Rechtspolitik erforderliche Interesse und Fachwissen auf der anderen Seite. Visionen und rechtspolitisches Fachwissen wären heute notwendiger denn je, beides ist jedoch in beklagenswerter Weise verkümmert.

»Recht ist der Schutz der Schwächeren.« Dieser Satz des großen sozialdemokratischen Rechtspolitikers Gustav Radbruch aus der Zeit der Weimarer Republik spiegelt die Heinemann/Ehmkeschen Reformen wieder; das macht sie erfolgreich und nachhaltig wirksam. Hier liegt ein bleibendes Verdienst von Horst Ehmke, für das wir ihm gerade heute, an seinem 80. Geburtstag, besonderen Dank sagen.

Ich will meinen kleinen Geburtstagsgruß mit einigen wichtigen Zitaten aus Reden von Horst Ehmke beschließen. Sie überzeugen noch heute und sollten heute häufiger gelesen werden.

Zum Nichtehelichenrecht (14. Mai 1969): »Es stimmt nachdenklich über die Reformkraft dieses Landes, dass wir so lange Zeit gebraucht haben, um zu einem tragbaren Ergebnis in Bezug auf diesen von der Verfassung gegebenen Auftrag zu kommen, (…) einen rechtlichen Rahmen für gleiche Lebenschancen für alle Kinder zu schaffen. (…) Es wird darauf ankommen, dass über die Änderung des Rechts hinaus unsere Gesellschaft auch in dieser Frage wie in der neulich diskutierten Frage des Strafvollzuges zu einer Einstellung findet, die dem humanistischen und christlichen Erbe unserer Kultur, auf das wir uns mit großem Recht sehr oft berufen, gerechter wird als ein ideologisches Festhalten und eine missbräuchliche Berufung auf diese Tradition im Sinne einer vorgestrigen Lösung.«

Zum Strafrecht als »ultima ratio« (9. Mai 1969): »Das Strafrecht (…) dient nicht der Vorwegnahme des jüngsten Gerichts« und, unter Einbeziehung der Grundsätze eines modernen Strafvollzugsrechts mit klarer Unterstützung des Resozialisierungsgedankens, der künftig durch die Föderalismusreform weiter ins Hintertreffen zu geraten droht, »auch der Rechtsbrecher ist Mitbürger und Mitmensch. (...) Ein modernes Strafrecht ist zugleich auch der beste Schutz der Gesellschaft.«

Zur Verjährung von Völkermord (9. Mai 1969): »Ich möchte es in einem Satz sagen: Dem Bundesminister der Justiz erscheint es vor dem eigenen Gewissen, vor unserem Volk und auch vor der Weltöffentlichkeit weder moralisch noch rechtlich noch politisch vertretbar, dass gemeine Mörder nach dem 31. Dezember unter uns auftauchen könnten, ohne von uns für ihre Taten zur Verantwortung gezogen zu werden. (...) Es müsste die Glaubwürdigkeit unserer Rechtsordnung zerstören das Rechtsbewusstsein unseres Volkes schädigen, wenn wir solch geradezu unvorstellbares Unrecht ungeahndet ließen.«

Vielen Dank, Horst Ehmke. Herzliche Glückwünsche zum Geburtstag und alles Gute für die Zukunft.

Horst Ehmke als Mitglied der Regierung

Heimatlose Liberale

Sie dauerte noch nicht einmal fünf ganze Jahre, die Regierung Willy Brandt, eine Spanne nur etwa ein Drittel jeweils der langen Regierungszeiten von Konrad Adenauer oder Helmut Kohl. So wird Willy Brandts kurze Kanzlerschaft meist mit dem einen einschneidenden Schwerpunkt seiner Regierungszeit, der so genannten »neuen Ostpolitik«, verbunden; einer Politik allerdings, die er bereits als Regierender Bürgermeister von Berlin und dann als Außenminister des Kabinetts Kiesinger vorbereitet und eingeleitet hatte.

Doch die Ära Brandt hinterließ auch eine bedeutende innenpolitische Bilanz und eine innerparteiliche Erfahrung, auf die ich hier etwas näher eingehen will: Ich meine Willy Brandts Bemühungen um eine Liberalisierung der SPD.

Immer wieder hat Willy Brandt versucht, die Republik und seine Partei aus stickigen Traditionen und Verkrustungen zu lösen. Er selbst, ein im Kreise liberaler Sozialdemokraten Skandinaviens aufgewachsener Politiker, kritisierte in seinen Lebenserinnerungen mit dem folgenden Satz nicht nur die eigene Partei: »Der deutschen Sozialdemokratie ist eine Tradition angeboren, in der der Misserfolg moralisch in Ordnung geht und der Maßstab des Erfolges einen anrüchigen Beigeschmack hat.«

Diese von Brandt monierte Einstellung ist Teil einer bildungsbürgerlichen, ja tendenziell antikapitalistischen Tradition Deutschlands, in der dem Unternehmer noch immer keine angemessene Rolle eingeräumt wird. Staat und Ordnung sind wichtiger als Freiheit und Initiative.

In seiner Abschiedsrede auf dem SPD Parteitag 1987 wurde Brandt deswegen noch deutlicher. Sein Lebenswerk überschauend sagte er: »Wenn ich also sagen soll, was mir neben dem Frieden wichtiger sei als alles andere, dann lautet meine Antwort ohne Wenn und Aber: Freiheit.«

Nicht »Gerechtigkeit«, nicht »Gleichheit«, nein: »ohne Wenn und Aber: *Freiheit*« sagte Willy Brandt. Schärfer als mancher seiner Nachfolger im Parteivorsitz erkannte Willy Brandt nämlich bei uns Deutschen die schwerwiegenden Folgen unseres oft allzu dogmatischen, materiellen Gerechtigkeitsstrebens: Hier, im ständigen Vergleich von Unterschieden im Lebenserfolg, wurzelt die Unterschätzung freiheitlicher Eigenverantwortung für die Kreativität der Gesellschaft ebenso wie der oft kleinbürgerliche Neid der Deutschen.

Im Frühjahr 1969 war es der SPD unter Willy Brandt mit Hilfe der FDP gelungen, den sozial-liberalen Gustav Heinemann zum Bundespräsidenten zu wählen. Und im Kabinett Brandt waren zum Jahresende 1969 dann erstaunlich viele liberale Sozialdemokraten. Zu diesen »Liberalen« gehörte auch Horst Ehmke.

Horst Ehmke lernte ich Mitte der 50er Jahre in Köln kennen. Ich war Anfang 1950, nach Studium und Promotion in München, als Fulbright-Stipendiat an die Columbia University von New York gelangt und von dort – über Stanford, Yale, das Max-Plack-Institut für Internationales Privatrecht in Tübingen und wieder Yale Law School – schließlich in die Autoindustrie verschlagen worden: Zunächst zur Ford-Zentrale in Detroit/Dearborn und dann von dort nach Köln, zur dortigen Ford Motor Company.

Irgendwie trafen Horst Ehmke und ich in Köln aufeinander. Ich lebte mit meiner Familie in der Nähe der Universität. Ehmke hatte sich mit dem großen liberalen Historiker und Politiker der Aufklärung, Karl von Rotteck, wissenschaftlich auseinandergesetzt, dessen Leben und Werk er dann auch als Thema seiner Freiburger Antrittsvorlesung im Dezember 1963 wählte. Damals schrieb er noch an seiner Bonner Habilitation über das Verhältnis von Wirtschaft und Verfassung in den Vereinigten Staaten und interessierte sich für diejenigen Fälle im amerikanischen Verfassungsrecht, in denen der US-amerikanische Supreme Court schon die Befassung abzulehnen pflegt, weil es sich um einen Fall »politischen Ermessens« handelt, eben um eine »political question«.

Wir hatten damals viel Stoff für unsere Gespräche, zwei Drei-
ßigjährige, erfolgreich, selbstbewusst – und kritisch gegen die
restaurativen Tendenzen der Adenauer-Ära. Ehmke war schon
länger in der SPD, und als Adenauer im September 1957 die absolute Mehrheit für die CDU/CSU holte, nahm Ehmke mich im
Oktober in die SPD auf. Mein Pate sozusagen.

Es war eine SPD in tiefer Bewegung. Und zwar an beiden Fronten, der Innenpolitik nicht weniger als der Außenpolitik. Ich
war nicht in Deutschland gewesen, als Herbert Wehner den Bundeskanzler im Bundestag mit der bellenden Frage herausgefordert hatte: »Sind Sie noch ein deutscher Bundeskanzler?«, und
Schumacher dann nachsetzte: »der Kanzler der Alliierten«. Die
SPD befürchtete damals den dauernden Verlust der deutschen
Einheit oder doch mindestens schwere langfristige Folgen einer
Teilung (wie Recht sie damit doch hatte!). Aber Adenauers Strategie der Westintegration erwies sich schließlich als mehrheits-
fähiger und während der langen Phase des Kalten Krieges wohl
auch als sicherer, mindestens für den Westteil der Nation.

Innenpolitisch lagen schwere Entscheidungen zum gesell-
schafts- und wirtschaftspolitischen Kurs der SPD vor uns: Godesberg stand vor der Tür, und die Partei war zerrissen zwischen
den Traditionalisten, auf deren Seite immer auch die Mehrheit
der Gewerkschafter stand, und denjenigen, deren nicht nur
ökonomischer Sachverstand die Partei gesellschaftspolitisch in
eine sozial-liberale Richtung führen wollte: Heinrich Deist, Karl
Schiller, Alex Möller und wie sie alle hießen. Aber eben zentral:
Willy Brandt.

Godesberg wurde 1959 einerseits zur Weichenstellung, blieb
aber doch auch im Kompromiss hängen. Denn obwohl das Ziel
eines umfassenden Staatseigentums an den Grundstoffindus-
trien endlich aus der SPD-Programmatik verschwand, blieb das
wirtschaftspolitische Staatsvertrauen der SPD-Mehrheit ungebrochen. Ohne Godesberg wäre zwar Willy Brandts Aufstieg
zum Bundeskanzler nicht möglich gewesen, aber auch mit Godesberg musste seine reform-liberale Denkweise bald mit den über-
brachten Strukturen der Traditionalisten kollidieren. Denn diese

waren letztlich mental von Godesberg unberührt geblieben. Die weit überzogenen Lohnforderungen der ÖTV 1974 waren dafür nur ein Indiz.

An den in den alten Strukturen verhafteten Mentalitäten scheiterten zunächst Alex Möller und Karl Schiller: Sie erkannten nämlich schon damals, dass die westliche Welt sich immer dynamischer zu offenen Märkten entwickelte, aber in der SPD herrschte mehrheitlich Skepsis gegenüber den Ungerechtigkeiten des Marktes und dem Vordringen privater Macht in das Gefüge des Sozialstaates. Ein Thema noch in unseren Tagen, mehr als dreißig Jahre später.

Die SPD hatte zwar schon ein Jahrhundert für Freiheit und Demokratie gekämpft, aber die Partei wollte – und will? – nicht zur Kenntnis nehmen, dass die persönliche Freiheit auch mit persönlichen Risiken verbunden sein muss. Jeder liberal denkende Mensch weiß das aber. Ein Beispiel, das uns damals beschäftigte: Jemand macht von der im Grundgesetz garantierten Bildungsfreiheit und von seiner Freiheit der Berufswahl Gebrauch, lehnt aber dann einen Arbeitsplatz unterhalb dieses erworbenen (und von anderen bezahlten!) Ausbildungsniveaus als »unzumutbar« ab und lässt sich stattdessen von der Gesellschaft ein »niveaubezogenes« Arbeitslosengeld zahlen. Diese Haltung wurde zu Beginn der 70er Jahre (z. B. bei arbeitslosen Absolventen des Lehrerstudiums) vom linken Flügel der Partei und den Gewerkschaften (insbesondere der »Gewerkschaft Erziehung und Wissenschaft«, GEW) unnachgiebig verteidigt. Wir, die Reformer, fragten: Hätte er (oder sie) nicht dann eine andere Ausbildung wählen müssen? War seine (ihre) Entscheidung nicht seine (ihre) eigene? Die Freiheit der Wahl hatte jedoch für die Traditionalisten einen absoluten Wert, die Verantwortung für die Folgen der Ausübung dieser Freiheit aber wurde auf den Staat verschoben.

So etwas ist zwar gottlob heute nicht mehr möglich, denn die Zumutbarkeitsgrenzen wurden zu Lasten des Einzelnen verschoben, mehr Eigenverantwortung für die Übernahme einer Beschäftigung wird verlangt – aber nach welcher Debatte! Und Reste der alten Mentalität – Freiheit ohne Verantwortung – sind noch immer spürbar. Doch in keiner Gesellschaft kann es auf Dauer Freiheiten ohne Verantwortung geben.

Ehmke und ich trafen dann am Kabinettstisch der Großen Koalition (1966 bis 1969) wieder zusammen, als ich im März 1968 Staatssekretär von Karl Schiller wurde und Ehmke schon Staatssekretär von Justizminister Gustav Heinemann war und bald sein Nachfolger wurde. Den liberalen Kurs der großen Strafrechtsreform (eine übrigens weithin vergessene große Leistung der damaligen Koalition) hat er energisch vorangetrieben.

Horst Ehmke war sicherlich nicht zufällig von einem Mann zum Staatssekretär ausgesucht worden, der erst über die CDU und dann über die Gesamtdeutsche Volkspartei (GVP) zur SPD gestoßen war. Gustav Heinemann, Ehmkes Ziehvater in der Bundespolitik, hatte zunächst wohl den Liberalen näher gestanden als der SPD. Das kann man jedenfalls daraus schließen, dass es der Liberale Thomas Dehler war, der Heinemann 1951 drängte, Richter am Bundesverfassungsgericht zu werden, und auch daran, dass Heinemanns wohl engster Weggefährte in der GVP, Adolf Scheu, sich 1966 an Walter Scheel in Düsseldorf – und nicht an den SPD-Ministerpräsidenten von NRW, Heinz Kühn – mit dem Vorschlag wandte, Heinemann solle für die neue Regierung als Bundesratsminister nach Bonn gehen, die SPD werde da wohl nichts dagegen haben!

Gustav Heinemann hatte die Nazi-Jahre im Vorstand der Rheinischen Stahlwerke verbracht, dort gleichzeitig der Bekennenden Kirche beigestanden. Er war ein klassischer Sozial-Liberaler, der allerdings in der nach 1945 zunächst sehr rechtslastigen FDP keine Heimat hätte finden können. Wie lange die FDP an diese rechtslastige Orientierung gefesselt blieb, sollte sich später während der Führung durch Erich Mende erweisen. Es war erst Walter Scheel, ein kühner und offener Liberaler ganz neuer Prägung, der das Bündnis mit der SPD ermöglichte – und dabei seinen Parteivorsitz riskierte. Mit einem Traditionalisten an der Spitze der SPD allerdings wäre 1969 eine sozial-liberale Koalition auch kaum möglich gewesen: Der sozial-liberale Willy Brandt war ein idealer Partner für den liberal-sozialen Walter Scheel.

Als Willy Brandt in das Kanzleramt einzog versammelte er um sich viele liberale Sozialdemokraten, Ehmke gehörte dazu. Doch der Kanzleramtschef Ehmke brachte die Traditionalisten bald gegen sich auf. Es mag auch etwas Richtiges daran sein, dass damals vom Kanzleramt gelegentlich zuviel angestoßen und dann zu wenig umgesetzt wurde. Aber es war nicht diese oft kritisierte »Reformeuphorie« der ersten Brandt-Jahre, die bald in eine spürbare Ermattung der Regierung führte. Es waren die Traditionalisten in der SPD, die Brandt und Ehmke letztlich zu Fall brachten. Es war der Mangel an rationaler Debatte zwischen einer gewiss oft stürmischen und gelegentlich dilettantischen »Reformlobby«, zwischen Jusos, 68ern und vielen Opportunisten auf der einen Seite und dem traditionsgeblockten SPD-Flügel, oft auch »Kanalarbeiter« genannt, auf der anderen. Diese beiden Flügel stehen spätestens seit der Revisionismusdebatte Ende des 19. Jahrhunderts, ausgetragen von den beiden Protagonisten Karl Kautsky und Eduard Bernstein, im Konflikt miteinander. Sie haben durch Streit die Sozialdemokraten meist mehr behindert und blockiert als kreativ stimuliert. Am Gral der Ideologie lässt sich eben kaum konstruktiv argumentieren. Auch heute noch nicht.

Die SPD ist eine tragende Säule der deutschen Demokratie. Aber eine SPD, die damals, zu Brandts Zeiten, einen ebenso ehrenwerten wie zukunftsfernen Machtpolitiker Egon Franke als Chef der so genannten »Kanalarbeiter« in der Bundestagsfraktion gewähren ließ, konnte kaum mit den sich offenkundig anbahnenden Problemen von weltweitem Wettbewerb und den Kosten des Sozialstaates fertig werden. Ständig wurden faule Kompromisse zwischen reformeuphorischen Visionären und rückwärtsgewandten Kräften geschlossen und damit klare Entscheidungen für die Zukunft verhindert. Ich habe das auf dem Bildungssektor bitter erfahren: Erst heute knüpfen wir in Deutschland dort wieder an, wo wir im Kabinett Brandt bereits 1972 waren – etwa Hochschuleingangsprüfungen, die das Abitur relativiert hätten, oder ein konsekutives Studium vom Bachelor zum Master mit Zwischenprüfungen und Regelstudienzeiten.

Andere Sozialdemokratien haben das besser gelöst: »New Labour« zum Beispiel oder die Skandinavier. Eine liberale, realistische SPD-Mehrheit dieser Art ist uns aber bis heute nicht gelungen. Brandt, Schmidt und Schröder, sie alle sind letztlich an den Traditionalisten gescheitert: an einem Sozialstaatsverständnis, das dem Versorgungsaspekt gegenüber der Verantwortung des einzelnen Bürgers für die eigene Zukunft zuviel Gewicht gibt; das die offenkundigen Gesetze des Marktes in einer freien und offenen Welt geflissentlich übersieht und dann unbekümmert durch Hoffnung ersetzt. Es ist heute vielleicht nicht einmal mehr die Mehrheit der SPD-Basis, die so denkt, aber da sind ja die Parteitagsdelegierten. Und es genügt eben eine Minderheit, um diese Partei zu lähmen. Siehe Schröder und die Gegner der Agenda 2010.

Wer sind die Reformer in der SPD? Es waren stets sozial liberale Politiker und Denker. Ja, noch deutlicher: Es waren immer Sozialdemokraten ohne den viel beschworenen »Stallgeruch«. Auch Willy Brandt, ein eingefleischter Sozialdemokrat gewiss, hatte keinen »Stallgeruch«. Er liebte das »Sie« und das intellektuelle Gespräch. Doch diesen Sozialdemokraten fehlte und fehlt die Basis in der eigenen Partei. Scheel und Brandt, das waren historische Ausnahmen.

Vielleicht wäre schon zu Bismarcks Zeiten manches besser verlaufen, wenn es damals eine wirklich liberale Partei im angelsächsischen Sinne gegeben hätte. Eine Partei, die nicht so nationalistisch war wie die National-Liberalen zu Bismarcks Zeiten, aber auch nicht so missverständlich einseitig wirtschaftsnah wie heute. Eine Partei, wie Hermann Flach, der so unglücklich früh verstorbene Generalsekretär der FDP, sie in den 60er Jahren konzipiert hatte. Möglicherweise gäbe es dann endlich eine starke und stets verlässliche liberale Kraft in der deutschen Politik – und nicht so viele »heimatlose Liberale« in allen Parteien der Bundesrepublik.

Denn was Deutschland ohne Zweifel braucht, ist ein tieferes Verständnis für Freiheit. Für die Kreativität der Freiheit, aber auch für die Verantwortung, die aus jeder Freiheit erwächst.

Fünfzig Jahre haben Horst Ehmke und viele andere in der SPD
dafür gestritten. Und wir geben nicht auf.

Unersetzlich für den Bundeskanzler

Horst verschlug es zunächst die Sprache – und da das nicht
oft vorkommt, bin ich heute noch stolz darauf.

Es war bei ihm im Justizministerium – irgendwann zwischen
Bundestagswahl und Regierungsbildung 1969 –, wohin er mich
ohne Angabe von Gründen gebeten hatte. Ich kannte ihn kaum.
Dort eröffnete er mir, dass Willy Brandt wissen wolle, ob ich
bereit sei, Parlamentarische Staatssekretärin im Kanzleramt zu
werden – mit ihm als Kanzleramtsminister, Egon Bahr als beam-
tetem Staatssekretär und Conny Ahlers als Chef des Presseamts.
Ich versuchte, Gelassenheit vorzutäuschen, und fragte zurück,
was ich denn da machen solle. Horst redete etwas von »Wahlerfolg, gut aussehen und repräsentieren«, und ich sagte, das mache ich nicht, ich wolle eine handfeste Aufgabe. Wie ich mir die
vorstellte, wollte der verdutzte Horst wissen. Ich musste blitz-
schnell improvisieren: Ich wollte die Europapolitik nach Westen
koordinieren, so wie Egon Bahr die Ostpolitik.

Pause. Dann fasste er sich, meinte, dann könne ich ja wegen
Landtagserfahrung auch gleich die Beziehungen zum Bundesrat
und die Bund-Länder-Bildungsplanung übernehmen. Aber er
müsse erst noch einmal mit Willy Brandt reden. Mir kam etwas
Bedenkzeit gerade recht.

Und so begannen meine glücklichsten politischen Jahre bei
Willy Brandt im Kanzleramt (und sicher auch Horsts). Ich war
gleich richtig auf ihn eingestimmt: ein bisschen machohaft, mit
dem Charme eines großen Bruders, sofort auf eine praktische
Problemlösung eingestellt und von Anfang an unkompliziert und
kameradschaftlich.

Wenn ich zurückdenke, wird mir immer klarer, wie unersetz-
lich Horst Ehmke für Willy Brandt als Bundeskanzler war. Er war
seine zweite, dickere Haut, sein »trouble shooter«, sein Kumpane
und Depressionserheller (bei aller Verehrung und allem Respekt,

die auch ihn erfüllten). Fern aller politischen Intrigen konnte Willy Brandt sich absolut auf ihn verlassen.

Als Willy Brandt nach der Bundestagswahl 1972 bei Regierungsbildung und Koalitionsverhandlungen wegen einer schweren Kehlkopferkrankung ausfiel und Herbert Wehner und Helmut Schmidt verhinderten, dass Horst Ehmke erneut Kanzleramtminister wurde, war das Ende von Willy Brandts Regierungszeit eigentlich schon zu ahnen. Dauernd hatten sie sich an ihm gerieben, immer wieder bei mir über ihn beklagt. Sie hatten sehr richtig gespürt, dass Horst Ehmkes Schutzhülle für Willy Brandt von existentieller Bedeutung war. Dass Willy Brandt sich ihnen gegenüber damals nicht durchgesetzt hat, bleibt für mich eine unverständliche Schwäche.

Aber in jenen glücklichen Jahren zwischen 1969 und 1972 herrschte im Kanzleramt Hochstimmung. Die Atmosphäre war fröhlich, harmonisch, kollegial. Regieren machte Spaß, ich glaube vor allem auch Horst Ehmke. Er hat in seinen Erinnerungen »Mittendrin« unseren Umgang mit Willy Brandt als »ungezwungen« und »überwiegend heiter« beschrieben, und so habe auch ich es in Erinnerung. Horst stellte übrigens fest, dass, während Willy Brandt ein Kind der alten Arbeiterpartei war, wir vier, d. h. Horst, Egon, Conny und ich, alle bürgerlicher Herkunft waren. Mehr als ein Zufall? Jedenfalls war es ein Zeichen für die Öffnung der Partei und ihre wachsende Attraktivität für neue Schichten der Gesellschaft unter Willy Brandt.

Es herrschte ein offenes argumentatives Gesprächsklima. Man hörte sich gegenseitig zu. Jeder hatte zu jedem Zutritt – Willy Brandt wurde so weit wie möglich verschont. Irrationales erschwerte einem nicht das Leben, ich hatte nur gelegentlich gewisse Probleme mit Egon Bahrs Befürchtung, die europäische Einigungspolitik könne seiner Ostpolitik in die Quere kommen. Und natürlich spürten wir alle Willy Brandts Stimmungen und Depressionen – den besten Umgang damit hatte fraglos Horst mit seiner unerschütterlich heiteren resoluten Art und einem unerschöpflichen Vorrat an Witzen. »Willy aufstehen! Wir müssen regieren!« (von Rut zu Hilfe gerufen) ist dazu die bezeichnendste

Horst Ehmke als Mitglied der Regierung

Anekdote. Horst wusste aber auch, wann er den Kanzler in Ruhe
lassen musste.

Mich ließ er machen. Als ich gleich am Anfang die europäische
Gipfelkonferenz von Den Haag vorbereiten musste – mit vielen
Gesprächen und Verhandlungen von Jean Monnet über benach-
barte Staatskanzleien bis zu den eigenen Ressorts unter besonderer Berücksichtigung von Karl Schiller und dem Auswärtigen
Amt – mischte er sich nicht ein. Dafür gab es eine etwas merkwürdige Arbeitsteilung bei der Beziehung zu Parlament und Fraktion
im Unterschied zur eigentlich gedachten Verwendung Parlamentarischer Staatssekretäre: Horst Ehmke machte das alles selbst.
Frühstück mit Herbert Wehner, Fraktionsvorstand, Ältestenrat,
Fragestunde – das machte alles er, ganz unabgesprochen. Es ergab sich irgendwie so, und ich war zufrieden. Die Fraktion unter
Herbert Wehner blieb mir fremd. Und unsere ungewöhnliche Arbeitsteilung war ja auch durch mein »Einstellungsgespräch« vor-
gezeichnet. Dazu gehörte übrigens auch, dass er mir freie Hand
bei der Bund-Länder-Planung und der Beziehung zum Bundesrat
mit der wöchentlichen Unterrichtung der Bevollmächtigten der
Länder über die Kabinettssitzung ließ.

Ich glaube nicht, dass ein leitendes Team noch einmal mit
solcher Lust regiert hat, allen voran Horst Ehmke. Er machte das
Kanzleramt erst zu einer modernen Regierungszentrale, mit der
alle wichtigen Vorhaben erfasst wurden, koordiniert und geplant,
die Richtlinien der Politik wirklich bestimmt werden konnten.
Er ging ganz systematisch vor – er muss sich vorher schon als be-
amteter Staatssekretär im Justizministerium ausgiebig mit solchen politischen Organisationsfragen beschäftigt haben. Er hatte
sichtlich Freude daran und Begabung dafür. Ich glaube nicht,
dass Willy Brandt ihn beauftragt hat, sondern eher, dass Horst
ihn von der Notwendigkeit überzeugte.

Gleich am Anfang machte er die notwendigen »Grausamkei-
ten«, um im Kanzleramt loyale und hoch qualifizierte Mitarbeiter
zu haben. Natürlich war die Anekdote von der Maschinenpistole
mit der er einmal – ratatata – durchs Kanzleramt gelaufen sei,
reine Erfindung, er ging – im Gegenteil – schonend und in aller

Form vor. Das Ergebnis war ein Beamtenapparat von fabelhafter Qualität, dessen Vorzüge ich in meinen verschiedenen Zuständigkeitsgebieten weidlich genutzt habe, für Recherchen, Sitzungsvorbereitungen, Entwürfe, Verhandlungen in der Europastaatssekretärsrunde, mit anderen Ressorts etc. Ich konnte jederzeit, auch zu vorgerückter Stunde, zu einem Gespräch bitten, Dienstwege waren nicht zwingend, solange der Akten- und Informationsfluss funktionierte. Auf meinem Sofa im kleinen »Blankenheim«-Eckzimmer hat manche Runde einiges ausgeheckt, und es war damals sogar denkbar, dass der besonders auf Prestige und korrekte Form bedachte AA-Staatssekretär improvisiert Platz nahm.

Ich war Feuer und Flamme für Horsts neue Verwaltungsidee: die so genannten Referate aus ihrer Käfterchen-Existenz zu befreien, sie zu vernetzter horizontaler Zusammenarbeit zu bewegen und so schon im Ansatz zusammenzudenken, was zusammengehört, statt eifersüchtig »Zuständigkeiten« abzuschotten. Das war übrigens nicht ganz einfach durch den Personalrat zu bekommen und bedurfte auch einer besonderen Verwaltungsgenehmigung durch das Innenministerium. Als ich das System später im Bundesministerium für Jugend, Familie und Gesundheit zu übernehmen versuchte, bin ich gescheitert. Nach dem Kanzleramt bin ich damals unsanft an einem normalen Verwaltungsalltag im Ministerium erwacht!

Natürlich war das Kanzleramt auch als Bau alles andere als ein moderner Regierungssitz. Das alte Palais Schaumburg mit seinen engen Räumen, verwinkelten Gängen und Treppen hatte zwar viel Charme und Atmosphäre und einen wunderbaren Park, in dem man frische Luft atmen, frische Gedanken schöpfen und Staatsgäste empfangen konnte, sowie einen Kanzlerbungalow, in dem exquisite kleine Essen und Veranstaltungen zelebriert wurden, aber es war äußerst unpraktisch und platzte aus allen Nähten. Horst Ehmke fasste gleich den Entschluss, ein neues Kanzleramt zu bauen, das zu seinen Reorganisationsvorstellungen passte und die horizontale Öffnung und Verbindung der Referate erlaubte. Horst und ich sind nicht mehr in den Neubau mit eingezogen. Das neue Kanzleramt gehörte nicht zu Horsts geglücktesten Werken, wie er in seinen Memoiren einräumt. Ich favorisierte einen anderen Entwurf des Architektenwettbewerbs, und versuchte – vergeblich – die Jury entsprechend zu beeinflussen.

Horst hat so vieles gleichzeitig angepackt, dass er eigentlich ständig unter starkem Stress hätte stehen müssen. Wenn ja, dann wusste er es zu überspielen. War Horst manchmal zu unsensibel, zu direkt, zu ungeduldig? Ich weiß es nicht, ich habe ihn nicht so erlebt. Ich erinnere mich an manche Vier-Augen-Gespräche mit einfühlsamer Aufklärung über Willy Brandts Seelenlage und Verfassung, über die politische Situation, wie er sie sah, und Vorhaben, mit denen er sich beschäftigte – es klang überlegt und der Situation gewachsen. Manchmal neckte er mich; er liebte es, so zu tun, als wüsste er durch seine Aufsicht über den Bundesnachrichtendienst Bescheid über meine »Umtriebe« wenn ich in Frankreich oder Italien war, und ich weiß bis heute nicht, was ich davon halten soll! Manchmal wurde er persönlich, erzählte von seinen Kindern und relativ früh von seiner Beziehung zu Maria, die Turbulenzen, die sie auszulösen drohte, und Willy Brandts wohltuende Reaktion.

Nein, gestresst habe ich ihn damals nicht in Erinnerung. Eher fröhlich feiernd, bei ihm zu Hause, bei Willy Brandt auf dem Venusberg, im Kanzlerbungalow bei einem Konzert oder meinem glücklichen 50. Geburtstag mit Willy Brandt und Austern, meinem Wunschmenü. Schön waren auch die Kanzlerfeste im Park, wo wir uns alle als Gastgeber bewähren mussten, aber auch selber viel Spaß hatten.

Über meinen Erinnerungen an jene Jahre mit Horst im Kanzleramt hängt ein heiterer, fast spielerischer Schimmer. Ärgerliches oder Schiefgelaufenes wird davon verdeckt. Es kommt mir so vor, als gelte das auch für ihn. Als trüge es heute noch zu seinem gelungenen Alter bei – neben Maria natürlich. Kriminalromane zu schreiben passt dazu. Herzlichen Glückwunsch zum achtzigsten!

HANS-DIETRICH GENSCHER

Motor der sozial-liberalen Koalition und ihr konzeptioneller Impulsgeber

Horst Ehmke 80 Jahre – das ist eine Feststellung, die nachzuvollziehen schwer fällt, jedenfalls für mich. Denn vor mir steht der hochaktive, ideensprudelnde, nach neuen Ufern strebende Horst Ehmke im Alter von knapp 40 Jahren. Die Gedanken gehen zurück an unsere ersten Begegnungen. Es war bei der Bildung der Koalition aus SPD und FDP im Jahre 1969. Natürlich war er mir vorher ein Begriff, als Staatssekretär im Bundesministerium der Justiz und in den letzten Monaten vor dem Ende der Koalition aus CDU/CSU und SPD als Bundesminister der Justiz, nachdem Gustav Heinemann mit den Stimmen von SPD und FDP zum Bundespräsidenten gewählt worden war. Nach der Bundestagswahl 1969 begann unsere Zusammenarbeit bei der Vorbereitung einer Regierung des neuen Aufbruchs mit Willy Brandt und Walter Scheel. In dieser Regierung arbeitete ich mit dem Chef des Bundeskanzleramtes, Horst Ehmke, eng zusammen. Horst Ehmke, Gerhard Jahn, der Nachfolger von Ehmke als Justizminister, und ich, der Innenminister – wir waren alle drei Angehörige des Jahrgangs 1927 und damit die Jüngsten in der Regierung. Die Luftwaffenhelfergeneration hatte ihren Einzug in die Führungspositionen der Republik gehalten. Dieses Bewusstsein verband, in meinem Fall, vor allem mit Horst Ehmke.

Horst Ehmke beeindruckte mich durch die Brillanz seiner Ideen und seiner Formulierungen, aber sehr stark auch mit seiner Durchsetzungsfähigkeit. Bundeskanzler Willy Brandt und der Chef des Bundeskanzleramts Horst Ehmke waren eine ideale Kombination. Willy Brandt setzte großes Vertrauen in Horst Ehmke, Horst Ehmke bewunderte ihn, war ihm aber auch ein selbstbewusster und – wenn notwendig – ein kritischer Ratgeber. Er war Willy Brandt tief ergeben und in uneingeschränkter Loyalität

Horst Ehmke als Mitglied der Regierung

zugetan und immer wieder bereit, Pfeile auf sich zu ziehen, die den Bundeskanzler selbst treffen sollten. Es sollte sich auch erweisen, dass Horst Ehmke ein fairer Sachverwalter der Interessen beider Koalitionspartner war. »Ich muss Willy den Rücken freihalten!«, war eine stete Redewendung, und, auf die FDP bezogen, »Ich muss auch dafür sorgen, dass wir«, gemeint war die SPD, »mit Euch klarkommen!« Ganz in Übereinstimmung mit Willy Brandt war ihm bewusst, dass die bei der Bundestagswahl 1969 deutlich geschwächte FDP die Chance zum Wiedererstarken brauchte. Das lag durchaus auch im Interesse der Sozialdemokraten, denn ein Koalitionspartner, der um seine Existenz bangen musste, wäre nur eine Belastung gewesen. Schon in der Wahlnacht hatte Willy Brandt gesagt, er sei daran interessiert, dass die FDP, wenn es denn zu einer Koalitionsregierung kommen würde, durch die Zusammenarbeit gestärkt werden könnte. Horst Ehmke ist, solange er an der Nahtstelle, an der Spitze des Bundeskanzleramtes Verantwortung trug, diesem Postulat stets gerecht geworden. Es waren die entscheidenden Jahre des Beginns einer Zusammenarbeit von Sozialdemokraten und Liberalen, die es bis dahin auf Bundesebene im Nachkriegsdeutschland nicht gegeben hatte.

Horst Ehmke sah im Neuzuschnitt der Ministerien eine große Chance für einen Reformansatz der Regierung Brandt/Scheel, ich profitierte von dieser Einsicht auf besondere Weise. Auf der einen Seite ging das Bundesministerium für Vertriebene, Flüchtlinge und Kriegsgeschädigte im Innenministerium auf; das war sehr zum Vorteil der Betroffenen. Nun konnten ihre berechtigten Belange mit dem ganzen Gewicht eines der großen klassischen Ministerien vertreten und durchgesetzt werden. In der Vergangenheit hatte das Ministerium je nach Gewicht seines Ministers eher ein Dasein am Rande geführt. Die neue Bundesregierung entwickelte eine neue Ostpolitik und ebnete damit auch den Weg zur Deutschen Einheit. Sie zeigte ein besonderes Verständnis für das Schicksal derjenigen Bürgerinnen und Bürger, die von den Folgen der verbrecherischen Politik Hitlers besonders betroffen waren. Mehr und mehr schloss das auch die Flüchtlinge aus der damaligen DDR ein. Natürlich lagen mir diese besonders am Herzen, denn ihre Integrationsprobleme hatten bis 1961 nicht die gebotene Beachtung gefunden. Erst Wolfgang Mischnick rückte sie in seiner kurzen Amtszeit als Bundesminister für Vertriebene, Flüchtlinge und Kriegsgeschädigte von 1961 bis 1963 stärker in den Mittelpunkt der Regierungspolitik. Nach seinem Ausscheiden war das nicht ausreichend fortgesetzt worden.

Für die Zukunftsfähigkeit des Landes war es besonders wichtig, dass die über eine Reihe von Ministerien verstreuten Zuständigkeiten für den Umweltschutz nunmehr im Bundesministerium des Innern zusammengefasst wurden. Damit hatte die Bundesrepublik Deutschland mit der Regierungsbildung von 1969 zum ersten Mal ein Bundesministerium für Umweltschutz. Die große Fachkompetenz des Innenministeriums im Bereich des Verfassungsrechts und der Gesetzgebung sowie die Durchsetzungskraft des Hauses machten es möglich, sehr schnell die verfassungsrechtlichen Grundlagen für die konkurrierende Gesetzgebung des Bundes zu schaffen. Das wäre ohne das große Engagement von Horst Ehmke innerhalb der Regierungskoalition so problemlos nicht durchzusetzen gewesen. Er aber überzeugte seine politischen Freunde von der Bedeutung des Zukunftsthemas Umweltschutz. Für eine Regierung der inneren Reformen waren der Umweltschutz, die Aufstellung des ersten Umweltschutzprogramms in Europa, die Errichtung des Umweltbundesamtes und die Schaffung von Bundeszuständigkeiten für den Umweltschutz ein geradezu klassisches Thema.

Auch bei der Verwirklichung von Reformvorhaben für den Bereich des Öffentlichen Dienstes konnte ich mit der Unterstützung von Horst Ehmke rechnen. Die Schaffung eines modernen Personalvertretungsgesetztes für den gesamten Öffentlichen Dienst, bewirkte den Ausbau der Mitwirkungsrechte von Beamten und Arbeitnehmern. Das gab einen großen Motivationsschub. Auch bei diesem Vorhaben unterstützte mich Horst Ehmke, was nicht für alle Kabinettsmitglieder, die der SPD angehörten, galt.

Um es kurz zu sagen: Horst Ehmke war nicht nur der Koordinator und Organisator der Regierungsarbeit, er war auch der Motor

der sozial-liberalen Koalition und ihr konzeptioneller Impuls-
geber. Dabei halfen ihm nicht nur seine große Intelligenz, sein
messerscharfes Urteil, seine große juristische Fachkompetenz,
vor allem im Bereich des öffentlichen Rechts, sondern auch seine
Fähigkeit, auf andere Leute zuzugehen, Vertrauensverhältnisse
aufzubauen und – ganz wichtig –, die Unterstützung, die er durch
Willy Brandt erhielt.

Wenn man über Horst Ehmke spricht, dann wäre es ein Ver-
säumnis nicht zu erwähnen, dass seine spitze Zunge ihm gelegentlich auch Probleme schaffte. Nicht jeder vermochte es zu
ertragen, dass Ehmke seine intellektuellen Fähigkeiten nicht
immer zu verbergen wusste. Das galt besonders für diejenigen,
die schon seinen Anspruch auf Ebenbürtigkeit als Herausforderung betrachteten. In seinem dritten Regierungsamt als Bundesminister für Forschung und Technologie sowie für das Post- und
Fernmeldewesen konnte er nicht einmal zwei Jahre verweilen.
Mit dem Rücktritt von Willy Brandt endete auch seine Mitgliedschaft in der Bundesregierung. Das Fachgebiet, das ihm in seinem
dritten Regierungsamt anvertraut war, hätte eine politische Begabung, wie Horst Ehmke sie besitzt, aber auch seine innovativen
Fähigkeiten, sehr viel länger gebrauchen können.

Für die Bundestagsfraktion der SPD war Horst Ehmke, vor allem in der Zeit der Opposition nach 1982, von großem Wert und
von großem Gewicht. Indessen bin ich nicht sicher, dass Sozialdemokraten in Partei und Bundestagsfraktion stets voll gesehen
hätten, was Horst Ehmke ihnen geben konnte. Dazu gehört, dass
Resignation wegen des Verlustes der Regierungsbeteiligung nicht
seine Sache war. Für ihn begann mit dem Ausscheiden seiner Partei aus der Bundesregierung der Kampf um die Wiedergewinnung
des Bundeskanzleramtes. Horst Ehmke gehörte zu den prägenden
Gestalten einer neuen Politikergeneration.

Wenn man die Zusammenarbeit mit Horst Ehmke Revue pas-
sieren lässt, dann umfasst das eine Zeit, in der die Sozialdemokraten Partner einer schwarz-roten Koalition waren und wir, die
Liberalen, die Opposition. Es umfasst Jahre einer guten und vor
allem einer erfolgreichen Regierungszusammenarbeit, und dann

wiederum Jahre, in denen uns die Sozialdemokraten als Opposition gegenüberstanden. Das Verhältnis zwischen Horst Ehmke und mir ist von den politischen Konstellationen unseres Landes unberührt geblieben. Von Anfang an hatten wir Vertrauen zueinander gefasst, in vieler Hinsicht dachten wir auch in die gleiche Richtung. Das Luftwaffenhelferbewusstsein hat uns geprägt, uns vereinte die Überzeugung, dass sich nie wiederholen dürfe, was zwischen 1933 und 1945 geschehen war. Eine Rolle spielte wohl auch die Tatsache, dass wir zu den Deutschen gehörten, die die Folgen der verbrecherischen Politik Hitlers besonders getroffen hatte. Er verlor seine Heimat in Danzig, ich erlebte, was es bedeutete, dass meine Heimat zu der Sowjetischen Besatzungszone gehörte.

Sich mit Horst Ehmke zu unterhalten ist stets Gewinn. Mit großer Ernsthaftigkeit werden grundlegende Fragen bis in letzte Verästelung ausgeleuchtet, aber auch der Austausch von Anekdoten und von Witzen ist ein großer Genuss.

So rundet sich das Bild ab, das vor mir steht, von einem Manne, dem nichts geschenkt, der aber vieles erkämpft hat, der zu höchsten wissenschaftlichen Ehren kam, der nach dem Zweiten Weltkrieg das große Ziel der damals jungen Generation erreichte, die USA – vor allem ihre Hochschulen – erleben zu können. Ein Mann, der das Parlament von der Picke auf kennen lernte – auch das verband uns übrigens: er als Mitarbeiter des großen Adolf Arndt und ich als Mitarbeiter der Bundestagsfraktion der FDP. Er wurde Mitglied der Bundesregierung und auch des Deutschen Bundestages. Nach seinem Ausscheiden begann er Bücher zu schreiben, ganz andere als in früheren Zeiten. Er schrieb Kriminalgeschichten – eines dieser Bücher habe ich vorgestellt. Trifft man ihn, dann empfindet man das alte Feuer, man fühlt sich ermutigt, soweit es dessen überhaupt bedarf. Und eines wird immer wieder klar: Er hat mich nie enttäuscht, auf ihn kann man bauen und manchmal kommt er, wenn man sich privat trifft, so jungenhaft daher, wie damals vor beinahe 40 Jahren. Wie gesagt: Horst Ehmke 80 Jahre, das ist eine Feststellung, die nachzuvollziehen schwer fällt, jedenfalls für mich.

Horst Ehmke als Mitglied der Regierung

Ein ganz normaler Brief

Lieber Horst, der Geburtstag verlangt einen Brief, zumal unter Bürgern, die mit diesem eher fragwürdigen Begriff einen gewissen zivilisatorischen Anspruch verbinden, kurz, den Rest eines Gefühls für Formen: also kein Anruf, kein Telegramm (falls es das noch gibt), keine E-Mail, keine SMS, aber auch keine akademisch-festschriftliche Ehrengabe, zu der mich ohnedies nur ein Anflug von Hochstapelei verführen könnte. Ein ganz normaler Brief.

Mir käme dafür keine andere Anrede in den Sinn als Dein durch den Eintrag ins Familienregister redlich erworbener und (wie ich annehme) über einem kirchlichen Taufbecken in Danzig geistlich bestätigter Name Horst. Im »Spiegel«, in der »Bild-Zeitung«, in der »Bunten« setzten die Reporter und Redakteure gern – mit der anbiedernden Pseudo-Intimität, die in jenen Kreisen üblich ist –, in Klammern den Ruf-, Spitz- oder Kosenamen hinzu, der Dir aus den Schul-, HJ- oder Soldatenjahren, vielleicht auch von der Uni anhängen mochte: »Hotte«. Ich freilich hörte niemals mit eigenen Ohren, dass Dich jemand so angeredet hätte, und ich bin sicher, dass es Willy Brandt nicht eingefallen wäre, Dir ein »Hotte, was denkst Du?« über den Tisch zuzurufen, nicht einmal in fortgeschritten-nächtlichem Zustand. Ich mochte die juvenile Kessheit nicht, die sich in der vertraulich-launigen Verhunzung anzeigte: eine aufgesetzte Forschheit, die nach Berliner Vorstadt schmeckt. Du hast die draufgängerische Männlichkeitshuberei dann und wann dem medialen Publikum und auch Dir selber vorgespielt, wenn Dich der Hafer stach (was vorkommen mochte) oder – was ich eher vermute – um Dir die bedrängende Meute, den Ansturm der Probleme, die übermächtigen Sorgen vom Halse zu halten, womöglich sogar, um eine geheime Ängstlichkeit zu verbergen. Oder um die schönen Damen zu beeindrucken, die einander beim Pudern der Nase (wie man in England sagt) zuraunen mochten: Das ist ein Kerl! Dazu warst Du nicht naiv genug, obwohl du eine Art knabenhafter Unschuld niemals ganz abzuschütteln schienst: Teil Deines Charmes (das wusstest Du nur zu genau). Ich freilich habe den »Hoppla, jetzt-komm-ich-Ehmke« selten erlebt. Allerdings, wir kannten uns nicht zu lange. Auch nicht zu nahe.

Wir waren – und wir sind – Freunde. Nicht zu enge. Das ergab sich nicht. Aber wir sind auch nicht nur Parteifreunde, was wenig Gutes verhieße. Wenn ich mich nicht täusche, dann verband uns stets ein gewisses Vertrauen. Respekt vor der Professionalität, mit der wir beide unseren Aufträgen gerecht zu werden versuchten. Überdies die Grundloyalität gegenüber dem Mann, dem wir in der politischen Arbeit und in der Tat auch als Freunde verbunden waren.

Der Rang der Aufgaben ließ sich weiß Gott nicht vergleichen. Du trugst eine hohe, hierarchisch klar fixierte Verantwortung. Das hast Macht verwaltet (und nicht wenig davon), auch wenn sie – wie es sich in einer Demokratie gehört, erst recht in der sogenannten Kanzler-Demokratie – nur Macht aus zweiter Hand sein konnte. Du hast von ihr, soweit es ging, einen halbwegs behutsamen Gebrauch gemacht, sie manchmal aber auch eher demonstrativ, polternd und als öffentliches Schauspiel inszeniert, was Dir ein gewisses Vergnügen zu bereiten schien.

Meine offizielle (oder eher »offiziöse«) Zuständigkeit für die öffentlichen Äusserungen Willy Brandts im zweiten Kapitel seiner Kanzlerschaft, vor allem aber die ein wenig diffuse Beraterfunktion ließ keinen Vergleich mit Deinen Ämtern zu. Überdies hattest Du Dich aus dem Palais Schaumburg verabschiedet, als ich in mein Turmzimmer einzog. Der unfreiwillige Verzicht auf die Verwaltung und Aktivierung der Machtzentrale als Chef des Bundeskanzleramtes war eine bittere Erfahrung. Er unterwarf Deine Freundschaft zu W.B. einer herben Prüfung, denn es gab keinen Zweifel: Helmut Schmidt, der als Doppelminister für Wirtschaft und Finanzen eine zweite Machtzentrale in der Regierung etablierte, hatte als Vorbedingung für seine Mitwirkung Deinen Kopf gefordert – den Deinen und den des Pressesprechers Conny

Horst Ehmke als Mitglied der Regierung

Ahlers: Ihr hattet zu sehr die Blicke der so genannten Öffentlichkeit auf Euch gezogen, und Helmut Schmidt sprach Euch beiden die angeblich preußischen und gelegentlich auch hanseatischen Tugenden der Bescheidung und Zurückhaltung ab. Lassen wir dahingestellt, ob der Ersatzkanzler aus Bergedorf jenen strengen Forderungen selber immer genügte: Seine nicht eben grandiose Statur verbarg eine empfindsame Seele und rasch erregbares Gemüt. Er war sich der hohen intellektuellen Qualitäten, mit denen er brillierte, durchaus bewusst. Von Eitelkeiten war dieser hochtalentierte und energische Genosse nicht völlig frei. Niemand konnte ihm eine massive Portion Ehrgeiz absprechen – »gesunden Ehrgeiz«, wie man so sagte. Aber des öfteren wurde er damals von der melancholischen Überlegung heimgesucht, dass der Altersabstand zwischen ihm und Brandt nur gering sei (fünf Jahre) und sich darum für ihn kaum eine Chance ergebe, eines Tages selber die Kanzlerschaft zu übernehmen. Darin täuschte er sich, wie wir wohl wissen – und als es so weit war, schrak er vor der Verantwortung zunächst ein wenig zusammen. Dies (fast) nebenbei.

Wie auch immer: Er misstraute Eurer schwirrenden Freigeisterei und Eurer Neigung zu einer kräftigen Individualisierung. Außerdem glaubte er, dass sich W.B. Eurem Einfluss zu widerstandslos ausgeliefert habe. Brandt lag in den Tagen der Regierungsbildung, nach einer nur halb geglückten Operation an den Stimmbändern, ziemlich hilflos in seinem Hospitalbett. Die Geschäfte der Regierungs- und Koalitionsbildung überließ er – was sich als ein fataler Fehler erwies – Herbert Wehner, dem Gefährten mit der verhangenen Seele und der stalinistisch versierten, oft virtuos exerzierten Beherrschung der Technik der Macht. Er sah es nicht ungern, dass die Autorität des Kanzlers durch Deine Entfernung aus dem Palais Schaumburg beschnitten wurde: Willy Brandt, der im November 1972 seiner Partei den bedeutendsten Wahlsieg ihrer Geschichte erkämpft hatte, war – in Wehners Augen – durch seinen Triumph überflüssig geworden. Er hatte seine historische Funktion erfüllt. Je rascher man ihn loswürde – umso besser. Persönliche Ranküne – die Eifersucht des roten Puritaners auf den Liebhaber des Lebens, auf den integren

Sozialisten, der niemals den Heimsuchungen eines totalitären Apparates ausgeliefert war, die Verbitterung über das eigene Geschick, das es ihm verbot, jemals der erste Mann der Partei oder der Regierung zu werden – jene permanenten Traumatisierungen des einstigen Politbüro-Mitgliedes der Exil-KPD mochten sein Verhalten zum guten Teil bestimmen: Wichtiger war ihm, was die Logik des Machterhaltes für die Partei (und ihre »Sache«) zu befehlen schien. Insofern passten Schmidts Verdikte dem »Onkel« ins Kalkül.

Du hast uns in jenen Tagen gelegentlich kleine ironische Warnungen aus Deinem Forschungsministerium herübergeschickt: Es könne nicht gut gehen, sagtest Du düster. Es ging auch nicht gut, aber das war vom Schicksal (oder wem auch immer) nicht notwendig so beschlossen; es hätte auch anders kommen können. Erst als W.B. die Provokationen des »Onkels«, die er – in Moskau ausgerechnet, der Stadt seiner tiefsten Erniedrigung und Entwürdigung während Stalins Großer Tschistka – den Reportern wie eine Handvoll vergiftete Bonbons zugeworfen hatte, mit starrer Miene hinnahm, ohne dem Fraktionschef und Vizevorsitzenden der Partei unverzüglich den Stuhl vor die Tür zu setzen: Erst durch den Verzicht auf das Duell »Du oder ich« – aus Rücksicht auf den Zusammenhalt der Partei, vielleicht auch aus Konfliktscheu und Schwäche – wurde für die kritischen Beobachter deutlich, dass die Kanzlerglorie bald verblassen würde. Brandts Weigerung, den Kampf aufzunehmen, war in der Tat der Anfang vom Ende. Die Geschichte bediente sich schließlich eines kleinen Schurken, wie so oft, um das Finale zu inszenieren: des Winzlings Guillaume, der vor seiner Ernennung zum Parteireferenten den Berufsmerkern im Bundeskriminalamt, im Verfassungsschutz, im Bundesnachrichtendienst durch die Lappen und damit auch Deiner Aufmerksamkeit entgangen war – ein Clown bar jeder Komik, der sich zum Überzeugungstäter aufzublasen versuchte, noch nicht einmal ein Shakespeare'scher Narr, dessen sich die Ironie des lieben Gottes bediente, um das Trauerspiel zu beenden.

Deine berüchtigte Dynamik: sie fehlte im Kanzleramt. Dein Mut, der ein Hauptmotor der Reformgesetzgebung war. Dein

Witz, der Dir selber, Deinen Kollegen, Deinen Freunden zuweilen sagte, dass man sich – trotz aller Leidenschaft – nicht allzu
wichtig nehmen sollte. Dein präzise analysierender Verstand, der
die juristischen Einsichten nicht als Bremsklötze, sondern eher
als Wegweisungen nutzte. Deine produktive Unruhe. Vielleicht
sogar die Betriebsamkeit, die mit der tausendfach zitierten und
inzwischen ziemlich abgewetzten Anekdote »Ganz egal wohin –
ich werde überall gebraucht ...»nur noch als Klischee fortlebt.
Manchmal trieb Dich Deine Leidenschaft, mit der Du deine politischen Missionen zu erfüllen suchtest, in der Tat ein wenig zu
ungestüm durch die Welt.

Irgendwann in den siebziger Jahren hatte sich im Haus eines New Yorker Intellektuellen von Rang, der sich als Autor und
Diplomat, Wirtschaftsmanager und Chefredakteur gleichermaßen ausgezeichnet hat, das halbe Kabinett des künftigen Präsidenten Jimmy Carter versammelt, um Ehmke, noch immer
ein Star der deutschen Sozialdemokratie, kennen zu lernen:
der kommende Außenminister und der Finanzminister in spe
saßen am Tisch, dazu der Seniorpartner eines der mächtigsten
Finanzunternehmen von Wallstreet, der unter Kennedy als eine
Art Chef-Stratege der amerikanischen Weltpolitik gedient hatte,
überdies der Herausgeber eines einflussreichen Wochenblattes:
Sie wollten hören, kein Zweifel, was der deutsche Gast für sich,
seinen Vorsitzenden W.B. und seine Partei zu sagen hatte, und sie
lächelten – wohlerzogen und gutartig wie sie allesamt waren –
keine Sekunde über das Wortgeprall, das über sie hereinbrach, in
einem geläufigen Englisch, das freilich mit den harten Brechern
eines ausgeprägt ostpreußischen, ja beinahe russischen Akzentes
manchmal die Schüsseln und Gläser klirren ließ. Vielleicht hatten sie erwartet, dass der Sendbote Teutoniens auch ihnen die
eine oder andere Frage stellen würde. Dazu kam es nicht. Als der
Autor dieses Erinnerungsbriefes durch einen raschen Einwurf
eine Schneise für das Gespräch (das nicht stattfand) zu öffnen
versuchte, wurde ihm barschen Tones nahe gelegt, den Mund zu
halten, den er kaum geöffnet hatte. Die amerikanischen Herren,
deren Neugier rasch gesättigt zu sein schien, brachen denn auch

alsbald auf, höflich, doch ein wenig kühl. Du, mein lieber Horst, stelltest auf dem Weg zu Deinem Hotel mit tiefer Befriedigung fest, dies sei ein fruchtbarer Abend gewesen. Meine leisen Zweifel nahmst Du nicht zur Kenntnis.

So freilich war's nur, wenn Dich der Eifer fortriss, und ich bin sicher, dass Dir keiner jener hochmögenden und distinguierten Herren das sicht- und hörbare Vergnügen an der eigenen Wirkung allzu lange nachtrug. Allerdings: Kein anderer Minister, mit dem ich in Bonn die Ehre hatte, wäre bereit gewesen, mit mir in die New Yorker subway zu steigen – ohne sichtbaren Geleitschutz wohlgemerkt (und gegen die lebhaften Bedenken des Generalkonsulats) –, um mitten im Ghetto von Bedford-Stuyvesant, das selbst von der Polizei gefürchtet war, ein Sozialzentrum aufzusuchen, das den Namen von Robert Kennedy trug, von dem humansten der Brüder in seiner Amtszeit als Senator gegründet: eine vorbildliche Institution, in der den schwarzen Bürgern dieser Vorhölle der Junkies und der Drogenmafia, der Straßenkriminalität und des Alkoholismus, des Elends und der Armut, finanzielle und praktische Hilfe angeboten wurde, um ihre verkommenen Häuser durch eigene Arbeit instand zu setzen und damit den Anfang für eine Rehabilitierung, ja eine Renaissance des Viertels zu machen; zugleich ein Kulturhaus, in dem junge Jazz- und Popgruppen musizieren konnten, mit und ohne Publikum, in dem Theater- und Tanzgruppen probten, in dem sich bescheidene Schneiderwerkstätten fanden, um begabten jungen Frauen und Männern die Chance zu geben, ihre eigene Mode zu entwerfen und zu fertigen, die hernach von den hübscheren und wohlgewachsenen Mitgliedern der Truppe der neugierigen Nachbarschaft vorgeführt wurden. Es versteht sich, dass auch Kurse für Informatik, Buchhaltung, Auto-Mechanik und andere nützliche Berufe angeboten wurden. Konsum von Hasch, Koks, Bier und Zigaretten waren strikt untersagt und wurden mit Hausverbot geahndet.

Du hast dort die richtigen Fragen gestellt und aufmerksam zugehört. Die Probleme draußen in jenem verrufenen Quartier betrafen nicht Dein Ressort. Du wolltest eine Realität kennen lernen, der für gewöhnlich keiner der politischen oder akademischen Amerika-Pilger begegnete. Deine Neugier hielt Dich wacher als die eher tranige Mehrheit der Bonner Abgeordneten, der Minister, der Chefbürokraten, von den Partei- und Gewerk-schaftsfunktionären nicht zu reden. Du wärest – bitte kein Auf-schrei der Empörung – ein guter Journalist geworden und ver-mutlich ein glänzender Korrespondent, nicht zu bequem, in die fremdesten Wirklichkeiten vorzudringen, um dem so genannten Geist des Landes und den Grundmentalitäten seiner Menschen näher zu kommen. Maria, Deine Partnerin, hätte sich mit Dir durch den dichtesten Dschungel geschlagen, den der Großstädte und den der tropischen Wälder: immer in Bewegung, wie man es Dir nachgesagt hat, manchmal ein wenig außer Atem.

Man traf aber auch, wenn man Glück hatte, im Wirbel der Geschäftigkeit einen nachdenklichen Ehmke an, der sich die Zeit nahm, von seinem eindrucksvollen Denkapparat und von seiner weitgefächerten Bildung Gebrauch zu machen. Der his-torische Zusammenhänge wahrnahm und nicht ohne Ehrfurcht bestaunte. Der den Gesprächspartner einlud, an seinen literari-schen Entzückungen teilzunehmen. Der sich für künstlerische Entdeckungen mit geradezu kindlicher Freude enthusiasmierte. Der ein Ohr und ein Herz für junge Leute hatte und, wie man erzählte, seinen Freiburger Studenten so offen begegnete, wie er es in Amerika gelernt hatte (und wie es heute in deutschen Landen, aber auch in Frankreich leider noch immer unüblich ist). Der Menschen, denen es nicht allzu gut, vielleicht sogar dreckig ging, eine überraschend sensible Anteilnahme zuteil werden ließ. Als sich der Schreiber dieser Epistel für einige Wochen in einem Hospital nicht weit von Bonn aufhielt, fuhrst Du – ohne um-ständliche Anmeldung – eines melancholischen Herbstnachmit-tags mit dem Kanzler Willy Brandt dort draußen vor (oder war es noch der Außenminister?), um mich durch einen Krankenbesuch zu ermutigen (was durchaus gelang).

Dein Lachen konnte in der Tat heilsam sein. Du hast es Dir, auch dank der oft so infektiösen Fröhlichkeit Deiner Frau, auch nach den Bonner Glanzjahren bewahrt, als sich zeigen musste, ob Du über eine geistige und menschliche Substanz verfügtest, die reich genug war (und ist), ein erfülltes Leben außerhalb der Politik und jenseits der akademischen Welt zu führen. Ihr beide, Maria und Du, habt die Probe glänzend bestanden. Ich bewunderte Deinen Mut, Dir über Nacht ein neues Wirkungsfeld zu erobern: als Autor von Kriminal-Romanen, die von Kennern des Genres durchaus geschätzt werden. Vielleicht war der Entschluss, in Bonn auszuharren und Dich dem widerstandslosen, ja oft kopflosen run auf Berlin zu entziehen, einer der großen Leistungen Deines Lebens. Du hast demonstriert, dass Du keine Präsenz in den Talkshows der formidablen Damen der Television brauchst, keine Auftritte in einem der tausend Foren zu den so genannten Fragen der Zeit, kein Partygetümmel zwischen Wilmersdorf und Prenzlauer Berg, in dem man »gesehen« werden möchte, keine Wichtigtuerei der Trippelgreise, die mit ihrem Drang, noch immer dabei zu sein, nur demonstrieren, dass sie die »has beens« sind, die sich gelegentlich durch öffentliche Elogen bestätigen lassen, dass sie zum »Urgestein« zählen – eine Formel, die Wehner einst für Konrad Adenauer erfand – doch in Wahrheit eher bröselnden Kalk produzieren. Das alles brauchst Du nicht, um Dir und den anderen nachzuweisen, wer Du bist. Diese Resistenz verdient Respekt. Und sie sichert Dir die zuverlässige Sympathie, die dieser (nicht unkritische) Freundesbrief bekunden soll – für mich und natürlich zugleich für Renate Harpprecht, deren Bewunderung Du – wer könnte daran zweifeln? – schon vor vielen Jahrzehnten bei Eurer ersten Begegnung in Washington erobert hast.

Bleibe gesund – und der, der Du bist. Und umarme Maria.

Dein Klaus Harpprecht.

Good Governance
Bei Horst Ehmke in der Schule

»Es ist völlig egal, wohin Sie fahren; ich werde überall gebraucht!« Diese fiktive Antwort auf eine Frage seines Fahrers machte Horst Ehmke zu Beginn der sozial-liberalen Koalition als Kanzleramtsminister (1969–1972) berühmt. Das war zwar nicht nach jedermanns Geschmack. Vor allem innerhalb der Regierung rümpfte mancher die Nase; aber eine gewisse Bewunderung war trotzdem meist zu spüren. Viele schätzten ihn wegen seiner »fröhlichen Unverfrorenheit« (Gustav Heinemann); gleichzeitig polarisierte er, weil er mehr als manchem lieb war, seinem Bundeskanzler durch seine »ordnende Hand« den Rücken frei hielt.

Nach der Bundestagswahl 1972 wurde er zum »Bundesminister für Forschung, Technologie, das Post- und Fernmeldewesen« berufen; so sperrig war der Titel, umso spannender war die Aufgabe. Er berief mich mit meinen 32 Jahren zu seinem Parlamentarischen Staatssekretär. So konnte ich für einige Jahre bei ihm als sein »Junior« – wie er mich nannte – in die Schule gehen, um das Handwerk des Regierens zu lernen.

Für mich gab es einiges zu lernen. Das begann mit einer nach heutigen Maßstäben ganz ungewöhnlichen Entscheidung. Er bestand darauf, in den ersten acht Wochen keinerlei Interview zu geben, sondern die Zeit für die Einarbeitung in die Aufgaben der beiden Ministerien zu nutzen. Für jedes Referat nahmen wir uns mehrere Stunden Zeit, um uns von den Verantwortlichen die Aufgaben, die Probleme, die Erwartungen, aber auch die Befürchtungen erklären zu lassen. Am Ende dieses Prozesses fand in jedem der beiden Ministerien ein Strategie-Workshop von zwei Tagen statt, bei dem die wichtigsten Aktionsfelder definiert wurden. Und erst danach begann die Öffentlichkeitsarbeit. Das war gründlich und sehr solide. In unserer heutigen Mediengesellschaft wäre so etwas kaum noch möglich. Und deswegen schaue ich heute mit

einigem Wehmut auf die Erfahrungen mit Horst Ehmke zurück.
Wer heute gut regieren will, dem lassen die Medien selten die Zeit
zum nachdenken – was freilich nur die halbe Wahrheit ist. Denn
es ist auch richtig, dass viel zu viele gar nicht den Versuch wagen,
in Ruhe mit den Fachleuten zu reden, bevor sie ihre Entscheidungen der Öffentlichkeit mitteilen. Einige scheinen sogar nach dem
Motto zu handeln: Sachverstand trübt nur die Urteilskraft.

Das Zukunftsministerium

In einer Projektgruppe der Bundesregierung wurde schon vor der
Bundestagswahl 1972 der Vorschlag erarbeitet, die Zuständigkeiten für die modernen Kommunikationstechnologien innerhalb
der Bundesregierung zusammenzufassen, weil sie die Zukunft
unserer Gesellschaft wesentlich mitbestimmen. Diesem Rat folgte
Bundeskanzler Willy Brandt bei der Bildung der Regierung nach
der Bundestagswahl: Das Bundesministerium für Forschung und
Technologie und das Bundesministerium für das Post- und Fernmeldewesen wurden in einem Doppelministerium zusammengefasst; Horst Ehmke wurde der zuständige Minister. Er selbst
sprach von einem »Perspektiven-Ministerium«.

Für diese Entscheidung gab es eine Reihe von Gründen. Bundeskanzler Brandt hat es in seiner Regierungserklärung 1972 knapp
erklärt: »Neuerungen auf dem Gebiet der Informationsverarbei-
tung und Kommunikation beeinflussen mehr und mehr die tech-
nisch-wirtschaftliche Entwicklung, aber auch das Zusammen-
leben der Menschen.« Im Grunde ging es um eine Modernisierung
in Wirtschaft und Gesellschaft.

Heute wird viel von Globalisierung geredet. Wenn man danach
fragt, was das bedeutet, erhält man neben anderen Erklärungs-
versuchen, immer wieder folgenden Hinweise:

• An jedem Ort der Welt sind die wichtigsten Informationen zeit-
gleich verfügbar; das treibt die gesellschaftliche Entwicklung
voran.

- In der Wirtschaft ist die Produktion in einem Maße von der
  Existenz leistungsfähiger Informationsnetzwerke abhängig,
  wie wir das noch nie kannten – das gilt gleichermaßen für
  Dienstleistungen und die Industrie.
- Die Technik der Digitalisierung eröffnet universelle Instru-
  mente, um Informationen ganz unterschiedlicher Art zu über-
  tragen und zu bearbeiten – das gilt für jede Art von Information, seien es Texte, Bilder, Musik oder gesprochene Worte.

Im März 1973 antwortete Horst Ehmke auf die Frage nach den
Schwerpunkten seiner Arbeit kurz und klar: »An erster Stelle
nenne ich das Gebiet der Kommunikations- und Informations-
technologien«.

Der Informationssektor spielte schon damals eine große Rolle.
Zu Beginn der 70er Jahre war fast die Hälfte der Berufstätigen in
diesem Bereich beschäftigt. Rationalisierung und Produktivitäts-
steigerungen in diesem Sektor waren vom Ausbau des technischen
Kommunikationssystems abhängig. Die damals neu entstehenden
Technologien und Geräte bilden einen Markt, der einem harten
internationalen Wettbewerb unterliegt. Diese Chancen galt es zu
erkennen und zu nutzen; und zwar in einer Partnerschaft zwischen Staat und Wirtschaft.

Auf der anderen Seite stand die Frage: Welche Wirkungen ergeben sich auf die Entwicklung der Gesellschaft? Und was ist
zu tun, um das gesellschaftlich Wünschenswerte Wirklichkeit
werden zu lassen? Horst Ehmke formulierte es im Jahr 1973 so:
»Die Fragen, denen wir uns zu stellen haben, sind elementare
Fragen menschlichen Zusammenlebens. Die vermehrte Infor-
mationsmenge, das Zusammenschrumpfen von Raum und Zeit
durch die technischen Hilfsmittel zur Nachrichtenübertragung,
zur Speicherung und Verarbeitung von Informationen, bezahlen wir mit einem Verlust an Unmittelbarkeit. (…) Kaum ein
Gebiet der technologischen Entwicklung wird in den nächsten
Jahrzehnten die Qualität des Lebens derart beeinflussen wie die
neuen Nachrichtentechnologien.« Das klang in vielen Ohren zu
dieser Zeit sehr utopisch; gewiss war diese Einsicht der Zeit weit

voraus, aber aus heutiger Sicht war es eine sehr weitsichtige Einschätzung.

Ein Beispiel: Die Kommission zum Ausbau des technischen Kommunikationssystems

Bei der Anwendung dieser Technologien war in unseren öffentlichen Äußerungen nicht nur von den Möglichkeiten der Datenübertragung – Daten nur einmal erfassen und überall dort bereitstellen, wo ein Bedarf besteht – die Rede, sondern auch die Möglichkeiten »Ferneinkauf« und »außerschulische Weiterbildung« wurden erwähnt; es findet sich der visionäre Satz: »Es wäre sogar denkbar, auf diese Weise Briefe an die Teilnehmer eines Kabelnetzes zu senden.« Das war und ist der Grundgedanke des Internets.

Um ein Gefühl dafür zu bekommen, in welchem Umfeld diese Gedanken wahrgenommen wurden, sei an eine parlamentarische Anfrage des Abgeordneten Memmel (CDU/CSU) aus dem Jahr 1973 erinnert, die er so formulierte: »Trifft es zu, dass das öffentliche Telefonnetz während mehrerer Tagesstunden für die Übermittlung von Daten für die verschiedenen Datenverarbeitungen genutzt und für wirkliche Telefongespräche blockiert wird, und was gedenkt die Bundesregierung zu tun, um das Telefonnetz für seine eigentlichen Aufgaben freizumachen?«

Uns war von Anfang an klar, dass die Klärung der komplizierten Fragen zum Ausbau des technischen Kommunikationssystems nicht hinter verschlossenen Türen oder in abgeschlossenen Zirkeln, möglicherweise nur unter Beteiligung von Regierungsvertretern gelingen kann. Notwendig war vielmehr eine breite öffentliche Diskussion unter partnerschaftlicher Beteiligung von Wirtschaft, Wissenschaft und wichtigen gesellschaftlichen Gruppen – heute würden wir von der Zivilgesellschaft reden.

Aus diesem Grunde hat das Bundeskabinett auf Vorschlag von Horst Ehmke im November 1973 die Einsetzung einer unabhängigen »Kommission für den Ausbau des technischen Kommunikationssystems« (KtK) beschlossen; die 22 Mitglieder dieser Kommission hatten den klaren Arbeitsauftrag innerhalb von zwei Jahren zu folgenden Themen Vorschläge zu erarbeiten:

- Ausbau der technisch verfügbaren oder machbaren und ökonomisch sinnvollen Dienstleistungen für die Individualkommunikation;
- Forschung und Entwicklung in den technisch und ökonomisch noch nicht ausgereiften Bereichen der Telekommunikation;
- Erprobung technisch verfügbarer Dienstleistungen in der Massenkommunikation.

Der Bericht wurde pünktlich nach zwei Jahren abgeliefert. Er liest sich noch heute für einen Interessierten wie ein Krimi. Leider stießen die Vorschläge nicht überall auf Zustimmung; vor allem nicht bei jenen, die meinten, wer Visionen habe, der solle besser zum Arzt gehen.

Aus der Schule plaudern: Was ist Good Governance?

Der Begriff »Good Governance« ist gewiss auch ein Modebegriff. Und bei der praktischen Regierungsarbeit in den 70er Jahren war er sicherlich nicht im Zentrum unserer Aufmerksamkeit. Aber heute erscheint es schon angebracht, über das Handwerk des guten Regierens nachzudenken und es in einen breiteren Zusammenhang zu bringen; es muss ja nicht zu der Forderung nach einem »Meisterbrief fürs Regieren« führen, wie ihn Peer Steinbrück kürzlich gefordert hat.

Ich habe in der Zusammenarbeit mit Horst Ehmke gelernt, dass in der praktischen Regierungsarbeit neben so wichtigen Dingen wie Fleiß, Verlässlichkeit und dem behutsamen Umgang mit der Sprache auf folgende Dinge ganz wesentlich ankommt, wenn man nicht nur den Alltag ordentlich bewältigen will, sondern in seinem Gestaltungswillen »über den Tag hinaus« wirken will:

- Es braucht einen geschützten Raum des öffentlichen Nachden-
kens, um die Sache zu klären: Mit einer klaren Aufgabenstellung, fairen Spielregeln, aber ohne das Ergebnis vorwegzunehmen. Eine öffentliche Diskussion heißt: Alle Interessierten
müssen eine faire Chance erhalten, dass ihre Meinung gehört
wird.

- Ohne Vertrauen in die Handlungsfähigkeit der Regierung gibt
es keinen Fortschritt. Nach einer gründlichen Diskussion mit
der interessierten Öffentlichkeit müssen die Ergebnisse und
ihre Entstehung sachgerecht und transparent dargelegt werden, um die Grundlage für den notwendigen Streit über die
politischen Prioritäten zu ermöglichen.

- Nur durch eine Konzentration auf das Wesentliche wird der
rote Faden erkennbar. Gerade in einer Zeit großer Veränderungen und wachsender Unsicherheit ist die Erkennbarkeit
der Richtung von Regierungsentscheidungen wichtiger als die
Größe der einzelnen Schritte. Die Erkennbarkeit der Richtung
verlangt den Mut, eigene Werte zu verdeutlichen und sich damit auch angreifbar zu machen. Das war auch der wesentliche
Grund, warum wir uns gegen viele Scharfmacher und auch
manchen Zauderer in den eigenen Reihen im Jahr 1973 für eine
Sonderbriefmarke »Rosa Luxemburg« entschieden haben. Die
Erinnerung galt einer großen und mutigen Frau, die von ge-
wissenlosen Rechten brutal ermordet wurde – ohne dass es bei
den demokratischen Rechten einen Aufschrei gegeben hätte;
und zwar lange vor der Nazidiktatur.

Last not least: Es macht keinen Sinn, von Möglichkeiten zu träumen, wenn es dafür kein »Window of Opportunity« gibt. Jedes
Ding hat seine Zeit. Unsere Vorstellung von einer Infrastruktur
der Kommunikation in privatwirtschaftlicher Organisation war
Anfang der 70er Jahre nicht an der Zeit. Viele andere unserer
Überlegungen aber lagen in der Luft und waren es wert, als zu-
kunftsfähig erkannt und umgesetzt zu werden.

Horst Ehmke als Mitglied der Regierung

Mit Ehmkes never a dull moment

Meine Lieblingsgeschichte über Horst Ehmke – eine Anspielung auf seinen Bart – darf ich leider nicht schreiben. Verbot von Maria! Aber die folgende Story ist auch nicht schlecht.

Eines Tages – es war die Zeit mit Willy Brandt – lud Ehmke, damals Chef des Bundeskanzleramtes, meine Frau, mich und den vorübergehend bei uns wohnenden Verlegersohn Axel Springer jr. zum abendlichen Fondue-Essen in sein Rhöndorfer Haus ein. »Axel junior« baute gerade seine eigene Fotoagentur »Sven Simon« auf und damit auch ein Bonner Büro.

Wir konnten jedoch an jenem Abend die vereinbarte Uhrzeit wegen einer Reportage, die sich in die Länge zog, nicht einhalten und riefen Ehmke an: »Wir kommen eine Stunde später.«

»Ich werd' Euch die Hammelbeine lang ziehen! Aber kommt.«

Als wir etwa eine Stunde später in die Adenauer-Straße einbogen, wo er wohnte, sahen wir mehrere Feuerwehr-Löschzüge, blinkende Blaulichter, über die Straße verlegte Wasserschläuche und viele Neugierige. Unheil schwanend, verlangsamten wir unsere Schritte. Hoffentlich nicht Feuer bei Ehmkes!

Als wir vor dem Haus standen, traf es uns wie ein Blitzschlag: Tatsächlich, beim Chef des Bundeskanzleramtes hatte es gebrannt! Durch die weit offen stehende Haustür blickten wir in das erleuchtete Wohnzimmer, und was man da sah, war schon wieder komisch: Es rieselte schwarze Flocken – Fußboden, Möbel, Dekorationen waren mit einer Rußschicht bedeckt. Dann tauchten Horst und Maria auf – schwarz wie Schornsteinfeger – und ballten die Fäuste. »Das haben wir Euch zu verdanken!« Um Gottes willen, was war passiert, und warum sollten wir Schuld haben?

Die Ehmkes waren nach unserem Anruf noch einmal in den hauseigenen Swimmingpool gesprungen. Zuvor hatte Maria den Fonduetopf mit Speiseöl auf die angestellte Herdplatte gestellt.

Als beide nach dem Schwimmen an der angelehnten Küchentür vorbeigingen, dachte Maria: Komisch, da drin ist es so hell. Sie machte kehrt, stieß die Tür ganz auf – und schrie: »Horst! Feuerrr!« Die Vorhänge und ein Teil der Küchenschränke brannten lichterloh!

Wie sich hinterher herausstellte, hatte der Fonduetopf ein Leck bekommen, heißes Öl war auf die glühende Herdplatte geflossen und hatte sofort Feuer gefangen! Als die alarmierte Feuerwehr eintraf, war die komplette Küche abgebrannt. Eine Ausbreitung des Brands konnte Gott sei Dank verhindert werden, aber überall im Haus herrschte ekliger Brandgeruch, und im Erdgeschoss war alles verrußt.

Wir standen geschockt im Salon, als Horst plötzlich sagte, als sei es das nächst Wichtigste: »Wohin gehen wir jetzt essen?« »Zu Ria!«, sagte einer zaghaft – gemeint war Ria Maternus, Wirtin des gleichnamigen Weinhauses Maternus. Ich rief dort an: »Ria, wir brauchen einen Tisch für fünf Personen, und zwar jetzt!«

»Biste jeck? Mein Haus ist voll!«

»Ria, wir stehen bei Ehmkes im Haus. Dort ist die Küche abgebrannt. Wir haben Hunger!«

Ein wirres, kreischendes Lachen war die Reaktion. »Liebchen«, so nannte sie jeden ihrer Bekannten, »ich hab in vierzig Berufsjahren schon viele Lügen gehört, um bei mir noch einen Tisch ohne Vorbestellung zu bekommen. Aber bei Eurer Begründung biegen sich die Balken!« Erst als sich der Herr Kanzleramtsminister persönlich einschaltete – »Ria, hör' mal gut zu: Bei uns hat's wirklich gebrannt!« –, kam der erlösende Bescheid, jedoch in für Ria typischer Art: »Also setzt Euch in Marsch, Ihr Halunken!«

Es wurde eine ausgelassene Nacht im Maternus. Immer noch ein »Stößchen« und noch eines, Ehmkes abgebrannte Küche war der Hit!

Der Küchenbrand trübte nicht unsere Freundschaft. Aber fast eine andere Geschichte.

Horst Ehmke als Mitglied der Regierung

* * *

Als »Axel junior« und ich im August 1970 in der Regierungs-
maschine mit Willy Brandt zur Unterzeichnung des Moskauer
Vertrages in die russische Hauptstadt fliegen wollten und bereits
im Flugzeug saßen aber noch nicht gestartet waren, gab es plötzlich Bombenalarm – etwas, was ich bis dahin noch nie erlebt
hatte, auch später nicht bei inzwischen etwa 140 Reisen mit Kanz-
lern und Bundespräsidenten.

Wir musste schleunigst die Boeing 707 verlassen. Brandt und
seine Entourage wurden ins Flughafengebäude gefahren, wir
Journalisten und der Tross von Beamten durften auf dem Flugfeld
abseits der Maschine warten, bis Spezialisten des Bundeskrimi-
nalamtes das Flugzeug durchsucht hatten – und nichts fanden.

Während der Wartezeit brauste plötzlich eine schwarze Limou-
sine heran, ihr entstieg – seiner Bedeutung als Kanzleramtsminister voll bewusst – Horst Ehmke und übernahm das Kommando,
wiewohl alles Notwendige bereits getan wurde. Aber »Hotte«
war es seinem Ruf schuldig: »Egal wohin, ich werde überall gebraucht!«

Während wir Pressemenschen ihn umringten, fiel mein Blick
auf seine Schuhe: ausgetreten und ungeputzt. Heimlich bedeutete
ich »Axel junior«, ein Foto von den Tretern zu schießen. Ehmke
bekam das mit, fauchte uns an: »Wenn Ihr das tut, ist es aus mit
unserer Freundschaft.« Natürlich verzichteten wir auf das Bild,
obgleich es den Auftakt für eine gute Fotoserie gegeben hätte:
»Welche Schuhe gehören zu welchem Politiker?«

* * *

Wie war es überhaupt zu der Freundschaft zwischen ihm und
mir gekommen?

Es begann 1972 mit einem Gespräch im Kanzleramt. Das Thema
war heikel. Horst – noch verheiratet mit seiner ersten Frau
Theda – hatte eine 24jährige Freundin, Maria Hlaváčová, eine

hübsche Tschechin, 1969 mit einem Ausreisevisum legal nach Stuttgart gekommen, Gasthörerin für Literatur an der dortigen Uni, im Kaufhaus Breuninger gejobbt.

Durfte sich ausgerechnet der Kanzleramtsminister, zuständig für die Geheimdienste, ein Gspusi mit einer jungen Dame aus dem kommunistischen Ostblock leisten? Immerhin herrschte Kalter Krieg zwischen Ost und West!

Ehmke, mit meinem Wissen konfrontiert, schaltete schnell: »Ich bin dabei, meine familiären Verhältnisse zu ordnen. Meine beiden Töchter stehen gerade im Abitur. Wenn Sie jetzt nichts veröffentlichen, kriegen Sie nachher das erste Exklusivinterview mit Maria und mir.«

Wir beide hielten uns an die getroffene Absprache. Sie ist ein schönes Beispiel, dass Politiker und Journalisten fair miteinander umgehen können. Wenige Wochen nach seiner Eheschließung mit Maria bekam ich grünes Licht für ein Interview und eine große Reportage in dem heute leider nicht mehr existierenden Magazin »Jasmin«. Auf einer Doppelseite war die neue, junge Frau Ehmke zu betrachten – wie hingehaucht auf einem Bootssteg am Starnberger See. Schwarzes Haar, rote Bluse, verträumter Blick. Auszug aus dem Interview: »Bei Horst habe ich erst einmal die alten, viel zu weiten Hosen aussortiert.«

Fast fühle ich mich als Trauzeuge der beiden, zumal die wirklichen, Rudolf Augstein und Otto Herbert Hajek, inzwischen verstarben. Auf jeden Fall verbindet uns seitdem eine herzliche Freundschaft – meine Frau und meine erwachsenen Töchter einbezogen, nicht zuletzt weil auch sie mit Horst und Maria Geschichten erlebten, die man nicht vergisst. Eine davon beschäftigte sogar die französische Polizei:

* * *

Wir hatten an der Cote d'Azur geurlaubt. Nicht zusammen, aber in derselben Gegend. Weil der Herr Kanzleramtsminister früher zurück musste, bat er mich und meine Familie, dass sich Maria

Horst Ehmke als Mitglied der Regierung

bei ihrer Rückreise mit ihrem Auto anschließen dürfe. In einem ländlichen Gasthof in der Nähe von Dijon übernachteten wir. Am Morgen bummerte der Wirt an unsere Zimmertüren, schrie irgendetwas auf Französisch. Zwei Wörter kapierten wir schließlich mit unseren verschlafenen Köpfen:»Mercedes volé!«

Wir stürzten aus dem Haus, Maria im wallenden Nachthemd, zum Parkplatz vor dem Gasthof! In der Tat, ein Wagen war geklaut! Der von Ehmkes, ein nagelneues silbernes Mercedes-Coupé mit Sportfelgen. Im selben Moment traf ein Angestellter des Gasthofs zur Arbeit ein. Draußen, abseits der Landstraße zum nächsten Ort, hätte er auf einem Feldweg einen abgestellten Wagen gesehen. Vielleicht der gestohlene?

Mit unserem Wagen jagten wir in die angegebene Richtung. Nach wenigen Minuten waren wir am Ziel. Der Anblick war erschreckend: Das schöne Coupé stand auf dem Feldweg – ohne Räder, brutal auf seine Bremsscheiben abgesetzt. Türen, Kofferraum aufgebrochen, der Inhalt des Gepäcks ringsum verstreut, zwischen Schmutzwäsche – und das war dann doch komisch – Autogrammkarten des deutschen Bundeskanzlers Willy Brandt und seines Ministers Horst Ehmke!

Und um dieses Chaos lief Maria mit wehendem Haar – immer noch im Nachthemd – und schrie wie eine Furie:»Diese Schweine! Diese Schweine! Meine Teenager-Töchter Tatjana und Tamara verfolgten mit offenen Mündern dieses Schauspiel.

... Kurzum, mit Ehmkes never a dull moment.

* * *

Bei anderer Gelegenheit hatten meine Frau und ich Bertelsmann-Eigentümer Reinhard Mohn mit seinem Vorstandsvorsitzenden Manfred Fischer eingeladen, um sie mit dem Kanzleramtsminister und seiner Gattin bekannt zu machen. Damals war ich neben meiner journalistischen Tätigkeit in Bonn als Verlagsrepräsentant für Gruner + Jahr, schon seinerzeit teilweise zu Bertelsmann gehörend, tätig. Meine Aufgabe: Für die Konzernspitze Kontakte zur Regierung zu knüpfen. Das Treffen mit Ehmkes in Form eines Abendessens in unserem Haus am Rodderberg, hoch über dem Rhein mit Blick auf das Siebengebirge, sollte der Anfang sein. Wir hatten allerdings nicht bedacht, dass unsere Einladung ausgerechnet auf Weiberfastnacht fiel, mit all dem närrischen Treiben, das für Nichtrheinländer nur schwer nachvollziehbar ist. Reinhard Mohn und sein Fischer waren als erste eingetroffen, Ehmkes verspäteten sich, platzten schließlich mit lautem »Alaaf!« herein, aufgekratzt bis zum geht nicht mehr, voll in Karnevalsstimmung, vorher bereits auf ein, zwei Veranstaltungen gewesen. Maria war bunt kostümiert, Horst, wohlgemerkt: der Herr Minister, erschien prustend, lachend mit abgeschnittenem Schlips und Lippenstiftspuren im Gesicht!

Er umarmte und küsste meine Frau Sabine, die, sehr sexy, einen Pulli aus Silberlamé mit V-Ausschnitt trug. Er klebte ihr spontan einen herzförmigen, glänzend-roten Sticker in selbigen Ausschnitt. Ich schielte zu beiden Verlagsherren, sah zwei erstarrte Gesichter. So hatte man sich in Gütersloh den Bonner Politbetrieb nicht vorgestellt.

Es wurde ein quälender Abend – allerdings nicht für Horst und Maria. Die fühlten sich pudelwohl, drehten immer mehr auf. Horst ging, wie es seine Art ist, schnell zum indirekten Du über: »Ihr von der Wirtschaft haltet Euch im Vergleich zu den Politikern für die Besseren. Ich sag' Euch, in Wirklichkeit sind die Bosse alles Flaschen!« Als er die betretenen Gesichter von Mohn und Fischer registriert hatte, schränkte er flugs ein: »Ihr beide natürlich ausgenommen.«

Nach diesem Abend ließ man mich aus Gütersloh wissen, man wünsche keine weiteren Kontakte zu Bonner Politikern. Schade, die Herren hatten nur eine Facette der Persönlichkeit Horst Ehmkes kennen gelernt und nicht kapiert, dass dies – bedingt durch Weiberfastnacht – ein von rheinischer Fröhlichkeit geprägter Abend war. Horst Ehmke war immerhin Professor für Öffentliches Recht und Dekan der Rechts- und Staatswissenschaftlichen Fakultät an der Universität in Freiburg gewesen, danach in Bonn

Justizminister, später Chef des Bundeskanzleramtes (noch später Bundesminister für Forschung und Technologie sowie Bundesminister für Post und Fernmeldewesen!).

Ich hätte ihnen erklären können, dass Horst ein Sammler moderner Kunst ist, ein hoch gebildeter Mann, mit dem man lange philosophische und politische Gespräche führen kann; der allerdings auch Fehlanalysen mit der argumentativen Kraft eines Überzeugungstäters vertritt.

* * *

Weitgefächertes Wissen und hohe Bildung schließen nicht aus, dass Horst stets einen guten Witz parat hat. Zum Beispiel diesen, den er übrigens von Genscher hatte:

Ein Firmenchef – in Russland waren ihm die Ohren abgefroren – sucht einen leitenden Angestellten. Der erste Bewerber macht einen guten Eindruck. Zum Schluss des Einstellungsgesprächs fragt besagter Chef: »Fällt Ihnen an mir etwas auf?«

»Ja, Sie haben keine Ohren.« Bedauere«, sagt der Boss, »aber wir brauchen feinfühlige Mitarbeiter. Der Nächste bitte!«

Auch der zweite Bewerber begeht die Taktlosigkeit, die fehlenden Ohren zu erwähnen. Der dritte fragt klugerweise die Vorzimmerdame: »Muss ich auf etwas achten?«

»Der Chef hat keine Ohren. Sie müssen mit allem, was Sie sagen, sehr vorsichtig sein!«

Der Dritte also geht rein. Zum Schluss wieder die Gretchenfrage: »Fällt Ihnen etwas an mir auf?«

»Ja, Sie tragen Kontaktlinsen.«

»Wie haben Sie das bloß gemerkt?«

»Wenn Sie Ohren hätten, würden Sie eine Brille benutzen.«

136

136   * * *

Übrigens, in meinem Archiv fand ich eine Einladung von Maria aus vergangenen Zeiten:

»Liebe Freunde, mein, um nicht zu sagen: unser Professor, wird am 4. Februar 50 Jahre jung. Ich möchte Sie zu einer Open-House-Party am 5. Februar (Samstag) einladen, um mit uns ganz stark zu feiern. Schon ab 11 Uhr kann's losgehen. (...) Der Geburtstagsmann freut sich mit mir auf unsere Gäste. (...).«

Über dem Briefchen war eine Katze gemalt, mit der Überschrift: »Wir lassen die Katze aus dem Sack.«

Ich bin gespannt, was Horst und Maria zu seinem 80. rauslassen.

Horst Ehmke als Mitglied der Regierung

ARD-Portrait über den neuen Staatssekretärs im Justizministerium

Der Auftrag des Studioleiters Müggenburg war klar: »Machen Sie ein Porträt von dem neuen Staatssekretär im Justizministerium. Der ist Professor, soll jung und dynamisch sein. Ehmke heißt er wohl, Horst Ehmke.« Also machte ich mich auf den Weg. Auch ich war Frischling im Studio Bonn der ARD und wusste, dass mein Chef Qualität erwartete. Ich wollte mir Mühe geben. Zunächst stieg ich ins Archiv und fand nur spärliche Informationen über den neuen Dynamiker. Dann hörte ich mich um, was man über Horst Ehmke bei den Sozialdemokraten wusste. Spärliche Erträge sammelte ich da. Man wusste noch nicht sehr viel über ihn. Das werde ich ändern, habe ich mir vorgenommen.

Themenabsprachen, Terminfestlegung mit dem persönlichen Referenten des Herrn Staatssekretärs, es konnte losgehen. Vorbesprechung im Ministerium. Der Gesprächspartner war ein freundlicher, diskreter Mann. Er erhöhte meinen Informationsstand nur mäßig. Er muss wohl gemerkt haben, dass ich mehr von ihm erwartet hatte. Nach einer Kunstpause sagte er den entscheidenden Satz: »Wissen Sie eigentlich, mit wem Sie es gleich zu tun haben werden? Sie stehen in wenigen Minuten dem künftigen Bundeskanzler gegenüber.« Ich war der Ehrfurcht nahe.

Das Porträt ist übrigens gut geworden, wie mein Chef befand. Da präsentierte sich ein Mann mit Zukunft: locker, fröhlich, ernst – einfach gekonnt. Und ins Kanzleramt hat er es auch geschafft. Bis ins Vorzimmer der Macht. Als Chef des Amtes ...

FRITZ W. SCHARPF

Fördernder und Fordernder

Freiburg, 1961–1968

Zu den »Ehmke-Schülern« kann ich mich eigentlich nicht rechnen – aber mein Weg in die Wissenschaft und in der Wissenschaft ist durch niemand so geprägt worden, wie durch Horst Ehmke. Das Thema meiner Dissertation über die Political-question-Rechtsprechung des amerikanischen Supreme Court hatte ich mir 1960/61 als Graduate Student an der Yale Law School ausgedacht, und mein Freiburger Doktorvater, der Politologe Arnold Bergstraesser, hatte es sich erklären lassen und dann gemeint, in der Sache sollte ich mich eher von dem eben angekommenen jungen Kollegen an der juristischen Fakultät beraten lassen, der sich auf dem Feld besonders gut auskenne. So hospitierte ich während meiner Referendarzeit im Ehmke-Seminar, studierte seine monumentale Habilitationsschrift über die Behandlung wirtschaftspolitischer Fragen im amerikanischen Verfassungsrecht, war fasziniert vom methodischen Ansatz seines Staatsrechtslehrer-Referats über »Prinzipien der Verfassungsinterpretation« und berichtete ihm von Zeit zu Zeit über den Stand meiner Arbeit. Als der Text dann im Entwurf vorlag, war Arnold Bergstraesser gerade gestorben, und Ehmke übernahm das Erstgutachten. Die Anmerkungen in seiner kleinen, präzisen Handschrift lesen sich heute eher wie kollegial-freundschaftliche Fragen, aber es war klar, dass diese in der Endfassung beantwortet werden mussten.

Anderes lief damals nebenher – eine Reise des Ehmke-Seminars zur Berliner Mauer, die Beteiligung an dem von Ehmke gegründeten Ernst-Reuter-Kreis, der an den Barrieren zwischen der Freiburger SPD und der Universität rüttelte, oder auch die SPD-Wahlrechtskommission, wo ich als Ehmkes Helfershelfer staunend erlebte, wie gut er in der Bonner Politik vernetzt war und wie wenig er sich von des Onkels Gebrüll den Schneid abkaufen ließ. Aber die Arbeit an der Dissertation, die Vorbereitung auf das Assessorexamen und die erste Tochter waren für mich damals wichtiger als die Politik oder die Uni.

Außerdem hatte mir die Yale Law School für 1964 eine Juniorprofessur angeboten, und Ehmke riet mir zur Annahme – aber mit einem Visum, das nach zwei Jahren eine mindestens zweijährige Rückkehr nach Deutschland erforderte. Dies erwies sich als weise, denn ohne diesen Zwang hätten ich und meine inzwischen fünfköpfige Familie im Sommer 1966 kaum dem Angebot eines Lehrstuhls in Yale widerstehen können. Horst Ehmke sorgte im übrigen dafür, dass die Rückkehr nicht zum Trauma wurde – seine inzwischen innigen Beziehungen zur Freiburger Gemeinwirtschaft verschafften uns eine Neubauwohnung der Neuen Heimat; und sein Gutachten verhalf mir zu einem Habilitandenstipendium der DFG. Für zwei Jahre wollten wir das wohl aushalten. Aber ehe die amerikanische Option verfallen wäre, platzierte mich Ehmke nach einem Vortragsabend neben seinen CDU-Freund Waldemar Besson, der einen juristisch beschlagenen Politologen suchte, um an der Reformuniversität Konstanz ein Verwaltungsstudium aufzubauen. Deshalb konnte ich auch ohne Habilitation im Frühjahr 1968 als Professor in Konstanz anfangen, statt – wie andernfalls ausgemacht – im Herbst nach Yale zurückzugehen.

Wie habe ich Horst Ehmke damals erlebt? In erster Linie als Förderer, dessen Interesse auch das private Leben seiner Schützlinge mit Neugier, Wohlwollen oder Sorge verfolgte – Wanderungen mit den Familien im Kaiserstuhl gehörten ebenso dazu wie auch noch nach Jahrzehnten die Nachfrage nach den damals drei- oder fünfjährigen Kindern. Im SPIEGEL-Prozess sorgte er sogar dafür, dass der Verlag mich für die Ausarbeitung zu einer verfassungsrechtlichen Teilfrage bezahlte, obwohl ich dabei ein Verfahrensproblem übersehen hatte, das der Verwendung des vorgeschlagenen Arguments entgegenstand. In der Sache allerdings war er nie bereit, fünfe gerade sein zu lassen. Von denen jedenfalls, die die vielbeneidete Chance erhielten, ihm unmittelbar zuzuarbeiten, hörte man hin und wieder eindrucksvolle Berichte über die mangelnde Bereitschaft des Chefs, (etwa bei der Redaktionsarbeit für das Archiv des öffentlichen Rechts) auch nur die kleinste Schludrigkeit durchgehen zu lassen – was aber offenbar dem ansonsten amerikanisch-freundschaftlichen und geradezu antiautoritären Umgang miteinander keinen Abbruch tat. Amtsautorität brauchte Ehmke schon deshalb nicht, weil er ohnehin kenntnisreicher, gedankenreicher, klarer, schlagfertiger, witziger, genussfreudiger und vitaler war, als alle, mit denen er es zu tun hatte. Für ihn war die intellektuelle Diskussion im Seminar und anderswo ein Spiel, das mit vollem kompetitiven Einsatz gespielt werden musste, und in dem Pardon nicht gegeben wurde. Wer Argumente nicht klar servieren und Einwände nicht prompt retournieren konnte, verlor den Punkt. Und dass Ehmke selbst jemals einen Satz, geschweige denn ein Match verloren hätte, ist nicht überliefert. Ab und zu kam es freilich vor, dass er zwei oder drei Tage später auf einen zukam und einem doch Recht gab oder sogar das Argument nachlieferte, mit dem man gegen ihn hätte gewinnen können. Wer mit der Debattenkultur an amerikanischen Law Schools vertraut war, fand das großartig, und auch die Freiburger Juristen kamen damit gut zurecht. Aber man kann vielleicht verstehen, dass wenig später die Kollegen in der Bonner Politik Ehmkes Diskussionsstil, in dem er sich bis heute gleich geblieben ist, nicht ganz so goutierten wie die Freiburger Kollegen und Schüler.

War Horst Ehmke für uns damals ein Vorbild? Wohl nicht. Dazu war er zu außergewöhnlich und strahlend – zu vielseitig in seinen Fähigkeiten und Interessen, zu gut in allem, was er tat, zu fröhlich und selbstbewusst dabei und auch zu mutig und konfliktfreudig. Ein *stupor mundi* in unserer Freiburger Welt, den man ohne Neid bewundern konnte, aber den man sich nicht, ohne Schaden zu nehmen, zum Vorbild hätte wählen können. Doch seine Unvergleichbarkeit entmutigte nicht. Wer mit ihm zu tun hatte, fand sich herausgefordert und angespornt, aber auch zuversichtlicher, zielstrebiger und selbst mutiger. Ohne dass er etwas dazu hätte tun müssen, half sein Charisma anderen, besser zu werden.

Horst Ehmke als Mitglied der Regierung

Dass Horsts Bleiben nicht in Freiburg sein konnte, war uns
frühzeitig klar. Sein Abschied begann schon mit dem SPIEGEL-
Prozess, und es erschien uns nur folgerichtig, dass der »politische
Professor« zu Beginn der Großen Koalition nach Bonn gerufen
wurde und dem Ruf ohne professorales Zieren und Zögern folgte.
Mit ihm waren wir zutiefst überzeugt von der Reformbedürftig-
keit der bundesdeutschen Nachkriegsgesellschaft, und mit ihm
glaubten wir an die Gestaltungskraft einer intelligenten Politik.
Wer uns im Freiburger SDS nicht leiden mochte, hieß uns »die
kleinen Kennedys«, was wir indes gar nicht so übel fanden. Manche von uns waren dabei, Horst nach Bonn zu folgen. Ich selbst
ging statt dessen mit seinem Segen nach Konstanz, und mein einziger Beitrag zur »politischen« Politik blieb im Frühjahr 1968 die
Rolle als Mitgründer des »Tübinger Kreises«, der wenig später als
Karrierebeschleuniger sozialdemokratischer Jungtürken aus dem
deutschen Südwesten diente – die einzige und ziemlich winzige
Hausmacht, auf die Horst sich in den kommenden Jahren verlassen konnte.

Aber kaum war ich in Konstanz, kamen Horsts Anfragen und
Aufträge, die mir zeigten, dass er auch weiterhin auf mich zählte:
Ideenskizzen und Textbausteine für die »Perspektiven«, für die
Parteitagsrede über die »Generation, auf die wir gewartet haben«,
und später auch für den »Orientierungsrahmen 1985«, jenes »Langzeitprogramm« der SPD, das er als stellvertretender Vorsitzender
mit entwarf. Aber es kam auch der von ihm inspirierte Auftrag
der »Projektgruppe Regierungs- und Verwaltungsreform« zu einer
Untersuchung über »Stellung und Führungsinstrumentarium der
Regierungschefs« in den Bundesländern und im Ausland. Und
nachdem Horst schließlich Chef des Kanzleramts geworden war,
gab es auch die Einladung dorthin. Aber er akzeptierte rasch, dass
ich den Aufbau des Konstanzer Verwaltungsstudiums nicht einfach abbrechen konnte, und wir einigten uns schließlich darauf,
dass ich meine empirischen Untersuchungen für die »Projektgruppe« im Bonner Regierungsapparat fortführen und zugleich

als »teilnehmender Beobachter« und Berater am Aufbau der Politikplanung im Kanzleramt mitwirken sollte.

Unter dem Kulturschock seiner ersten Begegnung mit der Bonner Ministerialbürokratie war Horst noch in der Großen Koalition zur treibenden Kraft einer Regierungsreform geworden, die die Fähigkeit der deutschen Politik zur aktiven Gestaltung gesellschaftlicher Verhältnisse verbessern sollte. Die zur Vorbereitung eingesetzte »Projektgruppe« legte noch vor der Wahl einen »Ersten Bericht« vor, der rasch umsetzbare Empfehlungen mit längerfristig angelegten Konzepten für eine kohärente Politikplanung verband. Obwohl er in der Großen Koalition in der Tat »überall gebraucht« wurde, hatte Horst mitten im Wahlkampf den Bericht analysiert, und er hatte – vor allem aufgrund seiner Erfahrungen im Justizministerium – schon wenige Wochen nach seiner Amtsübernahme im Kanzleramt den organisatorischen Grundstein für eine funktionsfähigen Planungs-Infrastruktur gelegt. Sie verband den Aufbau einer »Planungsabteilung« im Kanzleramt mit einem Kabinettsbeschluss, der die Einsetzung von »Planungsbeauftragten« in allen Ministerien und ein Verfahren zur computergestützten Erfassung aller Ressortvorhaben vorsah, die später das Kabinett erreichen sollten. Damit gewann das Kanzleramt (und offenbar auch mancher Minister) zum ersten Mal einen Überblick über die laufende Arbeit an Programmen und Maßnahmen in den Referaten und Unterabteilungen der Ressorts – und damit auch die Chance einer politikfeldbezogenen und ressortübergreifenden »Frühkoordinierung« politischer Initiativen. Im Prinzip existiert und funktioniert dieses Informationssystem noch heute.

Für Horst konnte dies freilich nur der pragmatische Anfang sein, und Reimut Jochimsen, brillanter Ökonom und guter Freund aus den Freiburger Jahren, den er als Chef der Planungsabteilung gewonnen hatte, verfolgte gar die Vision einer Bund, Länder und alle Politikfelder umfassenden langfristigen Bundesentwicklungsplanung. Ich glaube nicht, dass Horst diese technokratische Perspektive völlig teilen konnte, aber er wollte gewiss die organisatorischen Voraussetzungen einer gestaltungsfähigen staatlichen Politik verbessern. Unter dem Eindruck der raschen Erfolge in der Großen Koalition und in der Aufbruchstimmung einer sozial-liberalen »Politik der inneren Reformen« hat aber auch er die Dicke der dabei zu bohrenden Bretter und die Widerstände in der Regierung selbst zunächst unterschätzt. Außerdem stand er unter enormem Zeitdruck, und Geduld gehört ohnehin nicht zu seinen ausgeprägten Persönlichkeitsmerkmalen.

Als dann aber die Planungsabteilung, gewiss nicht ohne seine Billigung, schon im Juli 1970 auf der Grundlage der gemeldeten Vorhaben, jedoch ohne Beteiligung der Planungsbeauftragten, eine Liste politischer Prioritäten der Regierung für die bevorstehende Klausurtagung des Kabinetts vorlegte, kam es zum vorhersehbaren Krach mit den Ministern, die sich vom Kanzleramt nicht das Heft aus der Hand nehmen lassen wollten. Danach schwand auch die Kooperationsbereitschaft der Beamten in den Ressorts. Jochimsen versuchte zunächst, von der aktuellen Politikkoordination auf die mittelfristige Aufgabenplanung auszuweichen, stieß damit aber auf Widerstand bei dem für die mittelfristige Finanzplanung zuständigen Finanzministerium und verlegte sich später auf den Versuch einer gemeinsamen und langfristigen »Gesamtproblemanalyse« von Bund und Ländern, deren mangelnde Verbindlichkeit die politische Empfindlichkeit der Minister weniger strapazierte, die dafür aber dann wegen ihres hohen Aufwandes kritisiert wurde.

Zugleich zeigten die von Renate Mayntz und mir geleiteten Untersuchungen zur »Programmentwicklung in der Ministerialorganisation«, wie wenig die Organisationsstruktur der Ressorts den Anforderungen einer »aktiven Politik« gewachsen war. Der versuchten Politikplanung auf Regierungsebene hätte also der leistungsfähige Unterbau in den Arbeitseinheiten der Ministerien gefehlt. Die Projektgruppe und die Planungsabteilung reagierten darauf mit dem Plan eines »Instituts für angewandte Verwaltungsforschung«, das allfällige Organisationsreformen unterstützen und die dabei gewonnenen Erfahrungen auswerten sollte. Nach einer Serie immer wieder überarbeiteter Entwürfe scheiterte das Vorhaben aber schließlich am hinhaltenden

Widerstand des nach der Geschäftsverteilung zuständigen Innenministeriums.

Für Horst hatten die längerfristige politische Planung und
dauerhafte institutionelle Reformen ohne Zweifel einen hohen
Stellenwert, und er hat Jochimsen und die Planungsabteilung
in ihren Vorhaben immer gestützt – und damit die an weit überzogenen Erwartungen oder Befürchtungen orientierte Kritik
in den Medien ebenso auf sich gezogen wie Helmut Schmidts
Spott über »Ehmkes Kinderdampfmaschine«. Aber je mehr die
Regierung an den vielen Fronten ihrer Reformpolitik und in
der Ostpolitik unter politischen Druck geriet und je mehr ihre
parlamentarische Mehrheit schwand, desto mehr musste auch
seine schier unerschöpfliche Energie und Arbeitsdisziplin vor
Luhmanns Theorem »von der Knappheit der Zeit und der Vor-
dringlichkeit des Befristeten« kapitulieren. Er konnte sich nicht
mehr um alles kümmern. Jochimsen dagegen, der auch nach den
Rückschlägen von der ökonomischen Richtigkeit und politischen
Notwendigkeit umfassender Planung überzeugt blieb, besaß weder die taktische Flexibilität noch die politische Autorität, um
pragmatische »*coalitions of the willing*« in einzelnen Politikfeldern
aufzubauen und so seinen Zielen schrittweise und in Teilberei-
chen näher zu kommen.

Wie habe ich Horst in jenen Jahren erlebt? Als Staatssekretär
und Minister auf der »Rosenburg« schien er fast verblüfft über die
Leichtigkeit, mit der er – aus dem Vollen seiner juristischen Kompetenz schöpfend – die lange überfälligen Reformen des Strafrechts und Familienrechts vorantreiben konnte. Zugleich agierte
er als sozialdemokratischer »Allzweckwaffe« in der Großen Koalition auf vielen anderen Feldern der großen Politik, wovon er
uns Freiburgern in seinen »Bonner Frühschoppen« begeistert und
begeisternd erzählte. Ganz offensichtlich: Horst war dort in seinem Element, und Politik war nicht nur ungeheuer wichtig für
ihn, sondern machte ihm auch riesigen Spaß. Das war erst recht
so nach seiner Ankunft im Kanzleramt. Ich erinnere mich an
Horst im abendlichen Park des Palais Schaumburg, voller Funk-
tionslust, voller Stolz auf die Professionalität der neuen Regie-

rung und voller Lebensfreude. Er war endlich an dem Platz, wo
er hingehörte und wo er alle seine Fähigkeiten und seine schier
unbegrenzte Energie zum Wohle des Gemeinwesens einsetzen
konnte.

Zum Wohle des Gemeinwesens, sage ich. Und dabei wird mir
klar, dass Horst im eigentlichen Sinne, wenn man von seiner fundamentalen Loyalität für Willy Brandt absieht, nie Parteigänger
war. Er blieb der »politische Professor«, dem es darum ging, das
als richtig Erkannte durch die Politik in Praxis umzusetzen. Seiner Orientierung am Gesamtinteresse der Regierung und seinem
Vertrauen in die Überzeugungskraft der eigenen Argumente entsprach die fatale Unterschätzung von Ressortegoismen und Konkurrenteninteressen. Seine intellektuelle Leichtfüßigkeit verwirrte überdies mögliche Bundesgenossen und verhinderte auch
die dauerhafte Mitgliedschaft in einem der organisierten Flügel
der SPD. Aber dahinter stand gerade nicht politischer Opportunismus, sondern die patriotische Sorge um das Gemeinwesen, die in
unterschiedlichen Situationen und für unterschiedliche Fragen
jeweils Antworten erforderte, die sich nicht mit den konventionellen Erwartungen einer bestimmten Gruppe decken konnten.

In unseren persönlichen Gesprächen im Kanzleramt gab es
ebenfalls Änderungen. Bemerkenswert fand ich anfangs seine
Verbindung einer grundsätzlichen und längerfristigen Perspektive mit einem geradezu detailversessenen Interesse an Befunden
aus unseren Untersuchungen in den Ressorts oder an meinen
Beobachtungen im Kanzleramt. Ihm war völlig klar, wie leicht
große Pläne an einem fehlenden Hufnagel scheitern können. Allerdings musste ich bald lernen, mit den schriftlichen Berichten,
die er immer auch haben wollte, weniger offen umzugehen. Entsprechend seiner Neigung zu maximaler Transparenz gab er sie
routinemäßig mit seinen Anmerkungen in den Geschäftsgang,
wo sie meine Rolle als teilnehmender Beobachter nicht gerade erleichterten. Aber dieses Problem verlor mit dem Fortgang der Legislaturperiode ohnehin an Bedeutung. Die Gespräche mit Horst
wurden seltener und kürzer, und sie wurden immer mehr zu
Monologen über die ganz große Politik (mit der ich nichts zu tun

146 hatte), über seine Rolle darin und über die Dummheit und/oder Bösartigkeit der Mitstreiter, die ihm dabei Knüppel zwischen die Beine warfen. Offenbar kam es ihm nun schon darauf an, dass nicht nur die Bedeutung, sondern auch die immense Schwierigkeit seiner Rolle als Willy Brandts Hausmeier richtig eingeschätzt werde. Wenn ich dann doch noch meine Besorgnisse über den Stand der Politikplanung bei ihm loswerden wollte, war die unwillige Reaktion immer öfter: »Sag das doch dem Reimut!«

Nach dem großen Wahlsieg im Herbst 1972 wechselte Horst freiwillig-unfreiwillig vom Kanzleramt in das von der »Projektgruppe« für ihn erfundene Doppelministerium für Forschung und Telekommunikation (alias Post- und Fernmeldewesen). Reimut Jochimsen wurde durch Albrecht Müller ersetzt, der von kohärenter Politikplanung nichts hielt und stattdessen lieber politische PR-Kampagnen für das Energiesparen oder den fernsehfreien Tag lancierte. Damit war dann auch meine Rolle im Kanzleramt beendet, während die Konstanzer Untersuchungen zur Programmentwicklung in der Ministerialorganisation und nun auch zur Politikverflechtung zwischen Bund und Ländern weiterliefen. Aber schon im folgenden Frühjahr erlebte ich Horst wieder in der unser berufliches Verhältnis prägenden Doppelrolle des Fördernden und Fordernden.

Das »Wissenschaftszentrum Berlin« war 1969 auf die Initiative von Abgeordneten der Großen Koalition gegründet und mit einem üppigen Stellenplan im Geschäftsbereich des späteren Forschungsministeriums etatisiert worden, ohne dass man dort etwas damit anzufangen wusste. Ohne bildungs- oder forschungspolitische Vorgaben wurde ein amerikanischer Managementwissenschaftler als Gründungsdirektor des »International Institute of Management« ans WZB berufen, der die vorhandenen Stellen mit international renommierten Kollegen besetzte, die bereit waren, auf Zeit nach Berlin zu kommen. Nachdem der linke Protest gegen die vermeintliche »Universität der Mandarine« eskaliert und der Gründungsdirektor nach Stanford zurückgegangen war, wollte man im Ministerium die nie geliebte Einrichtung wieder abschaffen. Aber als dann Horst und Volker Hauff, sein junger Parlamentarischer

Staatssekretär, die Aufgaben ihres neuen Ressorts sichteten, tat ihnen der Verlust so vieler hochkarätiger Stellen im nachgeordneten Bereich doch wieder leid, und sie überlegten, ob man damit nicht etwas Sinnvolleres anfangen könnte. Möglicherweise war Horst dabei auch das gescheiterte Institut für »angewandte Verwaltungsforschung« wieder in den Sinn gekommen.

Wie auch immer: Ich wurde nach Bonn eingeladen und gefragt, ob ich als möglicher Direktor für das WZB-Institut für Management und Verwaltung zur Verfügung stehe. Inzwischen war das Konstanzer Verwaltungsstudium etabliert, und – anders als im Herbst 1969 – war ich deshalb grundsätzlich bereit, Horsts Herausforderung anzunehmen. Die Gespräche mit ihm verliefen nun wieder ganz anders als zuletzt im Kanzleramt. Es fehlte das Gehetzte und das Monologische. Er nahm sich Zeit, und wenn er über sein neues Ressort sprach, dann nicht wie einer, der alles schon vorher und besser wusste, sondern mit großer Neugier und – allerdings auch – mit gelassenem Zutrauen zur eigenen Lernfähigkeit und Gestaltungskraft. In der Diskussion über ein mögliches WZB-Konzept war er offen, hörte zu, argumentierte und reagierte auf Gegenargumente, und als wir uns schließlich einig waren, gab er mir freie Hand und ließ das Haus wissen, dass ich auf seine Unterstützung rechnen könne – die ich eben deshalb auch nie in Anspruch nehmen musste. Wenn ich Horst danach wieder traf, dann ließ er sich über den Fortgang der Diskussionen mit den Kollegen am WZB, über meine Suche nach einem zweiten, ausländischen Direktor des Instituts, über die Arbeit am Forschungsprogramm und auch über die Verhandlungen mit den Beamten seines Ministeriums berichten, aber er intervenierte nicht mehr in den laufenden Prozess.

Der Umbau des von Horst geretteten WZB zu einer Einrichtung der problem- und politikbezogenen sozialwissenschaftlichen Grundlagenforschung, den wir im Frühjahr 1973 vereinbart hatten, war schwierig und spannend und schließlich auch erfolgreich. Seit dem Ende der siebziger Jahre ist das WZB das größte Zentrum für Sozialforschung in Europa. Aber das ist eine andere Geschichte, zu deren Gelingen Volker Hauff und Ekki Wienholtz das meiste beigetragen haben und an der ich seit 1986 nicht mehr beteiligt war.

Meine eigene berufliche Geschichte mit Horst Ehmke als Förderndem und Forderndem endete jedenfalls im Mai 1974, als er sein Doppelministerium aufgab, um die politische Verantwortung für die Guillaume-Affäre nicht allein Willy Brandt zu überlassen. Danach waren wir nur noch Freunde, die sich selten sahen, aber immer füreinander interessierten. Seit Marlene und ich in Bornheim und Horst und Maria in Bonn und in der Eifel wohnen, sind die Treffen häufiger und das Interesse noch größer geworden. Er streitet mit mir über meine europaskeptischen Aufsätze und ich bewundere die Kombination von Faktizität und Phantasie seiner Politkrimis. Und Maria und Marlene mokieren und sorgen sich über uns beide.

Der Winkelried im Kanzleramt

Lieber Horst, noch bist Du, wenn ich dies schreibe, nicht 80 und hast noch über ein Jahr Zeit, es zu werden. Und doch gehörst Du jetzt schon – wie auch ich, der ich nur zwei Jahre jünger bin als Du – zu den »Alten«, daran führt kein Weg vorbei, mögen wir uns auch nicht entsprechend fühlen, schon gar nicht als »ehrwürdige Greise« voller Weisheit.

Im Alter spielt die Erinnerung eine größere Rolle als in jüngeren Jahren. Das muss durchaus nicht heißen, dass wir nur noch ein rückwärtsgewandtes »nostalgisches« Leben führen. Und das große Wort, man lege in der Erinnerung Rechenschaft ab für sein Leben, scheint mir auch nicht am Platze zu sein. Aber es kristallisieren sich in der Rückschau doch Ereignisse, Begegnungen und damit auch Menschen heraus, die für unser Leben besonders wichtig waren.

Einer dieser Menschen bist Du, lieber Horst, der nicht nur auf die wichtigsten Abschnitte meines Berufslebens den stärksten politischen Einfluss gehabt hat, sondern von dem ich auch am meisten – menschlich wie politisch – gelernt habe. Hiervon will ich berichten, und es wird kein Beitrag werden, der Deine Verdienste in Wissenschaft und Politik würdigt – das mögen andere tun.

Als ich Dich zum ersten Mal traf, warst Du gerade als 39jähriger Professor aus Freiburg zum Staatssekretär des Bundesjustizministeriums ernannt worden und suchtest einen Persönlichen Referenten. Das Amt hatte zwei Beamte vorgeschlagen: Karl-Heinz Ohlsson und mich, der ich ein Jahr zuvor vom Verwaltungsgericht in Köln ans Bundesjustizministerium versetzt worden war. Als ich in Dein Büro kam, um mich vorzustellen, sagtest Du mir sofort als allererstes: »Ich nehme Sie jetzt nicht, Herr Wilke, Ohlsson ist schon drei Jahre hier und kennt das Haus länger als Sie.« Und Du fügtest hinzu: »Ich sage Ihnen das gleich, damit Sie nicht meinen, ich hätte Sie auf Grund unseres Gesprächs abgelehnt. Aber Sie werden Ohlsson vertreten und ihn später ablösen.« – Ich muss sagen, dass mich diese Fairness schon damals außerordentlich beeindruckt hat. Als ich dann etwa ein Jahr später in Dein Büro kam, erwartete mich eine weitere Überraschung. Entgegen Deinem Ruf warst Du ein penibler und genauer Arbeiter, der gut vorbereitete Vorlagen verlangte und Formalien nicht einfach als überflüssig abtat. Schon bald musste ich mir anhören: »Aus Ihnen mache ich noch einen Bürokraten. Sie sind mir noch zu sehr Künstler!«, was durchaus positiv gemeint war. Und weiter: »Die Bürokratie ist kein Selbstzweck, aber sie ist dazu da, das Leben zu erleichtern.« Das war eine Maxime, die ich in meinem ganzen weiteren Berufsleben beherzigt habe.

Du warst damals der politischste beamtete Staatssekretär, den die Bundesregierung der Großen Koalition hatte, und es blieb daher nicht aus, dass ich auch an Deinen politischen Aktivitäten – wie z. B. der Redaktion der »Perspektiven sozialdemokratischer Politik« – beteiligt wurde. Dass ich nicht Mitglied der SPD war – auch Ohlsson war es damals nicht – störte Dich nicht. Im Gegenteil, Du rietest mir ab, in die Partei einzutreten: »Sie sind ja eher ein Sozialliberaler.« Allerdings wurde ich dann eines Tages doch Mitglied der SPD und überraschte Dich mit der Mitteilung meines Parteieintritts. Das begeisterte Dich durchaus nicht, an unserem Verhältnis aber änderte sich nichts.

Unvergesslich sind mir die Koalitionsverhandlungen über die Strafrechtsreform geblieben, die in einer sehr kollegialen und lockeren Form stattfanden, und auch die schweren Tage, an denen wir die von heftigen Protesten begleiteten Diskussionen über die Notstandsgesetze durchzustehen hatten. Es mag sein, dass Dein Eintreten für diese Gesetze Deinem Image als linker Sozialdemokrat geschadet hat, ich meine aber, zu Unrecht. Ich habe Dich damals als einen Politiker kennen gelernt, der immer seine Überzeugungen mit einer einerseits pragmatischen, andererseits strikt rechtsstaatlichen Haltung verband, was sicherlich auf Deine Tätigkeit als Hochschulprofessor, aber auch Deine Studien in den USA zurückzuführen war. Im Übrigen habe ich auch später des Öfteren erlebt, dass diese Deine komplexe Einstellung nicht immer von den Genossen verstanden wurde, zumal Du in den Diskussionen Dein Licht nie unter den Scheffel gestellt und Deine intellektuelle Überlegenheit nicht verborgen hast, denn bei aller Brillanz warst Du als Taktiker oft nicht sehr wirksam, um es schonend zu sagen.

Als Dich Willy Brandt nach dem Wahlkampf Ende 1969 als Chef des Bundeskanzleramtes holte, nahmst Du eine ganze Reihe von Kollegen aus dem BMJ mit, und zwar keineswegs alles Genossen, sondern als Leiter der Personal- und Verwaltungsabteilung sogar einen Mann, der eher der CDU zuneigte. Zu mir sagtest Du: »Sie nehme ich nicht mit, Sie müssen mal wieder was Vernünftiges machen« und ernanntest mich zum Referenten für Verfassungsrecht, Gebiet: Organisationsnormen des Grundgesetzes und Rechtsförmlichkeitsprüfung. Ich war darüber nicht böse, denn ich empfand die neue Referententätigkeit als eines der interessantesten Arbeitsgebiete, zumal die Rechtsförmlichkeitsprüfung mich in Kontakt mit allen anderen Ressorts brachte. Außerdem fühlte ich mich in der Atmosphäre der Rosenburg sehr wohl, obwohl sie sich dann unter Deinem Nachfolger sowie dessen Mitarbeitern und Mitarbeiterinnen veränderte.

Deshalb war ich auch ziemlich überrascht, als Du mich im Mai 1970 ins Bundeskanzleramt batest und mich fragtest, ob ich als Persönlicher Referent die Leitung des Kanzlerbüros übernehmen wolle, da die beiden Funktionen nach der Rückkehr ihrer Leiter ins Auswärtige Amt zusammengelegt werden sollten. Obwohl mir klar war, dass nun der Stress wieder beginnen würde, konnte ich ein solches Angebot nicht ablehnen. Und also arbeiteten wir wieder zusammen, dieses Mal für einen charismatischen Chef, der unsere Loyalität und Hilfe brauchte, für Bundeskanzler Willy Brandt. Vor allem brauchte er Deine Hilfe, der Du ihm so freundschaftlich, wie das überhaupt möglich war, verbunden warst. Ihr ergänztet Euch nicht nur, Du hieltest ihm auch den Rücken frei und scheutest nicht vor Konflikten mit Kollegen zurück, die ihr eigenes Süppchen kochen wollten. Und so arbeiteten wir hart, aber fröhlich, wie es Deine Art ist, weiter und überstanden ein Misstrauensvotum und einen anstrengenden Wahlkampf. Dann aber kam es dicke. Nach dem großen Triumph im Herbst 1972 hieß es plötzlich, Du würdest uns verlassen und ein eigenes Ministerium bekommen. Ich konnte es nicht glauben: ausgerechnet jetzt, wo Willy Brandt nach den Strapazen des Wahlkampfs ins Krankenhaus musste, ließest Du uns im Stich. Als ich meiner Enttäuschung Ausdruck verlieh und Dich deswegen angriff, hatten wir zum ersten Mal heftigen Streit. Damals wusste ich ja nicht – und Du hast es mir erst später gesagt –, dass Willy Brandt sich dem Ultimatum Helmut Schmidts gebeugt hatte, der seinen Eintritt ins zweite Kabinett Brandt davon abhängig gemacht hatte, dass Du nicht länger Chef des Bundeskanzleramts bleibest; auch Conny Ahlers hat er aus dem Bundespresseamt vertrieben. Das muss für Dich eine herbe Enttäuschung gewesen sein; in Wahrheit war es mehr: ich bin auch heute noch davon überzeugt, dass es der Anfang vom Ende der Kanzlerschaft Willy Brandts war; denn nun hatte er keinen Winkelried mehr, der die Speere auf sich zog, die auf Willy Brandt geworfen wurden. Mit Dir, auch davon bin ich überzeugt, wäre vieles anders verlaufen, was in den folgenden Jahren passierte, vor allem die Guillaume-Affäre.

Trotz Deiner begreiflichen Enttäuschung zogst Du Dich nicht von dem Freund zurück, sondern begleitetest die Koalitionsverhandlungen, die wegen seines Krankenhausaufenthalts nun ohne Willy Brandt stattfinden mussten, indem Du zwischen den drei Vorsitzenden den Vermittler und manchmal sogar den Boten spieltest. Dass dies in einem entscheidenden Moment in die Hose ging, gehört zu den absurdesten Ereignissen, an die ich mich erinnere: Herbert Wehner vergaß ein Schriftstück mit Vorschlägen und Anregungen des Bundeskanzlers – echte Weisungen gab er ja höchst ungern – ebenso wie eine Kopie für Helmut Schmidt angeblich in seiner Aktentasche und holte es erst 10 Tage später heraus, als Du ihn darauf ansprachst. In der Zwischenzeit waren er und Helmut Schmidt mehrere Male bei Willy Brandt im Krankenhaus gewesen, ohne dass Brandt sie nach dem Papier gefragt hätte, was mich zu dem Eintrag in mein Tagebuch veranlasste:

Horst Ehmke als Mitglied der Regierung

»Offenbar sprechen die Herren vornehmlich über sich als miteinander.« Im Nachhinein habe ich sogar Verständnis für Helmut Schmidts Klagen über den Bundeskanzler gehabt, dieser interessiere sich nicht für die Koalitionsverhandlungen.

Im Bundeskanzleramt herrschte in diesen Tagen ein gefährliches Vakuum: Du warst meist mit anderen Dingen beschäftigt, Egon Bahr war krank und die neue Mannschaft noch nicht da. Ich konnte dieses Vakuum natürlich nicht ausfüllen, obwohl ich mir Mühe gab, Willy Brandt zu unterstützen und ihm sogar Ratschläge gab, wie den, auf keinen Fall die Spitze des Bundeskanzleramtes auf die eines beamteten Staatssekretärs herunterzustufen, da das eine – offenbar ja auch beabsichtigte – Schwächung dieses Instruments des Bundeskanzlers bedeuten würde. Dass es dann anders kam, ist bekannt.

Übrigens muss ich hier noch etwas erzählen, was mich damals nicht nur zum Lachen gebracht hat. Eines Tages erhielt ich im Rücklauf aus dem Krankenhaus ein Papier von Dir, in dem Du Willy Brandt darauf hinwiesest, dass das künftige Büro des neuen Chefs des Bundeskanzleramts und das Kanzlerbüro eng zusammenarbeiten müssten. Das war auch für mich eine Selbstverständlichkeit, aber ich erwähne das, weil Du mit Grünstift an den Rand geschrieben hattest: »Wilke fühlt sich ohnehin schon als Vizekanzler.«

Die neue Besetzung der Leitungsebene führte dann zu Schwierigkeiten und Reibereien, auf die ich nicht näher eingehen will. Für mich fehltest Du mit Deiner Autorität an allen Ecken und Enden. Nicht nur in der »Wehner-Krise«, sondern vor allem in der »Guillaume-Affäre«.

Diese nun wurde nicht nur von der Opposition, sondern auch von manchen eigenen Leuten Dir angehängt, da Du es warst, der Günter Guillaume, wenn auch auf starkes Zureden von Georg Leber und Herbert Ehrenberg, eingestellt hatte, obwohl damals schon ein gewisser Verdacht bestand. Ich erinnere mich noch genau, dass Du mir kurz vor Deinem Ausscheiden aus dem Bundeskanzleramt mitteiltest, dass Guillaume, der während des Wahlkampfes den für den Bundestag kandidierenden Peter Reuschenbach als Referenten für Parteifragen im Kanzlerbüro vertreten und sich dabei als großes Organisationstalent erwiesen hatte, ins Kanzlerbüro versetzt werden solle. Wir beide mochten den sich als ultrarechts gerierenden und ein wenig unbedarft erscheinenden Guillaume nicht besonders, aber an ihm führte wohl kein Weg vorbei. Damals sagtest Du mir, es habe während der Sicherheitsüberprüfung vor ein paar Jahren zwar ein paar Fragen gegeben, diese seien aber ausgeräumt. Du schlossest mit dem Satz, dem ich nicht widersprechen konnte und wollte: »Wir können schließlich nicht jeden, der aus der DDR kommt, als unzuverlässig verdächtigen.« Und so kam dann Günter Guillaume als Referent für Partei- und Gewerkschaftsfragen ins Kanzlerbüro (und keineswegs, wie bis heute immer noch behauptet wird, als »Persönlicher Referent« – das war ich und in meiner Vertretung Wolf-Dietrich Schilling), und das Verhängnis nahm seinen Lauf.

Schon im Dezember 1972 hast Du mich angerufen und mich vor ihm gewarnt; er sei ein Intrigant und spiele sich, wie Du gehört habest, im Kanzleramt wie ein Politkommissar auf; auch bringe er das Haus durcheinander, indem er sich in Organisationsfragen einmische. Daraufhin habe ich Guillaume in seine Schranken verwiesen und ihm die Teilnahme an allen Terminen, die nicht mit der Partei oder den Gewerkschaften zusammenhingen, verwehrt, was mir sowohl bei der Partei als auch bei manchen Journalisten, bei denen sich Guillaume während der Wahlkampfreisen lieb Kind gemacht hatte, den Ruf eines sturen Beamten einbrachte. Weder Du noch ich dachten dabei jedoch daran, er könne ein Spion der DDR sein. Im Gegenteil, seine Tarnung als rechter Sozialdemokrat war perfekt, und ich bin auch heute noch der Meinung, dass er sich dabei gar nicht zu verstellen brauchte; denn weder als Mitglied der SED noch der SPD gehörte er seiner Einstellung nach jemals dem linken Flügel an. Bezeichnend hierfür ist eine Szene, über die ich mich später, nach seiner Enttarnung, sehr amüsiert habe: Als Heidi Wieczorek-Zeul zur Juso-Chefin gewählt worden war, kam Guillaume am Morgen wütend in mein Büro gestürzt und rief: »Ich sage Dir eins: Die ist eine Kommunistin!« Ich bin mir sicher, dass seine Empörung nicht gespielt war.

Horst Ehmke als Mitglied der Regierung

Nach dem Rücktritt Willy Brandts wurden unsere Kontakte spärlicher, gelegentlich sahen wir uns in Brandts Büro im Bundeshaus, das ich noch zwei Jahre leitete, bevor ich als Abteilungsleiter zu Katharina Focke ins Ministerium für Jugend, Familie und Gesundheit ging. Als ich mich bei einem Essen mit den Getreuen, das mir Willy Brandt gab, verabschiedete, bezeichnetest Du meine Rede als »impressionistisch« – was ich als Kompliment auffasste; damals war ich es, der Dich spontan duzte und damit meine Lehrjahre bei Dir beendete. Immerhin trafen wir uns noch einige Male privat in Rhöndorf, wo wir beide wohnten und ich dann auch als Generalsekretär des Deutsch-Französischen Jungendwerks »residierte«. Als dieses Amt Ende 1983 endete und ich von Heiner Geißler, der nach der Ablösung der Regierung Schmidt mein zuständiger Minister wurde, in den einstweiligen Ruhestand versetzt worden war, warst Du der Einzige, der mir ein neues Arbeitsgebiet anbieten wollte: Ich sollte die Nachfolge von Eugen Selbmann in der Fraktion antreten, der nicht nur der engste Vertraute Wehners, sondern auch der »Boss« der Assistenten in der Fraktion war. Ich habe das abgelehnt, weil ich mich nicht in der Lage fühlte, als ehemaliger »Chef von Guillaume« mit den Leuten in der DDR-Regierung Kontakt zu haben und zu verhandeln, wie Eugen Selbmann das getan hatte. Du hast das verstanden, und so blieb ich im Ruhestand.

Es wäre unredlich, wenn ich verschweigen würde, dass es auch einige wenige Konflikte und Enttäuschungen zwischen uns gab. Als ich mich gegenüber Willy Brandt vehement gegen den so genannten Radikalenerlass gewandt und Dich noch am Rande der entscheidenden Sitzung mit den Ländern beschworen hatte, den Erlass zu verhindern, hast Du das nicht getan – obwohl ich weiß, dass auch Du dagegen warst. Das andere Mal war sehr viel später, nämlich als Clement als nordrhein-westfälischer Ministerpräsident auf den Gedanken kam, das Justiz- in das Innenministerium einzugliedern und ich aus Protest gegen diese verfassungswidrige Maßnahme aus der SPD austrat (schließlich war ich selbst Richter gewesen und hatte meine Dissertation über die richterliche Stellung geschrieben). Damals hast Du meinen Austritt, obwohl auch Du gegen die Zusammenlegung warst, eher lächerlich gemacht, Dich auch nicht – wie etwa Hans-Jochen Vogel – öffentlich geäußert.

Ich muss gestehen, dass ich Dir das eine Zeitlang übel genommen habe, und es war für mich weder eine Genugtuung, dass Clement durch das Gericht in Münster zurückgepfiffen wurde, noch dass Willy Brandt später den Radikalenerlass als einen Fehler bezeichnet hat. Übrigens bin ich dann, wie Du weißt, vor zwei Jahren von Gerhard Schröder persönlich in die Partei zurückgeholt worden, die trotz allem meine politische Heimat geblieben ist.

Lieber Horst, wenn ich die Jahre, in denen wir uns kannten und zusammenarbeiteten oder auch – wie an den unvergesslichen Abenden mit Max Ernst oder mit Rostropowitsch und anderen im Bungalow des Kanzleramtes – feierten, in meiner Erinnerung lebendig werden lasse, so bleibt, wie ich bereits sagte, die Überzeugung, dass Du für mich einer der wichtigsten Menschen in meinem Arbeitsleben gewesen und schließlich zum Freund geworden bist. Dafür danke ich Dir und wünsche Dir, dass Du noch lange in der Lage sein wirst, Dich und andere mit Deinem wachen Geist zu erfreuen und zu beleben.

Der scharfzüngige Provokateur
Ein Vorstellungsgespräch beim Chef des Bundeskanzleramtes

»So, Sie glauben, dass man Sie hier gebrauchen kann?«, fragte, kaum aufsehend, den Blick aber dann doch schräg von unten auf die verdutzte Kandidatin gerichtet, ein wenig einladender Chef des Bundeskanzleramts. Mit lauerndem Gesichtsausdruck beobachtete er, wie die junge Mitarbeiterin, die eine wohlwollende Begrüßung und Anerkennung für ihren Schritt erwartet hatte, versuchte, ihre Verblüffung zu überwinden und die Sprache wiederzufinden. Sie versuchte dennoch, einen gewissen Trotz in der Stimme nicht zu verbergen, als sie erklärte, warum nicht nur sie, sondern auch der Abteilungsleiter, der sie schließlich aus dem Wirtschaftsministerium mitgebracht hatte, glaubten, dass Leute wie sie durchaus im Kanzleramt gebraucht würden. Je mehr sie sich in Rage redete, desto zustimmender und freundlicher wurde der Gesichtsausdruck des Kanzleramtschefs. Offenbar war die Provokation sein häufig angewandtes Stilmittel, um die Reaktionsfähigkeit eines Gesprächspartners zu testen und – statt Belanglosigkeiten auszutauschen – eine substantielle Diskussion zu beginnen. Aus den eingeplanten 15 Minuten wurde ein Gespräch von über einer halben Stunde über die Schwierigkeiten eines sozialdemokratischen Kanzlers, die Vorurteile der Wirtschaft zu überwinden.

Während er sich bei ihrem Eintreten kaum aufgerichtet hatte, begleitete er die immer noch irritierte Mitarbeiterin zur Tür und lud sie ein, das Gespräch möglichst bald fortzuführen.

DRITTER TEIL

Horst Ehmke und seine Partei

Annäherung an einen väterlichen Freund

Im Juni 1967 bin ich in die SPD eingetreten, maßgeblich wegen Gustav Heinemann und Horst Ehmke. Gerade hatten sich diese beiden rechtspolitischen Reformer auf den Weg gemacht, den Auftrag des Grundgesetzes zur Gleichstellung nichtehelicher Kinder nach zwei Jahrzehnten christdemokratischer Untätigkeit endlich wenigstens in großen Teilen zu erfüllen. Wenngleich ich nicht genau wusste, ob dadurch die von mir persönlich schmerzlich erfahrene Diskriminierung als uneheliches Kind einer Kontoristin und als Mündel des Jugendamtes der Stadt Konstanz beendet sein würde, war für mich doch klar: Wo dieses Unrecht des CDU-Staates angegangen wird, da gehöre ich dazu, mit diesen Männern will ich streiten für ein besseres Morgen.

Die ersten persönlichen Begegnungen mit Horst Ehmke fanden dann eher sporadisch bei Gesprächen zwischen ihm und Jungsozialisten in Baden-Württemberg statt. Sie hinterließen bei mir einen unsicheren Eindruck: Gehört er nun zu uns, den jungen »Linken«, die sich aufgemacht hatten, alte Strukturen umzukrempeln – oder war er nur der eloquente, intellektuelle Vertreter derer aus Bonn? Erst später verstand ich: Horst Ehmke lässt sich nicht in Schubladen stecken, schon gar nicht vereinnahmen für ein Fähnlein Gleichgesinnter auf dem Weg zur Eroberung der Macht. Schon sein erster prominenter Auftritt auf einem SPD-Bundesparteitag – 1968 in Nürnberg – belegt das: Der rechten Mehrheit war er suspekt, weil er sich in seinem Grundsatzreferat »Die Generation, auf die wir gewartet haben« nicht hergab für ein Abkanzeln der unruhig gewordenen Jungen – der Parteitagslinken war er suspekt, weil er mit anspruchsvollen Argumenten für die Annahme der Notstandsgesetze eintrat. Nicht »schubladisierbar«, ohne partei-taktisches Kalkül landete er zwischen allen Stühlen und verfehlte die Wahl in den Parteivorstand. Recht

haben und Recht bekommen gehen in der politischen Wirklichkeit nicht leicht zusammen – nicht nur in der SPD.

Die zunehmende Annäherung an Horst Ehmke hat viel mit
Fritz Scharpf zu tun: Dieser war 1968 als Professor an die Universität Konstanz gekommen und dort zum eigentlichen Motor des Reform-Studienganges Verwaltungswissenschaft geworden. Über das frühe Mitgestalten an diesem Studiengang wie
über innerparteiliche Gemeinsamkeiten in dem so genannten
»Tübinger Kreis« vermehrten sich die Verknüpfungen mit Horst
Ehmke. Eine neue Qualität erhielten diese Verbindungen, als ich
1969 durch Vermittlung von Scharpf und Ehmke für sechs Monate Teil des Bonner Büros der Sozialdemokratischen Wählerinitiative wurde und mit Günter Grass für die Es-Pe-De werbend
durch die Lande zog.

Darüber hat Günter Grass vieles im »Tagebuch einer Schnecke«
geschrieben – nicht jedoch folgende Begebenheit mit Spätfolgen:
Grass, Drautzburg und ich waren in Baden-Württemberg unterwegs mit unserem alten VW-Bus. Drautzburg fuhr und verlobte
sich allenthalben, ich hatte mich um Organisation, Logistik, Ton,
Musik etc. zu kümmern und Grass grub – wenn er nicht gerade
Pilze sammeln wollte – mit nimmermüder Leidenschaft die stei-
nigsten Äcker um auf der Suche nach Wählerinnen und Wählern für Willy Brandt. In Heilbronn stieg eine temperamentvolle
dunkelhaarige Studentin zu uns in den Bus, um eine besondere
Ausprägung des Bundeswahlkampfes mitzuerleben. Ihr Name:
Maria Hlaváčová. Der gemeinsame Weg führte uns nach Stuttgart,
wo auf dem Kleinen Schlossplatz eine SPD-Kundgebung mit Grass
stattfinden sollte. Wahlkreiskandidat Horst Ehmke war natürlich auch da – aber sein Interesse galt rasch weniger den bedeut-
samen Politreden als jener jungen Frau in der Begleitung des
Grass-Teams. Ohne es zu wissen und ohne die Folgen zu ahnen,
wurde ich da zum »Postillion d'amour«.

Nach der gewonnenen Bundestagswahl 1969 wurde Horst
Ehmke für uns Jungsozialisten in der SPD sowohl in Bonn wie
in Baden-Württemberg einer der wichtigsten Gesprächspartner.
Allerdings: Bequem war das nie. Wenn wir – wie z. B. auf dem Par-

teitag 1970 in Saarbrücken – symbolisch unsere kaum entwickelten Muskeln als Parteitagslinke spielen lassen wollten, dann war
es gerade Horst Ehmke, der in den jeweiligen Vorbesprechungen
Undurchdachtes, Inkonsequentes gnadenlos aufspießte und die
Protagonisten mit seiner immerwährenden Lust an verbaler Provokation zur Verzweiflung trieb. Und wieder landete er zwischen
allen Stühlen: Von Helmut Schmidt als möglicher Konkurrent
auf dessen Weg zur Spitze längst identifiziert, konnte er bei der
noch vorhandenen rechten Mehrheit nichts gewinnen – für die
langsam wachsende Linke war er als »freischwebendes A-Loch«
zu wenig kalkulierbar. Folge: wieder nicht in den Parteivorstand
gewählt.

Ein anderes hat uns Konstanzer Verwaltungswissenschaft-
ler aber damals mehr fasziniert: Da war einer im Bundeskanzleramt, für den effizientes Regieren und Modernisierung des
Staatsapparates Teil des Reformprogramms war und der zu Fritz
Scharpf seine besonderen Beziehungen hatte. Ehmke, Scharpf,
Jochimsen – das waren die Namen, an denen unsere Hoffnungen für ein professionelles Politikmanagement in der Zukunft
anknüpften. Bevor sich das für mich tatsächlich bewahrheiten
sollte, ergab sich eine Entwicklung in der SPD, die mich sehr viel
näher an Horst Ehmke bringen sollte:

1968 hatte Horst Ehmke gemeinsam mit Leo Bauer begonnen,
die sozialdemokratischen Perspektiven im Übergang zu den 70er
Jahren zu verfassen – wie sich erweisen sollte, eine unverzicht-
bare praktische Orientierung auf dem Weg zur Übernahme der
Regierungsverantwortung im Bund. Vieles an den »Perspektiven«
war da der Mehrheit der Parteiführung zu »links« und wurde glatt
gebügelt. Dennoch spielte dieser Beitrag zur programmatischen
Diskussion indirekt eine Rolle, als zu Beginn der 70er Jahre der
Gesprächsfaden zwischen SPD-Führung und Jungsozialisten ab-
zureißen drohte. Auf dem außerordentlichen Parteitag im November 1971 in Bonn-Bad Godesberg musste die bisherige Mehrheit in der SPD – bei der Diskussion über ein Langzeitprogramm,
über Steuer- und Medienpolitik – zur Kenntnis nehmen, dass ihre
innerparteiliche Mehrheit nicht mehr selbstverständlich ist. Als

dann ein außerordentlicher Bundeskongress der Jungsozialisten im Dezember 1971 Thesen zur Politischen Ökonomie und Strategie beschloss, die auf massiven Widerspruch der Mehrheit der SPD-Führung stießen, gab es kaum noch Verständigungsmöglichkeiten zwischen den innerparteilichen »Lagern«. Mancher meinte, die Zeit administrativer Ordnungsmaßnahmen sei gekommen.

Nicht so Horst Ehmke. Er sah in den provozierenden Thesen der jungen SPD-Mitglieder weniger Gefahren als Chancen – Chancen für eine rationale Diskussion über Möglichkeiten und Grenzen von Reformpolitik im demokratischen Staat. Von Ende 1971 bis in das Jahr 1974 gab es einen intensiv arbeitenden Gesprächskreis in Bonn, den Horst Ehmke und Wolfgang Roth gemeinsam leiteten. Dreißig, vierzig zumeist junge Bundestagsabgeordnete, junge Gewerkschafter, Jungsozialisten wie nachdenkliche Mitglieder der Parteiführung trafen sich häufig, um auf der Grundlage unterschiedlicher Thesenpapiere in offener Diskussion Klärungen anzustreben und Gemeinsamkeiten zu suchen. Für mich gehört dieser Ehmke-Kreis zum Besten, was ich in vielen Jahren politischer Diskussion miterleben durfte. Horst Ehmke versuchte dort stets, bei aller Neigung zur Zuspitzung, die jeweils andere Position zu verstehen und ihr Gerechtigkeit widerfahren zu lassen. Auch wenn viele Teilnehmer seiner analytischen Schärfe nicht gewachsen waren: Er hat niemanden als Person »niedergemacht«, jede und jeder freute sich auf die nächste Gelegenheit des offenen Austauschs von Argumenten. Dass es in der SPD in jener Zeit gelungen ist, tiefe Risse zu vermeiden, Talente der jungen Generation für die SPD wie für das Gemeinwesen fruchtbar zu machen, ist für mich ein viel zu wenig beachtetes Verdienst des Brückenbauers Horst Ehmke. Über diese Brücken sind viele gegangen, die in den nachfolgenden Jahren herausgehobene politische Verantwortung in der Bundesrepublik übernahmen.

Horst Ehmke war aber nicht nur in diesem Sinne Brückenbauer. Er hat sich immer auch ausgezeichnet durch fürsorgliches Kümmern um Menschen, die ihn interessierten. Leicht hat er es zwar keinem gemacht mit seiner manchmal gnadenlosen Lust, schwache Argumente zu zerpflücken. Aber gesorgt hat er sich um jeden und jede in seiner Umgebung. Ich habe das erfahren dürfen, als er Anfang 1973 erfuhr, ich wolle nach Abschluss des Studiums eine Stelle im Ministerbereich des Bundesbauministers annehmen. »Da gehst Du nicht hin, Du kommst zu mir!«, war seine Reaktion. Und so begann ich meinen Berufsweg im März 1973 im Ministerbereich des Bundesministers für Forschung und Technologie, der zugleich das Post- und Fernmeldewesen verantwortete.

Helmut Schmidt erreichte nach dem Wahlsieg 1972 mit Unterstützung von Herbert Wehner, dass Willy Brandt seinen »Hausmeier« Ehmke verlor und dieser sich in einem wenig populären Fachressort wieder fand. Mit Volker Hauff machte sich Ehmke daran, das Ministerium für Forschung und Technologie von seiner historischen Fixierung auf Förderung der Atomenergie und Unterstützung der DV-Aktivitäten der Firma Siemens zu lösen. Die erste Ölpreiskrise war Anlass, ein neues Energieforschungsprogramm mit den Elementen Einsparung und bessere Nutzung von Energie zu entwickeln. Mit dem Programm »Humanisierung des Arbeitslebens« bekamen sozialwissenschaftliche Ansätze eine größere Bedeutung in der Förderpolitik des Bundes. Ein weiterer Schritt in Richtung auf noch mehr Verflechtung föderaler Politiken wurde mit den Verhandlungen zur Ausfüllung des Artikels 91 b GG vorbereitet. Ehmke und Hauff sahen die besondere Bedeutung der medialen wie der technischen Kommunikation für die künftige gesellschaftliche Entwicklung, mussten aber rasch erkennen, dass der Bund hier nur sehr beschränkte Gestaltungsmöglichkeiten hatte.

In dieser Zeit gemeinsamer Tätigkeit im BMFT gab mir Horst Ehmke manchen guten Ratschlag, nicht nur im Blick auf die berufliche Entwicklung. So hat er mir bereits am ersten Tag gesagt: »Merk Dir: Lieber drei aus dem Woolworth, als eine aus dem eigenen Laden!«, um mir deutlich zu machen, wie problematisch zu enge persönliche Beziehungen zu jungen Damen im eigenen Arbeitsumfeld werden können. Als ich später einmal in Gefahr war, dies nicht genügend zu beachten und einen gemeinsamen Urlaub mit einer sehr netten Sekretärin aus dem Leitungsbereich plante,

haben er und Ekki Wienholtz – natürlich aus pädagogischen
Gründen – den Urlaubsantrag vor meinen Augen zerrissen.

In dieser Zeit wurde Horst Ehmke für mich weit mehr als nur
ein bewunderter Vorgesetzter: Er wurde mir väterlicher Freund,
der meine persönliche Entwicklung nicht weniger begleitete als
die berufliche.

Dabei konnte er ganz schön unerbittlich sein. Nach einem In-
termezzo bei Fritz Scharpf am Wissenschaftszentrum Berlin war
ich 1976 nach Bonn in die SPD-Baracke zurückgekehrt, um dort
Mitverantwortung für Wahlkämpfe der SPD zu tragen. Einer alten
Gewohnheit folgend, wollte ich stets gerne an Wochenenden in
der schmucken Rhöndorfer Villa der Ehmkes verbringen – nicht
nur wegen des gut gefüllten Weinkellers, den dort zumeist eine
verschlossene Tür sicherte. Das Haus Ehmke war Ort vielfältiger, anregender Begegnungen mit Künstlern, Journalisten, ungewöhnlichen Menschen. Da wollte ich dabei sein. Lust an der Fer-
tigstellung der in Berlin begonnenen Dissertation hatte ich nicht
im Geringsten. Horst Ehmke, dies rasch erkennend, stellte eine
einfache Regel auf: »Wenn Du in der Woche mindestens 5 Seiten
schreibst und mir vorlegst, kannst Du am Wochenende zu uns
kommen – wenn nicht, dann bleibst Du in Bonn und schreibst.«
Maria, die viele Jahre überzeugt war, wir hätten am selben Tag
Geburtstag, obgleich uns 14 Tage trennen, unterstützte ihn aktiv,
sowohl aus Sorge um den jungen Dauergast wie um den Wein-
keller. Die Methode war erfolgreich, die externe Dissertation bei
meinem wissenschaftlichen Lehrer Fritz Scharpf gelang.

Das enge Verhältnis zu Horst Ehmke hat sich besonders entfaltet bei der Arbeit am Orientierungsrahmen '85. Nach dem Hanno-
veraner Parteitag 1973 – Horst Ehmke war endlich in den Parteivorstand gewählt worden – wurde eine neue Programmkommission
eingesetzt, geleitet von Peter von Oertzen, Horst Ehmke und Klaus
Dieter Arndt (nach dessen Tod: Herbert Ehrenberg). Jeder der
Vorsitzenden hatte seinen »Zuschläger«: Gerd Wettig für Peter
von Oertzen, Thilo Sarrazin für Herbert Ehrenberg und ich für
Horst Ehmke. Einmal mehr musste sich Horst Ehmke bewähren
als Brückenbauer. In der Auseinandersetzung mit den Thesen der

»Neuen Linken« einerseits und dem dogmatischen Versuch von rechts, Popper zum Säulenheiligen der SPD zu machen andererseits, spielten zwei Themen eine zentrale Rolle:

- das Verständnis der von der Parteilinken vertretenen »Doppelstrategie« als Weg zur Mobilisierung von Veränderungspotentialen und
- das Verhältnis von demokratischem Staat und demokratischem Sozialismus.

Beide Themen waren Horst Ehmke auf den Leib geschrieben, zu beiden gelang es, tragfähige Verständigungen zu finden, die über den Tag hinaus den Zusammenhalt in der SPD sicherten.

Das erste Thema war vorbelastet durch den Verdacht, hier könnte die repräsentative Demokratie mit ihren spezifischen Entscheidungsregeln in Frage gestellt werden. Am Ende eines teilweise heftigen Diskussionsprozesses in der SPD stand die gemeinsame Einsicht, dass man für erfolgreiche Reformpolitik beides braucht:

- das Ringen um parlamentarische Mehrheiten und die Bereitschaft aller demokratischen Parteien, miteinander Koalitionen zu vereinbaren und Kompromisse zu finden, und
- die Fähigkeit der gesamten Partei, in einer breit angelegten Vertrauensarbeit den Bürgerinnen und Bürgern sozialdemokratische Leistungen für mehr Freiheit, mehr Gerechtigkeit und mehr Solidarität einsehbar zu machen und diese mit den weitergehenden politischen Reformvorstellungen zu verbinden.

Mit dem zweiten Thema, dem Verhältnis von demokratischem Staat und demokratischem Sozialismus, hat sich Horst Ehmke zeitlebens auseinander gesetzt. Es ist für mich der »cantus firmus« in seinem Werk. Deshalb werde ich am Ende dieses Beitrags noch darauf eingehen, wo dabei für mich Konstanten und wo Veränderungen erkennbar sind.

Dass die Debatte über den demokratischen Staat und sein Wirken in der demokratischen Gesellschaft zu Beginn der 70er Jahre

so bedeutsam wurde, hatte einen einfachen Grund: Teile der Jungsozialisten hatten sich auf dem Weg zur angestrebten organisa-
tionsinternen Macht hinter der Standarte »Stamokap« versammelt. Ehmke hat ihnen nachdrücklich widersprochen, aufgezeigt,
dass man nicht gleichzeitig sozialdemokratische Reformpolitik in
und mit dem demokratischen Staat machen kann und zugleich
diesen Staat vorrangig oder gar ausschließlich als »Instrument
der herrschenden Monopole und Oligopole« betrachten kann.

Kurzfristig war die Arbeit am OR '85 ein Erfolg – der Mannheimer Parteitag 1975 hat nicht zuletzt auf dieser Basis eine Spaltung in Brandt-SPD und Schmidt-SPD vermieden. Mit nur einer
Gegenstimme – der von Reinhard Klimmt, der ohnehin nicht für
einstimmige Beschlüsse zu gewinnen ist – hat der Mannheimer
Parteitag den OR '85 beschlossen. Längerfristig hätte die SPD gut
daran getan, diesen Programmweg mittlerer Reichweite weiter
zu gehen, die Vermittlung von grundsätzlicher Wertorientierung
und praktischem Regierungshandeln zu suchen, statt sich an die
Arbeit am letztlich wirkungsarmen Berliner Grundsatzprogramm
zu machen.

Die persönlichen Beziehungen zwischen Horst Ehmke und mir
waren im Lauf der Jahre so gut geworden, dass sie auch schwierige Phasen überstanden. Nach dem Ende der Regierung Schmidt
war ich für den SPD-Bundestagswahlkampf 1982/83 erneut in die
Pflicht genommen worden. Anschließend wurde ich als Leiter des
Büros von Hans-Jochen Vogel in die SPD-Bundestagsfraktion abge-
ordnet. Horst Ehmke traf ich dort wieder, formal einer der acht
»Dezernenten« in der Fraktionsführung, faktisch erster Stellvertreter des Fraktionsvorsitzenden. Was vielfach journalistisch beschrieben worden ist, musste ich hautnah miterleben: Ordnungs-
und Machtvorstellungen des Vorsitzenden einerseits und Lust zu
Provokation und professoraler Ironie des Stellvertreters andererseits prallten immer wieder aufeinander. Das konnte nicht gut
gehen, auch nicht für mich. Zerrieben zwischen professioneller
Loyalität und persönlicher Zuneigung war ich froh, nach kurzer
Zeit in der politischen Nähe von Johannes Rau eine neue berufliche Heimat zu finden.

Erhalten blieb auch danach die ständige Bereitschaft von Horst Ehmke, seinen guten Rat zu geben – nicht nur in politisch-professionellen Fragen, sondern auch in ganz persönlichen Angelegenheiten. Erhalten blieb auch sein Interesse, ja seine Neugier an Entwicklungen. Erhalten blieb die Anteilnahme am persönlichen Schicksal derer, die mit ihm ein Stück des Weges gegangen waren. Und natürlich auch die Beziehung zu Maria, ohne die ich mir Horst nicht mehr vorstellen kann.

Zum Wichtigsten, was ich von Horst Ehmke gelernt habe, gehört die Auseinandersetzung um die Rolle des demokratischen Staates: Bei allen Veränderungen, in allen unterschiedlichen beruflichen Rollen von Horst Ehmke finde ich – als sein konstantes Grundthema – das Ringen um das Verständnis vom demokratischen Staat, die Auseinandersetzung um die Beziehungen zwischen demokratischem Staat und demokratischer Gesellschaft.

Durchgängig argumentiert Ehmke gegen den in der deutschen Diskussion häufig anzutreffenden »schiefen Dualismus« von Staat und Gesellschaft, die begriffliche Entgegensetzung von politischem Staat und unpolitischer Gesellschaft. Das deutsche Bürgertum ist bei seinem Staatsverständnis nicht über die Erörterung von Abwehrrechten gegen die Staatsmacht hinausgekommen, eine Auflösung hin zu einem demokratischen Staatsverständnis ist vielfach bis heute nicht gelungen.

Dem setzt Horst Ehmke entgegen sein Verständnis vom Staat »als menschlichem Verband, dem anzugehören wir als Staatsangehörige bezeichnen und dessen Verhältnis zur Gesellschaft nicht gut das einer bloßen Entgegensetzung sein kann«.

Anknüpfend an die demokratische Staatstheorie der Weimarer Zeit, vor allem an Hermann Heller, beschreibt er das Staatsverständnis des Godesberger Programms in einem seiner bedeutendsten Beiträge zur jüngeren Programmdebatte der SPD wie folgt:

»Entgegen der Reduzierung des Staates auf den Staatsapparat und der Entpolitisierung der Gesellschaft ist der Staat als strukturierter menschlicher Verband anzusehen, als organisierte politische Wirkungs- und Entscheidungseinheit.« (so in »Demokratischer Sozialismus und demokratischer Staat«, Kapitel II).

Natürlich weiß Ehmke, dass diese Wirkungs- und Entscheidungseinheit leistungsfähige Apparate braucht, und bringt sich
deshalb – trotz aller Widerstände und Fehlschläge – für die Aufgabe der Regierungs- und Verwaltungsreform ein. Er hat jedoch
diese Widerstände unterschätzt. Am Ende steht deshalb bislang
nicht die Erhöhung staatlicher Handlungs- und Planungskapazi-
tät, sondern – mediengetriebenes – »muddling through«, auf gut
süddeutsch: durchwursteln.

Auch Ehmke weiß um die zunehmende Beschränkung natio-
nalstaatlicher Handlungsmöglichkeiten und fordert daher den
Ausbau der europäischen und internationalen Kooperation und
Koordinierung. Weitgehend ist dies bislang Wunsch geblieben,
erstickt in bürokratischer Detailregelungswut mancher Brüsseler
Bürokratien.

Ferner weiß Ehmke um die Gefahr, dass der aktive Staat über-
fordert werden kann durch steigende Ansprüche und abnehmende Bereitschaft zu solidarischer Selbsthilfe. Seine Appelle
in Richtung auf mehr Selbstregulierung und Selbsthilfe dürfen
jedoch nicht mit der Begrifflichkeit einer neben oder zwischen
Staat und Wirtschaft platzierten »Zivilgesellschaft« verwech-
selt werden. Es geht ihm nicht um die Verteilung der negativen Folgen einer von neoliberaler Ideologie geprägten, Gewinn
maximierenden Wirtschaft, sondern um die Teilhabe möglichst
aller am demokratischen Reformprozess, beim Sagen wie beim
Haben.

Dazu bleibt es für Ehmke Pflicht der deutschen Sozialdemokratie, »die politischen Kräfte unseres Volkes in einem starken, der
sozialen Gerechtigkeit dienenden Staat zusammenzufassen« (so
in seiner Besprechung der Dissertation von Kurt Schumacher).

Man mag nun einwenden, es sei nicht verwunderlich, dass Sozialdemokraten auf den demokratischen Staat setzen – die Macht
in der Wirtschaft liege ja zumeist in anderen Händen. Von den
politischen Gegnern werden dann viele Beispiele von Staatsver-
sagen zitiert. Dass Marktversagen nicht weniger häufig anzutreffen und meist nicht weniger folgenschwer ist, wird dabei gerne
verschwiegen.

Ich jedenfalls finde bemerkenswert, dass sich in der Diskussion über den demokratischen Staat zwei unterschiedliche sozialdemokratische Spitzenpolitiker mit ausgeprägten programmatischen Fähigkeiten treffen, die sich – zum Beispiel auf einer Tagung im April 1977 in Oer-Erkenschwick – vielfach heftig auseinandergesetzt hatten: Erhard Eppler wendet sich in seinem jüngsten Buch gegen die neoliberale Unterstellung vom Absterben des demokratischen Staates. In seiner Schrift »Auslaufmodell Staat?« belegt er mit vielen Beispielen, dass wir keineswegs auf den Staat verzichten können. Vermutlich würde Horst Ehmke dazu sagen: »Wo er Recht hat, da hat er Recht – aber handlungsfähig muss dieser demokratische, aktive Staat sein.«

Welche Veränderungen sind aber in der Betrachtung des Staates und der für ihn Handelnden bei dem Romancier Horst Ehmke zu finden? – Befreit von den Pflichten des aktiven Politikers und programmatischen Formulierers seiner Partei singt er nicht mehr das Hohe Lied von der Handlungsfähigkeit des Staates, sondern reflektiert über die mafiosen Seiten des Kapitalismus und die Folgen globaler Spekulationsattacken auf die Staaten. Deutlicher als je zuvor sieht er die Grenzen der Handlungsmöglichkeiten demokratischer Staaten in einer globalisierten Ökonomie und beschreibt sie. Im Schatten terroristischer Gewalt droht die Politik praktischer Vernunft auf der Strecke zu bleiben. Es könnte die Ironie dieser Entwicklung sein, dass der späte Horst Ehmke wieder dort angekommen ist, wo der junge Horst Ehmke einst die jungen »Linken« seiner Partei abgeholt hat.

So gesehen wäre dann der Romancier Horst Ehmke zumindest in der Staatsdebatte der Kontrapunkt zum Wissenschaftler und handelnden Politiker Horst Ehmke. Er wird uns hoffentlich selbst sagen, ob ich da Richtiges aus den Veränderungen heraushöre.

Verbindung von weitem Horizont
und gedanklicher Klarheit

Wenn von den Protagonisten der sozialdemokratischen
Deutschlandpolitik seit den 60er Jahren die Rede ist, wird Horst
Ehmke meist nicht in der ersten Linie verortet. Hier soll auch
nicht von seinem Beitrag zur operativen Ost- und Deutschlandpolitik gehandelt werden (der seinerseits durchaus der Würdigung wert wäre), sondern ich will Ehmkes Anteil an der kon-
zeptionellen Begründung desjenigen entspannungspolitischen
Ansatzes, der untrennbar insbesondere mit der ersten sozial-
liberalen Regierung verknüpft ist, und seine spezifischen grundsätzlichen Reflexionen zur »deutschen Frage« vor 1990 in den
Blick nehmen.

Die 60er Jahre, in deren zweiter Hälfte Horst Ehmke in die
Reihen der mitregierenden sozialdemokratischen Politiker auf-
rückte, waren das Jahrzehnt des schrittweisen Übergangs von der
weltpolitischen Konfrontation – mit der Doppelkrise Berlin und
Kuba als Höhe- und Wendepunkt – zum Arrangement der Supermächte und zur graduellen Entspannung zwischen den von ihnen geführten Paktsystemen. Für die deutsche Sozialdemokratie
ergab sich ein zweifacher Anpassungsdruck. Zwar war auch die
SPD der 50er Jahre nicht im eigentlichen Sinn »neutralistisch«
gewesen, aber ihr Primat der Wiederherstellung der staatlichen
Einheit Deutschlands (von der man auch eine Verschiebung der
gesellschaftspolitischen Achse nach links erwartete) hatte sie,
fast verzweifelt, nach Lösungsmöglichkeiten suchen lassen, die
die Wahrnehmung des Selbstbestimmungsrechts mit den Sicher-
heitsbedürfnissen der östlichen Siegermacht hätte vereinbar machen können. Ein Besuch Erich Ollenhauers und Carlo Schmids
in Moskau im Frühjahr 1959, wo sie den SPD-»Deutschlandplan«
diskutieren wollten, und dann die fehlgeschlagene Pariser Gipfelkonferenz vom Mai 1960 zusammen mit der offenkundigen Unwil-

ligkeit der westdeutschen Wahlbevölkerung, das gesamtdeutsche Engagement der SPD zu belohnen, bewirkten dann das – wenn auch nicht vorbehaltlose – Einschwenken der Partei auf NATO-Loyalität und Westbindung.

Die »neue« Ost- und Deutschlandpolitik, die sich, zunächst noch begleitet von beinahe martialisch formulierten Ansprüchen auf die Grenzen von 1937, nach und nach herausbildete, im eingemauerten West-Berlin tastend erprobt und mit dem Dortmunder Parteitag 1966 für die Gesamt-SPD bestimmend wurde, beinhaltete den Abschied von der Vorstellung, für die »Wiedervereinigung« Deutschlands eine nationalstaatliche Sonderlösung finden zu können. Die Vereinigung sei nur noch als Ergebnis eines längeren, gesamteuropäischen, die Weltmächte einschließenden Prozesses denkbar, dessen Stufen nicht im einzelnen vorherzubestimmen seien. Innergesellschaftliche Veränderungen im Osten müssten von oben, seitens der regierenden Kommunisten, und mit Duldung der sowjetischen Führungsmacht erfolgen. In der europäischen Friedensordnung der Zukunft sollte dann auch das deutsche Volk selbstbestimmt über die Form seines Zusammenlebens entscheiden können.

Diese Zielorientierung lag dem Versuch der im Herbst 1969 gebildeten Regierung Brandt/Scheel zugrunde, die Beziehungen zu den »östlichen Nachbarn« einschließlich der DDR auf eine neue, vertraglich gesicherte Grundlage zu stellen und so einen längerfristigen Modus Vivendi zu schaffen. In diesem Sinne verteidigte Horst Ehmke, damals Leiter des Kanzleramts, in der Ratifizierungsdebatte am 23. Februar 1972 die Verträge mit der Sowjetunion und Polen in einer viel beachteten, argumentativ herausragenden Rede mit dem Motiv, die Ratifizierung sei »eine Frage des Friedens in Europa und der Chance, die weitere Vertiefung der Spaltung Deutschlands zu verhindern und die Spaltung dann langsam abzubauen.«

Die demagogischen Attacken und die teilweise paranoiden Unterstellungen aus Kreisen der CDU/CSU begleiteten die ost- und deutschlandpolitische Praxis der Bundesrepublik bis zum Regierungswechsel vom Herbst 1982, als die neue liberal-konservative

Koalition trotz einiger anderer Akzentsetzungen im wesentlichen an der Linie der Vorgängerregierungen festhielt. Horst Ehmke hat sich in dieser Periode wiederholt, auch polemisch, mit der Diffamierung der Entspannungspolitik auseinandergesetzt, deren Wurzeln er im »deutsch-nationalen Konservativismus« des Kaiserreichs und der Weimarer Republik sowie in der ebenso weit zurückreichenden Tradition des »die Nation spaltenden Anti-Sozialismus der deutschen Rechten« sah (Sozialdemokratischer Pressedienst v. 26. 05. 1972).

In der von Jürgen Habermas 1979 herausgegebenen Bestandsaufnahme der gemäßigt-linken Intelligenz Westdeutschlands unter dem an Karl Jaspers' Zeitdiagnose von 1931 angelehnten Titel »Stichworte zur ›Geistigen Situation der Zeit‹« setzte sich Ehmke unter der Arndtschen Gedichtzeile: »Was ist des Deutschen Vaterland?« mit den verschiedenen Dimensionen der »deutschen Frage« als Frage nach der Nation der Deutschen auseinander. In einer geistes- und politikgeschichtlichen Herleitung, die stark an die Konzeption des deutschen Sonderwegs in Europa angelehnt war – das soll hier nicht diskutiert werden –, führt der Autor den Untergang der Weimarer Republik und damit – indirekt – den Verlust der deutschen Einheit auf die »fragwürdige politische Tradition des deutschen Bürgertums« (S. 57) zurück.

Der Teilung Deutschlands im Ost-West-Konflikt ging die Zerstörung des republikanischen Nationalstaats und der von Hitler-Deutschland entfesselte Zweite Weltkrieg sowie der diesen begleitende Völkermord voraus. Deshalb werde die Zweistaatlichkeit von den Nachbarvölkern als in ihrem Interesse liegend gesehen. Die »europäische Dialektik« der deutschen Teilung bestünde indessen darin, dass sie von den europäischen Völkern, insbesondere den osteuropäischen, »mit dem hohen Preis der Teilung Europas bezahlt« (S. 60) werde. Es liege daher im Interesse der Deutschen, den gesamteuropäischen Prozess zu fördern, namentlich durch die immer engere Kooperation der westeuropäischen Gemeinschaft mit Osteuropa, um »Fortschritte in der deutschen Frage« zu erzielen. Ferner sei die mentale Anerkennung der Oder-Neiße-Grenze in der ohne Friedensvertrag möglichen Form (wie im deutsch-polnischen Vertrag von 1970 geschehen) ebenso notwendig wie gute Beziehungen zur Sowjetunion und die Fortsetzung der Entspannung bzw. ihre Ausweitung auf das Feld der Rüstungskontrolle und Abrüstung.

Charakteristisch für Ehmkes Denkansatz ist die Hereinnahme der »inneren Dimension« der deutschen Frage in die Analyse – sie sei nicht weniger wichtig als die äußere. In der DDR werde der gesamtnationale Bezug – ungeachtet der seit 1970/71 propagierten Zwei-Nationen-Theorie – durch die aus der Strukturproblematik des Systems des »real existierenden Sozialismus« wie aus der direkten Nachbarschaft des größeren deutschen Staates gleichermaßen resultierenden inneren Schwäche des Regimes bewahrt, während in der Bundesrepublik die alles Nationale vermeintlich diskreditierende NS-Vergangenheit, der Wirtschaftsaufschwung und die Westintegration zum Bedeutungsverlust nationaler Werte und Gefühle geführt hätten, namentlich in der Jugend. Trotzdem bestünden über das Selbstverständnis der Bundesrepublik und – verbunden damit – über die »weiteren Perspektiven in der deutschen Frage« viele Unklarheiten. Eindeutig wendet sich der Autor nicht allein gegen Anklänge eines neuen, sich auf das Bismarckreich beziehenden deutschnationalen Geistes, sondern ebenso entschieden gegen einen speziell »bundesrepublikanischen Nationalismus« (»die letzte Perversion des nationalen Gedankens in unserer Geschichte«). Die »deutsche Frage« sei offen (S. 65).

Im folgenden unterscheidet Ehmke die staatliche Ebene – zwei in gegensätzliche Bündnisse eingebundene, in ihrem politischen und sozialen System grundlegend verschiedene Staaten einschließlich Berlins, eingeschränkt durch die Rechte der Siegermächte für »Deutschland als Ganzes«, von denen sich einer der beiden Staaten als Rechtsnachfolger des Deutschen Reiches verstehe, für sich (wie der andere schon früher) die polnische Westgrenze anerkannt habe und die innerdeutschen Beziehungen als »staatsrechtliches Verhältnis sui generis« definiere – von der ethnisch-kulturellen Ebene (»Volk«), ferner von dem »Selbstverständnis der Deutschen in Ost und West« als gemeinsame »Nation« in der staatlichen Trennung sowie vom »Vaterland«

als »Siedlungs- und Wohngebiet einer Nation und ihrer Heimat
im geistig politischen Sinn«, also einschließlich verlorener Ge-
biete sogar außerhalb der Grenzen von 1937. Die Substanz des Nationalen ist, neben der Gefühls- und Bewusstseinsgemeinschaft,
für Horst Ehmke der durch die gemeinsame Geschichte fundierte
»Wille, eine Nation zu bleiben und das einer jeden Nation zu-
stehende Selbstbestimmungsrecht auch für sich in Anspruch zu
nehmen«, sowie die Wahrnehmung der Verantwortung vor der
gemeinsamen Vergangenheit.

Weitaus entschiedener als andere Verfechter der sozialdemokratischen Ost- und Deutschlandpolitik, die die Gesellschafts-
politik in ihren diesbezüglichen Stellungnahmen meist außer
Acht ließen und allein auf der außen- und sicherheitspolitischen
Ebene argumentierten, verknüpft Ehmke in seinem Beitrag von
1979 die Frage nach der Nation mit der Tradition und den Zielen
der Sozialdemokratie, die er – in Westdeutschland wie darüber
hinaus – an einer vermeintlich faktisch bereits eingeleiteten
»Entwicklung in Richtung auf einen demokratischen Sozialismus« (S. 72) festmacht, einer Entwicklung, die weitgehend auch
den Wünschen der Ostdeutschen entspreche. Diese wollten sich
nicht einfach der Ordnung der Bundesrepublik anschließen.

Auch wenn eine Politik gezielter Destabilisierung des Ostens
kontraproduktiv und gefährlich sei, dürfe nicht eine Stabilisierung der kommunistischen Regime, namentlich der DDR, angestrebt werden – »entgegen den Überzeugungen und Interessen
der osteuropäischen Völker und unserer Landsleute« –, vielmehr
gehe es dort um die Förderung gesellschaftlicher Reformen, auch
durch eine fortgesetzte Politik des demokratischen und sozialen
Fortschritts im Westen. Was Ehmke andeutet, ist ein Konzept
dialektisch-emanzipatorischer Konvergenz, in dem die mit der
Teilung Deutschlands eng verbundene Spaltung (durch »Abspal-
tung der deutschen Kommunisten von der demokratischen Arbeiterbewegung« und ihre anschließende Unterordnung unter
die Bolschewiki) implizit perspektivisch in Frage gestellt wird.
»So wie die Vergangenheit des Sozialismus nicht von der Entwicklung Deutschlands zu trennen ist, so wird die Zukunft der

deutschen Nation nicht von der Entwicklung des Sozialismus zu trennen sein.« (S. 76)

Das am meisten beeindruckende Merkmal des Aufsatzes von 1979 ist die Verbindung von weitem Horizont mit gedanklicher Klarheit. Letzteres lässt sich meines Erachtens nicht in demselben Maß über den Essay »Deutsche ›Identität‹ und unpolitische Tradition« sagen, der in Nr. 4/1988 der Zeitschrift »Die Neue Gesellschaft/Frankfurter Hefte« erschien. Auch hier zeigt sich der in verschiedenen Wissenschaftsdisziplinen und in der Dichtung belesene, kritisch reflektierende Bildungsmensch. Abgesehen von einigen politisch-analytischen Passagen, die eng an den Text von 1979 anknüpfen, artikuliert der Artikel von 1988 – auf einem hohen intellektuellen Niveau – Ehmkes Unbehagen an einer vermeintlich verbreiteten nationalen Identitätssuche in der Bundesrepublik, die er unter Irrationalismusverdacht stellt, wobei er insbesondere nationalistische und antiamerikanische Tendenzen ausmacht.

Die »Frage der deutschen Nation« sei trotz der fortgeschrittenen Teilung und des unterschiedlichen Selbstverständnisses der Bundesrepublik und der DDR »nicht vom Tisch«, doch zieht der Autor es inzwischen vor, statt von »der« (höchst komplexen und mehrdimensionalen) »deutschen Frage« von »vielen deutschen Fragen« zu sprechen (S. 350). Auffällig ist, dass die in dem 1979er Aufsatz klar erkennbare langfristige Orientierung auf die – wie auch immer zu konstruierende und zustande kommende – staatliche Einheit Deutschlands, zumindest aber auf die selbstbestimmte Entscheidung der Deutschen darüber, nicht mehr zu erkennen ist. Unter Bezugnahme auf Richard von Weizsäckers Diktum, es gelte nicht, die Grenzen in Europa zu verändern, sondern, ihnen ihren trennenden Charakter zu nehmen, wird vor dem Hintergrund der Interessenlage der europäischen Staaten und der Supermächte festgestellt, dass die Deutschen »auf nicht absehbare Zeit nicht in einem Staat leben« würden (S. 362) – die damals auch rechts der Mitte überwiegende Einschätzung.

An diesen Irrtum will ich nicht aus Gründen nachträglicher Rechthaberei erinnern – die reale Entwicklung der Jahre 1989/90 ging über fast alle vorher angestellten Überlegungen hinweg –,

sondern um festzuhalten, dass die – vermeintliche – innere
Logik der sozialdemokratischen Ost- und Deutschlandpolitik
(mit einer Tendenz zur Verabsolutierung eigentlich situations-
bedingter Handlungsweisen) selbst einen für eindimensionales
Denken so wenig Anfälligen wie Horst Ehmke dazu brachte, alternative Entwicklungsmöglichkeiten auszublenden. Anlässlich der
Veröffentlichung seiner Memoiren, erschienen 1994 unter dem
Titel »Mittendrin«, stellte Ehmke im Anschluss an die unzweideutige Verteidigung der Entspannungspolitik selbstkritisch fest,
die SPD habe sich gegenüber den Bürgerrechtsbewegungen im
Osten »selbst dann noch ›gouvernemental‹ verhalten, als sie nicht
mehr an der Regierung war« (Sozialdemokratischer Pressedienst
v. 10.03.1994).

Entsprechendes gilt, bezogen auf die Zeit der Ost-West-Teilung,
für die manchmal regelrecht apodiktische Zurückweisung von
»Spekulationen, zu welchen Formen deutschen und europäischen
Zusammenlebens die Fortführung der Entspannungspolitik
eines Tages führen kann« (S. 363 des Aufsatzes von 1988). Am
20. November 1989, elf Tage nach der Öffnung der Mauer in Berlin, schlug Horst Ehmke unter Rückkehr zur Berufung auf das
Selbstbestimmungsrecht jedoch die schrittweise Bildung einer
deutschen Konföderation vor, »die als Mittelstück gut in eine
europäische Föderation passen würde« (Sozialdemokratischer
Pressedienst v. 20.11.1989). Dieser Vorschlag erfolgte noch vor der
Präsentation des Zehn-Punkte-Programms, mit dem Helmut Kohl
am 28. November 1989 die deutschlandpolitische Initiative an sich
riss, wurde aber nicht zu einem eigenen, sozialdemokratischen
Deutschlandplan ausgebaut. Es zeigte sich jetzt, dass die SPD –
analog zur vorherrschenden Tendenz in der Entwicklung der Ge-
samtgesellschaft Westdeutschlands – im Lauf der Jahrzehnte zu
einer saturierten, »bundesrepublikanischen« Partei geworden
war, deren Funktionärskörper und Mitgliedschaft mehrheitlich
nicht imstande waren, sich mit der erforderlichen Schnelligkeit
auf die neuen Umstände einzustellen.

Die SPD musste ihre Ost- und Deutschlandpolitik seit den späten 70er Jahren in Auseinandersetzung mit den USA und gegen den weltpolitischen Trend entfalten. Während in der Konfrontation mit der Reagan-Regierung (ab 1982 aus der Opposition heraus) wieder stärker das Ziel der Blocküberwindung und auf dem Weg dahin eine Reform des westlichen Bündnisses ins Auge gefasst wurden, hob man nach Osten hauptsächlich die stabilisierenden Elemente der Entspannungspolitik hervor. Am deutlichsten wurde das bei den Stellungnahmen zur Solidarność und zum Kriegsrechtsregime in Polen zu Beginn der 80er Jahre, aber auch bei den zurückhaltenden Reaktionen auf innere Repressionsmaßnahmen in der UdSSR und in der DDR. Je mehr die bipolare Blockarchitektur in Europa im Verlauf der 80er Jahre ins Wanken geriet, desto mehr war die SPD-Führung um eine friedliche, sozusagen geordnete Transformation der osteuropäischen Systeme besorgt. Schon seit Mitte der 60er Jahre war die Sowjetunion von sozialdemokratischen Sicherheitspolitikern realistischerweise eher als Status-quo-Macht, als imperialer, aber nicht expansiver Staat eingeschätzt worden. Die Möglichkeit, mit ihr als einer zum kontrollierten Wandel fähigen Großmacht zu kooperieren, lag der Vision einer gesamteuropäischen Friedensordnung zugrunde.

1977 beginnend, intensiver ab 1983 baute die SPD geregelte Parteibeziehungen zu den regierenden kommunistischen Parteien Osteuropas auf, namentlich zur KPdSU und zur SED. Diese ständig intensivierten Parteikontakte sollten nicht der Überwindung des sozialdemokratisch-kommunistischen Schismas dienen (obwohl sie zur Versachlichung der Diskussion erheblich beitrugen), sondern hauptsächlich der Förderung außen- und sicherheitspolitischer Gemeinsamkeiten, wie sie in der Formel Helmut Schmidts von der »Sicherheitspartnerschaft« Gestalt annahmen. Das gilt letztlich auch für das gemeinsame SPD-SED-Grundsatzpapier vom 27. August 1987. Außerdem – und damit eng verbunden – ging es um die teils direkte, teils indirekte Unterstützung innenpolitisch reformerischer Impulse aus den Parteiapparaten, die als Träger des angestrebten Auflockerungs- und dann auch

Demokratisierungsprozesses in Ost- und Mitteleuropa nach den Erfahrungen der 50er Jahre (17. Juni, Ungarnaufstand) allein in Frage kämen.

Im Unterschied zu den 50er und 60er Jahren galt in den 80er Jahren die Teilung Deutschlands der SPD nicht mehr als eine der dringend zu beseitigenden, großen Spannungsursachen in Europa, sondern – was die Zweistaatlichkeit als solche betraf – sogar mehr und mehr als konstitutiv für den Fortgang des Entspannungsprozesses bis hin zur neuen europäischen Friedensordnung. Die sicherheitspolitische Zusammenarbeit von SPD und SED, wie sie sich etwa 1985 in dem Entwurf eines Abkommens über eine chemiewaffenfreie Zone in Mitteleuropa niederschlug, knüpfte an die veränderte Rolle beider deutsche Staaten in ihren Bündnissen an und wollte diese friedenspolitisch nutzen: Die ostdeutsche wie die westdeutsche Regierung hatten mit einer Art koordinierter Dämpfungspolitik dazu beigetragen, dass aus der Aufstellung neuer eurostrategischer Atomraketen in Europa kein zweiter Kalter Krieg geworden war.

Den Übergang zu Gorbatschows Neuem Denken erlebte die SPD-Führung durchaus zu Recht als Bestätigung ihrer eigenen außen- und sicherheitspolitischen Konzepte. Auf den Umschlag der (indessen verspätet einsetzenden) Reform von oben in die revolutionär-demokratische Massenbewegung in Ostdeutschland und anderswo 1989/90 war die SPD-Parteiführung offenbar nicht vorbereitet, auch wenn ihr die Zuspitzung der strukturellen ökonomischen Krise in der DDR und die dramatisch abnehmende Massenloyalität in der zweiten Hälfte der 80er Jahre nicht entgangen war.

Es war nicht der entspannungspolitische Ansatz der 60er und 70er Jahre als solcher, sondern seine – in Ehmkes Worten – »gouvernementale« Verengung, die die SPD angesichts der Massenerhebung gegen die Diktatur in der DDR und der nicht zuletzt von der Arbeiterschaft erzwungenen Vereinigung Deutschlands (in Formen und mit Folgen, die für die demokratische Linke höchst problematisch waren) zeitweise in die Desorientierung führte.

WOLFGANG CLEMENT

Von Horst Ehmke lernen, heißt streiten lernen

Von Horst Ehmke lernen, heißt streiten lernen. – Zugegeben, ich habe einige Zeit gebraucht, ihn zu verstehen. Aber seit ich das begriffen habe, mag ich ihn (und natürlich seine Maria, ohne die alles – alles? – nichts ist).

Es war beileibe nicht unsere erste Begegnung, aber es war die, die sich zu einem richtigen Konflikt auswuchs. Es geschah im Bundestagswahlkampf 1986/87. Der Kanzlerkandidat der deutschen Sozialdemokratie hieß Johannes Rau, der erfolgreichste unserer Wahlkämpfer jener Jahre.

Am Anfang der Kampagne hatte der Herausforderer scheinbar uneinholbar vor dem amtierenden Kanzler Helmut Kohl gelegen.

Aber nun waren die Wochen und Monate ins Land gegangen, das sommerliche politische Geplänkel vorüber, die Wahlschlacht voll in Gang und – die SPD-Führung weiter denn je auseinander.

* * *

Da gab es in Bonn die politischen Schwergewichte: Willy Brandt und andere, vor allem Peter Glotz und – eben – Horst Ehmke, also Partei und Fraktion. Und da waren auf der anderen Seite »Wir in NRW« für Johannes Rau.

Uns ging es darum, Menschen für Johannes Rau, den »Menschenfischer«, und seine sozialdemokratische Sache, für eine »eigene Mehrheit« zu gewinnen.

Den »Bonnern« ging es um die härtest mögliche Auseinandersetzung mit dem amtierenden Kanzler und außerdem auch noch um das Ja oder Nein zu Rot-Grün (und zwar sofort!) – statt noch ans nordrhein-westfälische Erfolgsmodell glauben zu wollen.

Horst Ehmke und seine Partei

Das wollte partout nicht zueinander passen. Und ich erinnere mich gut, wie Horst Ehmke, als die meisten anderen uns schon aufgegeben hatten, wieder und wieder versuchte, das zusammenzubringen, was aus seiner Sicht zusammengehörte.

Er tat das nicht mit übergroßer Freundlichkeit, aber dafür umso hartnäckiger, immer wieder und bei jeder Gelegenheit aufs Neue. Er mochte nicht verstehen, dass wir nicht mit ihm gehen mochten.

* * *

Wir kamen seinerzeit nicht zueinander – und natürlich auch nicht zum Wahlerfolg –, weil ich damals noch nicht richtig verstanden hatte, aber heute umso besser verstehe, wie gern Ehmke im Gespräch aus These und Antithese Gewinn zu ziehen versucht. Das ist ihm so zur Leidenschaft geworden, dass er kaum registriert, wenn andere in ihm nur den Geist des Widerspruchs sehen wollen. (Eigentlich schade, dass Helmut Schmidt dafür nicht zur Feder greift!) Ich selbst kann mich an kaum ein Gespräch mit Horst Ehmke über ein ernsteres Thema erinnern, das wir nicht von unterschiedlichen Standpunkten aus angegangen wären. Es war mir, je älter wir wurden, ein umso größeres Vergnügen. Er mag den Widerspruch, aber nicht um dessentwillen, sondern letztlich des gemeinsamen Ergebnisses wegen. Er ist gefühliger als es die Wissenschaft, der er sich auf seinem atemberaubend schnellen Lebensweg zuallererst zuwandte, und er selbst vorgeblich erlauben.

* * *

Hier ist selbstverständlich nicht der Anlass, sich tiefergehend über den Konflikt auszulassen, der uns damals auseinander brachte. Für mich hatte die Frage, die für einige Wahlkampfwochen in der Alternative Brandt oder Rau gipfelte, erhebliche

Konsequenzen: Ich nahm meinen ersten Abschied von der aktiven Politik und wechselte auf Zeit zurück ins journalistische Fach. Horst Ehmke schätzte Johannes Rau, dessen Popularitätswerte ihm wohl nur deshalb unheimlich waren, weil er sie nicht politisch begründen konnte, aber er liebte »seinen Willy«. Und außerdem schien er mir immer noch fasziniert von den politischen Gestaltungsmöglichkeiten, von denen er zum Ende der 60er und zu Anfang der 70er Jahre recht ausgiebig Gebrauch gemacht hatte, und zwar – wie bekannt – mit beträchtlicher Innen- und Außenwirkung. Sein Vorwurf an die Adresse von uns Nordrhein-Westfälischen war, dass wir mit einer aus seiner Sicht unpolitischen Wahlkampfführung große politische Chancen verspielten.

* * *

Eine fast beispiellose Karriere in Wissenschaft und Zivilberuf, einer der viel zu wenigen Seiteneinsteiger in unsere Politik, der zu einem politischen Haupttäter (und natürlich Hauptdarsteller) wurde, eine offensichtlich schwer zu fassende Persönlichkeit: »Deutscher Politiker, Jurist und Autor; Professor; Dr. jur.; SPD«, hat ihn »der Munzinger« zusammenzufassen versucht. »Einerseits faszinierte er als perfekter Macher wie auch als Darsteller von Effizienz, 007-Gebaren und Geheimhaltungskunst. Andererseits fehlte es ihm nicht an Ruppigkeit und Drohgebärden«, beschrieb mir ein ehemaliger journalistischer Kollege Horst Ehmkes Umgangsformen in den ersten Regierungsjahren. Seinen Einfluss auf Willy Brandt brachte er geschickt unter die Leute. »Willy, steh auf, wir müssen regieren!«, so will es die Überlieferung wissen, sagte Ehmke zu dem in Depression zurückgesunkenen Kanzler Brandt. »Ehmke, die Sphinx«: Der SPIEGEL schrieb nach 15 Monaten Chef im Bundeskanzleramt, die Regierungszentrale der drittgrößten Industriemacht werde »von einem Mann dirigiert, dem die einen den Bruch der Verfassung zutrauen, während die anderen ihn für einen harmlosen Bürovorsteher halten«.

Horst Ehmke und seine Partei

Karl Theodor Freiherr von und zu Guttenberg nannte ihn einen »Oberpremierminister«, der die Ressortgewalt massiv ein-
schränkte. Gemeinsam mit seinem Abteilungsleiter Reimut
Jochimsen hatte er ein computergestütztes Planungstableau entworfen, von dem aus jedem Ressort vorgegeben wurde, bis wann
es welche Reformaufgaben zu erledigen hatte. Für seinen Kanzler
wurde er so zum Antreiber und Exekutor auch in Politikberei-
chen, die Brandt nicht so sehr interessierten.

Seine politische Karriere war – von außen betrachtet – selbst
zu Kanzler Brandts Zeiten stets mit einem Hauch von Ungewiss-
heit umgeben, »obgleich die Partei den glänzenden, wenn auch
zuweilen ausfallenden Rhetoriker, den Anreger, Querdenker und
Moderator nicht entbehren wollte«, wie »der Munzinger« über
jene 70er Jahre schreibt. Er selbst, in seiner beeindruckenden
Neigung zur Selbstironie, nannte sich schon damals die »älter
werdende, ewig junge Hoffnung der SPD«. Und genauso hat es
seine Partei mit ihm gehalten, und zwar bis zu seinem Ausstieg
aus der aktiven Politik in der Mitte der 90er Jahre.

* * *

Die 60er/70er Jahre gehörten aus parteilicher Sicht für die Sozialdemokratie gewiss zu den spannendsten in der zweiten Hälfte des
vorigen Jahrhunderts. Es waren die »Willy- Jahre.« Horst Ehmke
hat sie nicht unmaßgeblich mitgestaltet. Und er hat mit gutem
Blick für qualifizierte Leute mehr Menschen für seine Partei und
die sozial-liberale Bundesregierung gewonnen als fast alle anderen: Gerhard Konow, Werner Tegtmeier, Reimut Jochimsen,
Volker Hauff – um nur ganz wenige zu nennen.

Und er ist durch alle Ups and Downs gegangen. Er war Pro-
grammarbeiter, Parteistratege und Reformer, Oberminister und
Unterkanzler, Chef des Kanzleramtes und Bundesminister, er war
MdB, Stellvertreter in der Fraktion Vogels und Sprecher einer

»linken Mitte« – nur den »Stallgeruch«, den einer mitbringen muss, der ganz, ganz oben ankommen will, den hat die SPD ihm trotz alledem nicht zuerkennen wollen. Ich meine erahnen zu können, wie sehr ihn das in seiner aktiven politischen Zeit herausgefordert hat, und ich freue mich, wie wenig es das heute noch tut.

* * *

Wer viel zu bewegen versucht, wer das Risiko mag und nicht wartet, bis die Zeit oder Mutigere ihm die Last der Verantwortung und der Entscheidung abnehmen, der muss auch mit Niederlagen und mit Enttäuschungen rechnen. Das bleibt nur selten aus. Ich vermute, eine der größten Enttäuschungen Horst Ehmkes war (und ist) – menschlich und politisch – Oskar Lafontaine, den er sowohl in den deutschlandpolitischen Diskussionen nach der Wiedervereinigung als auch noch – nach seinem Ausscheiden aus dem Bundestag – als Parteichef der SPD unterstützt und beraten hatte. Bei aller Bereitschaft und Fähigkeit zur Ironie, auch der Neigung, gelegentlich mit Entsetzen Spott zu treiben, und bei allem intellektuellen Grenzgängertum, das er schätzt, dies war für ihn umso weniger vorstellbar: dass sich ein amtierender SPD-Vorsitzender »vom Acker machen«, nein, dass er schließlich auch noch überlaufen könnte zu einer Partei des schieren Populismus, des politischen Miefs nach Art der PDS.

* * *

In einem Besprechungsraum des Kanzleramts in Berlin hängen – in Schwarz-Weiß-Fotografie – alle bisherigen Chefs des BK: Hans Globke, Karl Carstens, Horst Ehmke, Manfred Schüler, Wolfgang Schäuble und wie sie alle hießen bis hin zu Frank-Walter Steinmeier und Thomas de Maiziere. Alle, außer dem lachenden

Amtsinhaber, machen ernste, staatsmännische Gesichter, auch Horst Ehmke.

Das war der Ehmke der 70er Jahre, könnte man meinen, aber in meiner journalistischen wie politischen Erinnerung kommt er viel eher als ein kraftstrotzendes, hellwaches, schnelles, manchmal allgegenwärtig scheinendes, manchmal recht lautes und nicht zuletzt der Weibswelt zugetanes Mannsbild daher.

»Mittendrin«, das war ein Buchtitel, der war ihm wie auf den Leib geschnitten, während der Inhalt politisch-akribisch eine Bilanz von der Großen Koalition der 60er Jahre bis zur deutschen Einheit aufmacht.

Das war gekonnt.

In seinen neuesten Büchern, zuletzt »Im Schatten der Gewalt«, geht's natürlich auch um das »Deftige vom Ex-Minister«, das Graf Nayhauß herauslas, aber auch um den Versuch, Politik in Kriminal-Roman-Form zu bringen.

»Und was machen wir jetzt?«, lässt Autor Ehmke zum Schluss einen der Polizisten fragen. Aber es war ein Stück von ihm.

* * *

Die »Willy-Jahre«, das war die Zeit der neuen Ostpolitik für die alte Bundesrepublik, der Erneuerung von Recht und Staat an Haupt und Gliedern, von »mehr Demokratie« und vielen – wie wir heute wissen: auch etlichen teuren – sozialen Reformen.

Auf Willy Brandt und Helmut Schmidt folgten Helmut Kohl und bald auch der Zusammenbruch des »Ostblocks« und die deutsche Wiedervereinigung.

Aber es folgte auch die Zeit der »Globalisierung«, des Antritts der neuen Weltwirtschaftsmächte mit China an der Spitze, des Wettlaufs um die Energiequellen der Welt und der Erweiterung der Europäischen Union und aus alledem ergab sich ein bis dato unbekannter Anpassungsdruck auf die höchstentwickelten Industrienationen, von denen die Bundesrepublik Deutschland noch immer eine der stärksten ist.

Host Ehmke hat diese Zeitabschnitte politisch bewusst miterlebt und mitgeformt wie nur wenige seiner Generation. Es macht Freude, mit ihm über die einzelnen Phasen und natürlich auch über die handelnden Personen zu sprechen. Er hat die dazu notwendige Kenntnis und den Blick fürs Ganze, aber auch die Leichtigkeit und Chuzpe, den Charme und Witz, ohne die wir Deutsche uns sonst gern so gewichtig nehmen.

Der Generation Brandt und Schmidt, der Generation Ehmke ist es über weite Strecken – gegebenenfalls auch im Streit – gelungen, den Menschen Orientierung zu geben über den Weg, den unser Land gehen sollte und im Gefolge von Wahlentscheidungen auch tatsächlich gegangen ist.

Uns Heutigen fällt das viel schwerer, was gewiss mit unseren Unzulänglichkeiten, aber auch mit einer völlig veränderten Weltlage, einer wirklich »neuen Welt« zu tun hat. Horst Ehmkes Romane etwa über die »Global Players« oder den »Euro-Coup« sind ja auch nichts anderes als krimanistisch-literarisch eingekleidete politische Annäherungsversuche an die neue Themenwelt.

Die alles entscheidende Frage ist, ob und wie es uns gelingt, uns selbst und anderen, nicht zuletzt aber unserer Partei, der SPD, die Augen völlig für das zu öffnen, was diese neue Welt Gesellschaften wie der unseren abverlangt.

Immerhin, als Willy Brandt seinen Nord-Süd-Bericht schrieb, hätte er vermutlich nicht zu träumen gewagt, dass dereinst Länder wie China, Indien oder Brasilien, die Staaten Südostasiens und in Zukunft vielleicht auch Südafrika zu ernsthaften Konkurrenten für die Industrienationen dieser Erde aufsteigen könnten. Heute, nur knapp drei Jahrzehnte später, sind sie es. Und das ist auch gut so – oder?

Dieser Entwicklung gegenüber dürfen wir in Deutschland und in der Europäischen Union nicht in einer Defensivhaltung verharren, wie es immer noch viel zu viele versuchen, sondern wir müssen auf der Grundlinie der Reformen bleiben, wie wir sie hierzulande mit der »Agenda 2010« eingeschlagen haben, wenn wir diese »neue Welt«, die Welt von morgen noch mitgestalten wollen. Und so sind wir es den uns nachfolgenden Generationen schuldig..

Das ist jedenfalls meine Überzeugung und ich vermute (und hoffe natürlich), diese Quintessenz würde auch Horst Ehmke nicht streitig stellen.

PETER CONRADI

Der strahlende Stern
der südwestdeutschen SPD

»Deutschland, die Sozialdemokraten und die Gewerkschaften« – das war der Titel der Rede von Horst Ehmke auf dem Landesparteitag der SPD Baden-Württemberg am 24. April 1966 in Offenburg. Der junge Professor aus Freiburg brachte einen neuen Ton in die baden-württembergische SPD, die stark von ihren Mandats- und Amtsträgern bestimmt und entsprechend kopflastig und konservativ war. Gewiss, da waren Carlo Schmid und Fritz Erler, und in der Schul- und Bildungspolitik hatte die SPD im Lande durchaus eigenständige Ideen, doch in den unruhigen späten 6oer Jahren und angesichts der jugendlichen Protestbewegung nach dem jahrelangen Reformstau unter den CDU/CSU/FDP-Bundesregierungen mit Konrad Adenauer und Ludwig Erhard tat sich die SPD-Führung im Lande schwer. Horst Ehmke schaffte mit seiner Rede Raum für neue Denkansätze. Seine Definition des schwierigen deutschen Vaterlands, seine Abrechnung mit der gescheiterten konservativen Politik der Stärke gegenüber dem Osten, seine Forderung nach einer aktiven, ideenreichen Ostpolitik und nach verstärkten innerdeutschen Kontakten eröffneten neue Perspektiven für die SPD. Entschieden lehnte Horst Ehmke das imperative Mandat ab und deutlich formulierte er, dass bei aller Loyalität zwischen Partei und Gewerkschaften die SPD keine Über-Gewerkschaft und die Gewerkschaften kein Parteiersatz sein dürften.

In der baden-württembergischen Partei, auch in der Stuttgarter SPD, löste Ehmkes Offenburger Rede lebhafte Diskussionen aus. Er hatte in dieser Rede – schon im Frühjahr 1966 – kritisch das »warme Bett der Großen Koalition« von CDU/CSU und SPD erwähnt, aber als dann am 1. Dezember 1966 in Bonn die Große Koalition unter Kurt-Georg Kiesinger und Willy Brandt zustande kam, gingen auch im Südwesten die Wogen der Diskussion hoch.

Die Stuttgarter SPD-Kreiskonferenz erteilte dem Vorsitzenden der
SPD-Bundestagsfraktion, Helmut Schmidt, bei seinem Versuch,
das Bündnis zu rechtfertigen, eine überraschende Abstimmungs-
niederlage. Erst später haben wir begriffen, dass die Koalitions-
entscheidung richtig war, weil mit ihr die Regierungsfähigkeit
der SPD bewiesen und ihre Wahlerfolge 1969 und 1972 ermöglicht
wurden. Die Bildung einer Koalitionsregierung von CDU und SPD
in Baden-Württemberg unter Hans Filbinger und Walter Krause
wenige Wochen später löste – verglichen zur Großen Koalition
in Bonn – weit weniger Diskussion aus, war es der SPD doch gelungen, die christliche Gemeinschaftsschule als einzige öffentliche Schulform im ganzen Land durchzusetzen.

Horst Ehmke hat die politische Diskussion in der SPD in den
folgenden Jahren maßgeblich beeinflusst. Er war offen, unkon-
ventionell, witzig und konfliktfähig. Das gefiel vor allem den
Jüngeren, die sich gegen den autoritären Politikstil der SPD-
Landesführung auflehnten. 1967 wurde er Staatssekretär des SPD-
Bundesjustizministers Gustav Heinemann und nach dessen Wahl
zum Bundespräsidenten im März 1968 Bundesjustizminister.

Am 2. Juni 1967 hatte ein Kriminalbeamter den Studenten
Benno Ohnesorg in Berlin bei einer Demonstration gegen den
Schah von Persien erschossen. Im Frühjahr 1968 nahm die poli-
tische Diskussion im Land an Schärfe zu. Die Proteste gegen den
Vietnam-Krieg der USA hielten an; innenpolitisch wandte sich
die Protestbewegung gegen die geplanten Notstandsgesetze der
Bundesregierung; die Kulturrevolution der 68er führte an Schu-
len und Universitäten zu lebhaften Diskussionen und Aktionen.
Eine zentrale Forderung der außerparlamentarischen Opposition
(APO) war die Demokratisierung der Parteien und aller anderen Institutionen. Die konservative und autoritäre SPD-Führung
stand dem antiautoritären Jugendaufstand hilflos und konzeptionslos gegenüber. Beim Nürnberger Bundesparteitag der SPD
im März 1968 setzte sich Horst Ehmke in seinem Grundsatzreferat über »Die Generation, auf die wir gewartet haben« für eine
differenzierte Bewertung der jugendlichen Protestbewegung und
für die Integration der außerparlamentarischen Opposition in die

SPD ein. Die konservative Mehrheit der Parteitagsdelegierten war so verärgert über diese Rede, dass sie Ehmke nicht in den Parteivorstand wählte. Wenig später, am 11. April 1968, löste das Attentat auf Rudi Dutschke in Berlin bundesweite Demonstrationen aus, vor allem gegen die hetzerische BILD-Zeitung und den Springer-Verlag. Das konservative Bürgertum reagierte entsetzt auf den Protest seiner Kinder; die Staatsmacht versuchte erfolglos, den Jugendaufstand mit Polizei und Justiz zu unterdrücken. So stürmisch wie in diesen Monaten wurde in Deutschland seit langem nicht mehr diskutiert und gestritten.

Das galt auch für Baden-Württemberg zur Zeit des Landtagswahlkampfs 1968. Die Landtagswahl am 28. Mai 1968, nur 16 Monate nach Bildung der Koalitionsregierung Filbinger/Krause, wurde zu einem Desaster für die mitregierende SPD, die von 37,3 Prozent (1964) auf 29 Prozent abstürzte. Die SPD-Landtagsfraktion und die SPD-Minister wollten trotz des fürchterlichen Wahlergebnisses die Koalition mit der CDU fortsetzen, zumal das Wahlergebnis weder für eine CDU/FDP- noch für eine SPD/FDP-Koalition ausreichte. Doch die SPD-Basis wehrte sich gegen die Fortsetzung der Großen Koalition, und bei der Landesdelegiertenkonferenz in Kehl am 18. Mai 1968 siegten die Gegner einer Fortsetzung der Koalition mit 180 Stimmen gegen 166 Stimmen der Befürworter. Daran hatte der Redebeitrag von Horst Ehmke, der sich klar gegen die Fortsetzung der Koalition aussprach, wesentlichen Anteil. Trotz dieses Votums beschlossen der Landesvorstand und die Landtagsfraktion, die Koalition fortzusetzen. Das führte zu einem Aufstand in der Partei, zu Rücktritten von Parteifunktionären und Austritten von Mitgliedern. In der Folge entstand der »Tübinger Kreis«, eine mitte-links-orientierte innerparteiliche Opposition gegen die Parteiführung. Wir forderten eine inhaltliche und organisatorische Neuorientierung der SPD Baden-Württemberg, und Horst Ehmke unterstützte uns mit seinen Beiträgen zur Erneuerung der Partei und ihrer Öffnung gegenüber der kritischen Jugend.

Die Stuttgarter SPD wurde nach 1945 vor allem von Männern und Frauen geprägt, die schon in der Weimarer Republik politisch

aktiv gewesen waren. Zu Beginn der 60er Jahre kam es zu einem
Generationswechsel, unter anderem durch junge Gewerkschafts-
funktionäre, die sich gegen die Männer und Frauen der »ersten
Stunde« nach dem verlorenen Krieg durchsetzten. Aber insgesamt
war die SPD Stuttgart noch immer eine disziplinierte, brave Arbeiterpartei. Das änderte sich, als Ende der 60er Jahre zunehmend junge Menschen aus der Protestbewegung den Weg in die
SPD fanden und die bisherige SPD-Politik infrage stellten. Horst
Ehmke hatte durch seine Offenheit, seine Diskussionsbereitschaft
und seine Forderung, die Protestbewegung nicht mit Polizei und
Justiz zu bekämpfen, sondern durch Reformpolitik zu integrie-
ren, wesentlichen Anteil an dieser Entwicklung.

Zur Bundestagswahl 1965 hatte die Stuttgarter SPD Erwin
Schoettle, Ernst Haar und Ursula Krips aufgestellt. Im Frühjahr
1968 luden wir – einige junge, linke Stuttgarter SPD-Mitglieder –
Horst Ehmke zu einer geheimen Sitzung in mein Haus am Rande
von Stuttgart ein und schlugen ihm vor, 1969 in Stuttgart für den
Bundestag zu kandidieren. Er willigte ein; in Freiburg wäre eine
Bundestagskandidatur für ihn schwierig gewesen. Der Vorschlag,
Ehmke nach Stuttgart zu holen, stieß wie erwartet nicht auf un-
geteilte Zustimmung in der Partei. Das von der unruhigen jungen
Mitgliedschaft bedrängte und verunsicherte Parteiestablishment
fürchtete den eloquenten Freiburger Professor. Akademiker waren damals in der SPD Stuttgart noch die Ausnahme. Ursula Krips
verzichtete auf eine erneute Kandidatur, und Horst Ehmke setzte
sich bei der Kandidatenaufstellung für die Bundestagswahl 1969
mit deutlicher Mehrheit gegen den von der Stuttgarter Parteiführung favorisierten Gemeinderat und Arzt Dr. Winfried Ludwig
durch. Ernst Haar war als Kandidat unbestritten; ich kandidierte
gegen Erwin Schoettle, einen der großen Alten in der SPD, und
verlor knapp. 1972 hat Erwin Schoettle dann meine Bundestagskandidatur unterstützt.

Ehmke wurde zum »strahlenden Stern« der südwestdeutschen
SPD. In Stuttgart fand die Partei mit ihm den Zugang zum libe-
ralen Bürgertum der Stadt. Er war ein gesuchter und beliebter
Vortrags- und Diskussionsredner in Stuttgart. Justiz und Anwalt-

schaft fanden den jungen Bundesjustizminister interessant, in der Kunstszene wurde der gebildete und engagierte Kunstfreund Ehmke geschätzt. Unvergessen die Abende im Haus des Bildhauers und Malers Otto Herbert Hajek und seiner Frau Katja Hajek an der Hasenbergsteige. Dort war ein Stuttgarter »Salon« entstanden, in dem lebhaft diskutiert und bis in die Morgenstunden kräftig gefeiert wurde.

Der Evangelische Kirchentag in Stuttgart im heißen Sommer 1969 wurde zu einem großen Ereignis. Horst Ehmke argumentierend, zuhörend, diskutierend mitten drin. Die APO überklebte die Kirchentagsplakate »Hunger nach Gerechtigkeit« mit dem Zusatz »Durst nach Revolution«, und der Kirchentagspräsident Richard von Weizsäcker war wenig erbaut von den Forderungen zur Gerechtigkeit, die der junge Kirchentag beschlossen hatte.

Die Bundestagswahlkämpfe mit Horst Ehmke waren anstrengend, aber vergnüglich. Er suchte das Gespräch mit den Wählern und Wählerinnen auf der Straße und bei den Hausbesuchen, und zierte sich auch nicht, als wir unvermutet in einer Wohnung im Stuttgarter Westen von fröhlichen Damen des leichten Gewerbes begrüßt wurden. Horst Ehmkes Schlagfertigkeit, sein Witz und seine Fähigkeit, Diskussionen polemisch zuzuspitzen, machten ihm nicht nur Freunde. Aber der jungen Generation gefiel das, und wenn die Integration der kritischen Jugend in die demokratischen Parteien und Institutionen gelang, dann war das in weiten Teilen Ehmke zu verdanken. Als Chef des Bundeskanzleramts unter Willy Brandt hatte Ehmke nach der Wahl weniger Zeit für Stuttgart, doch er holte Willy Brandt, Günter Grass, Bruno Kreisky und viele andere nach Stuttgart. Drei Jahre später erhielt die SPD bei der Bundestagswahl am 19. November 1972 in der Bundesrepublik mit 45,9 Prozent der Stimmen das beste Ergebnis ihrer Geschichte. In Stuttgart gewannen Horst Ehmke, Ernst Haar und ich unsere Wahlkreise mit 51,8 Prozent der Erststimmen und 44,7 Prozent der Zweitstimmen.

1974 trat Bundeskanzler Willy Brandt wegen der Affäre um den Spion Guillaume zurück. Horst Ehmke, seit 1972 Bundesminister für Forschung und Technologie und für das Post- und Fernmelde-

wesen, stand zu seiner Verantwortung als Chef des Bundeskanzleramts 1969 bis 1972 und trat ebenfalls zurück. Die Stuttgarter
SPD hat ihn für diese loyale, verantwortungsvolle Entscheidung
hoch gelobt.

Als der langjährige Stuttgarter Oberbürgermeister Arnulf Klett
im Sommer 1974 überraschend starb, gab es in der SPD Stuttgarts
eine heftige Auseinandersetzung um die Kandidatur für die Nachfolge des OB. Ich war einer der Bewerber und wurde schließlich
mit einer knappen Mehrheit der Kreiskonferenz aufgestellt.
Horst Ehmke hat mich im Wahlkampf gegen Manfred Rommel
nach Kräften unterstützt, doch ich verlor mit knapp 40 Prozent
der Stimmen gegen den populären Manfred Rommel. Als ich am
Dienstag nach der verlorenen Wahl in Bonn ankam, hatte Horst
Ehmke auf der berühmten 16. Etage des »Langen Eugen« eine Will-
kommens-Party für mich organisiert, die mir über die schmerz-
liche Niederlage und den höhnischen Spott einiger Parteirechter
hinweghalf. In Stuttgart erklärte Ehmke, ich sei für ihn unabhängig vom Wahlergebnis der richtige OB-Kandidat gewesen. Das habe
ich ihm nicht vergessen. Als Manfred Rommel einige Jahre danach gegen wütende Proteste aus dem Stuttgarter Bürgertum,
leider auch aus Teilen der SPD, die Beerdigung der durch Selbst-
mord geendeten Stammheimer RAF-Strafgefangenen Andreas
Baader, Gudrun Ensslin und Jan-Carl Raspe auf dem Stuttgarter
Waldfriedhof mit dem mutigen Satz »im Tod hört die Feindschaft
auf« durchsetzte, haben Horst Ehmke und ich ihm dazu spontan
aus Bonn gratuliert.

Auch bei der Bundestagswahl 1976 gewannen wir alle drei Stuttgarter Wahlkreise. Doch bei der Wahlkreisneueinteilung für die
Bundestagswahl 1980 verlor die Stadt einen Bundestagswahlkreis,
und die SPD stand vor der schweren Entscheidung, welchen ihrer
drei Bundestagsabgeordneten sie nicht mehr aufstellen würde.
Ernst Haar, langjähriger SPD-Kreisvorsitzender, Stadtrat und
Bundestagsabgeordneter, Vorsitzender der Gewerkschaft der
Eisenbahner Deutschlands und Parlamentarischer Staatssekretär im Bundesverkehrsministerium, ein waschechter Stuttgarter,
würde bleiben, das war klar. Die SPD tat sich schwer zwischen

Horst Ehmke und mir, und eine Weile sah es so aus, als müssten wir das miteinander auskämpfen. Doch das blieb uns erspart, weil Horst Ehmke von der Bonner SPD aufgefordert wurde, im freigewordenen Bonner Wahlkreis zu kandidieren.

Der Abschied fiel uns allen schwer. Horst und Maria Ehmke hatten in Stuttgart gute Jahre gehabt und viele Freunde gefunden. Für die Stuttgarter SPD war Horst Ehmke ein Gewinn, er hat uns freier und offener gemacht, hat uns ermutigt und bereichert. Ein pragmatischer Linker, der Denken und Handeln, Theorie und Praxis zusammen brachte, der die Macht und den Kampf um die Macht nicht scheute, gelegentlich von einer fröhlichen Rücksichtslosigkeit und niemals ein bequemer, angepasster Sozialdemokrat. Ich verdanke ihm viel, guten Rat und gelegentlich harte Kritik. Geblieben ist mir vor allem seine Losung: »Das politische Geschäft muss Spaß machen« (Rolf Zundel in: DIE ZEIT, 1969). Anders als viele sauertöpfische, unfrohe, selbstquälerische linker Politiker war Horst Ehmke ein Politiker, der Freude an der Politik hatte. Das hat man ihm angemerkt, und das zeichnet ihn bis heute aus.

Abgeordneter im Adenauer-Wahlkreis Bonn

Der 16. Oktober 1994 ist für die Bonner Sozialdemokratie ein unvergesslicher Tag. Das kaum Vorstellbare geschah: Die Sozialdemokraten und Sozialdemokratinnen errangen 35 % bei der Kommunalwahl und konnten in einer Koalition mit Bündnis 90/ Die Grünen die Mehrheit im Rat erringen und die Oberbürgermeisterin stellen.

Es war gleichzeitig der Tag der Bundestagswahl. Horst Ehmke hatte nicht mehr kandidiert. Dies war seine eigene Entscheidung gewesen. Von den SPD-Mitgliedern in Bonn wurde sie außerordentlich bedauert. Er hatte sie aber mit der ihm eigenen Konsequenz getroffen. In seiner Autobiografie »Mittendrin« sagt er im Nachwort zu einem ähnlichen Zusammenhang: »Die Jüngeren werden nicht dadurch besser, dass die Älteren länger bleiben.«

Damit endete eine politische Phase von vierzehn Jahren. In diesen Jahren ist Horst Ehmke ein Bonner Sozialdemokrat geworden, der innerhalb und außerhalb der örtlichen Partei große Anerkennung gefunden hat – und heute noch findet.

Dabei hatte es zunächst nicht so einfach ausgesehen. Denn es war eine ziemliche Überraschung, als der Unterbezirksvorstand wie auch der Bezirksvorstand Mittelrhein für die Bundestagswahl 1980 Horst Ehmke als örtlichen Direktkandidaten vorschlugen. Das fand in den Ortsvereinen nicht nur Zustimmung. Einigen waren die inhaltlichen Unterschiede zu Ehmkes Positionen zu groß, anderen wäre es lieber gewesen, wenn wieder ein einheimischer Kandidat aufgestellt worden wäre. Auch bei der Vorstellungsrunde in den Ortsvereinen kam es zu politischen Kontroversen.

In unserem eigenen Ortsverein gingen die Wogen hoch – vor allem in wirtschafts- und außenpolitischen Fragen. Horst Ehmke fand die Kritik an seinen Positionen unangemessen und reagierte mit dem ihm eigenen Selbstbewusstsein. Trotzdem und vielleicht gerade deshalb gab es an diesem Abend – wie auch im gesamten Unterbezirk – ein zustimmendes Ergebnis.

So wurde Horst Ehmke unser Direktkandidat in einer jahrzehntelangen CDU-Hochburg. Der so genannte Adenauer-Wahlkreis war auch für einen Sozialdemokraten vom Format Horst Ehmkes damals nicht zu gewinnen (dies gelang erst Uli Kelber zwei Jahrzehnte später in einer veränderten politischen Situation). Das hat Horst Ehmke aber nicht davon abgehalten, mit großem Elan in »seinem« Wahlkreis zu arbeiten, und führte bald dazu, dass die Bonnerinnen und Bonner ihn als »ihren« Abgeordneten wahrnahmen.

Sie waren beeindruckt von seiner politisch-fachlichen Kompetenz, seinem nationalen und internationalen Auftreten, aber auch von seiner Präsenz vor Ort und seinem großen Einsatz für den Wahlkreis. Auch die Tatsache, dass er Jurist und dazu noch Professor war, hat ihm – gerade in der Universitäts- und Ministerialbeamtenstadt Bonn – nicht geschadet.

Horst Ehmke konnte die Menschen nicht nur für die großen politischen Themen begeistern, sondern kümmerte sich auch um die kleinen Sorgen und Nöte. Viele haben davon profitiert, dass er sich schriftlich oder telefonisch für ihre Anliegen bei den zuständigen Stellen eingesetzt hat – sei es, um den Zustand eines Kinderspielplatzes zu verbessern, sei es, um für einen Ausbildungsplatz zu sorgen.

Mit Horst Ehmke Wahlkampf zu machen war immer ein Erlebnis. Er schaffte es regelmäßig, eine große Zahl von aktiven Parteimitgliedern für die Mitarbeit zu gewinnen, darüber hinaus fanden sich stets Freundes- und Unterstützerkreise auch außerhalb der SPD. Seine Veranstaltungen waren inhaltlich pointiert und in ihrer Gestaltung abwechslungsreich und deshalb stets gut besucht.

Besonders gerne denken wir an die Hausbesuche im Wahlkampf mit Horst zurück. Sein Bekanntheitsgrad und seine »offensive« Art ließen schnell intensive Dialoge entstehen. Die meisten begrüßten ihn schon beim Öffnen der Tür mit: »Herr Professor, Sie kenn' ich aus dem Fernsehen!«, überraschend viele auch mit

einem: »Ich bin auch aus Danzig!« Die Schwierigkeit bestand dann
meistens darin, das Gespräch rechtzeitig zu beenden, bevor in
Küche oder Wohnzimmer zu Kaffee und/oder Kognak eingeladen
wurde.

Horst und Maria besuchten viele kleine und große Feste und
Veranstaltungen in Bonn. Sogar im Bonner Karneval lebten sich
die Nicht-Rheinländer ein. Noch heute wird bei der Großen Drans-
dorfer Karnevals-Gesellschaft von den Auftritten des Ehren-
Senators bei den traditionellen Frühschoppen gerne berichtet.
Trotz allem war und ist Horst Ehmke kein Populist. Wer ihn
z. B. bei der Diskussion mit Bürgerinitiativen erlebt hat, weiß,
dass er nicht jedem nach dem Munde redet. Positionen, von denen
er überzeugt war, hat er auch dann weiter vertreten, wenn die andere Seite offen androhte, ihn und seine Partei nicht zu wählen.
Seine Konfliktfestigkeit ist eines seiner Markenzeichen geworden
und trug zu seinem Ansehen in Bonn entscheidend bei.

Auch innerhalb der Bonner SPD war Horst Ehmke sehr aktiv. Großen Wert legte er darauf, dass die führenden Vertreter
der Ortsvereine von seinem Büro über die Bundestagsreden des
Bonner SPD-Abgeordneten auf dem Laufenden gehalten wurden.
Lange vor der Zeit der E-Mail-Flut gab es authentische Informationen für die wichtigsten Multiplikatoren. Regelmäßig und stets
ein »Ereignis« waren die »Auftritte« im Unterbezirksvorstand.
Dabei gab es zunächst einen »Bericht zur Lage«, breit angelegt
(von der Außenpolitik über die Sozialpolitik bis zur Innenpolitik)
und reich an Details. Da Horst auch mit Einzelheiten aus dem
»Nähkästchen« aufwarten konnte, waren dies sehr informative
– und oft auch amüsante – Runden. Es gab dann reichlich Diskussion und das Gefühl, über diesen Abgeordneten wirklich Zugang
zur Bundespolitik zu haben. Nur Horst selber kann ermessen, ob
auch ihm diese Diskussionen etwas gebracht haben. Uns, die wir
sie erlebt haben, waren sie damals ein wichtiger Ansporn und
intensive Anregung.

Mit manchen Anregungen unterstützte Horst Ehmke auch die
Arbeit seiner Unterbezirksvorsitzenden Rudolf Maerker, Jochen
Dieckmann und Hans-Walter Schulten. Dabei war er nie Gegen-

spieler oder Widerpart, sondern ein kooperativer, ideen- und erfahrungsreicher Gesprächspartner. Örtliche Parteiämter hat er nicht angestrebt. Dennoch hat er seinen Anteil daran, dass die Bonner SPD in den neunziger Jahren mehrheitsfähig wurde.

Seine letzte Wahlperiode als Abgeordneter war bestimmt durch den Einsatz für den Erhalt von Bonn als Parlaments- und Regierungssitz. Er war von Anfang an einer der prominenten Bonn-Befürworter, die sich auch öffentlich zu Bonn bekannten. Es ist nicht übertrieben zu sagen, dass ohne ihn das Ergebnis nicht so knapp ausgefallen wäre.

Dabei hat er aktiv dazu beigetragen, dass sich die Abgeordneten aus Bonn und der Region über Parteigrenzen hinweg zusammen gefunden haben. Dicht war auch der Kontakt zu der damaligen Stadtspitze (Oberbürgermeister Dr. Daniels und Oberstadtdirektor Dieter Diekmann) und vor allem zur Landesregierung Nordrhein-Westfalens (Ministerpräsident Johannes Rau und Chef der Staatskanzlei Wolfgang Clement).

Seine Überzeugungskraft reichte aber auch weit über die regionalen Grenzen hinaus. Horst Ehmke und – ebenfalls aus der Region – Ingrid Matthäus-Maier haben so erfolgreich für Bonn geworben, dass sich der SPD-Bundesparteitag 1991 mit (einer Stimme) Mehrheit für Bonn als Regierungssitz aussprach.

Horst Ehmke war Mit-Unterzeichner des so genannten Bonn-Antrages, der eine Aufteilung der Funktionen zwischen der Hauptstadt Berlin und dem Parlaments- und Regierungssitz Bonn vorsah. In der Debatte des Deutschen Bundestags am 20. Juni 1991 hat Horst Ehmke in einer engagierten Rede seine Argumente für Bonn vorgebracht. Das haben die Bonnerinnen und Bonner »ihrem« Abgeordneten nicht vergessen.

»Otelo Krawallo« und seine Oberlippenverhältnisse

Als Horst Paul August Ehmke am 4. Februar 1927 zu Danzig das so genannte Licht der Welt erblickte, war er mir bereits um 77 Tage voraus. Diesen Abstand hat er – an politischer Reputation gemessen – in den folgenden Jahrzehnten kontinuierlich erweitert. Er war schließlich MITTENDRIN, ich dagegen blieb Randfigur. Vom Beginn unserer Bekanntschaft Anfang der 50er Jahre des vorigen Jahrhunderts konnte ich diesen merkwürdig attraktiven Menschen gut leiden, der damals als wissenschaftlicher Assistent der SPD-Bundestagsfraktion im Büro des legendären SPD-Kronjuristen Dr. Adolf Arndt Bedeutsamkeit schnuppern konnte, gleichwohl aber die Tuchfühlung mit der »Baracke«, dem berühmten Hauptquartier der SPD, suchte. Dort betrieb ich die Medien-Auswertung und weckte als Chefredakteur der Juso-Zeitschrift »Klarer Kurs« seine Neugier.

Von den Funktionären in der Baracke wurde Horst Ehmke angesichts der früh einsetzenden Graumelierung seines Schopfes als »der Griese« apostrophiert, eine frühe Fixierung dieses Typs – neben allen intellektuellen, juristischen, rhetorischen Fähigkeiten – auf besondere Merkmale seiner Erscheinung. Sein Gesicht verleugnete Frack und Smoking, ignorierte etliche Gespenster der Feierlichkeit und schien lieber mit dem Proletarischen als dem Protokollarischen zu flirten. Es beherrschte bis zur Grimasse jedwede Art der Mimik und signalisierte ein unbändiges Temperament.

Jüngere Semester, die den alten Ehmke nicht als Jungstar und politischen Draufgänger erlebt haben, können sich anhand der Fotos in den Kürschnerschen Handbüchern über die Volksvertretung von Legislaturperiode zu Legislaturperiode – derer Ehmke sieben absolvierte – davon überzeugen, dass dort Ehmkes Gesicht zu den physiognomischen Aha-Erlebnissen zählte. Gewisserma-

HICKS

KOLFHAUS

WOLTER

ßen als Doppelgänger tauchte 1974 Otelo Saraiva de Carvalho auf, der als Organisator des Putsches gegen die Diktatur eine Hauptfigur der »Nelken-Revolution« in Portugal wurde und dessen Bild dementsprechend die Medien in aller Welt publizierten. Wenn ich Horst Ehmke Anno dazumal als »Otelo Krawallo« titulierte, verbat er sich dieses mitnichten –, und ich war nicht der Einzige, der ihn ob der frappanten Ähnlichkeit anmachte.

Doch schließlich sorgte der kleine Unterschied für die Einmaligkeit: Horst Ehmke ließ sich unter Nase und Mund zwei Bärte wachsen. Bereits zur 10. Legislaturperiode hatte es sieben SPD-MdBs mit dieser Barttracht gegeben – also Oberlippen- und Kinnbart –, und zur 11., seiner vorletzten Legislaturperiode, verstärkte Ehmke diese Fraktion. Damals war zu lesen: In Bonn hat kaum ein Bart soviel Aufsehen erregt wie der des SPD-Spitzenpolitikers Prof. Dr. Horst Ehmke. Der Allround-Mann wollte nicht länger den Beweis schuldig bleiben, sich – wie sein Intim-Kontrahent Dr. Eppler – einen Bart wachsen lassen zu können und entsagte dem Opa-Look der Glattrasur. Die attraktive Lokal-Kolumnistin Marianne Antwerpen erkannte, dass die Lage der Befürworter und Gegner geteilt war – die Frauen seien in der Mehrheit dafür, die meisten Männer dagegen. Ehmke raune – seinen Bart betreffend – Frauen kitzlige Verheißungen ins Ohr. Maria Ehmke frohlockte: Ich habe einen ganz neuen Mann. Und Jürgen Merschmeier tat in der Bonner Rundschau zum Barte kund: »Manch einen erinnert er vom Aussehen her an einen getarnten Revolutionär am Ende der Zarenzeit.«

Horst Ehmke und seine Partei

HEIDEMANN

HAITZINGER

LANG

Mit seinem Haupte illustrierte Horst Ehmke die Forderung, besser Parlamente als Nägel mit Köpfen zu machen und so wurde sein Kopf gar bald ein jahrzehntelanges Objekt karikaturistischer Begierde. Was ist dran an den Winkelzügen des Ehmkegesichtes? Als Hochwild im politischen Dschungel, speziell in seinem Job als Kanzleramtsminister, hatte er keine Schonzeit vor den spitzen Federn. Damals hieß es: Charakter auf den ersten Blick – so könne man den spontanen und offensichtlichen Eindruck, den seine Physiognomie vermittele, umschreiben. Dennoch bereitete die paradoxe Jugendlichkeit dieses Gesichtes den meisten Karikaturisten nicht unbeträchtliche Schwierigkeiten. Paradox deshalb, weil dieser Politstar schon seit Twen-Zeiten ein weiß-grau melierter Herr war. Aber das war nicht das einzige Problem, vor dem jene sich anschickten, das Unverwechselbare dingfest zu machen. Das liegt nämlich im wahrsten Sinne des Wortes tiefer – direkt unter der Nase. Dort beginnt nämlich die merkwürdige Asymmetrie des Ehmke-Gesichtes, die durch eine prägnante Konkav-Wölbung der Partie über der Oberlippe verursacht wird. Der daraus resultierende »verzogene« Mund wurde von den Karikaturisten ganz ignoriert – oder leicht geschürzt bzw. zum Schmollmund gemacht. Auf seinem berühmten Maskenbild von 1831, auf dem der unerreichte Honorè Daumier 14 führende Politiker seiner Zeit einschließlich der bekannten »Birne« verewigte, zeigt das Gesicht des Juristen und Staatsmannes Fèlix Barthe (1795–1863) eine ähnliche Ausdrucksform.

Immerhin, wenn die Karikaturisten gekonnt hätten, würden sie dem Ehmke wohl die Nase abgebissen haben. Mit ihr wuss-

KÖHLER

SCHOENFELD

OESTERLE

ten weder Ehmke-Spezi E.M. Lang noch dessen Kollegen etwas anzufangen. Als Spitz-, Stups- oder Knubbelnase führte sie ein chamäleonartiges Dasein und verdichtete sich gelegentlich zu einem Entenschnabel à la US-Präsident Nixon. Bei einigen charakteristischen Attributen waren sich die Zeichner einig: Unisono beherrschen sie die grauhaarige Bürstenfrisur und die dazu stark kontrastierenden, scharf gewinkelten Augenbrauen. Etliche delektierten sich auch an den großen Lidspalten, die den Kulleraugen einen Stips von Basedow verliehen.

Dass Ehmke damals als relativ junger Politiker schon über ein signifikantes, unverwechselbares karikaturistisches Profil verfügte, war durchaus nicht geläufig, wenn man Altersgenossen aus jener Zeit mit ihm vergleicht.

Lavater, der Begründer der Physiognomik, hätte an der künstlerischen Bewältigung des Ehmke-Gesichtes die Karikaturisten lehren können:»Mit geheimer Entzückung durchdringt der menschenfreundliche Physiognomist das Innere eines Menschen. Er trennt das Feste in dem Charakter von dem Habituellen, das Habituelle von dem Zufälligen. Mithin beurteilt er den Menschen richtiger – nämlich bloß nach sich selbst.« Spitzenkönner der Zunft brachten dieses Kunststück fertig.

Gewissermaßen auf, unter und gegen den Strich nahmen die Zeichner das Ehmke-Antlitz unter die Lupe – Hicks, Kolfhaus, Wolter, Heidemann, Haitzinger, Lang, Köhler, Schoenfeld, Oesterle, Bensch, Marcus, Munz, Pielert, Vogt, Klama – es ist nicht möglich, hier alle Beispiele aufzulisten.

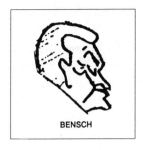

BENSCH

MARKUS

MUNZ

Durch seine spezifischen Oberlippenverhältnisse gewann der Unterkiefer des Ehmke gelegentlich F.J.S.-Dimensionen. F.J.S. steht für Franz Josef Strauß, zu dem Ehmke keinerlei Berührungsängste hatte, wie er ja überhaupt den berühmten »Männerstolz vor Fürstenthronen« verinnerlichte. Dr. Gustav Gustav Heinemann – wie die SPD-»Kanalarbeiter« den Bundespräsidenten Dr. Dr. Gustav Heinemann titulierten – attestierte bereits als Justizminister seinem Büchsenspanner Ehmke eine »fröhliche Unverfrorenheit«. Da gab es mannigfache Wertungen und Abwertungen den Kabinett-Lausbuben betreffend, der verschmitzt grinse, wenn man seine Trinkfestigkeit und Wirkung auf Frauen rühme. Horst Ehmke mangelte es nicht an Gegnern der Neidgenossenschaft.

Was mich betrifft, so gefielen mir von Anbeginn und über die Jahrzehnte an Horst Ehmke seine unbekümmerte Art, mit der Macht und den Mächtigen umzugehen, Majestätisches und Gravitätisches niedriger zu hängen, professionell statt professoral zu sein und der Gilde der Introvertierten den Marsch zu blasen.

Ich genoss seine Fähigkeit zu fröhlicher Selbstkritik, seine robuste Dynamik und seine Gefallsucht ohne Eitelkeit – letzteres ein ganz seltenes Beziehungspaar, speziell in der Politik. Dem Bundeskanzler Brandt diente er angesichts dessen Egomanie sowohl als Applaus-Spender wie auch Sanitäter.

Derweil Willy Brandt dazu neigte, brennende Probleme zu heißen Eisen zu verarbeiten, holte Ehmke mit Elan die Kastanien aus dem Feuer. Er war berüchtigt für seine Meisterschaft, auf *einen* Schelm anderthalb zu setzen, Gutes zu tun und darüber zu reden wie aber auch – in der Politik selten – selbst eingebrocktes Schlechtes nicht zu verschweigen.

Er zählte zu den wenigen, die sich von dem bärbeißigen Herbert Wehner (im Gegensatz zu seinem Chef Willy) nicht einschüchtern ließen. Nun – er zählte nicht zu denen, die sich entblößten und anderen Leidtragenden ihre Wunden zeigten: »Seht mal, wie und wohin mich Onkel Herbert gebissen hat.« Nein – Horst Ehmke schritt bzw. hüpfte keck und furchtlos durch den politischen Dschungel der Republik und machte sich gar über den Poltergeist Herbert Wehner in dessen Beisein lustig.

Meine permanente Beteuerung: »Du wärst mein Lieblingskanzler!« modifizierte ich schließlich zu: »Du bist mein Lieblingskanzler!«, denn Horst Ehmke war inzwischen Chef des Bundeskanzleramtes geworden und trieb dortselbst sein spezifisches Unwesen.

Damals war er Anfang vierzig und mit den anderen Gipfelstürmern des Jahrgangs 1927, wie z. B. Genscher und Grass, schickte er sich an, ganz hoch hinaus zu gelangen. 1965 hatte der wie Ehmke in Danzig geborene spätere Nobel-Literat mir in meinen Roman-Erstling »Soldbuch« hineingeschrieben: »Wir vom Jahrgang 1927 müssen mehr zusammenarbeiten.«

Haben Ehmke und ich zusammengearbeitet? Indirekt wohl ständig – direkt jedoch selten. In meinen Zeitschriften habe ich oft sein Lied gesungen und später auch seiner Bitte, ihm beim letzten Wahlkampf in Bonn zu helfen, mit Rat und Tat entsprochen, obgleich er den von mir organisierten SPD-Wahlkampf des Jahres 1965 auf dem dann folgenden Parteitag heftig und dreist kritisiert hatte. Andererseits hatte er mich bei meinem vergeblichen Bemühen unterstützt, 1969 im Wahlkreis 118 (Bochum-Witten) als SPD-Kandidat aufgestellt zu werden.

Auch beim Versuch, in der Bundesrepublik statt der Verhältniswahl die Mehrheitswahl durchzusetzen, bei dem er kräftig mitwirkte, gerieten wir übers Kreuz.

Wie auch ich, war und ist Horst Ehmke ein Freund der Künstler und Literaten, besonders der Karikaturisten. Dass er mittlerweile zu seinem autobiographischen, politischen »Mittendrin« Krimi-

PIELERT

VOGT

KLAMA

nalromane verfasst, die diese literarische Gattung auf besondere Weise bereichern, ist zweifellos erstaunlich. Horst Ehmke – gibt es vergleichbare Geister? Nach meiner Meinung hat ein berühmter britischer Premierminister – nämlich Benjamin Disraeli (1804–1881/Premier 1868 und 1874–80) – in ähnlicher Weise politisch gewirkt und durch Schlagfertigkeit und Selbstironie seine Zeitgenossen fasziniert.

Im Lexikon heißt es bei Disraeli gleich am Anfang: »Brit. Schriftsteller und Politiker«. Wer sich mit diesem Mann und seinem Geist-Reich beschäftigt, wird auf viele Parallelen zu Horst Ehmke stoßen – der wohl im Lexikon in umgekehrter Reihenfolge als »deutscher Politiker und Schriftsteller« Erwähnung finden wird. Zum 60. Geburtstag von Ehmke würdigte und rühmte ihn der frisch gekürte SPD-Vorsitzende Jochen Vogel. Horst Ehmke bedankte sich für die Rede: »Meinem Vater hätten die Elogen gefallen – meine Mutter hätte sie geglaubt (...).«

Nun also das 80. Lebensjahr. Horst Ehmke erzählt gern eine Geschichte über Immanuel Kant (der freundlicherweise mit mir den 22. April zum Geburtsdatum hat). Als Kant 50 wurde, habe sich ihm der Rektor der Königsberger Universität mit einem Geschenk und den Worten genähert: »Ehrwürdiger Greis (...)«, und das sei nicht ironisch gemeint gewesen im Jahre 1774.

Die Zeiten ändern sich – wie man so sagt. Horst Ehmke geht mir mit diesem runden Geburtstag wieder mal voraus. Glückwunsch! »80 ist doch kein Alter«, sagte WENN und hielt ABER den Mund zu (...).

PS: Als der sterbenskranke Disraeli die Probeabzüge seiner letzten Rede korrigierte, sagte er: »Ich will in die Nachwelt nicht mit schlechter Grammatik eingehen.«

Über Lord John Russel: »Wenn ein Fremder erführe, dass solch ein Mann Vorsitzender des Unterhauses war, mag er begreifen, wieso die alten Ägypter ein Insekt anbeteten.«

Über Gladstone: »Nun wenn Gladstone in die Themse fällt, dann, denke ich, wäre das ein Missgeschick; und wenn einer ihn herauszieht, dann würde ich das für ein Unglück halten.«

Über den Lauf der Zeit: »Die Jugend ist ein Stolpern, das Mannesalter ist ein Kampf, das Alter ist Bedauern.«

Horst Ehmke und seine Partei

Erinnerungen an ein wunderbares Jahr

»Bekommen hier nur S–taatssekretäre etwas zu trinken?«, fragte Günter Gaus mit seiner s–pitzen Braunschweiger Zunge, als wir in der Niedstraße in Berlin-Friedenau zusammensaßen und Horst Ehmke an den Schrank des Dichters getreten war und sich eigenmächtig eine Flasche daraus geklaubt hatte. Es war im Februar 1968, und es war das erste Treffen jenes Kreises, aus dem später die Sozialdemokratische Wählerinitiative hervorging. Horst Ehmke war Staatssekretär bei Gustav Heinemann, und Willy Brandt hatte ihn wohl geschickt, damit er dafür sorgte, dass wir nicht zuviel Unsinn machten.

Wir – das waren ein paar etwa Vierzigjährige, die meinten, Politik sei eine zu ernste Sache, als dass man sie allein den Politikern überlassen dürfe. Wir pflegten einen lockeren Ton, obwohl wir einer Generation angehörten, die einer einmal die skeptische genannt hatte, geprägt von ähnlichen Erfahrungen am Ende der Nazizeit und beim Aufbau der zweiten Demokratie in Deutschland. Wir waren alle Sozialdemokraten im weiteren Sinne, einige als Mitglieder, andere nicht, aber bis auf Ehmke keiner in einem Amt. Im April 1967 hatten Günter Grass, Siegfried Lenz und ich Wahlkampf für Jochen Steffen in Schleswig-Holstein gemacht, und wenn wir nach den Veranstaltungen Skat spielten, gingen unsere Gedanken voraus ins Jahr 1969, zur nächsten Bundestagswahl.

Was dann werden würde, war noch kaum irgendwo Gegenstand politischer Spekulationen. Wo gleichwohl davon gesprochen wurde, galt man als Realist, wenn man die Fortsetzung der Großen Koalition auf weitere vier Jahre vorhersagte. Man setzte aber seinen Ruf als Kenner auch nicht aufs Spiel, wenn man mit einer neuerlichen absoluten Mehrheit der CDU/CSU rechnete. Nur die Meinung, Willy Brandt könne 1969 Bundeskanzler werden, äußerte man nicht, ohne Zweifel an der eigenen Urteilsfähigkeit hervorzurufen. Im Grunde jedoch schien die Frage gar nicht aktuell. Berlin kannte an diesem Wochenende nur ein Thema: Würde das Verwaltungsgericht die große Vietnam-Demonstration der Außerparlamentarischen Opposition, die Bürgermeister Klaus Schütz verboten hatte, doch noch gestatten oder nicht?

Die Demonstration der Studenten, die am nächsten Tage dann doch stattfand, führte uns vor Augen, dass wir bereits einer mittleren Generation angehörten. Der angeblich revolutionäre Radikalismus der APO, die ideologische Absolutheit, mit der auch Gewalt als Mittel der Politik gepriesen wurde, all das war unsere Sache nicht. Wir waren vielmehr der Meinung, dass die parlamentarische Demokratie, zumal unter den Bedingungen einer fast zwanzigjährigen CDU/CSU-Vorherrschaft, ihre wirkliche Chance noch gar nicht gehabt hätte. Solange der Machtwechsel in Bonn noch nicht erprobt worden sei, so lange mindestens glaubten wir an die Möglichkeit von Reformen nach den Regeln des Grundgesetzes.

Was wir wollten, war nicht nur Beteiligung am Wahlkampf. Wir wollten auch Einfluss auf die Partei nehmen, ihr mit kritischen Ratschlägen und mit Formulierungen helfen. So entstanden in diesen beiden Tagen die ersten Papiere für Willy Brandt. Nicht zufällig stand dabei das Verhältnis der SPD zur jungen Generation im Mittelpunkt. Angeregt auch von der Vietnam-Demonstration, die die Teilnehmer der Gesprächsrunde vom Straßenrand aus beobachtet hatten, formulierten sie für den Parteivorsitzenden: »Wir wollen zwar keine salzlose Suppe löffeln, aber wir lassen uns die Suppe auch nicht versalzen. Wir werden gegen den Einbruch des Irrationalen in die Politik kämpfen.« Als die vom Salz abgeleiteten Metaphern aufeinander folgten und sich steigerten, sagte Günter Grass: »Wir werden die Saline der Partei.« So entstand der erste Name des Kreises.

Bei der zweiten Sitzung im Mai gaben wir der Partei die Empfehlung, bei der bevorstehenden Bundespräsidentenwahl auf jeden Fall einen eigenen Kandidaten zu benennen und an ihm auch dann festzuhalten, wenn sich abzeichne, dass er keine Mehrheit in der Bundesversammlung finden würde. In der SPD bestand die

Neigung, einen Vorschlag zu machen, der auch für die CDU/CSU annehmbar war, mit anderen Worten, auch diese Frage dem Proporz der Großen Koalition zu unterwerfen. Wir hingegen schlugen Gustav Heinemann vor und begründeten ausführlich, warum er als geeigneter Kandidat erscheine. Wir muteten der Partei etwas zu. Gewiss wollten wir uns mit ihr abstimmen. Deswegen war diesmal Erhard Eppler gekommen, und zur dritten Sitzung im September kam Horst Ehmke wieder.

Wir wollten Wähler für Willy Brandt gewinnen. Aber wir wollten der Partei auch sagen, was sie tun sollte. Wir wollten nicht parteigebundene Bürger beteiligen. Später forderten wir für sie sogar ein Stimmrecht bei der Aufstellung der Kandidaten. Nicht alle in der SPD sahen dies gern. Herbert Wehner grollte lange. Aber im Oktober 1968 kam Willy Brandt in die Niedstraße und sagte, das Parteipräsidium habe sich einmütig bereit erklärt, die vorgeschlagene Sozialdemokratische Wählerinitiative zu unterstützen. Horst Ehmke war einer der ersten gewesen, die dafür eingetreten waren.

Bald kam etwas anderes hinzu. Horst Ehmke kandidierte in Stuttgart, wo ich soeben Professor geworden war. Die Freunde beauftragten mich, in Baden-Württemberg einen Landesverband der Wählerinitiative zu gründen. Es gelang mir, Thaddäus Troll zu gewinnen, der gerade mit seinem Buch »Deutschland deine Schwaben« berühmt geworden war. Das war ein großer Gewinn. Denn der Kandidat, gebürtiger Danziger, Freiburger Professor und Bonner Staatssekretär, war ein »reigschmeckter Großkopfeter«, den man den Schwaben erst schmackhaft machen musste. Thaddäus Troll war dazu wie geschaffen, und er legte sich mächtig ins Zeug. Im Mai 1969 wurde diese Wählerinitiative vorgestellt. Viele schlossen sich ihr an. Im August machte Thaddäus Troll eine Veranstaltung für Horst Ehmke: »Deutschland, deine Sozialdemokraten«.

In Stuttgart lebte damals auch Maria Hlaváčová, ein Flüchtlingsmädchen aus Prag. Ich darf sagen, dass ich sie früher kannte als Horst. Doch er verliebte sich in sie. Es war ein schöner Sommer.

Am 5. März war Gustav Heinemann Bundespräsident geworden. Am 26. März wurde Horst Ehmke sein Nachfolger als Justizminister. Am 28. September gewann er den Wahlkreis Stuttgart III. Am 22. Oktober wurde Willy Brandt Bundeskanzler, und Horst Ehmke wurde sein Kanzleramtsminister. Es war ein wunderbares Jahr.

Nachschrift: Wieder ist Große Koalition. Spätestens 2008 wird der Kampf um die Wahlen von 2009 beginnen, und zwar wieder zunächst die des Bundespräsidenten (voraussichtlich im Mai) und dann des Bundestages (im September). Die Geschichte liebt keine Wiederholungen. Aber lernen darf man aus ihr doch.

»Nachhaltigkeit« als vierter Grundwert
der Sozialdemokratie

In der Politik sind Zweckbündnisse eher anzutreffen als Freundschaften. Die Beteiligten versuchen in der Regel, mit ihren Kombattanten möglichst ohne größere Reibungen zurechtzu kommen. Höflichkeit, Respekt, Verlässlichkeit und eine niedrige Erwartungshaltung erleichtern das Geschäft.

Aber es gibt auch Menschen, die zu sehen Freude aufkommen lässt, deren Nähe man sucht, wenn Sitzungen, Parteitage etc. ihren rituellen Gang gehen. Das sind Menschen, neben denen man gerne sitzt und mit denen man hinterher noch gerne einen (oder auch zwei) trinkt, über deren Anrufe man sich ungeheuchelt freut. Zu diesen nicht häufig anzutreffenden Exemplaren gehören für mich Horst und Maria Ehmke, entweder einzeln oder – fast noch besser – im Doppelpack.

Mit Vorbildern habe ich mich immer schwer getan. Eigentlich habe ich (bisher jedenfalls) keine gehabt. Wenn ich bei anderen etwas bewundert oder abgeguckt habe, ist das immer auf Teilbereiche der Persönlichkeit beschränkt geblieben. Bei Herbert Wehner gefiel mir der Gestus des Kärrners, diese absolute Hingabe an die Sache, bei Willy Brandt die Biographie und die gesamte Richtung, an Johannes Rau die Fähigkeit, nicht nur an sich selbst zu denken. Bei Horst ist es die von einer tiefen Ernsthaftigkeit begleitete Respektlosigkeit gegenüber wirklichen und noch mehr gegenüber angeblichen Autoritäten. Beides zog und zieht mich immer noch an. Bei ihm wurde politische Macht akzeptabel, auch wenn er sie manchmal geradezu übermütig demonstrierte. Und er war souverän genug, seine Loyalität zu Willy Brandt und zu sich selbst bis zum heutigen Tage konsequent zu leben.

So ist es auch gar nicht verwunderlich, dass er mit seinen Schriften mehrfach in meiner kleinen Bibliothek zu finden ist. Besonders schätze ich ein rororo-Bändchen (1205), das im April

1969 erschien, mit dem Titel »Perspektiven sozialdemokratischer Politik im Übergang zu den siebziger Jahren«. Herausgeber war Horst Ehmke. Das Taschenbuch enthält den auf dem Nürnberger Parteitag 1968 verabschiedeten und als vorläufig deklarierten Text mit der gleichen Überschrift. Dazu erläutern die verantwortlichen Regierungsmitglieder in der damaligen Großen Koalition die ihnen zugeordneten Politikbereiche. Mich berührt es, wenn ich das Büchlein aufschlage, meinen Besitzeintrag und die Anstreichungen sehe, Ausrufe- und Fragezeichen betrachte sowie kleine Anmerkungen entziffere. Daraus lassen sich mehr Einsichten über meinen damaligen Gemüts- und Wissensstand ablesen, als ich in den Kammern meines Gedächtnisses finde. Aber von mir soll nicht die Rede sein, sondern von Horst Ehmke und vor allem von seiner Partei, der SPD.

Die Parallelen der damaligen Situation, in der das Buch entstand, zur heutigen liegen auf der Hand. Die SPD – anders als heute, damals aus der Opposition kommend – regierte als kleinerer Partner in einer Großen Koalition mit. Die Partei war alles andere als begeistert. Es bedurfte einer intensiven innerparteilichen Kampagne, um bei den Mitgliedern für diese Entscheidung (halbherzige) Akzeptanz zu finden, allein schon für die Tatsache, dass Willy Brandt mit F.J. Strauß an einem Tisch saß. Also musste ein weiter führender Politikentwurf auf die Tagesordnung, um die Identität zu wahren und einen Kompass zu haben, der über den Tag hinaus inhaltliche Ziele definierte. Das erleichterte es unter anderem mir, in der SPD zu bleiben. Als der erste Entwurf der »Perspektiven« entstand und auch als das Bändchens herausgegeben wurde, war noch nicht klar, dass es bald gelingen würde, die damalige Konstellation mit der sozial-liberalen Koalition zugunsten der SPD zu verändern.

Die Lage ist heute ähnlich. Die SPD beteiligt sich erneut als Juniorpartner an einer Großen Koalition auf Bundesebene. Die Zustimmung in der Partei ist eher knurrend. Die mit dem Regieren nun mal verbundenen Unbequemlichkeiten und Zumutungen für das Wahlvolk erzeugen wenig Begeisterung und stoßen Menschen eher ab, als dass sie von ihnen angezogen werden. In

einer solchen Konstellation ist es umso wichtiger, größere Zusammenhänge herzustellen und der hoffenden Erwartung auch
Futter zu geben. Eine große Ausnahme, aber zugleich auch eine
Bestätigung dieser Regel, ist das Jahr 1972. Die Ostpolitik Willy
Brandts, das Regierungshandeln der sozial-liberalen Koalition,
begeisterte viele Menschen, die vorher der SPD distanziert gegenüber standen. Die Wahlkampagne 1972, ganz auf die Person Willy
Brandts zugeschnitten, wurde zu einer Art Volksbewegung. Nie
wieder gab es seither ein derartiges Engagement, so viele Testi-
monials, Bekenntnisse mit Buttons und Aufklebern, Wählerinitiativen usw. In der Folge schnellte die Mitgliederzahl der SPD
bis über die Millionengrenze hoch. Dies beruhte aber nicht nur
auf der Glaubwürdigkeit der politisch Handelnden, die Begeisterung erzeugte, sondern auch auf dem breiten gesellschaftlichen
Diskurs, der – nach dem Bau der Mauer – über die Deutschland-
und Europapolitik in Gang gekommen war. Die Debatte um die
»Perspektiven« war ein Teil dieses Prozesses.

Es kann fast neidisch stimmen, wenn man das Vorwort Horst
Ehmkes liest. Darin heißt es – nach dem Hinweis auf den freiheitlichen Sozialismus als die der modernen Industriegesellschaft gemäße Lebensform: »Eine auf die Verwirklichung dieser
Konzeption gerichtete Politik bedarf angesichts der rapiden Veränderungen, die heute in der Welt und in unserer Gesellschaft
vor sich gehen, einer praktischen Richtlinie, die die Prognose der
zukünftigen Entwicklung mit Lösungsvorschlägen für die vor uns
stehenden Aufgaben verbindet. In Erkenntnis diese Notwendigkeit hat der Parteivorstand der SPD Anfang Januar 1968 den ersten
Entwurf der ›Sozialdemokratischen Perspektiven im Übergang
zu den siebziger Jahren‹ beraten. Die Auflage der ›Perspektiven‹
liegt zur Zeit weit über einer dreiviertel Million Exemplaren.
Über eine viertel Million sind von Nichtmitgliedern bestellt
worden. Unzählige Änderungs- und Ergänzungsanträge aus den
Reihen der SPD, aber auch viele Stellungnahmen von Bürgern
und Gruppen, die mit der SPD sympathisieren, führten zu einer
Überarbeitung der ›Perspektiven‹ für den SPD-Parteitag in Nürnberg (...). Der Leser, gerade auch der der Sozialdemokratischen

Partei Deutschlands nicht angehörende, ist eingeladen, sich an dieser Diskussion der Sozialdemokraten über die Zukunft unseres Landes zu beteiligen.«

In dieser Zeit bestimmte allerdings die Außenpolitik bzw. Deutschlandpolitik die politische Szene. Der Prager Frühling hatte Hoffnungen geweckt, die im gleichen Jahr von sowjetischen (und auch deutschen) Truppen wieder zerstört wurden. Die SPD setzte trotzdem auf Wandel durch Annäherung und verfolgte ihre Ostpolitik weiter. Innenpolitisch lautete die Zielsetzung: »Vertiefung der sozialen Demokratie, Humanisierung der Gesellschaft und Stärkung der Freiheit des einzelnen« – was später von Willy Brandt zu der Formel »mehr Demokratie wagen« verdichtet wurde.

Damals spielte die Ökologie noch keine Rolle in der sozialdemokratischen Diskussion, von »Nachhaltigkeit« ganz zu schweigen. Der Begriff »Umweltschutz« tauchte zum ersten Mal während der sozial-liberalen Koalition 1970 in einem Regierungsdokument auf. Im September 1971 wurde das »Umweltprogramm der Bundesregierung« verabschiedet. Der zögerliche Umgang mit diesem Thema, der Glaube an die Zauberkraft wirtschaftlichen Wachstums und die Befürchtung, Umweltschutz vernichte Arbeitsplätze, kostete die SPD fast eine ganze Generation, die sich in einer neuen Partei organisierte. Der erste Leidtragende war Klaus Matthiesen, der in Schleswig-Holstein 1979 die Landtagswahlen aufgrund des Antretens der Grünen knapp verlor. In Hamburg zertrümmerte die GAL die linksliberale FDP mit Helga Schuchardt bei der Bürgerschaftswahl 1982, ein Vorgang, der das Ende der sozial-liberalen Koalition beschleunigte.

Die Industriegesellschaft, von der noch in den »Perspektiven« ausschließlich die Rede war, wandelte sich zu einer Dienstleistungsgesellschaft oder auch Informations- und Wissensgesellschaft auf industrieller Basis. Damit ging ein gesellschaftlicher Wandel einher, dessen Probleme nicht mehr allein aus einem Grundwiderspruch, nämlich dem von Kapital und Arbeit, erklärt werden können. Lange Zeit – von Hegels Weltgeist beflügelt, mit Marxens Fortschrittsglauben im ideologischen Gepäck – haben

Sozialisten an einer besseren Welt für sich selbst, aber auch in der Überzeugung gearbeitet, damit zukünftigen Generationen ein besseres Leben zu ermöglichen. – Jetzt aber hat sich der Wunsch nach einem besseren Leben in der Gegenwart von der Verbindung mit dem Interesse zukünftiger Generationen abgekoppelt. Das Bemühen um Wohlstand, um Anhebung des Lebensstandards, die Verbesserung der Lebensbedingungen aller Schichten der Gesellschaft wird – oder könnte – zur Folge haben, dass spätere Generationen unter einer zerstörten Umwelt, vergeudeten Ressourcen und ruinierten öffentlichen Haushalten zu leiden haben, wobei das letztere noch das kleinste der Übel darstellt. Nach den kriegerischen Selbstzerstörungsorgien des 20. Jahrhunderts drohen andere Gefahren, die aus dem Bevölkerungswachstum, aus der weitergehenden Industrialisierung in den Schwellenländer und dem begreiflichen Wunsch der Menschen nach Wohlstand – und zwar sofort und jetzt – erwachsen.

Nicht die Erde steht auf dem Spiel. Sie hat schon mehr aushalten müssen. Nein, die Zukunft unserer Enkel und von deren Kindern und Kindeskindern steht auf dem Spiel. Das ist die große Frage: Was hinterlässt unsere Generation oder – besser gesagt – was hinterlassen wir, die wir in der zweiten Hälfte des 20 Jahrhunderts die Politik der SPD mitgeprägt haben, unseren Nachfolgern und was bedeutet das vor allem für die Menschen, deren Interesse wahrzunehmen wir immer behauptet haben?

In dem rororo-Bändchen schrieb Hans-Jürgen Wischnewski – erster sozialdemokratischer Entwicklungsminister und damals Bundesgeschäftsführer der SPD – zum Thema: »Wirtschaftliche Zusammenarbeit« – so war die Entwicklungspolitik schon damals umgetauft worden. Wischnewski formulierte: »Der Nord-Süd-Konflikt hat begonnen, den Ost-West-Konflikt in den Hintergrund zu drängen.« Und weiter: »Wenn die Chancen, die Technik und Wissenschaft bieten, voll ausgeschöpft werden, kann die entscheidende Aufgabe des letzen Drittels unseres Jahrhunderts gelöst werden. Die Katastrophen, zu denen Hunger und Armut in vielen Teilen der Welt drängen, sind nicht unvermeidbar.«

Diese Zeilen sind noch von dem Wunsch getragen, Solidarität und soziale Gerechtigkeit über den ökonomischen Erfolg, über Wachstum zu verwirklichen. Sie sind von der traditionellen Vorstellung geprägt, dass der Fortschritt immer weiter geht und am Ende der Entwicklung paradiesische Zustände herrschen (»Dann scheint die Sonn' ohn' Unterlass!«). Der Club of Rome war gerade gegründet worden. Dennis L. Meadows Bericht über die Grenzen des Wachstums erschien erst 1972.

Die damalige Forderung, mit Hilfe von Technik und Wissenschaft eine bessere Welt zu schaffen, gilt auch heute noch. Wir brauchen eine andere internationale Finanzarchitektur, faire Handelsbedingungen und ein qualitatives Wachstum. Es gibt keinen Grund, anderen Völkern das Auto, den Kühlschrank oder andere Segnungen der Zivilisation, die wir für uns selber in Anspruch nehmen, vorzuenthalten. Entweder wir wandeln uns und schalten mehrere Gänge zurück oder wir verändern die Technologien und setzen unseren Ehrgeiz in ressourcenschonende Produkte und ebensolche Herstellungsweisen – wobei die zweite Strategie die aussichtsreichere ist. Erneuerbare Energien schonen die fossilen Brennstoffe, ersetzen die Atomenergie und helfen das Klima zu schützen. Heute wissen wir, dass der Klimawandel die ärmsten Regionen der Erde am härtesten trifft bzw. treffen wird.

Davon unbenommen wird aber auch die vertikale Dimension des Problems immer wichtiger. Wir verschwenden kostbare Ressourcen, auf die spätere Generationen angewiesen sein werden, und wir gehen tagesaktuellen Konflikten aus dem Wege, indem wir Schuldenberge anhäufen, die entweder irgendwann das ganze System kollabieren lassen oder zukünftigen Generationen jegliche finanziellen Handlungsspielräume rauben.

Die Grundwerte der SPD, Freiheit, Gerechtigkeit und Solidarität, wurzeln in der Aufklärung. Sie waren schlagkräftige Begriffe zur Bewältigung der Probleme des 19. und des 20. Jahrhunderts. Ihre Gültigkeit ist ungebrochen. Ein Blick auf das Weltgeschehen genügt, um ihre Umsetzung zu verlangen und zu betreiben.

Wenn die Sozialdemokraten jetzt wieder an einem neuen Grundsatzprogramm arbeiten, sollten sie sich nicht nur auf diese klassischen Grundwerte beziehen, sondern den – zugegebenermaßen etwas sperrigen – Begriff der »Nachhaltigkeit« mit in die Überschrift ihrer Planungen für zukünftiges Handeln aufnehmen. Was spricht gegen eine Ergänzung der Trias Freiheit, Gerechtigkeit und Solidarität durch den Begriff der Nachhaltigkeit als unverzichtbaren Auftrag verantwortlichen politischen Handelns?

Ich werde Horst Ehmke fragen, was er davon hält. Maria weiß ich schon jetzt – ungefragt – auf meiner Seite. In seinen Romanen ist Horst auf der Höhe der Zeit und beschäftigt sich mit den globalen Veränderungen, thematisiert Terrorismus, Raffgier und das Aufeinanderprallen unterschiedlicher Kulturen. Die Ernsthaftigkeit ist geblieben, nur das Element, in dem sie sich niederschlägt, ist noch spielerischer als in der Zeit, als er noch politische Ämter innehatte. In der Literatur ist alles möglich und es macht zudem mehr Spaß, Texte ohne Ordnungsziffern und Spiegelstriche zu verfassen. Fast 40 Jahre sind seit den »Perspektiven« vergangen. Sie waren eine gute Zieldefinition für ihre Zeit. Wir haben neue Ziele vor uns – und Horst Ehmke wird weiter dabei mitwirken, auf seine Art. Ich werde weiter seine Nähe suchen und sei es nur, um über dieses und jenes, über alles und nichts zu plaudern und einen (oder zwei) zu trinken.

WALTER MANN

Stuttgarter Begegnungen

Stuttgarter Begegnungen mit Horst Ehmke lassen sich mangels Tagebuchaufzeichnungen nicht rekonstruieren, sondern nur im Nachhinein skizzieren.

Meine ersten Begegnungen fallen in die Zeit nach meinem Eintritt in die SPD im September 1969. Horst Ehmke – ehemals Staatssekretär von Gustav Heinemann und jüngster deutscher Professor der Universität Freiburg, jetzt Bundesjustizminister – ging damals als »hell strahlender Stern und Hoffnungsträger« in Stuttgart auf.

Anscheinend war es die Idee von Peter Conradi, ihn nach Stuttgart zu holen. Die Partei brauchte damals nach der 1968 verlorenen Landtagswahl dringend ein Zugpferd.

Da ich bei meinem Eintritt in die Partei schon 40 Jahre alt und als Kriminalbeamter tätig war, zählte Horst Ehmke für mich aufgrund seiner vorangegangenen Äußerungen und aufgrund der »Vorschusslorbeeren« als »Linker«. Daher war ich nicht sofort als sein großer Verehrer anzusehen, und ich tastete mich zunächst vorsichtig vor. Ich erinnere mich, dass ich ihn als »Respektsperson mit hohem Wissensstand« betrachtete. Seine glänzende Rhetorik faszinierte mich als einfachen Volksschüler.

Wie ich das in meinem Leben immer so gehalten habe, ob im Beruf, in der Partei oder bei anderen »Gleichgesinnten«, war das »Du« für mich nicht obligatorisch. Wie lange das bei Horst Ehmke galt, weiß ich nicht mehr, doch es war eine lange Zeit, in der er für mich der »Herr Ehmke« war.

Da er in meinem Wahlkreis kandidierte, kam es im Rahmen der Parteiarbeit immer wieder zu persönlichen Begegnungen, die meine Achtung vor seiner Person als »unserem Abgeordneten«, Staatssekretär und nachfolgend Minister noch steigen ließ. Das lag nicht nur an seiner politischen Arbeit, sondern auch daran, wie gut er sich nach und nach in Stuttgart einlebte und Kontakte zu allen Kreisen der Bevölkerung bekam.

Dabei konnte ich ihm gelegentlich behilflich sein, weil er – wie kaum ein anderer in der Partei – bei der Arbeit im vorpolitischen Raum äußerst geschickt vorging, ohne sich politisch zu »verbiegen«. Seine politische Ausrichtung trug er immer sehr bestimmt vor, schenkte seinem Gegenüber stets Gehör und ging als der »Herr Professor« auf die Bürger ein. Deshalb kam er auch immer wieder gern in das Heslacher Waldheim, das er als traditionell für die Arbeit der SPD ansah und in dem er mit den Menschen aus allen Schichten der Bevölkerung diskutieren konnte. Ihm war es immer wichtig, die Meinung der Bürger in seine Arbeit einzubeziehen. Hierbei gab es in seinem Verhalten keine Unterschiede, ob er nun mit der Ballettgröße am Württembergischen Staatstheater, Marcia Haydée, an einem Tisch saß oder im Kreise der Frauen und Männer der »Gesellschaft Zigeunerinsel« war. Er schätzte die Arbeit dieser Gesellschaft, denn sie war der erste Bürgerverein im Stuttgarter Westen, der die Traditionen, auch im karnevalistischen Bereich, hoch hielt. Politisch allerdings standen die »Zigeuner« der SPD nicht nahe, aber die Person von Horst Ehmke und seine Kontaktfähigkeit wurden so sehr geschätzt, dass er es sogar bis zum »Oberzigeuner« brachte.

Natürlich öffnete sich für Horst Ehmke auch manche Tür, weil man auf seine Bonner Positionen stolz war. Trotzdem nahm er seine Arbeit im Wahlkreis sehr ernst und kümmerte sich auch um persönliche Anliegen der Bürger. So setzte er sich unter anderem für einen Heslacher Gärtnermeister ein, der sich jahrelang vergeblich um eine Baugenehmigung bemüht hatte. Sein Häusle steht noch heute. Für aktive Parteimitglieder gab es die Möglichkeit, an den Abgeordnetenreisen nach Bonn teilzunehmen.

So erinnere ich mich an eine solche Reise, an der auch der damalige Vorsitzende des Ortsvereins Vaihingen teilnahm. Durch Horst Ehmke wurde es möglich gemacht, auch den Kanzlerbungalow in Bonn zu besuchen. Was alle Teilnehmer nicht glauben wollten, wurde wahr. Nach kurzer Zeit im Bungalow, in der alle gespannt warteten, erschien Willy Brandt. Nachdem er uns begrüßt hatte, wurde es mucksmäuschenstill, bis der alte Fritz – so wurde der Ortsvereinsvorsitzende genannt – das Wort ergriff. Ungeniert sprach er den Kanzler mit Genosse Willy an. Erst jetzt lockerte sich die Spannung und auch andere trauten sich, den Kanzler anzusprechen.

Wie im Wahlkreis kümmerte sich Horst Ehmke in Bonn um unser Wohl und ermöglichte uns ein besonderes Programm. Bei einer der Reisen gab es sogar einen Besuch bei Bundespräsident Heinemann.

Zu seiner Arbeit im Wahlkreis gehörte auch der ständige Kontakt zu »seinem Waldheim Heslach«. Ob zum 1. Mai, zur Heslacher Gesprächsrunde oder später anlässlich bedeutender Besuche – immer gab es Platz in seinem engen Zeitplan. Auch die »Heslacher Hocketse« boten ihm gute Gelegenheiten zu persönlichen Gesprächen. Dafür wurde er auch zum »Oberhocker« gemacht.

Zu seiner Zeit als Postminister kam es zur Einladung durch einen bekannten Stuttgarter Malermeister. Er arrangierte in seiner Werkstätte einen Dämmerschoppen mit 60 Geschäftsfreunden. Dafür fiel ihm ein netter Gag ein. Da seinerzeit (1974) eine Gebührenerhöhung der Post anstand, versah er einen eigens hergestellten Bierkrug mit einer stilisierten Briefmarke, die den Kopf Horst Ehmkes trug und die Briefmarkenwerte 0,40 DM, 0,75 DM und 1,30 DM enthielt. Damit waren drei Erhöhungen möglich und konnten angekreuzt werden. Eine einfache, Kosten sparende Lösung, die viel Anklang fand und den Dämmerschoppen prächtig gedeihen ließ.

Auch unsere persönlichen Beziehungen entwickelten sich durch seine überzeugende Persönlichkeit und seine Arbeit in Stuttgart wie in Bonn bestens.

Einen Höhepunkt erreichte sie im Wahljahr 1972. Horst war es gelungen, drei hochkarätige Gäste für das Waldheim Heslach zu gewinnen. Anfang Juli war der griechische Sozialdemokrat Professor Mangakis zu Gast. Ihm folgte der damals hoch angesehene österreichische Bundeskanzler Bruno Kreisky. Dieser füllte sogar an einem Werktag das Waldheim. Höhepunkt war dann am 21. August der Besuch des Bundeskanzlers Willy Brandt. Diese

Ankündigung von Horst war für mich so gewaltig, dass ich gar nicht daran glauben konnte. Erst als die Polizeieskorte und der 600er Mercedes des Kanzlers ins Waldheim rollten, wurde uns die Bedeutung des Besuchs klar. Fast wäre mir das Herz in die Hose gerutscht. Ich war froh, dass Horst da war und im übervollen Waldheim nichts passierte. Horst war ja den Umgang mit einem so »hohen Tier« gewohnt.

Natürlich war für uns alle dieser Besuch im Wahljahr wertvoll. Der Wahlkampf lief ja auf vollen Touren. Dabei konnte gerade das Waldheim Horst sehr unterstützen. Durch Platz 54 auf der Wahlliste war ich acht Wochen vom Dienst freigestellt. In dieser Zeit waren wir mit dem »VW-Apfelbus« täglich in Stuttgart unterwegs. Der Bus wurde von einem bekannten Stuttgarter Unternehmer dem Verein zur Verfügung gestellt. Der schon erwähnte Malermeister ließ extra rote Aufkleber in Apfelform herstellen, mit denen der knallgelbe Bus beklebt worden war. Aber nicht nur der Bus erhielt einen Aufkleber, sondern auch jeder Apfel, der verteilt wurde – 54 Zentner Äpfel wurden mit dem Konterfei von Horst versehen.

Unser Tag begann in dieser Zeit um 6 Uhr morgens mit dem Verteilen von Äpfeln an Straßenbahnhaltestellen, vor Werkstoren und überall dort, wo Horst auftrat. Eine Heidenarbeit war das Bekleben der Äpfel. Dies machte eine Handvoll Rentner im Waldheim, damit wir täglich unsere Verteilaktion wahrnehmen konnten.

Der damalige Wahlkampf war für mich die härteste, aber schönste Zeit meiner Mitgliedschaft in der Partei. Ich bewunderte Horst immer wieder wegen seiner Ausdauer an diesen langen Tagen, die oft bis Mitternacht gingen. Hausbesuche waren seinerzeit an der Tagesordnung, und sie waren in den großen Häusern im Stuttgarter Westen oft beschwerlich. Zugleich waren sie erfreulich, weil der »Herr Professor« kaum abgewiesen oder unfreundlich empfangen wurde. Er konnte es einfach mit den Leuten. Beispielsweise kamen wir in Vaihingen zu einem Haus, vor dem zwei Frauen standen und ein älterer Mann auf einer Bockleiter Äste von einem Baum sägte. Horst bat den

Mann, von der Leiter zu kommen und ihm die Säge zu geben. Kräftig und geschickt, zum Erstaunen der Umstehenden, führte er die Arbeiten weiter aus. Wieder ein Beweis, was ein Professor so alles kann.

Bei einer Kneipentour besuchten wir im Stuttgarter Süden die altbekannte Gaststätte »Kochenbaas«. Sie wurde seit vielen Jahren von einer älteren Frau, einem schwäbischen Original, geführt. Der Frau erklärte ich, welcher bedeutende Gast gekommen war, was sie aber überhaupt nicht berührte. Sie machte auch keine Anstalten, ihn zu begrüßen. Nachdem ich sie nicht an den Tisch hatte locken können, begab sich Horst zu ihr in die Küche und kam erst nach einiger Zeit zurück. Unterm Arm hatte er eine Flasche schwäbischen Wein, die er von der Wirtin geschenkt bekommen hatte. Sein Charme hatte auch hier, wie sonst oft bei jüngeren Damen, gewirkt. Dieser Charme war bei den vielen Veranstaltungen immer wieder zu bewundern, ja Horst war darum zu beneiden. Da wir beiden »Grauschimmel« gelegentlich als Brüder angesehen wurden, fiel auch etwas Glanz für mich ab.

Nicht so vom »Remstal-Rebell«. Ein Obstbauer mit störrischem Kopf gegenüber der Obrigkeit. Er trat bei einer Veranstaltung mit Horst in ziemlicher Lautstärke auf, und ich wollte den Störenfried aus dem Saal bugsieren, was nicht ohne körperliche Gewalt möglich gewesen wäre. Doch Horst schaffte es, ihn anzuhören und ihn dann zu beruhigen, was den weiteren Verlauf der Versammlung rettete.

So könnten noch weitere Beispiele aus dem damaligen Wahlkampf angeführt werden, was aber diesen Rahmen sprengen würde. Erwähnt sei noch, dass zahlreiche Begegnungen mit Menschen aus Kultur, Kunst, Wirtschaft und Politik im Hause des Stuttgarter Bildhauers Professor Otto Herbert Hajek stattfanden. Es war immer beeindruckend, wenn Hajek seine Gäste mit ausgebreiteten Armen »ganz stark begrüßte«. Leider ging die schöne und aufregende Zeit mit Horst wegen der Neueinteilung der Wahlkreise in Stuttgart 1978 zu Ende. Horst erhielt in Bonn einen neuen Wahlkreis, was aber seine Verbindungen nach Stuttgart nicht vollständig abreißen ließ. Das Haus Otto Herbert Hajeks und das Heslacher Waldheim blieben Orte, die er auch weiterhin besuchte.

Seinen 70. Geburtstag feierten wir mit über 200 Gästen im Heslacher Waldheim. Zu ihnen zählte als Überraschungsgast auch der frühere Baden-Württembergische Ministerpräsident Lothar Späth, der seinem Duzfreund Horst Ehmke »parteiübergreifend« gratulierte. Manfred Rommel meldete sich schriftlich, weil sein Gesundheitszustand sein Kommen nicht zuließ.

Die schriftstellerischen Fähigkeiten von Horst kamen auch beim 70jährigen Jubiläum dem Waldheim zugute. Horst verfasste ein politisches Grußwort zur Tradition des Waldheims, zu der damaligen politischen Lage – Terrorismus – und zur Politik allgemein.

Auch in den folgenden Jahren riss die Verbindung nach Stuttgart nicht ab. Zwei seiner erfolgreichen Kriminalromane stellte er im Heslacher Waldheim einer aufmerksamen und gut gemischten Zuhörerschaft vor. Die anschließenden unterhaltsamen Stunden mit ihm waren allein das Kommen wert.

Horst erinnert sich immer noch gerne an die vielen Begegnungen in Stuttgart. Leider wird die Erinnerung daran durch den Tod von Otto Herbert Hajek getrübt.

Zu seinem 80. Geburtstag wünschen wir Horst alles Gute, vor allem Gesundheit.

Mit Widerspruchsgeist und ohne taktische Zurückhaltung zum Erfolg

Vor Jahren habe ich zufällig ein paar »Parteifreunde« über Horst Ehmke reden hören. Sie waren sich einig, Ehmke handele nach dem Prinzip: »Viel Feind, viel Ehr«. Richtig ist, dass er nicht wenige Gegner, ja auch Feinde, bei seiner politischen Arbeit gehabt hat, besonders auch innerhalb der SPD. Aber für völlig falsch halte ich, dass der Satz »Viel Feind, viel Ehr« auf Ehmke zutrifft, es ihm also schlicht um Streit gegangen sei.

Sicherlich haben seine intellektuelle Überlegenheit und wohl auch die Außenseiterkarriere zu mancher Feindseligkeit, gerade in der SPD, geführt. Wer als Staatsrechtsprofessor erfolgreich, ja berühmt war und dann über hohe Staatsämter eine kämpferische politische Karriere beginnt, erstaunt nicht nur seine Umwelt, sondern erweckt auch Misstrauen. Die Kombination aus sehr schnellem Denken und Erfahrungen auch in Bereichen außerhalb des politischen Tagesgeschäftes provoziert manche Skepsis über seine Motive.

Aber kommen wir auf das Wort »Viel Feind, viel Ehr« zurück. Ehre und Ehrgeiz liegen nicht nur sprachlich eng zusammen. Ich glaube aber, dass es eine völlige Fehleinschätzung wäre, die vielen Konflikte, die Ehmke austrug, auf den Kampf um des Kampfes willen oder gar auf überzogenen Ehrgeiz zurückzuführen.

Viele Erlebnisse mit Horst Ehmke in der langen Zeit, als wir gemeinsam stellvertretende Fraktionsvorsitzende – zuerst unter Herbert Wehner und später unter Hans-Jochen Vogel – waren, beweisen mir, wie falsch diese Einschätzung ist.

Vorweg eine Erfahrung aus dem Frühsommer 1974. Nach dem Rücktritt von Willy Brandt stand Horst Ehmke vor der Frage, ob er weiterhin dem Kabinett angehören sollte. Dies war keine einfach zu beantwortende Frage für ihn, denn der neue Kanzler Helmut Schmidt hatte nach der Wahl 1972 dafür gesorgt, dass

Ehmke den einflussreichen Posten des Kanzleramtsministers verlor. Manche sehen einen der Gründe von Willy Brandts Problemen nach dem sensationellen Wahlsieg 1972 darin, dass er seinen loyalen und effizienten Chef des Kanzleramtes abgeben musste.

Übrigens: Nicht wenige behaupteten später, Helmut Schmidt habe Ehmke überhaupt nicht im Kabinett behalten wollen. Meine Erfahrungen zeigen das Gegenteil. Schmidt hatte, aus welchen Motiven auch immer, Ehmke gefragt, ob er Minister bleiben wolle. In einem längeren Gespräch erörterte damals Ehmke mit mir, was er tun solle. Die Aufgabe im Kabinett wäre weiterhin reizvoll und interessant gewesen: Forschung und Technologie. Zudem: In sechs Jahren als Minister kann man sich an Amt und Würden gewöhnen. Ein ehrgeiziger und amtbesessener Politiker würde alles tun, um Minister bleiben zu können. Ich erinnere mich genau an das Gespräch mit Ehmke. Es war sachorientiert und nüchtern. Er erwog das Für und Wider ohne Eitelkeit. Natürlich spielte die Loyalität zu Willy Brandt und zur eigenen Partei eine besondere Rolle. Das Ergebnis: Ehmke lehnte den Kabinettsposten ab, er bewies seine Unabhängigkeit und Fähigkeit, die Verantwortung für die Sache über die eigene Person zu stellen.

Aber kommen wir zur gemeinsamen Arbeit im geschäftsführenden Fraktionsvorstand zurück. Herbert Wehner hatte innerhalb der Fraktion eine geradezu legendäre Autorität: Sie beruhte einerseits auf seinen großen Leistungen in der Vergangenheit, der Durchsetzung des Godesberger Programms, dem Erreichen der Regierungsfähigkeit der SPD nach 1966, der Organisation der Großen Koalition zwischen 1966 und 1969 (zusammen mit Helmut Schmidt) und seinen Beiträgen zu den Wahlkämpfen der SPD und natürlich seinen vielen politischen Erfolgen, nicht zuletzt in der Deutschlandpolitik. Andererseits beruhte die Autorität auch auf der Art und Weise, wie Herbert Wehner führte. Einschüchterungen der verschiedensten Art, die zarte Gemüter durchaus verängstigten, waren in nahezu jeder Sitzung zu erwarten. Dabei gab es sowohl zynische Charakterisierungen von Personen als auch – bei Widerspruch – eine heftige Lautstärke.

Das Problem war, dass der Fraktionsvorsitzende sehr unterschiedliche und für mich manchmal unerklärbare persönliche Einschätzungen hatte. Ich selbst konnte mich nicht beklagen. Aber es gab Kollegen in der Fraktion, die eine völlig unverständliche, schlechte Behandlung erfuhren. Als besonders drastische Beispiele fallen mir die früheren Bundestagsabgeordneten Peter Conradi und Norbert Gansel ein. Beide waren vorzügliche Abgeordnete, gute Redner und entwickelten viele Initiativen. Beide wurden oft regelrecht niedergemacht. Das passierte mit Horst Ehmke nicht.

Ich habe an Horst Ehmke in jener Zeit immer bewundert, mit welcher Geduld und Orientierung an der Sache er die Situation bewältigte. Dabei war es eine Phase, die durchaus schwierig war – die späte Phase der sozial-liberalen Koalition, in der die FDP den festen Willen hatte, sie möglichst bald zu beenden.

Horst Ehmke bemühte sich stets um eine sachliche Diskussion. Er hat mit Geduld und Entschiedenheit seine Position vertreten und etwas getan, was in der Fraktion nicht immer üblich war, nämlich dem Fraktionsvorsitzenden auch dann in der Sache widersprochen, wenn es schwierig wurde. Er ließ sich auch durch ein zuweilen fürchterliches Klima nicht davon abhalten, seine Argumente vorzubringen. Er zeigte Mut zum Widerspruch, auch wenn es besonders schwierig schien. Seine Konzeption bestand im Folgenden: In einer Fraktionsführung ist Konformität die größte Gefahr; das Fehlen offener Diskussion, ein Mangel am Abwägen des Für und Wider ist oft die Ursache für Stagnation in der Politik und innerhalb von Parteien; der Widerspruchsgeist ist Voraussetzung dafür, dass es voran geht; notwendiger Streit darf aus Opportunismus nicht vertagt werden.

Horst Ehmke kam sicherlich in eine einfachere Situation als vorher, als Herbert Wehner nach der verlorenen Wahl 1983 ausgeschieden und Hans-Jochen Vogel an seine Stelle getreten war. Das Klima verbesserte sich – trotz mancher Depression in der Oppositionsrolle – beträchtlich. Diskussionen wurden offener und effektiver.

Aber auch in dieser Zeit war es unerlässlich, in dem kleinen und vertraulichen Gremien des Fraktionsvorstands Positionen selbstbewusst zu vertreten. Die Arbeit wurde dadurch nicht unbedingt erleichtert, dass wir ein Überangebot an vorzüglichen Juristen hatten (Hans-Jochen Vogel, Horst Ehmke, Jürgen Schmude, Herta Däubler-Gmelin, Gerhard Jahn, Anke Fuchs, also allein vier frühere Justizminister). Horst Ehmke wollte sich natürlich nicht allein auf Außenpolitik beschränken, für die er damals primär zuständig wurde. Er war ohne Zweifel derjenige unter uns mit den meisten Erfahrungen, und dadurch geriet die Hierarchie etwas in Bedrängnis. Es kam hinzu, dass Horst Ehmke, wie jeder weiß, nicht zur taktischen Zurückhaltung bei Auseinandersetzungen neigte.

In dieser Situation war es sehr angenehm, dass trotz aller persönlichen Spannungen, die in der Politik unvermeidlich sind, ein Diskussionsklima entstand, das letztlich fruchtbar war. Entgegen der landläufigen Meinung, die manche von Hans-Jochen Vogel zeichneten, war dieser als Vorsitzender durchaus auch an Kontroversen interessiert.

Dass diese Oppositionsphase nicht erfolgreicher verlief und 1987 nicht zu einem Wahlerfolg der SPD führte, lag sicherlich nicht an der Arbeit in Bonn oder gar am Beitrag von Horst Ehmke. Dafür gab es vor allem zwei Gründe: Zum einen hatte die SPD das taktische Geschick von Helmut Kohl unterschätzt, zum anderen gab es in der SPD einen völligen Dissens zum Verhältnis zu den Grünen. Während der Spitzenkandidat Rau 1986/1987 eine Koalition mit ihnen ausschloss, gab es von führenden Mitgliedern der Partei mitten im Wahlkampf Gegenbewegungen. Das konnte natürlich nicht gut gehen.

Ein persönliches Bekenntnis zum Schluss. Etwa 1988 sagte mir Horst Ehmke, er fände die SPD Programmdiskussion zur Wirtschaftspolitik nicht international genug ausgerichtet. Ich glaube, er hatte Recht. Wir hätten die Tendenzen zur Globalisierung früher wahrnehmen müssen. Ehmke war kein Wirtschaftsexperte. Aber er hatte große internationale Erfahrung. Er hatte Gespür dafür entwickelt, dass wir uns in einem grundlegenden Wan-

del gerade der wirtschaftlichen Strukturen und Entscheidungs-
möglichkeiten befanden. Er kannte nicht nur Konflikte, sondern
hatte auch Perspektiven.

Ein Haudegen für uns –
und immer auch Brückenbauer

Hin und wieder ist er in der Telefonleitung. Fragt, möchte Einordnungen und rät. Nicht belehrend, aber mit einer intellektuellen und fachlichen Schärfe, die den Professor nicht verleugnen kann.

Die intellektuelle Schärfe und argumentative Präzision haben mich schon in den Bann gezogen, als ich Horst Ehmke, den Freiburger Staatsrechtler, als junger Student bei einer Gastvorlesung in Hamburg erstmals erlebte.

Diese flüchtige Bewunderung lebte auf, als ich Horst fast zwanzig Jahre später – in den Achtzigern – als Fraktionskollegen intensiver agieren sah. Ein Haudegen für uns, der sich in den Schlachten der sozial-liberalen Zeit viel Ehre, aber wohl auch die ein oder andere Blessur geholt hatte.

Horst, der Danziger Großbürgersohn, der in Schwaben, Baden, Köln und Bonn alle Spielarten des politischen Klüngels inhaliert hatte, konnte gerade in den Brüchen zwischen Regierungspartei und Oppositionsfraktion seine Stärken als nonkonformistischer Vermittler ausspielen.

Ein Brückenbauer, der keine Kontakte abreißen ließ: weder als Außenpolitiker im nicht einfachen Verhältnis zum Reagan-Amerika noch als ehemaliger Sozialliberaler zu den in der FDP heimatlos gewordenen Liberalen. Als einer der ersten in der SPD-Führung erkannte er, dass die Sprachlosigkeit zwischen den Sozialdemokraten und den als verlorene Söhne und Töchter bewerteten Grünen auch auf Bundesebene nicht ewig anhalten dürfe.

Besonders aber baute Horst Ehmke innerparteilich Brücken zwischen widerspenstigen Enkeln und den führenden Personen dieser Zeit. Nicht immer zu aller Freude versuchte er, zwischen den Interessen auszugleichen und dennoch unverrückbar die Verjüngung in den Führungsgremien voranzutreiben.

Unter Herbert Wehner und Hans-Jochen Vogel war er von 1977 bis 1990 stellvertretender Fraktionsvorsitzender. Zu Unrecht kommt in der medialen Bewertung diese lange, wichtige Phase des politischen Schaffens meist zu kurz. Scharfzüngig, schlagfertig, wie er war, horchten alle auf, wenn er sich in der Fraktion zu Wort meldete. Fest verwurzelt in der Sozialdemokratie, leistete er sich den Luxus, auch jenseits der ausgetretenen Wege zu denken und zu argumentieren. Gerade für uns Jüngere war diese Institution in der Sozialdemokratie Bonns damals ein Förderer auch von unkonventionellen Ideen.

Aber bei aller Bereitschaft zu Nonkonformismus und Unkonventionalität hat der erfahrene Kanzleramtschef und Minister uns immer wieder eingebläut, dass alle Lust des Kommentierens und Argumentierens in der Opposition nur halb so schön ist, dass die Addition von Minderheitsmeinungen nicht zur Meinungsführung kumuliert. Horst, der scharfe Intellektuelle, der – ich wähle dieses Attribut voller Hochachtung bewusst – Gelehrte in der SPD-Fraktion lebte vor, dass diese Eigenschaften Volksnähe nicht ausschließen und in der Politik nicht ausschließen dürfen.

Für mich ist es einer der herausragendsten Charakterzüge von Horst, dass er von der Bürde des Amtes nie die heiteren Seiten des Lebens erdrücken ließ. Ein fröhlicher Sozialdemokrat, der auch in der harten Phase der Opposition dem Optimismus das Wort sprach. Neben vielem, was wir von dem ungewöhnlich wissenden und kundigen Politstrategen lernen konnten, habe ich vor allem eines von Horst mitgenommen: Zur erfolgreichen Politik gehört auch gute Laune. Einem Politiker schadet es nicht, auch ein wenig Humorist zu sein.

Wo der brillante Formulierer in Partei, Fraktion oder Parlament zulangte, konnte es sehr schnell lebhaft, manchmal auch ungemütlich werden. Streit war für ihn auch das, was es auszutragen galt. Damals, noch nicht in verantwortlichen Ämtern der Fraktion, hatte ich, entspannt zurückgelehnt, die Muße, seine nicht immer zu unterdrückende rhetorische Rauflust zu genießen. Horst habe ich als uneingeschränkte Bereicherung für die Fraktion angesehen. Heute als Fraktionsvorsitzender wäge ich,

Bereicherung ist gut, aber es darf nicht nur solche Bereicherung geben. Nicht jeder Abgeordnete sollte ein Ehmke sein.

Horst hat 1994 den Bundestag verlassen, die Politik hat er jedoch nie abstreifen können. Nicht penetrant, nicht aufdringlich meldet er sich hin und wieder bei mir zu Wort. Zuletzt war es ihm ein Bedürfnis, mir seine Bedenken und Vorstellungen zum Luftsicherheitsgesetz deutlich zu machen. Es wäre nicht nötig gewesen: Die Einwände des Staatsrechtlers Horst Ehmke hatte ich bereits bei dem Krimiautor Horst Ehmke in »Der Schatten der Gewalt« gelesen.

Was im Übrigen meinen Verdacht bestätigt. Der Homo politicus Horst Ehmke hat sich nur ein anderes Forum gesucht, um das zu tun, was er seit den Anfangsjahren der Republik leidenschaftlich, erfolgreich und fröhlich gemacht hat: Politik eben.

VIERTER TEIL

Horst Ehmke, der Parlamentarier und Außenpolitiker

NORMAN BIRNBAUM

Politics and the Good Life

I was about to entitle this note »a personal tribute« – but it then occurred to me that it would be very difficult indeed to write about Horst without paying tribute to those qualities he has in overflowing measure: honesty, humor, integrity and intelligence. True, like the late John Kenneth Galbraith, Horst thinks modesty a much over-rated virtue – but he has good reason to be proud of his accomplishments. In any event, there are important respects in which Horst is indeed modest. Of that, more below. To begin, I'll sketch some of the outer details of an encounter between the professor from Danzig and myself, from the Bronx.

I first met Horst in the spring of 1977 in Boston, where he was visiting with Willy Brandt. At the time, I was teaching in western Massachusetts at Amherst College, situated in the Connecticut River valley at the foothills of the Berkshire Mountains. All that chlorophyll was, clearly, not entirely good for my psychic health and I was casting about for political engagement with the world other than teaching and writing. Opportunity had been provided by friends in Washington. For one thing, Senator Kennedy and his staff occasionally did me the honor of asking for advice for another, the United Auto Workers (then in the vanguard of the Democratic Party) regarded me as an intellectual counselor. The union, or rather its Washington representative Steve Schlossberg and its President, Doug Fraser, responded very positively to my suggestion that we convene a meeting of those Democrats loyal to the New Deal tradition and Europeans from the parties of the Socialist International. The point would be to consider the new historical situation and to establish a continuous Trans-Atlantic discussion which would go beyond the sterile categories of Cold War thought. Mike Harrington, with whom I worked in what was then »The Democratic Socialist Organizing Committee« and who had close personal ties to Willy Brandt, was very much part of the enterprise.

I had first visited Germany in 1952 for a year to do research for my Harvard doctoral dissertation on the German Reformation. While teaching subsequently in the United Kingdom and in France, and after my return to the US in 1966, I had a good deal of contact with German academic and intellectual life. During my years in London, I had become part of the group that founded the British New Left, and I was also quite involved with the American Left of the sixties. At the same time, I knew our German contemporaries, knowing the Social Democrats from afar, and admiring Brandt at a distance. All that changed when I began, at about the time when Brandt and Ehmke visited Boston in 1977, to write regularly on the US for Vorwaerts. Suhrkamp indeed had published a translation of my 1968 book, The Crisis of Industrial Society – but the Vorwaerts articles brought me into direct relationships with the SPD.

An American scholar once remarked that US students of European politics mostly studied the parties of the left and in effect adopted one or the other of them as a surrogate for the American socialist or social democratic party they wished we had. I had not given up on the Democratic Party. Indeed, my work with the UAW and some of the Congress members like Kennedy and Ronald Dellums, who represented Oakland (and therewith Berkely) in the House, was an effort to find a place in American politics. That was true of my move in 1979 from Amherst to a post at Georgetown University in Washington. The preparatory work for the Transatlantic conference, which we finally held in Washington in 1980 as a conference on Eurosocialism, began a long period in which I could with some veracity think of my Washington house as the site of an SPD Ortsverein.

True, my visitors weren't exclusively Social Democrats: I was host to figures from the peace movement as diverse as the then Heidelberg theologian Professor Wolfgang Huber, and the militant Green Otto Schily. Albrecht Mueller and Stefan Pelny (who had begun his career with Horst Ehmke) served as entirely unauthorized representatives of the then Bundeskanzleramt. I recall one of those »Security« conferences of the Friedrich-Ebert-Stiftung, in which most of the American contributions evoked the imminence of Apocalypse and in any event hardly diminished anyone's sense of historical insecurity. It was circa 1981, and I was honored by being directly addressed in a coffee pause by Helmut Schmidt. He said that when he spoke about the US, many of his Social Democratic friends listened but that others recommended that he read my articles in *Vorwaerts*. I was at a loss, momentarily, as to what to respond but finally said, »Herr Bundeskanzler, von solchem guten Rat wuerde ich keinen Abstand nehmen.« Later, he told Mueller and Pelny that their friend in Washington was arrogant – a judgement by an expert in the matter.

Of this period, and the years well after it, I recall with pleasure my friendship with Horst Ehmke. I knew of the eminent Constitutional lawyer, the advocate for DER SPIEGEL in the aftermath of the November 1962 attack, the reforming State Secretary and then Justice Minister, and of course the Staatsminister who kept the Bundeskanzleramt working.

Face to face, I encountered a reflective citizen of the world, whose irony and sense of human frailty, so far from contradicting an effort to change the world, liberated him to do God's work in it. It was one version of the Lord's approach: Horst had certainly internalized the immortal lesson of the Prologue to Goethe's Faust. (Mephistopheles: »Es ist gar huebsch von einem grossen Herrn, so menschlich mit dem Teufel selbst zu sprechen.«) He feared contact with no one and was quite able to appreciate the virtues as well as the sins of large figures like Kissinger and Strauss. as well as of party comrades like Schmidt, Vogel and Wehner, for whom he had little difficulty in controlling his enthusiasm. He had a thoroughly secularized view of the United States, was able to insert our history in world history, and was remarkably free of either the absurd post-war German over estimation of the benign intentions and political effectiveness of our elites and of its bastard twin, systematic resentment of them. Clearly, his experience of Berkeley, Princeton and the US citizens he encountered on the Tri-Lateral Commission, taught him a great deal.

Had Horst remained at the university, he would have been a great academic figure in constitutional law – and beyond that, no doubt, a public sage. I do not think that his pedagogic impulse ever deserted him. I regarded my conversations with him as a continuing sort of Socratic dialogue – with the emendation that he not only posed the questions but answered them. At times, indeed, I thought of Horst as an honorary Jewish intellectual, if we define an authentic Jewish intellectual as someone who can ask a question, answer it, and explain why it is meaningless in the same breath. Still, he has a remarkable ability to set the capacities of limited, even frail, human actors in their larger historical settings – a feeling for the concreteness of experience rare in those at ease with abstraction and generalization.

I would say that there were four areas in which I learned much from him:

In the first instance, he brought to life much of the modern German experience. He had actually fought in the war, experienced the Soviet occupation, and could not return to his native city, Danzig. He had a good sense of what ordinary Germans of his generation felt and thought, of their response to the enormous ruptures in their lives. He quite deliberately reached back into German intellectual history, to the Weimar Republic and the radical German democratic tradition, to construct his idea of modern Germany, which did not begin in 1945 or 1949. Horst's insistence on the continuity of German history was as important as his sense of its obvious discontinuities, and he did not require lessons on »tradition« from those of his contemporaries who were remarkably selective in their appropriation of the past. Perhaps it was this sense of his own history which made his appreciation of American history so very acute.

He also dispensed with a dogmatic or formulaic interpretation of social democracy. He did not, equally, elevate systematic absence of principle to an ostensibly »pragmatic« virtue. He knew enough about our own John Dewey to reject the stupid use of

238 the term »pragmatism« to describe empty opportunism. His affinity for Willy Brandt had to do with their common sense of the necessity of seizing historical openings when they presented themselves. This was anything but passivity. Horst is entirely correct in his memoir to depict the Ostpolitik as the indispensable precondition to the sudden termination of the Cold War. He is equally right about the consolidation of German democracy under the impulses and measures we associate with the marvellous phrase, »Mehr Demokratie wagen«. These achievements required more than a larger vision or prophetic gifts. They required exact political accounting as well as panache, calculation as well as courage. Horst was able to move back and forth between levels of discourse as were few theorists or practitioners. Of my American friends, I'd say that Ken Galbraith and Mike Harrington had this gift. Bob Reich has it, and his desolate departure from the Clinton government suggests how little use the current Democratic Party has for it.

The third lesson Horst was able to convey was one of appreciation of historical complexity in national form. Horst's European rootedness is striking. It extended eastward as well as westward and southward. He had clear ideas of what moved the smaller and larger tyrants and apologists of the Communist regimes – but also of the impulsions of dissidents and reformers. I have no doubt that Maria's Czech experience was an enrichment for him. Barred myself from visiting the late unlamented DDR from 1986 until the fall of the Wall, I shared his admiration for our common friends in the Group »Neues Forum« as well as his regret that theirs was not a project which could be sustained. He is right in his memoir to cite those who likened the beginnings of the rising in the DDR to a second German Reformation. Still, the analogy has its obvious limits. Germany in 1989 was subject to larger historical currents which originated beyond its borders, as the very rapid routinization of the 1989 rising showed. 1989 Germany could not challenge 1517 Rome's imperial successor.

Horst's doggedness in the nineties, in the face of a thoroughly immovable historical constellation, had something stoical about it. He did say that the younger SPD leaders did not get better by being held back by their elders. True, but one sympathizes with his large disappointment at the misadventures of the Red-Green coalition. Having experienced the end of Brandt's Chancellorship, he no doubt was able to bear the series of events that began with Oskar Lafontaine's resignation with relative equanimity. Lastly, then, what I learned from Horst was the capacity to endure defeat. His humor had something of Falstaff about it: one lived to fight another day.

In his memoir, recalling the group around Brandt, Horst declares: we knew how to celebrate. That is the clue to what I would in fact term his fundamental modesty. One did politics for the sake of a larger life – what in German is termed, »das gute Leben.« He never forgot the subordination of politics to life, and so made it into a form of art. Like all of art, then, it had cracks in it with which one had to live.

DIETER DETTKE

Gegensätze überwinden, Konflikte nicht scheuen

1. Einführung: Der Einstieg in die Außenpolitik

Horst Ehmkes außenpolitisches Engagement begann mit voller Kraft erst relativ spät, nämlich im parlamentarischen Abschnitt seiner politischen Karriere. Als er nach seinem Ausscheiden aus der Bundesregierung außenpolitischer Sprecher der SPD-Fraktion wurde, hatte er bereits lange Zeit Erfahrungen in hohen Regierungsämtern hinter sich. Während der ersten Großen Koalition war er Staatssekretär in dem von Gustav Heinemann geführten Justizministerium. Nachdem Gustav Heinemann zum Bundespräsidenten gewählt worden war, wurde Ehmke Justizminister. In der SPD/FDP-Koalition unter der Führung von Willy Brandt war er ab 1969 zunächst Kanzleramtsminister, dann Bundesminister für Forschung und Technologie sowie Bundesminister für das Post- und Fernmeldewesen. Nach dem Rücktritt von Willy Brandt im Mai 1974 zog Horst Ehmke die Parlamentsarbeit einem Verbleiben im Kabinett der von Helmut Schmidt geführten Koalitionsregierung von SPD und FDP vor.

Die Außenpolitik war für den geborenen Danziger und unter anderem auch an den Universitäten Princeton und Berkeley in Amerika ausgebildeten Juristen kein neues Feld. Schon als junger Professor des Öffentlichen Rechts in Freiburg hatte er sich einen Namen im Spiegelprozess gemacht, bei dem es um nichts Geringeres als Landesverrat ging. Als Kanzleramtsminister und mit der Zuständigkeit für die Geheimdienste ausgestattet, war Horst Ehmke auch direkt und operativ mit zahlreichen außenpolitischen Themen und Aktionen befasst, führte Verhandlungen und konnte zur Not auch dramatische Aktionen durchführen, wie zum Beispiel die Befreiung von Professor Mangakis aus den

Gefängnissen der griechischen Junta mit Hilfe deutscher Bundeswehrhubschrauber zeigt.

Je mehr sich Ehmke im Parlament in die verschiedenen außenpolitischen Problemfelder vertiefte, desto stärker wuchs ihm die Außenpolitik ans Herz. Hier zeigte sich der Einfluss von Willy Brandt. Die Jahre in der engsten Umgebung von Willy Brandt hatten bei ihm ein starkes außenpolitisches Interesse geweckt. Im Kanzleramt diente Horst Ehmke – wie er in der für ihn typischen fröhlich-lustvollen Untertreibung in seinen Memoiren »Mittendrin« schreibt – als ›sounding board‹. Gemeint war damit aber vielmehr seine Rolle als Rechtsberater von Willy Brandt und Egon Bahr bei der Aushandlung der Ostverträge und des Berlin-Abkommens. Die alliierten Vorbehaltsrechte, juristische Zuständigkeitsfragen und völkerrechtliche Fragen des Gewaltverzichts waren in dem komplizierten Geflecht der Ostpolitik, der innerdeutschen Beziehungen, der Berlin-Frage und der KSZE auf gesamteuropäischer Ebene außerordentlich wichtige, ja sogar entscheidende Bedingungen und Maßstäbe für den Verhandlungserfolg.

Außenpolitische Zuständigkeit übernahm Ehmke zunächst als außenpolitischer Sprecher der SPD-Fraktion und gleichzeitig als Vorsitzender der Arbeitsgruppe USA von Fraktion und Partei. Ab 1977 war er auch Stellvertretender Fraktionsvorsitzender mit dem Zuständigkeitsbereich Außenpolitik, und später leitete er dann gleichzeitig den Arbeitskreis I mit dem weiten Zuständigkeitsbereich Außen- und Sicherheitspolitik, Innerdeutsche Beziehungen, Entwicklungspolitik und Europa.

2. Der Arbeitskreis I: Koordinierung von Außen- und Sicherheitspolitik, innerdeutschen Beziehungen, Europa- und Entwicklungspolitik

Der Arbeitskreis I war ein hervorragendes Instrument der Koordinierung von Außenpolitik und erlebte unter der Führung von Horst Ehmke eine seltene Blüte der Synchronisierung von außenpolitischen Aktivitäten der Regierung, des Parlaments und der SPD mit ihren Untergliederungen. Hätte es den Arbeitskreis I zur Zeit des NATO-Doppelbeschlusses in dieser zentralen Koordinierungsrolle nicht gegeben, wären die Spannungen zwischen Parlament, Regierung und Öffentlichkeit sowie zwischen der SPD und der von ihr getragenen Bundesregierung mit Sicherheit von Anfang an größer gewesen. Horst Ehmke wollte in dieser kritischen Phase der deutschen Außenpolitik die Diskussion, genau gesagt die kritische Diskussion, und er hat damit der Regierung und der Partei einen großen Dienst erwiesen. Helmut Schmidt und Hans Apel werden bezeugen können, dass die Diskussionen im Arbeitskreis I und die Beratungen im Kreis der Obleute, zu dem die jeweiligen Sprecher der SPD in den Ausschüssen gehörten, ein zentrales außenpolitisches Führungsinstrument waren. Hier war der Platz für die Erörterung des Für und Wider aller außenpolitischen Herausforderungen, zum Beispiel während der Raketenkrise und dem damit verbundnen NATO-Doppelbeschluss. Ein Beispiel ist die damals nicht zustande gekommene Seestützung im Vergleich zu einer landgestützten Lösung amerikanischer Mittelstreckenraketen. Eine solche Lösung wurde auch in den USA diskutiert. Horst Ehmke gehörte zu denjenigen SPD-Politikern, die sich am nachhaltigsten für eine solche Lösung der Raketenkrise, ausgelöst durch die sowjetische SS 20-Rüstung, einsetzten, und er konnte sich dabei unter anderem auch auf Helmut Schmidt berufen.

Nicht wenige Sozialdemokraten fürchteten, dass eine Umsetzung des NATO-Doppelbeschlusses die Ergebnisse der Ost-, Deutschland- und Entspannungspolitik aufs Spiel setzen würde. Diese Sorge hat Horst Ehmke nicht geteilt. Sein wichtigster außenpolitischer Beitrag bestand darin, die deutsche Ost- und Entspannungspolitik nach Westen abzusichern. Das war nach dem amerikanischen Regierungswechsel von Gerald Ford zu Jimmy Carter keine leichte Aufgabe. Die außenpolitische Mannschaft der Ford- und Nixon-Administration kannte Horst Ehmke bestens aus seiner Zeit als Kanzleramtsminister. Mit der Carter-Administration war die Sache aus zwei Gründen etwas schwieriger. Zum einen kamen neue und mit Deutschland und Europa weniger vertraute außenpolitische Entscheidungsträger an die Schalthebel der amerikanischen Macht. Cyrus Vance als Außenminister und Zbigniew Brzezinski als nationaler Sicherheitsberater des amerikanischen Präsidenten waren etwas schwierigere Partner im Umgang mit deutschen Politikern als das zu Henry Kissingers Zeiten der Fall war.

Horst Ehmkes erste wichtige außenpolitische Mission nach seinem Ausscheiden aus der Bundesregierung war ein Beschwichtigungsversuch gegenüber der gerade gewählten, aber sich noch nicht im Amt befindlichen Carter-Administration. Helmut Schmidt, der im amerikanischen Wahlkampf von 1976 den amtierenden Präsidenten Gerald Ford unterstützt hatte, bat Horst Ehmke, dabei zu helfen, Boden bei der neuen Administration gut zu machen. Ehmke suchte deshalb den als neuen amerikanischen Außenminister vorgesehen Anwalt Cyrus Vance in New York auf, noch bevor dieser ins State Department einzog.

Von Anfang an hing der Haussegen zwischen dem Weißen Haus in Washington und dem Bundeskanzleramt in Bonn schief. Carter und Schmidt fanden während der gesamten Regierungszeit von Carter von 1977 bis Anfang 1981 nie zueinander. Viele hatten sich allein von der Tatsache, dass nun nach langen Jahren Republikanischer Vorherrschaft wieder ein Demokrat im Weißen Haus regierte, einen neuen deutsch-amerikanischen Frühling versprochen. Diese Hoffnung erwies sich als trügerisch. Zwischen Schmidt und Ford hatte sich trotz der parteipolitischen Unterschiede ein geradezu herzliches und warmes Verhältnis zueinander ergeben. Ford ließ sich gerne von Helmut Schmidt beraten, in ökonomischen wie auch in außenpolitischen Fragen, und beide verstanden sich nicht nur auf offizieller Ebene, sondern auch im privaten Bereich ausgezeichnet. Sicher hat es Jimmy Carter gewurmt, dass Helmut Schmidt in den amerikanischen Präsidentschaftswahlen von 1976 unmissverständlich für die Wiederwahl von Gerald Ford plädiert hatte. Carter hat ihm das niemals verziehen, und die gegenseitige Abneigung setzte sich bei beiden bis in die Memoiren und bis zum heutigen Tage fort.

Helmut Schmidt hatte aber trotz der Schwierigkeiten im Umgang mit dem neuen amerikanischen Präsidenten das richtige Gespür für das, was notwendig war, und er bat Horst Ehmke, die Aufgabe zu übernehmen, die Kontakte zum amerikanischen Kongress und zur Regierung auf parlamentarischer Ebene zu verstärken, um die Spannungen auf der Regierungsebene abzufedern und die Kommunikation nicht ganz abreißen zu lassen.

Eine systematische Amerika-Arbeit der SPD und der SPD-Bundestagsfraktion hatte es bis zu diesem Zeitpunkt nicht gegeben. Es gab zwar eine Arbeitsgruppe USA, die beim Parteivorstand angesiedelt war, aber diese dümpelte mehr oder weniger konzeptionslos vor sich hin. Unter der Führung von Horst Ehmke wurde das anders. Er ließ zuerst ein Konzept ausarbeiten und verzahnte die ursprünglich bei der Partei angesiedelte Arbeitsgruppe USA mit der Fraktion. Das machte auch deshalb Sinn, weil die Mitglieder der SPD-Bundestagsfraktion die meisten Reisen nach Amerika unternahmen und deshalb für die Ziele der Arbeitsgruppe unentbehrlich waren. Zentrum der Aktivitäten der Arbeitsgruppe USA war nun die Fraktion, und sie entfaltete auf der Grundlage eines neuen Konzeptes ihre breit gefächerten Programme:

- Engere Kongresskontakte mit präzisen thematischen Schwerpunkten und keine allgemeinen Informationsreisen;
- Kontakte nicht nur beschränkt auf New York und Washington, sondern auch in anderen Teilen des Landes, an der Westküste, im Mittleren Westen etc., wo es zum Teil leichter war, in den Medien wahrgenommen zu werden;
- Erweiterung der thematischen Schwerpunkte auf Fragen nicht nur der Außen- und Sicherheitspolitik, sondern auch wirtschafts- und sozialpolitischer Fragen, gewerkschaftliche Themen usw.;
- Vertiefung des deutsch-jüdischen Dialogs durch Zusammenarbeit mit amerikanischen jüdischen Organisationen;

- Einbeziehung jüngerer Abgeordneter in die Amerika-Arbeit der Fraktion und der Partei und Heranführung insbesondere auch von Fraktionsmitgliedern ohne vorherige Amerika-Kenntnisse an die Aktivitäten der neuen Arbeitsgruppe USA.

Wolfgang Roth, Ulrich Steger und viele andere mehr wurden auf diese Weise an Amerika herangeführt und entwickelten dann ihre eigenen Kontakte auf dieser Grundlage. Plötzlich tauchten nun auch Delegationen der SPD in Detroit auf, um zum Beispiel unter Führung von Helmut Rohde die amerikanische Automobilindustrie zu studieren und zu bewerten.

Ehmkes freundschaftliches Verhältnis zu Ted Kennedy half, viele Türen im Kongress zu öffnen, aber er war sich auch nicht zu schade, den Mitarbeitern Kennedys, anderer Senatoren und Abgeordneter, wenn diese nicht selber im Büro waren, unangemeldet guten Tag zu sagen.

Im Weißen Haus entwickelte Ehmkes einen besonders guten Draht zu David Aaron, Brzezinskis Stellvertreter im Nationalen Sicherheitsrat. Er wurde zur »Kontaktschiene« und bot sich als Empfänger oder zum Weiterleiten von ›Botschaften‹ und ›Signalen‹ an die Adresse der US-Administration an.

Ein besonders schwieriges Thema war Carters Menschenrechtspolitik. Dies war ein Gebiet, auf dem Horst Ehmke sich nicht nur rechtlich besonders gut auskannte, sondern auch über äußerst wertvolle Kontakte zur Charta 77 und anderen Dissidenten im östlichen Mitteleuropa verfügte. Marias Erfahrungen in der ehemaligen Tschechoslowakei hatten hier sicherlich auch ihren Einfluss. Zusammen besuchten sie die Sowjetunion, aber die Vorbehalte vor allem von Maria gegenüber der alten sowjetischen Führung kommen in »Mittendrin« deutlich zum Ausdruck. Ehmkes Einstellung gegenüber Gorbatschow ist dagegen von großer Hochachtung geprägt. So sehr Ehmke sich immer gegen die Verwischung der ideologischen Unterschiede zwischen Ost und West gewehrt hat, so sehr hielt er Gorbatschow eine Veränderung des Denkens und eine Veränderung der Welt zugute. In der Menschenrechtpolitik blieb Horst Ehmke immer konsequent in dem Sinne, dass die

Menschenrechte nicht selektiv eingefordert werden dürfen und vor allem nicht instrumentalisiert werden sollten, wie es häufig auf Seiten der CDU/CSU geschah. Wenn es um Menschenrechte in der Sowjetunion oder der ehemaligen DDR ging, trat man hart auf. Gegenüber Chile drückte man dagegen häufig beide Augen zu. Franz Josef Strauß war ein Künstler auf diesem Gebiet. Mit ihm legte sich Ehmke besonders gerne und – die Wiederholung ist gerechtfertigt – fröhlich-lustvoll an.

Ehmkes unzweideutige Menschenrechtspolitik half, bei der Carter-Administration dem Eindruck entgegenzuwirken, dass die deutsche Sozialdemokratie bei der Verteidigung der Menschenrechte gegenüber der Sowjetunion zu schwach auftrete. Die CDU/CSU Opposition im Deutschen Bundestag tat dagegen alles, um in Amerika genau diesen Eindruck zu verstärken, und sie stieß dabei auch häufig auf offene Ohren im Kongress und der amerikanischen Öffentlichkeit. Franz Josef Strauß war besonders geschickt darin, in Amerika Verdächtigungen gegenüber der deutschen Sozialdemokratie zu bestärken. Wenn deutsche Historiker einmal die Kissinger-Ära auf der Grundlage der amtlichen Unterlagen untersuchen, werden sie feststellen, dass Franz Josef Strauß die amerikanische Kommunistenfurcht immer geschickt zu nutzen wusste, um die Ost- und Deutschlandpolitik der SPD als ideologische Aufweichung, als ›Kotau vor den Russen‹ und die SPD als Handlanger der anderen Seite zu brandmarken. In Gesprächen mit Kissinger versuchte er häufig, sich damit bei ihm beliebt zu machen, dass er die Sozialdemokraten als Kommunistenfreunde in das Lager der anderen Seite beförderte.

Franz Josef Strauß konnte damit zum Teil auch bei Carter und Brzezinski offene Ohren finden, und als Strauß in den Wahlen von 1980 gegen Helmut Schmidt kandidierte, erhielt er rechtzeitig vor den deutschen Bundestagswahlen einen herausgehobenen Termin bei Präsident Carter. Damit ging er dann in der deutschen Innenpolitik hausieren. Es war nicht zu übersehen, dass dies auch als Spitze gegen Helmut Schmidt gedacht war.

War schon die Carter-Zeit für die Außenpolitik der SPD durch
den Doppelbeschluss und die Menschenrechtspolitik der US-
Administration eine große Herausforderung, so sollte es mit dem
Amtsantritt von Ronald Reagan zunächst noch schlimmer kommen. Reagan scheute auch die direkte Herausforderung der anderen Seite nicht und setzte wieder ganz auf militärische Stärke
und ideologische Konfrontation. Die deutsche Politik und noch
mehr die deutsche Öffentlichkeit waren auf einen Wahlsieg von
Ronald Reagan kaum gefasst und äußerst schlecht darauf vorbereitet. Noch im Dezember 1980, wenige Tage nach den amerikanischen Präsidentschaftswahlen, hielten führende Vertreter der
europäischen Sozialdemokratie, darunter Willy Brandt, François
Mitterrand und Olof Palme, in Washington einen Kongress ab,
der eigentlich als ein Akt der Versöhnung gegenüber der Carter-
Administration gedacht war und nach der erwarteten Wiederwahl von Carter den europäisch-amerikanischen Schulterschluss
bringen sollte. Horst Ehmke gehörte mit zu der Delegation von
Willy Brandt. Gemunkelt wurde sogar davon, dass Carter möglicherweise die US-Demokraten dazu bewegen würde, der SI beizutreten. Das war sicher eine Fehleinschätzung, aber sie unter-
streicht das Bedürfnis der europäischen Sozialdemokratie nach
einer Wiederannäherung zwischen Europa und Amerika nach den
Spannungen aufgrund des NATO-Doppelbeschlusses von 1979.

Es kam alles ganz anders als erwartet. Carter wurde nicht wieder
gewählt, und Ronald Reagan sagte mit seiner militärischen Aufrüstung eine neue harte Politik gegenüber der Sowjetunion an.

In Europa gab es Aufschreie des Entsetzens. Es ist sicher nicht
übertrieben, in der Wahl von Ronald Reagan die endgültige Kon-
solidierung der deutschen Friedensbewegung zu sehen. Durch ihn
wurde sie zu einer anschwellenden sozialen Bewegung. Gewiss,
am NATO-Doppelbeschluss entzündete sich der Widerstand gegen
eine Politik des Wettrüstens, aber ob dieser Widerstand alleine
ausgereicht hätte, um einer Bewegung auf Dauer Richtung und
Ziel zu geben, ist eine offene Frage. Die Friedensbewegung war

eine Art, auf die Wahl von Ronald Reagan zu reagieren. Aber Protest ist kein Ersatz für Politik. Wie aber sollte Europa politisch auf Ronald Reagan reagieren? Anpassen, ablehnen, auf Gegenkurs gehen?

Horst Ehmke war derjenige, der als erster die richtige konzeptionelle Antwort auf die Wahl von Ronald Reagan fand: die Selbstbehauptung Europas. Die Rückbesinnung und Konzentration auf Europa war zu diesem Zeitpunkt keineswegs eine Selbstverständlichkeit, hatte doch die Bundesrepublik Deutschland im Zuge der Raketenkrise gerade erst eine Art Sonderstatus als nicht-nukleare Führungsmacht im Bündnis neben den USA, Großbritannien und Frankreich erhalten. Die Rückbesinnung auf Europa machte nicht nur politisch Sinn; es war auch die richtige ökonomische Antwort auf die amerikanische Hochzinspolitik mit der potenziellen Folge einer Kapitalabwanderung aus Europa. Reagans neue Strategie im Ost-West-Konflikt löste nicht nur verschärfte Ost-West-Spannungen aus, sie trug auch zu erheblichen bündnisinternen Spannungen bei. Europa brauchte in dieser Lage allein schon aus Gründen des Selbstschutzes eine kohärente Antwort.

Unter der Federführung des Arbeitskreises I wurde ein umfassendes Arbeitsprogramm entwickelt, das die Selbstbehauptung Europas politisch, wirtschaftlich und strategisch zu einem Gesamtkonzept ausbaute. Der Arbeitskreis Wirtschaft und die im Arbeitskreis I zusammengefassten Arbeitsgruppen Außenpolitik, Verteidigung, Entwicklungspolitik, innnerdeutsche Beziehungen und Europa trugen zur Ausfüllung der einzelnen Bestandteile des Konzepts europäischer Selbstbehauptung bei. Die SPD fand mit dem Konzept der Selbstbehauptung Europas auch bei den übrigen sozialdemokratischen Parteien Europas viel Anklang und übernahm damit auch auf europäischer Ebene die Meinungsführerschaft in der Neugestaltung der transatlantischen Beziehungen Anfang der 8oer Jahre.

Der Dialog mit Amerika über die Selbstbehauptung Europas als strategisches Gesamtkonzept war jedoch nicht einfach. Die Reagan-Administration hatte für sozialdemokratische außenpoltische Konzepte wenig übrig. Ehmke wollte jedoch den Ge-

sprächsfaden mit der neuen amerikanischen Administration
nicht abreißen lassen. Im State Department war inzwischen
Lawrence Eagleburger zum Staatssekretär aufgestiegen. Eagleburger und Ehmke kannten sich gut, und – trotz offensichtlicher
Meinungsunterschiede vor allem auf dem Gebiet der Abrüstung
und Rüstungskontrolle – bestand auf beiden Seiten ein Interesse
daran, den Dialog fortzusetzen. Ehmke und Eagleburger verein-
barten zu diesem Zweck eine neue Form des Dialogs. Statt offizieller Bürotermine wurde eine Art Gesprächskreis zwischen
der SPD und dem State Department eingerichtet, bei dem jeweils
ein außenstehender neutraler Fachmann den Vorsitz führte. Für
die Substanz der Gespräche hat sich diese Nebenschiene der Kontakte als äußerst fruchtbar erwiesen, denn hier handelte es sich
nicht um die üblichen Stundentermine, die wenig Raum für eine
vertiefte Diskussion zuließen, sondern hier konnte wirklich kon-
zeptionell argumentiert werden. Natürlich ließ sich die Reagan-
Adminstration in diesen Gesprächen nicht umstimmen, aber
wenn man sich vor Augen hält, was Ronald Reagan gegen Ende
seiner Amtszeit mit der damaligen Sowjetunion aushandelte –
eine Nullösung für Mittelstreckenraketen –, dann lag das nicht
weit weg von ursprünglichen sozialdemokratischen Vorstellungen in der Raketendebatte.

5. Horst Ehmkes Beitrag zur deutschen Außenpolitik: Gegensätze überwinden und Spannungen ohne Konfliktscheu abbauen

Für die sozialdemokratische Außenpolitik war es ein Segen, dass
Horst Ehmke mit seiner langjährigen Regierungserfahrung zu
einem Zeitpunkt außenpolitische Verantwortung im Parlament
übernahm, als es zwischen Ost und West, innerhalb des westlichen Bündnisses, in Europa und im innerdeutschen Verhältnis
zu kriseln begann und immer mehr Spannungen zwischen diesen verschiedenen, aber zusammenhängenden außenpolitischen
Prozessen wahrnehmbar wurden. Die deutsche Sozialdemokratie

hatte mit Willy Brandts Ostpolitik und ihrer Einbettung in ein Konzept der Entspannung zwischen den Supermächten, der Politik menschlicher Erleichterungen im gespaltenen Berlin und im innerdeutschen Verhältnis sowie einem modus vivendi auf der Grundlage der bestehenden territorialen Gegebenheiten durchaus ein zukunftsfähiges außenpolitisches Gesamtkonzept. Aber dieses äußerst komplexe Gebäude war auch sehr störanfällig und bedurfte großer innen- und außenpolitischer Kraftanstrengungen, um nicht durch die nach wie vor vorhandenen realen Gegensätze zum Stillstand oder gar zum Scheitern gebracht zu werden. Gefahren lauerten überall: in der deutschen Innenpolitik, im westlichen Bündnis und in der Führung der amerikanischen Außenpolitik ebenso wie im östlichen Lager und der sowjetischen Außenpolitik mit ihrem eingebauten Zwang zur Repression. Ehmke hatte auf all diesen Ebenen und für potenzielle Bruchpunkte stets das richtige Gespür dafür, was notwendig und möglich war.

Seine eigene Lebenserfahrung in Danzig befähigte ihn, gegenüber Polen zum richtigen Zeitpunkt das notwendige Verständnis aufzubringen und in der Grenzfrage Eindeutigkeit zu demonstrieren, um das polnische Vertrauen in die Zuverlässigkeit und Stetigkeit der deutschen Außenpolitik zu stärken. Schon mit seiner Arbeit im Rahmen der Begegnungen zwischen der Polnischen Vereinigten Arbeiterpartei (PVAP) und der SPD hatte er Zeichen gesetzt, die sich auch später als tragfähig erwiesen.

Seine Erfahrungen mit kommunistischen Parteien ließen ihn früh zu der Einschätzung kommen, dass die alten kommunistischen Parteien zum Scheitern verurteilt waren. Ehmkes Kontakte zur reformorientierten italienischen kommunistischen Partei halfen bei der Vorbereitung und Implementierung der Ostpolitik.

Als die Mauer fiel, war Ehmke schnell zu dem Schluss gekommen, dass es von nun an entscheidend darauf ankommt, die deutsche Vereinigung im Innern richtig zu managen und zu steuern. Hier war er in vielen Fragen anderer Meinung als Bundeskanzler Kohl, aber an der Notwendigkeit und Richtigkeit der Aufhebung der deutschen Teilung hat er nie gezweifelt.

Die »unbequeme Verlässlichkeit«
des Seiteneinsteigers

Die Außen- und Sicherheitspolitik beschäftigte Horst Ehmke nicht erst als Chef des Bundeskanzleramtes, als es an der Seite Brandts den Kampf um die Ostverträge auszufechten galt. Schon im April 1966 erlebte ihn der baden-württembergische SPD-Landesparteitag in Offenburg als engagierten Deutschlandpolitiker, der die inneren und äußeren Dimensionen der deutschen Einheit umriss. Ehmkes Rede blieb nicht ohne Widersprüche, wies sie doch klar in Richtung Verhandlungen mit der DDR. »Gegenüber der im Ausland wachsenden Neigung, unsere Forderung nach Wiedervereinigung für eine verbale Pflichtübung zu halten«, so Ehmkes klares und später von Günter Gaus aufgegriffenes Bekenntnis, »müssen wir eingehender als bisher die Gründe darlegen, aus denen die Wiedervereinigung ein Hauptziel unserer Politik bleiben muss.« Damit wollte Ehmke einer Politik den Weg weisen, die im Unterschied zur »Politik der Stärke« wenigstens die Chance bot, anstelle des bloßen Abwartens das Ziel der staatlichen Einheit nicht aus dem Auge zu verlieren. Freilich war er Realist genug, um vier Jahre später – im Interview mit Gaus – zu sagen, »dass eine Wiedervereinigung im Sinne der Herstellung der staatlichen Einheiten des deutschen Reiches wirklich in ganz weite Ferne gerückt ist«. Aber wer in der SPD sah das zu jener Zeit wirklich anders oder maßte sich die Rolle des Propheten an?

Nicht dass es Ehmke an Bescheidenheit oder geistiger Wendefähigkeit gemangelt hätte. Auch in der Außenpolitik, die in jener Zeit immer auch Deutschlandpolitik war, erwies sich Horst Ehmke in seiner Debattierkunst als einer, der seine Taktik in der Offensive suchte, der im Parlament über die unnachahmliche Fähigkeit verfügte, sich Kollegen (auch in der eigenen Partei) zu Gegnern zu machen. Einen Mangel an Bekenntnismut jedenfalls wird man Ehmke nicht nachsagen können, nicht an Parteilichkeit, aber ebenso wenig an Gradheit, Aufrichtigkeit und Loyalität.

Diesen Außenpolitiker einen Mann aus der zweiten Reihe zu nennen, kommt keiner Herabsetzung gleich. Im Gegenteil: Aus der zweiten Reihe des Zuarbeiters für Willy Brandt oder später als außenpolitischer Sprecher der SPD-Bundestagsfraktion Einfluss und Macht auszuüben, war für Ehmke eine Selbstverständlichkeit, unter der sein Ego nur selten, aber dann umso nachhaltiger gelitten hat. Dieser politische »Seiteneinsteiger von oben« – so das Ehmkesche Selbstzeugnis – traute sich fast alles zu, selbst den Fraktionsvorsitz, wenn Hans-Jochen Vogel da nicht im Wege gestanden hätte. Nein, Ehmkes Stil der direkten Machtausübung auch als führender SPD-Außenpolitiker hat den traditionellen Minderwertigkeitskomplex der Partei abzubauen geholfen und ihr ein Stück jenes Selbstbewusstseins gegeben, das Horst Ehmke stets für sich in Anspruch nahm. Insofern ist es mehr als eine Untertreibung, wenn er später glauben machen wollte, seine Herkunft aus der Wissenschaft habe ihn davor bewahrt, »ganz in der Politik aufzugehen«. In Wahrheit war der gebürtige Danziger auch in seiner Rolle als Außenpolitiker einer, der Zuständigkeitsansprüche für die große Linie einforderte. Ein Intellektueller in der Politik, gemessen am geistigen Standard mancher seiner Parlamentskollegen, vor allem jenen des so genannten »Stahlhelmflügels« in der CDU/CSU, die sich zum Kreuzzug gegen die Ost- und Entspannungspolitik der Brandt/Scheel-Regierung aufgemacht hatten.

Es ist wohl nicht falsch, den politischen Bazillus, von dem Ehmke nicht verschont blieb, in die Zeit seiner Rolle als Weggefährte, Freund und Hausmeier Willy Brandts im Kanzleramt zu verorten. Die Persönlichkeit des Kanzlers und seine Überzeugungskraft hatte das außenpolitische Team in der Bonner Regierungszentrale rasch zusammenwachsen lassen. Anders als Egon Bahr hatte Ehmke an der Konzeption der Ostpolitik einen vergleichsweise geringen Anteil. Doch in seiner Rolle als juristischer Berater ging er mit Brandt die Entwürfe und Formulierungen für die Verträge durch. Er teilte Brandts Überzeugung, dass die

sozial-liberale Koalition nicht versuchen dürfe, den Gegensatz
der rechtlichen Grundpositionen von Ost und West aufzulösen.
Es galt, in die politisch festgefahrene Situation neue Bewegung
zu bringen. Doch die mit Moskau, Warschau und Ostberlin zu
treffenden Abmachungen mussten auch rechtlich – und nicht nur
politisch – stimmig sein. Nicht die Reisen und Verhandlungen
selbst begleitete Ehmke, er war zuständig für die »Heimatfront«,
für die Auseinandersetzungen mit einer widerstrebenden und
zerstrittenen Opposition.

Aus außenpolitischer Sicht lässt sich bei Horst Ehmke neben
der Loyalität zu Brandt ein roter Faden erkennen, der seine Überzeugungen ebenso bestimmte wie sein Handeln in seiner aktiven
politischen Zeit: Für ihn hatte die (west)deutsche Ostpolitik eine
staatspolitische Seite. Sie sollte das politische Selbstbewusstsein
der zu jener Zeit ja noch keineswegs souveränen Bundesrepublik
stärken und als eigenständiger Beitrag zu einer umfassenden Au-
ßen- und Sicherheitspolitik des Westens begriffen werden. Dies
galt in Ehmkes Augen auch und nicht zuletzt gegenüber den westlichen Alliierten, die mit Stirnrunzeln die neue Selbständigkeit
der Deutschen begleiteten. »Wir würden loyale, aber nicht be-
queme Partner sein«, umriss Ehmke den Wechsel von Kiesinger
zu Brandt. Denn schließlich vertrete der ein Deutschland, »das
nicht besiegt, sondern befreit worden sei«.

Das »ideologische Risiko« der Entspannungspolitik, suchte
Ehmke einem Franz Josef Strauß klarzumachen, lag nicht bei
den Sozialdemokraten, sondern bei den Kommunisten des sowjetischen Macht- und Einflussbereichs. Nicht die Konservativen,
sondern SPD und Gewerkschaften hätten schließlich deren Ge-
folgsleute und Hintersassen in der Bundesrepublik kleingehal-
ten. Diese Wertung sollte sich bewahrheiten, je mehr der Helsinki-Prozess seine Wirkung zeitigte (dem die CDU/CSU bei der
Verabschiedung der KSZE-Schlussakte ihre Zustimmung ver-
weigert hatte, nur assistiert von den albanischen Steinzeit-
Kommunisten und den italienischen Neofaschisten). Für ein
System wie das sowjetische war der Helsinki-Prozess letztlich
ebenso gefährdend und zerstörerisch wie dessen mangelnde öko-

nomische Effizienz. Spät, sehr spät, hat Strauß im Februar 1984 Ehmke gegenüber eingeräumt, dieser habe mit seiner Prophezeiung recht behalten.

Und anders als Egon Bahr, der in der ideologischen Kontroverse einen Störfaktor für die gouvernementale Politik sah, warnte Ehmke im Einklang mit Brandt, über die Verhandlungen nicht den Gegensatz der Systeme zu vergessen. Diese Argumentation sollte später, als die Früchte der Brandtschen Entspannungspolitik ihre Wirkung entfalteten, bei der Überwindung der Teilung Europas erneut in den Fokus rücken – auch innerhalb der SPD, die über ihr Verhältnis zu den osteuropäischen Reformbewegungen stritt. Ehmkes Position war sehr klar: Der Kommunismus war für ihn eine »Perversion« der Tradition der europäischen Arbeiterbewegung. In einem Essay »Was ist des Deutschen Vaterland« stellte er 1979 fest, dass die »Stabilisierung« oder »Destabilisierung« der Ostblock-Regime für die Entspannungspolitik »falsche Kriterien« seien. Der Entspannungspolitik müsse es in Europa um Frieden, aber darüber hinaus auch »um politische Reformen im sozialdemokratischen Geiste« gehen. Kein Wunder also, dass Ehmke rückblickend selbstkritisch einräumte, die SPD hätte in dieser Hinsicht mehr öffentlichen Druck machen müssen, um die Reformer zu unterstützen. Eine bis heute schwelende Kontroverse in der SPD.

Den Kraftakt zur Verabschiedung der Ostverträge hat der Danziger Horst Ehmke auch als Betroffener durchlebt. Er hatte nicht nur die Friedenspolitik Willy Brandts verinnerlicht, sondern als deren Folge auch den territorialen Status quo für die weitere Politik akzeptiert. Für ihn war die Hinnahme der Oder-Neiße-Grenze als Westgrenze Polens durch die Bundesrepublik kein Vorgriff auf den Friedensvertrag eines gesamtdeutschen Souveräns. Umso schmerzlicher empfand er die Unklarheit und die Unredlichkeit der Unionsparteien und insbesondere ihres »Stahlhelm«-Flügels in dieser Frage. Ohne die Anerkennung der polnischen Westgrenze, da war er sicher, würde es weder dauerhaften Frieden in Europa noch eine staatliche Einheit der Deutschen geben können.

Die Verabschiedung der Ostverträge hat Horst Ehmke nicht als »strahlenden Sieg«, wohl aber als »großen Erfolg« bewertet. Die CDU/CSU-Opposition, vermerkte er bitter, brauche »Jahre, bevor sie außenpolitisch wieder Tritt fassen« könne. Erst in der Regierungsverantwortung stellte sich Kohl, von Genscher bedrängt, auf den Boden der Brandtschen Ostpolitik. Doch erst im November 1989 traf der Bundestag eine klare politische Aussage zur polnischen Westgrenze. Ehmke hat in diesem Kontext über die Bande mit Kohls freidemokratischem Außenminister gespielt. Hier hat sich sein auch in Oppositionszeiten vertrauensvoller Kontakt zu Genscher bewährt – nicht uneigennützig, versteht sich, galt es doch, die Entspannungspolitik trotz massiver Streitigkeiten im Atlantischen Bündnis und trotz des Konfliktes innerhalb der Union fortzusetzen. Heute ist unstreitig, dass die Anerkennung der polnischen Westgrenze eine der Voraussetzungen für die Einheit der Deutschen war – übrigens auch aus amerikanischer Sicht.

Die Jahre bei Brandt haben Horst Ehmkes außen- und sicherheitspolitisches Engagement auch nach seinem Ausscheiden aus dem Ministeramt und später in der Opposition geprägt. Solange Brandt Parteivorsitzender war, aber wohl auch noch Jahre darüber hinaus, fand sich unter dessen Einfluss eine außenpolitische Crew, deren Expertise ihresgleichen in den anderen Fraktionen des Parlaments suchte. Doch es war neben der Loyalität zu Brandt und dessen Rolle an der Spitze der Sozialistischen Internationale vor allem die Sorge um die Kontinuität sozialdemokratischer Außenpolitik, die Ehmke umtrieb. Dass er sich dabei als Parteigänger der »linken Mitte« in der SPD verstand und auch profilierte, hat dem Seiteneinsteiger, der in der Fraktion bald »über die breiteste Erfahrung in der Bundespolitik und (...) in der Fraktionsführung« verfügen sollte, nicht nur Freundschaften eingetragen. Auch nicht die von Helmut Schmidt, Hans-Jochen Vogel oder Johannes Rau. Man wird allenfalls von abgestuften Sympathien sprechen können, die diese Kanzler oder -kandidaten dem Brandt-Intimus entgegen brachten. Immerhin hat Vogel bei Ehmkes 60. Geburtstag dessen »unbequeme Verlässlichkeit« gelobt. Und Herbert Wehner wird das Wort zugeschrieben, Ehmke habe »keine Fähigkeit zum Mitleid.« Aber das ist eine andere Geschichte.

In die Zeit des Stellvertretender Fraktionsvorsitzenden Ehmke (1977–90) und zeitweiligen außenpolitischen Sprechers fallen die bewegenden Debatten um die atomare Nachrüstung ebenso wie die Freiheitsrevolution in Europa, die – auch für Ehmke überraschend – den Weg zur deutschen Einheit ebnete. Seine Formel von der »Selbstbehauptung Europas« nimmt nicht nur den Faden der Ost- und Entspannungspolitik wieder auf, sie sollte auch die politischen Bewegungsräume vergrößern helfen – gegenüber den USA ebenso wie gegenüber der Sowjetunion. »Europa bleibt abhängig von Amerika in zweierlei Beziehung«, sagte Ehmke im Juli 1988. Und weiter: »Wir sind ja nicht nur der westliche Wurstzipfel von diesem euroasiatischen Kontinent und wir brauchen daher Amerika als geostrategisches Gleichgewicht gegen die Kontinentalmacht Sowjetunion. Westeuropa, wie immer es sich anstrengt, ist auch nicht in der Lage, die für seine Rohstoffversorgung entscheidenden internationalen Verbindungswege allein zu sichern. Dafür sind wir auf Amerika angewiesen. Aber das heißt nicht, dass wir in dem Maße von Amerika abhängig bleiben sollten wie bisher. (...) Die Selbstbehauptung Europas meint (...) auch, dass wir das europäische Gewicht gemeinsam in die Waagschale werfen müssen für eine positive Antwort auf das ›neue Denken‹ von Michail Gorbatschow.«

In dieser Aussage findet sich so etwas wie der politische Kompass der von Horst Ehmke in Zeiten der Opposition verfolgten Außen- und Sicherheitspolitik. Diese Haltung mit dem Etikett der Äquidistanz zu versehen, wäre freilich falsch. Denn bei aller Neigung zur Zuspitzung und Polemik blieb der Sozialdemokrat Ehmke fest verortet – auch und gerade im westlichen Bündnis. Wer die konfliktreichen sicherheitspolitischen Workshops der Friedrich-Ebert-Stiftung zwischen Sozialdemokraten und der US-Administration miterlebt hat, wo Richard Perle, Paul Warnke, Paul Nitze oder Les Aspin kein Blatt vor den Mund nahmen, der wird sich auch der mitunter fetzigen Beiträge Horst Ehmkes erinnern. Doch es gab den SPD-Delegationsleiter Ehmke auch bei hartleibigen Debatten in den sicherheitspolitischen Seminaren mit den Sowjets, mit Falin, Sagladin oder Ponomarjow. All das waren Bühnen für die von der Kohl-Regierung beklagte »Nebenaußenpolitik« der SPD, der »Weltmacht SPD«, wie Willy Brandt spöttelnd vermerkte. Ohne Wirkung sind die sicherheitspolitischen Diskurse jedenfalls nicht gewesen, soviel steht aus der Rückschau fest.

Horst Ehmke war, zumal in der Nachrüstungsdebatte, so etwas wie »Brandts Blitzableiter gegen Helmut Schmidt« – solange der noch regierte. Vom »neuen Denken« der SPD ist jedenfalls das Konzept der »Gemeinsamen Sicherheit« im Gedächtnis geblieben, das seine Wirkung, aus der Oppositionsrolle heraus, im Westlichen Bündnis ebenso entfaltete wie im Warschauer Pakt. Die seinerzeit entwickelten Vorstellungen von einer »konventionellen Angriffsunfähigkeit« zählen dazu, aber auch die von Ehmke im Rückblick zu recht beklagte »gouvernementale Verengung« der SPD-Entspannungspolitik. Die Partei wollte eben auch in der Opposition »einen Fuß im operativen Bereich der Entspannungspolitik behalten«, bekannte Ehmke später.

Mit Brandt teilte er die Überzeugung, dass die antagonistischen Blöcke nur durch gemeinsames Handeln, durch »gemeinsame Sicherheit« eben, überwunden werden könnten. Kein Wunder, dass solche sicherheitspolitische Unorthodoxie im konservativen Lager auf Unverständnis stieß. Kein Wunder aber auch, dass Ehmke in der hitzigen Nachrüstungsdebatte am Ende auf der Seite derer in der SPD stand, die eine Stationierung der amerikanischen Mittelstreckenraketen ablehnten und weitere Verhandlungen forderten. Hat er womöglich – wie sein Mentor Brandt – nie an die Ernsthaftigkeit der doppelten Null-Lösung glauben mögen? Jedenfalls stand der Außenpolitiker Ehmke am Ende gegen Helmut Schmidt, der, anders als die SPD, bei der Nato im Wort stand. Schließlich hatte die Partei nie ihr Wort für eine automatische Stationierung gegeben und hätte auch als Regierungspartei einer Dislozierung der Pershing II und Cruise Missiles niemals zugestimmt.

Gorbatschows weltpolitischer Kurswechsel ließ den Außenpolitiker Horst Ehmke aus der parlamentarischen Opposition hinaus zu einem intensiven Begleiter des Transformationsprozesses in Osteuropa zur Überwindung der Teilung Europas werden. Verbiegen musste er sich da nicht. Die Annahme, man könne über die Köpfe der Regierungen in West und Ost hinweg eine europäische Friedensordnung »basis- demokratisch herbeizaubern«, schrieb er Ende 1985 in der »Neuen Gesellschaft/Frankfurter Hefte«, sei eine »Selbstüberschätzung.« Zu einer Reform im sowjetischen Einflussbereich brauche man die Regierungen und Parlamente, vor allem aber deren Reformkräfte. Unermüdlich hat Ehmke in zahlreichen Missionen und kontroversen Debatten seine Überzeugung vertreten.

Am Ende steht Ehmkes Credo, das zum Ausgangspunkt seines außenpolitischen Engagements zurückführt: »Dass die Entspannungspolitik das Eis des Kalten Krieges erst einmal auftauen musste, bevor Fortschritte überhaupt möglich wurden.« Horst Ehmke hat in dem Vierteljahrhundert seines politischen Wirkens diese Fortschritte mit gestaltet und – bis zur unverhofften deutschen Einheit – mit erlebt. Selbstverständlich ist das nicht für ein politisches Leben. Aber zufällig auch nicht.

Eine schnurrige Situation
im Madrider Hotel Ritz

»Es is a Wahnsinn«, würden die Wiener sagen. Wie Recht
sie haben. Ich kenne Horst Ehmke tatsächlich seit 1958.
Damals kam ich als stellvertretender Vorsitzender des LSD aus
Moskau von einer ersten offiziellen Besuchsreise eines nichtkom-
munistischen Studentenverbandes zurück, hoch motiviert für
»Ostkontakte – einschließlich der FDJ – und erntete erwartungs-
gemäß böse Reaktionen von der Mehrheit der damaligen politischen Klasse der Bundesrepublik, für die die Hallstein-Doktrin
sakrosankt und damit unantastbar war. – Nicht so für Horst
Ehmke.

Auf einer eigentlich nur für die Studentenschaft anberaum-
ten Pressekonferenz in Bonn erschien Horst zu unserer großen
Genugtuung, die sich noch steigerte, nachdem er – beginnend
mit durchaus provokatorischen Fangfragen – seine Sympathie,
ja sogar seine Unterstützung für unsere Haltung zum Ausdruck
brachte, die er später, zusammen mit Waldemar von Knoeringen
und Thomas Dehler, in nützliche Ratschläge verwandelte, die wir
nur allzu gern und gierig aufgriffen.

Dabei hat mich an Horst Ehmke sofort eine Eigenheit seines
Diskussionsstils etwas perplex gemacht, jedoch sehr bald fasziniert, die ihn bis zum heutigen Zeitpunkt unverwechselbar cha-
rakterisiert: Sein kompromissloser Mut, Dinge unverblümt, ja
geradezu respektlos beim Namen zu nennen. Seine »Chuzpe« zu
durchdachtem Nonkonformismus, die ihm nicht nur Freunde
bescherte, erschöpfte sich jedoch nicht in der Negation. Sie war
immer auf praktische Lösungen aus, gepaart mit einer gewissen
Rücksichtslosigkeit bei deren Umsetzung, wenn er wirklich von
einer Sache überzeugt war.

Dies am eigenen Leibe erlebt zu haben, habe ich allen Grund
mit Dankbarkeit zu bezeugen.

Die ersten massiven, über Parteigrenzen hinausgehenden Aktionen, die der Ring Politischer Jugend für meine Freilassung aus den Kerkern der damaligen ČSSR im Jahre 1965/66 organisierte, trugen auch die Handschrift von Horst Ehmke. Nur wenig später lancierte er, gemeinsam mit meinem Freund Peter Menke-Glückert, die Initiative zu einer Besuchsreise des Göttinger Nansenheims in die ČSSR, die von dessen Leiter, dem unvergessenen norwegischen Pastor und antifaschistischen Widerstandskämpfer, Olav Brennhövd, geleitet wurde. Dieser übergab dem damaligen Präsidenten der ČSSR, Antonin Novotný, mit dem ihn ein gemeinsamer Gefängnisaufenthalt während der 40er Jahre verband, ein geharnischtes Freilassungsgesuch, das möglicherweise einigen Einfluss auf meine im Jahr 1966 erfolgende »frühere« Ausweisung – nach immerhin 6 Jahren eines Gesamturteils von 10 Jahren – ausgeübt haben mag.

Und es war wiederum Horst Ehmke, der mich, zusammen mit meinen alten Mitstreitern aus dem LSD, Peter Landau und Hans Joachim Vergau, nur wenige Wochen nach meiner wiedergewonnenen Freiheit dazu anregte, ein Forschungsstipendium der Friedrich-Ebert-Stiftung für Mexiko anzunehmen, das mir eine gänzlich neue, niemals von mir bereute Lebensperspektive ermöglichte, auch wenn ich durch die erneute Trennung meinen Eltern großen Schmerz zufügen musste.

Dass mich die Tätigkeit für die Friedrich-Ebert-Stiftung eines Tages zu ihrem ältestgedienten Mitarbeiter – 10 Jahre über die bürokratische Pensionsgrenze hinaus – machen würde, hätte ich mir bei meiner Abreise im Mai 1967 nur sehr schwer vorstellen können.

Umso erfreulicher war es, dass trotz der räumlichen Ferne zur alten Heimat meine persönlichen und Arbeitsbeziehungen zu Freunden wie Horst Ehmke nicht auf der Strecke blieben. Sie zu pflegen gab es Gelegenheit in Hülle und Fülle.

»Hotte«, wie ich ihn damals mitunter schon nannte, blieb selbst auf dem Gipfel der politischen Hierarchie als Chef des Bundeskanzleramtes der »Alte«. Nur in wirklich begründeten Ausnahmefällen – und die waren sehr selten – musste er seine

Funktion als Zerberus ausüben, und ich kann bezeugen, dass seine Bereitschaft zu Telefongesprächen selbst zur Unzeit und auch die Vermittlung von Begegnungen mit ihm und Willy Brandt mit ungewöhnlicher Großzügigkeit »gehandelt« wurden. Die Bedeutung solcher Begegnungen und die dabei geschossenen Aufnahmen waren für manche der verfolgten Parteiführer aus der so genannten Dritten Welt mehr als nur eine schöne Erinnerung. Bei zwei Oppositionellen aus Paraguay und El Salvador kann ich belegen, dass die gerahmten und mit handschriftlichen Widmungen versehenen Fotos, die ihren Schreibtisch zierten, lebenserhaltende Wirkung hatten.

Aber auch in kongenialer Weise konnte Horst Ehmke die Erfahrungen seiner wissenschaftlichen und pädagogischen Tätigkeit direkt oder indirekt einbringen.

Als ich ab etwa 1976 in Spanien mit lateinamerikanischen und spanischen Verfassungsrechtlern die ersten Symposien für die entstehende *Constituyente* bis hin zur Annahme der ersten demokratischen, nachfrankistischen Verfassung von Dezember 1978 initiierte, konnte ich auf einige Materialien von Horst Ehmke zurückgreifen, und er selbst mobilisierte einige seiner Schüler – wie Hans-Peter Schneider – oder langjährige Freunde – wie Klaus von Beyme –, bei diesem Prozess aktiv mitzuwirken.

Dies in Einzelheiten zu beschreiben, ist angesichts eines so komplizierten Prozesses, der sich praktisch bis zur Aufnahme Spaniens in die EU erstreckte, im Rahmen dieser Würdigung unmöglich.

Wahr ist, dass besonders in der ersten Phase des politischen Übergangsprozesses in Spanien – zwischen 1976 und 1982 – die »Drähte« besonders heißliefen. Die Telefonrechnungen, die der Vertreter der Friedrich-Ebert-Stiftung in diesen Jahren präsentierte, waren von außergewöhnlichen Dimensionen, die ich nur allzu gern mit auf das Konto von Horst Ehmke schob, dessen guter Ruf manche, wenn auch nicht immer von ihm verursachte Kostengröße weniger gravierend erscheinen ließ. Auch gab es damals eine derartige Fülle an surrealistischen und zum Teil dramatischen Situationen, deren Lösung auf die Mithilfe und damit auf den permanenten Kontakt zu solchen Personen fußen mussten, die zu unbürokratischen, einfallsreichen Lösungen eine besondere Fähigkeit besitzen.

Ein anekdotisches Beispiel mag diesen, für Horst Ehmke unverwechselbaren Wesenszug veranschaulichen:

1978 begleitete ich Horst Ehmke und Willy Brandt ins Hotel Ritz in Madrid zu einer Begegnung mit keinem Geringeren als dem damaligen mexikanischen Präsidenten López Portillo und dessen Außenminister Santiago Roel, den ich glücklicherweise persönlich kannte, was zunächst zu einem unkonventionellen wie unverbindlichen Austausch von Artigkeiten führte, der allerdings von nur kurzer Dauer war. Danach stellte sich eine geradezu schnurrige Situation ein. Zwar kannten sich Willy Brandt, Horst Ehmke und López Portillo aus einer früheren Begegnung Anfang 1976 in Mexiko, keine der beiden Seiten schien jedoch zu wissen, wer dieses Mal und zu welchem Zweck eingeladen hatte. Die dadurch erzeugte Sprach- und Fassungslosigkeit währte jedoch nur einen Moment, bis Horst Ehmke, ohne jeden Zweifel aufkommen zu lassen, in genialer Weise den Grund dieser Zusammenkunft bekannt gab – und selbst bei Willy Brandt, der sicher einiges von Hotte gewöhnt war, blankes Erstaunen auf seinem Antlitz sichtbar machte. Willy Brandt, so die Darstellung von Horst Ehmke, wolle diese große Gelegenheit zum Anlass nehmen, um den mexikanischen Präsidenten um seine wertvolle Vermittlung zu bitten, ihm bei der Benennung eines herausragenden mexikanischen Vertreters für die damals sich bildende Nord-Süd-Kommission – der späteren Brandt-Kommission – behilflich zu sein. Das Thema der Begegnung stand also fest und damit auch seine Urheberschaft. López Portillo nahm geehrt und geschmeichelt den Ball auf und präsentierte in einer etwa zweistündigen Vorstellung eine Phalanx aller nur denkbaren Kandidaten seines Landes, was ihn dennoch offensichtlich nicht zufrieden stellte, weshalb er am Ende um eine weitere Bedenkzeit bat.

Was daraus später geworden ist, konnte ich nicht mehr feststellen, habe mich allerdings auch nicht wirklich bemüht, es herauszufinden.

Horst Ehmke, der Parlamentarier und Außenpolitiker

Unvergesslich geblieben ist mir jedoch der Kommentar von Willy Brandt an die Adresse von Horst Ehmke während der Rückfahrt in unser Hotel, der sinngemäß etwa lautete: »Alle Achtung, da hast Du uns ja wirklich wieder einmal aus einem Schlamassel herausmanövriert.«

Eigentlich sollte nach diesem Kommentar eines derart berufenen Mundes der Verfasser dieser Zeilen verstummen. Dennoch bleibt einiges zu sagen, und zwar über die physische und ideelle Präsenz von Horst Ehmke in Sachen Spanien – als häufiger Gast und ebenso häufiger Gastgeber in Deutschland.

Einige seiner wissenschaftlichen Beiträge – das muss wohl bei einer Festschrift Erwähnung finden – liegen in Auszügen auch in spanischer Sprache vor. Sie wurden in manchen Seminardiskussionen der Friedrich-Ebert-Stiftung bis weit in die 80er Jahre benutzt, und selbst in der Gegenwart – Horst konnte sich bei seinem letzten Besuch in Barcelona vor etwa 1 ½ Jahren selbst davon überzeugen – stellen seine wissenschaftlichen Arbeiten und die einiger seiner Schüler auch heute noch einen durchaus erwähnenswerten Bezugspunkt in der aktuellen rechtsvergleichenden Debatte um die künftige dezentrale Struktur der Europäischen Union dar.

So bleibt mir, lieber Horst, zum Abschluss nur noch eine apodiktische Feststellung ohne Wenn und Aber: Du warst über all die Jahre – fast ganze 40 Jahre sind es an der Zahl, seit ich ins Ausland ging – ein zuverlässiger, immer aufgeschlossener und stets kritisch hinterfragender Verbündeter. Dass dies noch lange so bleiben möge, wünsche ich Dir und Maria und uns allen aus vollem Herzen!

Still und heimlich im Chambre séparée
Über die langsame Annäherung
von KPI und SPD in Rom

Mein Arbeitgeber saß mir im Nacken. Die Chefredaktion
des »Stern« wollte wissen, was denn an dem Gerücht stimme,
dass Willy Brandt am Rande der Konferenz der Sozialistischen
Internationale 1977 in Rom sogar mit dem Chef der italienischen
Kommunisten zu einem Geheimtreffen verabredet sei. Die Rom-
Korrespondentin des »Stern« stellte sich ausnahmsweise einmal
dumm. Folgsam bastelte sie schließlich eine bunte »Personalie«,
in der es hieß, dass der deutsche Sozialdemokrat und Präsident
der Sozialistischen Internationale dem italienischen KPI-General-
sekretär »bei einem Empfang der italienischen Sozialisten unter
weißen Sonnenschirmen auf der malerischen Dachterrasse des
römischen Hotel ›Raphael‹ begegnet« sei.

Die Wirklichkeit lief sehr viel brisanter ab. Das heimliche Treffen Brandt-Berlinguer hatte vor dem PSI-Empfang im »Raphael«,
den beide Politiker anschließend besuchten, still und heimlich
in einem düsteren Chambre séparée des Hotel »Excelsior« stattgefunden. Zu Dolce-Vita-Zeiten waren dort der dicke ägyptische
Exilkönig Faruk mit seiner vollbusigen Ehefrau Nariman und der
abgesetzte Schah von Persien während ihres Exils abgestiegen.
Auch zwielichtige Gäste verkehrten in der opulenten Herberge an
der Via Veneto, zum Beispiel der christdemokratische Regierungs-
chef Giulio Andreotti, der – wie erst Jahre später aus der Presse
zu erfahren war – im »Excelsior« mehrfach den später eingeloch-
ten Chef der Geheimloge P2, Licio Gelli, traf. Ein verschwiegenes
kleines Herrentreffen mit einzelner Dame, nämlich mir, würde
in dem belebten Grand Hotel nicht weiter auffallen, hatten wir
richtig eingeschätzt. Bei dem Treffen saß Horst Ehmke mit am
Tisch. Durch seine zahlreichen römischen Gespräche mit linken

Politikern und Intellektuellen über mehrere Jahre war diese erste Begegnung mit Berlinguer erst möglich geworden.

Wir, der damals in der KPI zuständige Funktionär für Europapolitik, Sergio Segre, und ich, hatten das Treffen Brandt-Berlinguer im »Excelsior« organisiert. Wir hatten größte Mühe gehabt, uns einen Ort einfallen zu lassen, der dem kleinen roten Gipfel die Diskretion garantieren konnte, die er verlangte. Immerhin gab es unter den aufgeregten deutschen Kollegen ja schon den einen oder anderen Journalisten, der sich ein Zubrot beim Nachrichtendienst in Pullach oder in Ostberlin verdiente. Außerdem wartete der polternde Franz Josef Strauß in Bayern begierig auf jeden pseudosensationellen Vorwand, mit dem im zweigeteilten Deutschland die Sozis wieder einmal als kommunistische Schreckgespenster groß an die Wand geworfen werden konnten.

Äußerste Geheimhaltung war daher von Anfang an geboten, als die SPD Ende 1973 Kontakte zur italienischen Linken aufnahm. Weil diese Kontakte nicht über die deutsche Botschaft in Rom laufen konnten und der auch in Italien kundige Brandt-Berater Leo Bauer 1972 überraschend gestorben war, fragte zunächst Klaus Harpprecht, damals Chef der Brandtschen Schreibstube, später dann – ab Mitte der siebziger Jahre – Horst Ehmke bei mir an, ob ich die diskrete Kontaktperson und Dolmetscherin für regelmäßige Sondierungsgespräche in Rom sein wolle. Ich sagte mit Begeisterung zu, denn in kaum einer anderen Phase der italienischen Politik und in keiner anderen Rolle hätte ich in kürzester Zeit und aus nächster Nähe so viel hinter den Kulissen über die Nuancen und Knotenpunkte der italienischen und der deutschen Linken erfahren können. Ich lernte viel aus den Gesprächen, und die gepflegten Kontakte blieben über viele Jahrzehnte mein journalistisches Kapital – auch noch in meinen Jahren beim SPIEGEL.

»Hotte« lernte ich in diesen italienischen Jahren als einen souveränen, klugen und neugierigen Gesprächspartner der Republikaner, der Sozialdemokraten und der (häufig auf die Kommunisten eifersüchtigen) Sozialisten kennen. Aus gutem Grund interessierten ihn in dieser Phase vor allem aber die Kommunisten. Er saß oft den »Sozialdemokraten« in der KPI-Spitze – Giorgio Amendola und Giorgio Napolitano (dem heutigen Staatspräsidenten) – im KPI- Hauptquartier an der Botteghe Oscure gegenüber. Vorsichtig sondierte der Ex-Minister das Terrain der linken Gemeinsamkeiten mit den Kommunisten, die sich vor allem in Brüssel und Straßburg bei den Abstimmungen über europäischen Sachfragen von Fall zu Fall immer deutlicher herausgestellt hatten. Streitfragen wich der ehemalige Chef des Bundeskanzleramts nicht aus. Ich werde nie seine leidenschaftliche Erregung vergessen, als er auf Amendolas Frage, warum es der SPD in Westdeutschland nicht gelungen sei, die politische Kultur des Antifaschismus wachzuhalten, streng parierte. Die moskauhörige SED, sagte er, habe jede linke Kultur im Keim erstickt, weil sie auch treue, von den Nazis verfolgte Sozialdemokraten immer wieder der stalinistischen Verfolgung ausgeliefert habe. Als exemplarischen Fall führte Ehmke die tragische Vita Leo Bauers an:

Von Haus aus Jude, 1912 in Galizien geboren, hatte der Handwerkersohn Leo Bauer als einziger von fünfzig Familienangehörigen den mörderischen Rassenwahn der Nazis überlebt. Als er über Prag nach Frankreich und später in die Schweiz geflohen und nach Kriegsende nach Deutschland zurückgekehrt war, sich dann als bekennender Sozialist für die Kommunisten im Hessischen Landtag engagiert hatte, anschließend in die sowjetische Besatzungszone übergewechselt, der SED beigetreten und 1947 zum Chefredakteur des Deutschlandsenders in Ostberlin ernannt worden war, fiel er bereits drei Jahre später in Ungnade. Wegen angeblicher Agententätigkeit verhaftet und 1952 von einem sowjetischen Militärgericht in einem Geheimprozess ohne Verteidiger und Zeugen als Spion zum Tode verurteilt, wurde er nach Stalins Tod zu 25 Jahren Arbeitslager in Sibirien »begnadigt«. Als die Sowjets ihn 1955 nach Aufnahme der diplomatischen Beziehungen zwischen Bonn und Moskaus vorzeitig entließen, kam er in die Bundesrepublik. Horst Ehmke damals zu Giorgio Amendola: »Wie wollen Sie in einem geteilten Land, wo täglich Menschen Ihre Sehnsucht nach Freiheit mit dem Leben bezahlen, eine linke Politikkultur wachhalten?«

Gleichwohl war die SPD von dem »qualitativen Sprung« fasziniert, den die KPI in den frühen siebziger Jahren – nach wichtigen Vorarbeiten von Togliatti und Longo – insbesondere unter der
mutig beharrlichen Führung des sardischen Aristokraten Enrico
Berlinguer verfolgt hatte, »indem sie aus dem historischen Be-
zugssystem des an Moskau orientierten Kommunismus heraus-
trat und die zentralen politischen Ordnungsprinzipien der demokratisch verfassten westlichen Industriestaaten akzeptierte«
(Ehmke). Die Bejahung der europäischen und atlantischen Zusammenarbeit der KPI im Rahmen von EG und NATO war ein
Ausdruck dieses tiefgehenden Wandels.

Die theoretische und politisch-praktische Öffnung der KPI faszinierte die SPD und wurde auch von ihren westeuropäischen
Schwesterparteien mit großer Aufmerksamkeit verfolgt. Bedeutete sie doch einerseits eine Stärkung der Demokratie Italiens,
andererseits der Europas. Denn inhaltlich konnte die einfluss-
reichste kommunistische Partei der westlichen Welt (1,6 Millionen Mitglieder und über 30 Prozent Wählerstimmen) durch ihren
stetigen Wandel zu einer neuen Geschlossenheit der jahrzehnte-
lang gespaltenen europäischen Arbeiterbewegung Wesentliches
beitragen. In Italien hatte gerade sie entscheidend zum Sieg über
den Faschismus beigetragen. Das war allen linken Parteien Europas damals bewusst.

Enrico Berlinguer stieß daher mit seinem neuen europäischen
Dialog bei den Führen der europäischen Linken – François Mitte-
rand, Olaf Palme, Willy Brandt – bis dato geschlossene Türen auf.
Als sich – nach Gesprächen zwischen Juli und November 1975 –
dann auch noch die französischen und spanischen Kommunisten
in einer gemeinsamen Erklärung zum »demokratischen Pluralismus, zur Freiheit in allen wesentlichen Instanzen und zur lai-
zistischen Rolle des Staates« bekannten, war mit dem »Eurokommunismus« eine neue einende politische Kraft geboren. Sie verfehlte auch innerpolitisch ihre suggestive Wirkung nicht. Bei den
italienischen Wahlen 1976 schnitt die KPI mit dem Rekordergebnis
ihrer Geschichte ab – 34,4 Prozent. Sie lag damit nur noch ganz
knapp hinter der abgewirtschafteten Democrazia Cristiana.

Berlinguer meinte es mit dem Eurokommunismus ernst, obwohl sein politischer Ansatz vorrangig aus innerpolitischen Motiven geboren worden war, dass – ähnlich wie beim blutigen Ende der chilenischen Revolution Salvatore Allendes – auch ein knapper linker Sieg Italien noch nicht regierbarer machte. Anzeichen gab es dafür genug. Seit dem faschistischen Attentat auf die Mailänder Bank für Landwirtschaft im Dezember 1969 hatte eine Kette rechtsextremistischer Anschläge Hunderte unschuldiger Opfer gefordert. Der rechte Terrorismus zog den linken nach sich, dessen schlingernde Blutspur mit der Entführung Aldo Moros, seiner Ermordung und der seiner Eskorte durch die Roten Brigaden 1978 einem politischen Putschversuch nahekam.

Ohne die »konsequente Verteidigung des italienischen Rechts- und Verfassungsstaates gegen den Terrorismus« (Ehmke) durch die KPI hätte die italienische Demokratie vermutlich nicht durchgehalten. Bei Gründung der jungen italienischen Republik nach dem Krieg hatte gerade Togliattis Mannschaft – Togliatti war Italiens erster Justizminister nach dem Krieg – wesentliche Teile zu der republikanischen Verfassung beigesteuert.

Enrico Berlinguer ist auf Kommunistenkonferenzen und KPdSU-Parteitagen für die Verteidigung einer pluralistischen Demokratie immer wieder offen eingetreten. Die Arbeiterklasse Italiens könne ihre historische Aufgabe nur »in einem pluralistischen und demokratischen System« erfüllen, verkündete er zum Ärger der Sowjets auf deren XXV. Parteitag von 1976. Und 1981, als die Sowjets den Reformprozess in Polen erwürgt hatten, stellte Berlinguer fest, dass »die aus der Oktoberrevolution hervorgegangene Triebkraft des Realsozialismus sowjetkommunistischer Prägung erschöpft« sei. »Erstmals in ihrer Geschichte«, so analysierte Ehmke später, »übte die KPI eine Grundsatzkritik am sowjetkommunistischen Gesellschaftssystem. Der Marxismus sei in Osteuropa zur »Staatsideologie« erhoben worden und zu einem »geschlossenen Dogma« erstarrt.

Mit Recht hat die SPD Berlinguers KPI-Führung stets respektvolle Anerkennung gezollt. Das erwähnt auch der im Mai zum Staatspräsidenten gewählte Giorgio Napolitano in seiner vor

kurzem erschienenen politischen Biografie. Sie trägt den Titel
»Von der KPI zur europäischen Linken«. Die KPI habe bereits
seit Ende der sechziger Jahre die Ostpolitik Willy Brandts unterstützt, schreibt er. Lange Jahre seien die Kontakte über Heinz
Timmermann – damals Mitarbeiter des Kölner »Bundesinstituts
für ostwissenschaftliche und internationale Studien« – gelaufen,
dann führte Ehmke die Gespräche weiter, an die sich Napolitano
gern und gut erinnert.

»Hotte« hörte geduldig zu, wenn er seinen Gesprächpartnern
in der KPI-Spitze gegenübersaß. Die Partei habe sich auf Risiken
eingelassen, schrieb er nach Berlinguers Tod 1984 in einem eindrucksvollen, analytischen Nachruf in der »Neuen Gesellschaft«,
in dem er die »stille Kraft« des Italieners, »seine stark geprägten
Überzeugungen, seine Fähigkeit, im Gespräch mit Andersdenkenden zuzuhören und zu lernen« lobte. Ehmke damals über die KPI:
»Sie hat die Probleme ihrer historischen Entwicklung, die von der
ideologisch und politisch auf Moskau fixierten kommunistischen
Weltbewegung über Jahrzehnte hinweg geprägt war, weitgehend
bewältigt. Damit ist sie zu einer die Politik Italiens mitbestim-
menden, in allen Teilen der Bevölkerung verankerten großen
›Reform- und Volkspartei‹ geworden.« Aus ihrer »Verweltlichung«
und »Verwestlichung« seien ihr in ihrem neuen Selbstverständnis
als radikaldemokratische Reformpartei mit Regierungsambitio-
nen neue ungelöste Probleme erwachsen. »Worin soll der ›dritte
Weg‹ bestehen, den die KPI zwischen Sozialdemokratie und dem
in seiner Triebkraft erschöpften Sowjetkommunismus einschla-
gen will?«, fragte Ehmke 1982 prophetisch und antizipierte auf
diese Weise die definitive KPI-Häutung zur sozialdemokratischen
DS nach dem Fall der Berliner Mauer zehn Jahre später.

Dennoch, nach den unsäglichen Berlusconi-Jahren hätten
sich nicht einmal wir, die inzwischen ergrauten Italien-Korres-
pondenten, die Wahl eines Ex-Kommunisten zum italienischen
Staatspräsidenten im Mai 2006 vorstellen können. Aber war nicht
auch diese Wahl Giorgio Napolitanos wieder einmal von symbol-
trächtiger, demokratisch neuer Kraft? »Ich will der Präsident
aller Italiener sein«, erklärte Giorgio Napolitano bei seiner An-

trittsrede im römischen Parlament. In Italien zweifelt niemand, nicht einmal Berlusconis immer noch starke Rechte, daran, dass der rüstige 81jährige »Ex-Kommunist« sein Versprechen auch halten wird.

Wieder ist es ein eleganter, linker Überzeugungstäter liberaler Herkunft, der das zerstrittene, moralisch, politisch und wirtschaftlich strapazierte Land »vereinen« soll. Auch dem hoch betagten Sozialisten und mutigen Partisanenkämpfer von einst, Sandro Pertini, war Ende der siebziger, Anfang der achtziger Jahre eine ähnliche Rolle zugefallen. Trotz vieler blutiger Attentate, trotz der Moro-Tragödie, einer nationalen Erdbebenkatastrophe und einer endlosen Kette von Mafia-Toten war der kleine zierliche Mann dank seines harzigen, aber herzlichen, wortkargen Charmes Italiens beliebtester Präsident geworden, weil er das gebeutelte Land »versöhnen« konnte. Als Enrico Berlinguer im Juni 1984 auf dem Rednerpult einer Wahlveranstaltung in Padua zusammenbrach und wenig später – 61jährig – an den Folgen eines Gehirnschlages starb, holte Staatspräsident Pertini den Verstorbenen persönlich »wie einen Bruder, einen Freund, einen Kampfgenossen« (Pertini) in der Präsidentenmaschine heim nach Rom. Rund 1.5 Millionen Landsleute erwiesen dem Verstorbenen auf der größten Massenversammlung des republikanischen Italien die letzte Ehre.

In seinem Glauben an die Möglichkeit eines reformorientierten Wandels verbanden sich – wie Piet Dankert in seiner Trauerrede sagte – realistisches Denken und Zukunftsvision. Dies alles prägte auch die zahlreichen Begegnungen, die deutsche Sozialdemokraten mit Berlinguer zunächst Ende der sechziger Jahre im Vorfeld der neuen Ostpolitik, dann seit den siebziger Jahren zu Problemen der Ost-West-Beziehungen und zur Rolle Europas in der Welt pflegten. »Dass solche Gespräche sinnvoll sind und fruchtbar sein können, dafür hat Berlinguer mit das Fundament gelegt. Wir bekunden ihm über das Grab hinaus unseren großen Respekt.«, schloss Ehmke in anerkennender Betroffenheit seinen Nachruf.

Gegenseitiger Respekt
und freundschaftliche Beziehungen

Gerne folge ich der Einladung, einen Beitrag zur Festschrift anlässlich des 80. Geburtstages von Horst Ehmke beizusteuern. Ich hatte Gelegenheit, Ehmke vor mehr als zwanzig Jahren kennen zu lernen. Es war die Zeit, in der er eine herausragende Position in der Regierung Willy Brandt einnahm, zu dessen engsten Mitarbeitern er zählte. In dieser Eigenschaft wie auch als Mitglied des SPD-Parteivorstandes und Bundestagsabgeordneter knüpfte und pflegte Ehmke fruchtbare Kontakte mit der größten Partei der italienischen Linken, der KPI, die zu dieser Zeit auch die größte Oppositionspartei war.

Ich erinnere mich insbesondere an ein Zusammentreffen mit Ehmke während der Regierung der »demokratischen Solidarität«, die – mit Unterstützung der KPI – zwischen 1976 und 1979 eine der schwierigsten Bewährungsproben zu bestehen hatte. Sie stand u. a. vor der Entscheidung, dem Europäischen Währungssystem beizutreten, Ehmke fiel die Aufgabe zu, in dieser Mission auf den KPI-Vorstand einzuwirken, um zu verhindern, dass die Vorbehalte der KPI gegen den Beitritt die Gründung des Europäischen Währungssystems verhinderten.

Die Beziehungen von SPD und KPI waren damals von gegenseitigem Respekt und Verständnis getragen. Den Kern dieser freundschaftlichen Beziehung unseres konstruktiven Dialogs brachte der besonders schöne Artikel zum Ausdruck, den Horst Ehmke anlässlich des Todes von Enrico Berlinguer im Mai 1984 schrieb, auf den ich damals kurz geantwortet habe. Ein berühmter Journalist jener Zeit nannte die beiden Artikel einmal »zwei Liebesbriefe«.

An Horst Ehmke gehen diese Erinnerungen mit herzlichen Wünschen.

Von da ab war Horst Ehmke überall

Als ich im Jahre 1967 der CDU beitrat, hatte Horst Ehmke gerade seinen 40. Geburtstag gefeiert, war schon zwanzig Jahre Mitglied der SPD und Mitglied des Sozialistischen Deutschen Studentenbundes und war nun Staatssekretär bei Gustav Heinemann im Bundesjustizministerium.

Erst 1969, ich verdiente mir gerade die ersten Sporen als junger Finanzsprecher der CDU-Fraktion, tauchte Ehmke öfter in Stuttgart auf, und schnell sprach sich herum, dass er im Wahlkreis Stuttgart III direkt kandidieren und der Union das Direktmandat abjagen wolle. Von da ab war Horst Ehmke überall. Zuerst hörte ich von einer vornehmen Diskussion mit Augstein und Gauß im CVJM-Haus anlässlich der Vorstellung seines Buches »Politik der praktischen Vernunft«. Dann hielt er auf dem Killesberg die Rede bei der DGB-Maikundgebung, und anschließend staunten die Stuttgarter Marktfrauen nicht schlecht, als er mit Begleittross schon in den frühen Morgenstunden zu ihren Ständen kam und sich brennend für die Tomatenpreise interessierte.

Die in dieser Zeit aufgebrachte Universitäts- und Bildungsszene mischte er – rhetorisch begabt und forsch wie er war – auf und legte sich mit Störenfrieden an, um sich mit ihnen im Ernstfall auch durchaus wieder zu verbünden.

Sein klares taktisches Ziel: in die Wählerbasis des intellektuellen und bürgerlichen Lagers hinein zu brechen. Es gelang ihm. Er holte den Wahlkreis direkt und kümmerte sich unverzüglich um die weitere Verhinderung der Großen Koalition und brachte seinen Freunden von der FDP bei, dass es links-liberal besser sei. Nach der Wahl von Willy Brandt zum Bundeskanzler wurde er Leiter des Bundeskanzleramtes im Ministerrang. Ab diesem Zeitpunkt konnte man seine politische Karriere in Bonn verfolgen. Aber pünktlich zum Wahlkampf 1972 war Hotte Ehmke wieder auf Tour. Da ich inzwischen Vorsitzender der CDU-Landtagsfraktion war, habe ich ihn und seinen Wahlkampf natürlich intensiv verfolgt. Mancher Wahlkämpfer konnte sich da eine Scheibe abschneiden, wie man mit Volldampf von fünf Uhr morgens an bis in den späten Abend trotz Bonner Verpflichtungen »Wahlkampf am Mann« in allen Bevölkerungsschichten macht. Und er bespielte das »Wahlkampfklavier«, wie die Stuttgarter Zeitung das beschrieb, mit Erfolg.

Ich glaube, dass die Stuttgarter es nicht immer ganz leicht mit Ehmke hatten. Auch wenn der gebürtige Danziger das »Grüß Gott« schon prima beherrschte. Aber wann immer ich bei den Gewerkschaften oder im Künstlerlager in Stuttgart auftauchte, war Hotte da.

Etwas schwieriger wurde es 1976 für den »Linken Rechtsausleger«, wie er sich ab und zu selbst nannte, nachdem wir im Frühjahr mit Hans Filbinger und dem Slogan »Freiheit statt Sozialismus« 56 Prozent eingefahren hatten. Beim »Heimspiel« mit den Rentnern der ÖTV im Straßenbahnerwaldheim erhielt er zwar Sonderbeifall bei manchen Diskussionen, vor allem für seine fröhlich aggressive Wahlkampfrhetorik, aber das reichte nicht: Er musste auf einen Landeslistenplatz zurückgreifen.

In dieser Zeit begegneten wir uns dann eher im Kunstbereich, etwa bei gemeinsamen Besuchen im Atelier von Herbert Hajek an der Hasenbergsteige. Auch während meiner Zeit als Ministerpräsident kreuzten sich unsere Wege ab und zu.

Als ich mich schon längst meiner neuen Aufgabe in Jena zugewendet hatte, traf ich ihn dann in Berlin wieder, und wir haben über alte Zeiten gesprochen. Er hatte inzwischen den Bundestag verlassen, seine politische Bilanz in Buchform gefasst und schickte mir 1998 seinen ersten Politkrimi »Global Players«. Ein ganz neuer, wie immer phantasiebegabter Horst Ehmke. Ein Jahr später, 1999, habe ich in Berlin seinen zweiten Kriminalroman mit dem Titel »Der Euro Coup« der Öffentlichkeit vorgestellt.

Wir waren selten einer Meinung – außer in der Kunst. Wir haben uns sicher – direkt und indirekt – politisch bekämpft und trotzdem manches lange vernünftige Gespräch geführt. Ich habe gute und sehr viele kritische Urteile über ihn gehört, aber niemand hat mir je gesagt, er halte den Horst Ehmke für einen politischen Langweiler. Er hat manches aufgemischt, meistens aus grundsätzlichen Überzeugungen, manchmal aber wohl auch, weil es ihm einfach Freude gemacht hat.

Herzlichen Glückwunsch zum 80. Geburtstag.

Dialog zwischen SPD
und kommunistischen Parteien

Auch im Abstand von zwei Jahrzehnten bleiben die Kontakte, Gespräche und Verhandlungen der SPD mit kommunistischen Parteien in den 80er Jahren, an denen insbesondere Horst Ehmke, Egon Bahr und ich beteiligt waren, umstritten. Kritisiert daran wird insbesondere:

- Die SPD habe aus der Opposition heraus eine Art Nebenaußenpolitik betrieben, nicht nur neben, sondern auch gegen die offizielle Außenpolitik der Bundesregierung gerichtet.
- Die SPD habe die ideologischen Gegensätze zwischen Sozialdemokraten und Kommunisten verwischt.
- Die SPD habe die Reformunfähigkeit der kommunistischen Parteien verkannt.
- Die SPD habe verkannt, dass nicht Reformer in den kommunistischen Parteien, sondern antikommunistische Bürgerrechtsbewegungen die Initiatoren und Träger der demokratischen Veränderungen in Ostmittel- und Osteuropa waren.

Der Vorwurf der Nebenaußenpolitik wird zu Recht gemacht, wenn dies denn ein Vorwurf und nicht ein Kompliment ist. Denn es war tatsächlich unsere Absicht, durch den Dialog mit kommunistischen Parteien in Osteuropa die Sichtbarkeit der SPD – obwohl in der Opposition – als außenpolitischen und insbesondere entspannungs- und abrüstungspolitischen Akteur zu erhalten. Und wir wollten gleichzeitig durch unsere außenpolitischen Initiativen ein Abweichen der Regierung Kohl/Genscher von den außenpolitischen Prinzipien der Politik der sozial-liberalen Regierung erschweren. Beides ist in einem erheblichen Maße gelungen.

Ein Beispiel hierfür sind die Verhandlungen der SPD mit der SED über eine chemiewaffenfreie Zone. Diese gaben den Gegnern

einer Modernisierung der noch in großen Mengen in der Bundesrepublik gelagerten amerikanischen chemischen Waffen Rücken-
wind. Es ist kein Zufall, dass die amerikanische Entscheidung
zum Verzicht auf eine Modernisierung und auch zum Abzug aller
vorhandenen chemischen Waffen im zeitlichen Kontext zu den
damaligen SPD/SED-Verhandlungen getroffen wurde. Eine un-
mittelbare Wirkung der übrigen abrüstungspolitischen Verein-
barungen der SPD mit der SED auf die Kohl-Regierung ist nicht
nachweisbar.

Es bleibt aus heutiger Sicht der Einwand legitim, dass die außenpolitischen Aktivitäten der SPD in der Opposition zu gouvernemental angelegt waren. Doch hierfür gab es gute Gründe: Ich
habe in diesem Ansatz ein Gegengewicht gegen die Teile der SPD-
Fraktion gesehen, die nach dem Ausscheiden aus der Regierungsverantwortung die Neigung hatten, die Unterschiede zwischen
den Aufgaben einer parlamentarischen Opposition und einer außerparlamentarischen Friedensbewegung zu verwischen.

Die ideologischen Unterschiede zwischen Sozialdemokraten
und Kommunisten waren den Gesprächsteilnehmern stets bewusst. Das galt nicht nur für die sozialdemokratische, sondern
auch für die kommunistische Seite. Die Gespräche zwischen der
von Erhard Eppler geleiteten Grundwertekommission der SPD
mit der Akademie für Gesellschaftswissenschaften beim ZK der
SED belegen dies.

Während der offiziellen Gespräche mit der SED über abrüs-
tungspolitische Themen kamen ideologische Streitpunkte selten
zur Sprache. Egon Bahr hielt es für wichtig, dass solche Gegensätze um des Erfolgs des abrüstungspolitischen Dialoges willen
während des offiziellen Teils der Verhandlungen in den Hintergrund traten. Am Rande der Gespräche diskutierten die jüngeren
Gesprächspartner auf beiden Seiten umso heftiger über gesellschaftspolitische und gesellschaftstheoretische Fragen.

Horst Ehmke klammerte ideologische Streitpunkte bei seinen
Gesprächen ohnehin nie aus. Ein anderes Verhalten hätte seinen
Überzeugungen, aber auch seinem Naturell widersprochen. So er-
innere ich mich noch genau an ein Abendessen in Bonn, bei dem

es zu heftigen Kontroversen zwischen ihm und Hermann Axen (Mitglied des Politbüros der SED) über den Mangel an Reformen in der DDR kam.

Für uns Jüngere, die wir unsere ersten Erfahrungen im Dialog mit Kommunisten während unserer Zeit als Jungsozialisten gesammelt hatten, war es selbstverständlich, außenpolitische Themen im Kontext gesellschaftspolitischer Konzepte zu diskutieren. Dabei entsprach es keineswegs unseren Erfahrungen, dass Sozialdemokraten mit ihren Thesen weniger zu überzeugen vermochten als Kommunisten. Im Gegenteil! Natürlich gab es innerhalb der Jungsozialisten und zum Teil auch in der SPD Tendenzen und Strömungen, die bereit waren, kommunistische Slogans und Theorie-Versatzstücke zu übernehmen. Insgesamt gesehen aber war es unser Eindruck, dass die Anfälligkeit mittelost- und osteuropäischer kommunistischer Jugendorganisationen und Parteien für einen »Sozialdemokratismus« wesentlich größer war.

Diese Anfälligkeit für einen »Sozialdemokratismus« bestand nicht in der Führung der SED, wohl aber in Teilen ihrer Mitgliedschaft. Die mir durch persönliche Kontakte bereits vor dem Fall der Mauer bekannten Vorschläge einer Gruppe von SED-Intellektuellen zur Reform des Sozialismus und die kontroversen Diskussionen innerhalb der SED über das Eppler/Reinhold-Papier »Streit der Ideologien und die gemeinsame Sicherheit« sind hierfür ein Beleg. Die gegen Ende der DDR zunehmende Entfremdung zwischen einer dogmatischen, reformunwilligen sowie überalterten SED-Führung um Erich Honecker und großen Teilen der SED-Mitgliedschaft haben meiner Ansicht nach den Zerfall des SED-Staates beschleunigt, die Gewaltfreiheit im Übergang von der Diktatur zur Demokratie begünstigt und die Zustimmung zu einem zügigen Vollzug der deutschen Vereinigung in der Bevölkerung der DDR gefördert.

Ein isolierter Blick auf die Entwicklungen der DDR im Jahre 1989 übersieht die Entwicklungen in anderen mittelost- und osteuropäischen Staaten. In diesen waren für den Systemwandel Reformkräfte innerhalb der kommunistischen Parteien oft ebenso wichtig, in manchen Ländern sogar bedeutsamer als die von Bürgerrechtlern initiierten Basisbewegungen. Dies gilt besonders für die Sowjetunion. Die moralische Autorität von sowjetischen Bürgerrechtlern wie Andrej Sacharow kann nicht hoch genug bewertet werden. Machtpolitisch ist für den Beginn des Reformprozesses in der Sowjetunion die Wahl von Michail Gorbatschow zum Generalsekretär der KPdSU ungleich wichtiger. Seine Wahl und die nachfolgende Politik kamen für den Westen überraschend. Spätere Entwicklungen haben gezeigt, dass Gorbatschow letztlich keine stabile Mehrheit innerhalb der KPdSU für die von ihm verfolgte Reformpolitik besaß. Andererseits war er auch nicht völlig isoliert, sondern konnte sich relativ lange mit Unterstützung reformorientierter Teile der KPdSU als Generalsekretär halten.

Ich habe bei meinen zahlreichen Reisen in die Sowjetunion seit Anfang der 80er Jahre in der sowjetischen »Think-Tank-Community« und bei einzelnen Vertretern der KPdSU und des Komsomol Personen getroffen, die mir gegenüber offen für eine Reform der sowjetischen Innen- und Außenpolitik eintraten. Einige von ihnen – wie Alexei Arbatov, Sergei Karaganov, Vladimir Lukin, Andrei Kokoschin, Sergei Rogov, Vladimir Baranowsky, Wjatscheslaw Daschitchew, Oleg Bogomolov und Andrei Gratschov – haben später in dem durch Gorbatschow angestoßenen Reformprozess wichtige Aufgaben als Politiker oder Politikberater eingenommen. Ohne Gorbatschow und die reformwilligen Teile der KPdSU wären die Reformen in anderen Mitgliedstaaten des Warschauer Paktes nicht so erfolgreich und auch nicht so gewaltfrei verlaufen.

Das Ausmaß des Einflusses des intensiven Dialogs der SPD mit der sowjetischen Führung auf diese positive Entwicklung wird umstritten bleiben. In den USA dominiert die Auffassung, dass die harte Politik von Reagan und Thatcher Ursache für die sowjetischen Reformen sei. Ich halte die wachsende Einsicht von Teilen der sowjetischen Gesellschaft und Elite in die Reformnotwendigkeit des verkrusteten Systems für die Hauptursache. Die intensiven Gespräche der SPD über internationale Fragen und gesellschaftliche Reformkonzepte haben das Denken in der sowjetischen Führung beeinflusst. Zahlreiche unserer Gesprächspart-

ner und auch Gorbatschow selber haben immer wieder die Bedeutung erst der Entspannungspolitik und, daran anschließend,
unserer Dialogpolitik für die Entwicklung ihrer eigenen Reformkonzepte unterstrichen.

Dass die Reformprozesse in der Sowjetunion von der damaligen
Führung der kommunistischen Partei angestoßen und nicht, wie
in anderen ostmitteleuropäischen Staaten, von breiten demokratischen Basisbewegungen initiiert und getragen wurden, ist allerdings eine der Ursachen für die heutigen demokratischen De-
fizite Russlands. In der Duma spielen Vertreter aus der früheren
Bürgerrechtsbewegung keine Rolle mehr. Wenn man die Lebens-
läufe der heute aktiven russischen Politiker analysiert, so sind sie
früher fast alle Mitglieder der KPdSU gewesen. Das gilt auch für
die Abgeordneten der demokratischen Opposition in der Duma.
Sie setzen als Minderheit im heutigen Russland die Traditionen
derjenigen Reformer fort, die uns seit Anfang der 8oer Jahre bei
unseren Kontakten mit der KPdSU, dem Komsomol und den wissenschaftlichen Instituten begegneten.

Die ersten Kontakte zu kommunistischen Parteien entwickelte
die SPD nicht erst in den 8oer Jahren, sondern bereits während
ihrer Regierungszeit in der zweiten Hälfte der 6oer Jahre. Horst
Ehmke berichtet in diesem Zusammenhang von seinen Kontakten
zur Kommunistischen Partei Italiens. Zur gleichen Zeit traf ich
Vertreter der KPI als Redakteur der in Frankfurt erscheinenden
linken Zeitschrift »express international«. Intensiver wurden
meine Beziehungen seit 1971, nachdem eine Delegation der Jungsozialisten in Italien Gespräche mit linken Christdemokraten,
Sozialisten, Sozialdemokraten, Kommunisten und auch Vertretern der linksradikalen Gruppe um die Zeitschrift »Manifesto«
geführt hatte.

Horst Ehmkes und mein Interesse an den Entwicklungen in
Richtung auf einen von Moskau unabhängigen »Eurokommunismus« war groß. Das Interesse von Egon Bahr daran eher gering.
Wir wollten, dass die KPI durch ein klares Bekenntnis zur Demokratie, zur EU und zum Nordatlantischen Bündnis ein glaubwür-
diger und damit auch regierungsfähiger Teil der demokratischen

Linken Europas werden könnte. Das deckte sich mit den Interessen der KPI. Wir waren zudem daran interessiert, dass sich die Reformorientierung der KPI positiv auf kommunistische Parteien innerhalb des Warschauer Paktes auswirken würde.

Ich erinnere mich noch sehr genau daran, wie Giancarlo Pajetta, das damals für die Außenpolitik zuständige Mitglied im Politbüro der KPI, mir erzählte, wie schwer es ihm gefallen sei zu begreifen, dass seine kommunistischen Ideale, für die er gekämpft und gelitten habe, keine zukunftsfähige Grundlage für eine demokratische linke Partei in Europa seien. Die außenpolitischen Thesen der KPI hatten sich Mitte der 70er, Anfang der 80er Jahre bereits so sehr auf die SPD zubewegt, dass mir die Auffassungen, die Giorgio Napolitano und Massimo d'Alema zur EU und NATO vertraten, näher standen als die des Stamokap-Flügels bei den Jungsozialisten.

Heute ist Napolitano Staatspräsident und d'Alema Außenminister Italiens. Ihre Partei ist Mitglied der Sozialistischen Internationale und der Sozialdemokratischen Partei Europas. Vadim Sagladin, der stellvertretende Leiter der internationalen Abteilung der ZK der KPdSU, sagte mir Ende der 80er Jahre: »Im Wettbewerb um die politische Orientierung der KPI habt ihr Euer Ziel erreicht, nicht wir.«

In der DDR ist die Absicht, sozialdemokratisch orientierte SED-Mitglieder aus der Partei herauszulösen, nicht zum Tragen gekommen. Ich gehörte zu denjenigen in der Führung der SPD, die mit einem öffentlichen Aufruf alle sozialdemokratisch gesinnten Mitglieder der SED auffordern wollten, die SED zu verlassen und sich an einer Wiedergründung der SPD in der DDR zu beteiligen. Diese Absicht, die nie bis in das Stadium eines formellen Beschlusses in der SPD-Führung heranreifte, war durch die Gründung der SDP in der DDR politisch und moralisch gegenstandslos geworden. An unserer Absicht festzuhalten hätte nach der Gründung der SDP faktisch eine politische Option gegen die aus der Bürgerrechtsbewegung entstandene SDP zugunsten ehemaliger SED-Mitglieder beinhaltet. Eine Mitgliedschaft beider Personengruppen in der gleichen Partei war damals undenkbar. Anders

die Politik der CDU: Dort wurde die Verschmelzung von aus der
Bürgerrechtsbewegung stammenden Initiativen mit ehemaligen
Blockparteien vollzogen.

In Ungarn entwickelte sich die Mitgliedspartei der Sozialistischen Internationale, die »MSZP«, heute auch führende Regierungspartei, aus der ehemaligen kommunistischen Partei. In
Ungarn äußerten sich Bürgerrechtler relativ früh öffentlich. Sie
standen in Gegnerschaft zur kommunistischen Partei und hatten
deshalb unter Nachteilen und Verfolgung zu leiden. Andererseits
gab es auch Reformpolitiker innerhalb der kommunistischen Partei. Willy Brandt sprach in den 8oer Jahren anlässlich einer Unterhaltung mit dem damaligen 1. Sekretär der USAP, Jonas Kadar,
an dem auch der spätere Ministerpräsident Gyula Horn teilnahm,
sogar von der Perspektive der Überwindung der Spaltung der Arbeiterbewegung. Das war sicherlich eine damals noch unrealis-
tische Perspektive. Zudem war Kadar mit seiner Politik nicht die
geeignete Person, mit der man eine Sozialdemokratisierung der
kommunistischen USAP hätte vollziehen können. Erst Kadars
Nachfolger waren hierzu gewillt. Das wurde auch in der gemeinsamen Arbeitsgruppe zwischen der SPD und der USAP debattiert,
die auf Seiten der SPD durch Wolfgang Roth geleitet wurde.

Die Sozialistische Internationale übertrug mir Ende der 8oer
Jahre die Aufgabe, Empfehlungen für die Beziehungen zu den sich
reformierenden kommunistischen oder den sich neu- bzw. wie-
dergründenden sozialdemokratischen Parteien in Ost- und Ostmitteleuropa zu erarbeiten. Offensichtlich hatte die DDR hiervon
Wind bekommen, denn gegen mich wurde in den letzten Wochen
vor dem Mauerfall – trotz Diplomatenvisum – ein Einreiseverbot
verhängt. Für die sich unter dem Namen »Sozialistische Partei
Ungarns« neugegründete Nachfolgepartei der USAP empfahl ich
eine schrittweise Heranführung an die SI bis hin zur Vollmit-
gliedschaft. Zuvor hatten europäische Mitgliedsparteien der SI
die wiedergegründete Sozialdemokratische Partei Ungarns bei
den ersten freien Wahlen in erheblichem Umfang politisch und
finanziell unterstützt. Trotzdem scheiterte sie am mangelnden
Rückhalt in der eigenen Bevölkerung.

Auch in Polen erlangte die an die Vorkriegstraditionen der demokratischen Linken anknüpfende Sozialistische Partei unter ihrem Vorsitzenden Lipski nur einen minimalen Rückhalt in der Bevölkerung. Dafür gab es in der Solidarność relevante Strömungen, die man als sozialdemokratisch hätte bezeichnen können. Zu einigen ihrer Repräsentanten gab es Kontakte, die allerdings zu spät einsetzten und nicht intensiv genug waren. Das gestehe ich heute selbstkritisch ein.

Trotzdem waren die von dem Danziger Horst Ehmke geführten Gesprächsrunden mit den Vertretern des offiziellen Polens sinnvoll. Sie trugen dazu bei, die damalige sicherheitspolitische Lage in Europa rational zu analysieren und mögliche praktische Schritte zur Intensivierung der Beziehungen zwischen beiden Teilen Europas zu erörtern. Die Kontakte von damals haben später dazu beigetragen, den allmählichen und nicht von Widersprüchen, Krisen und Abspaltungen freien Weg der ehemals kommunistischen PVAP unter dem Namen SLD hin zu einer sozialdemokratischen Mitgliedspartei der Sozialistischen Internationale vorzubereiten.

Die KPČ wurde nach der sowjetischen Intervention in der ČSSR im Jahre 1968 von Reformern gesäubert. Zu vielen der ehemaligen Reformkommunisten wie Jiri Pelikan, Otar Šik und Hajek pflegten Horst Ehmke und ich intensive Kontakte. Manche ihrer Aktivitäten, wie beispielsweise die Publikation der Zeitung »Listy«, wurden auf Umwegen von der SPD finanziell unterstützt. Wir wären nie auf den Gedanken gekommen, in der KPČ ein reformerisches Potenzial zu vermuten. Trotzdem wurde eine Arbeitsgruppe mit der KPČ vereinbart, die sich – auf der SPD-Seite von Volker Hauff geleitet – dem Thema Umweltschutz widmete. An ihrer Arbeit habe ich nie teilgenommen. Aber im Jahre 1988 kam es auf Vorschlag der abrüstungspolitischen Arbeitsgruppe von SPD und SED zu einer gemeinsamen Pressekonferenz mit der KPČ in Prag. Am Vorabend dieser Pressekonferenz erläuterte uns das Politbüromitglied Bilak stur, dass der Unfall in Tschernobyl die ČSSR in keiner Weise betroffen habe. Außerdem erläuterte er stolz, wie er durch die vorbereitete Sitzordnung von ausgewählten Journalisten verhindern wolle, dass auf der für den kommenden Tag geplanten Pressekonferenz Journalisten aus dem Westen mit kritischen Fragen zu Wort kommen könnten. Nach diesen Erfahrungen war mein Bedarf an Gesprächen mit der KPČ gedeckt.

Während und nach der Wende war ich mehrfach in Prag, um im Auftrag der SPD und der Sozialistischen Internationale zu prüfen, wie wir die wiedergegründete Sozialdemokratische Partei unterstützen könnten. In diese wiedergegründete Partei sind dann auch einige Aktivisten aus der Bürgerrechtsbewegung und einige frühere Kommunisten eingetreten. Nach der demokratischen Revolution war die Sozialdemokratische Partei Tschechiens (ČSSD) über lange Zeiten hinweg eine Regierungspartei. Sie ist trotz aller Krisen und Rückschläge eine der wenigen neu- oder wiedergegründeten sozialdemokratischen Parteien in Ost- und Ostmitteleuropa, die sich nach 1989 auf Dauer eine wichtige Rolle in der parlamentarischen Demokratie erringen konnte.

In der Slowakei wurde nach 1989 der ehemalige Reformkommunist Alexander Dubček zum Ehrenvorsitzenden der kleinen sozialdemokratischen Partei gewählt. Seinen Auftritt in der »Sozialistischen Internationalen« habe ich mit einer unbeschreiblichen Freude als symbolischen Akt der Anerkennung seiner historischen Verdienste während des Prager Frühlings im Jahre 1968 empfunden. Heute ist die damals wiedergegründete sozialdemokratische Partei in der aus sozialdemokratischen und reformkommunistischen Gruppen entstandenen neuen Partei »SMER« aufgegangen.

Auch in Bulgarien blieb die wiedergegründete sozialdemokratische Partei ohne parlamentarischen Erfolg. Sie arbeitet heute mit der Sozialistischen Partei Bulgariens (BSP) zusammen. Diese Nachfolgepartei der ehemaligen kommunistischen Partei konnte sich nach 1989 nur allmählich von negativen Begleiterscheinungen früherer kommunistischer Staatsparteien lösen, ist aber heute Mitglied der Sozialistischen Internationale. Ähnlich ist die Lage in Rumänien: Dort entstand aus der ehemaligen kommunistischen Partei die heutige Sozialdemokratische Partei Rumäniens

(PSD). In ihr ging die nach 1989 wiedergegründete sehr kleine historische Sozialdemokratische Partei auf.

In Slowenien ist aus der früheren regionalen Organisation des »Bundes der Kommunisten Jugoslawiens« (BdKJ) die heutige sozialdemokratische »Vereinigte Linke« entstanden, in Kroatien in einem ähnlichen Prozess die heutige sozialdemokratische »SDP«. Vergleichbare Entwicklungen gibt es in den baltischen Staaten.

Vor dem Hintergrund der Entwicklungen nach 1989 in Ostmittel- und Osteuropa bleibt die Kritik berechtigt, dass die SPD früher und intensiver den Kontakt zu Bürgerrechtsbewegungen in den Ländern Ost- und Ostmitteleuropas hätte pflegen sollen. Dies gilt aus heutiger Sicht besonders für Länder wie Polen, die Tschechoslowakei und die DDR, in denen die Bürgerrechtsbewegungen zu einem entscheidenden Motor des demokratischen Transformationsprozesses wurden. In zahlreichen anderen Staaten Ost- und Ostmitteleuropas aber waren aus den kommunistischen Parteien entstandene Reforminitiativen genauso wichtig, in manchen Fällen sogar wichtiger für den demokratischen Transformationsprozess. Häufig sind daraus die heutigen sozialdemokratischen Parteien Ost- und Ostmitteleuropas entstanden. Auch wo dies – wie in der ehemaligen DDR – nicht der Fall war, spricht vieles dafür, dass die Entspannungs- und Dialogpolitik bei den herrschenden Eliten die Hemmungen gegen ein gewaltsames Vorgehen gegen demokratische Oppositionsbewegungen vergrößert hat.

Ob aus den Erfahrungen der 80er und 90er Jahre in Ost- und Ostmitteleuropa Lehren für Demokratisierungsstrategien in anderen Regionen der Welt gezogen werden können, kann ich nicht beurteilen. Das mögen andere tun.

Anreger, Vermittler und
vertrauensvoller Gesprächspartner

Mit Horst Ehmke, dem jüngeren, verbinden mich zunächst die Studienjahre in Göttingen gleich nach dem Ende des Krieges. Dort beneidete ich ihn um seine große Nähe zum eindruckvollsten unserer Hochschullehrer, dem wissenschaftlich und menschlich gleichermaßen bedeutenden Staats- und Kirchenrechtler Rudolph Smend. Er war es, der uns, seinen Schülern, abseits des routinierten Lehrbetriebes unter behutsamer Anleitung die Verantwortung für Lernen und Leben näher brachte. Später widmete Ehmke eigene grundlegende Arbeiten seinem Lehrer Smend als Zeichen der Verehrung und Dankbarkeit.

Auch bei seiner eigenen überaus erfolgreichen Tätigkeit als Hochschullehrer und danach in der Politik folgte Ehmke großen Vorbildern mit prägendem eigenem Gewinn. Im Bundestag war es zunächst Adolf Arndt, der in der ganzen bisherigen parlamentarischen Nachkriegszeit als vorbildlicher und gewissenhafter Repräsentant von Theorie und Praxis des Rechtsstaates nicht seinesgleichen hatte.

Ehmke und ich waren gleichzeitig in den Bundestag gewählt worden. Sein Weg führte ihn rasch in die exekutive Regierungsverantwortung. Dort war er »mittendrin«, als enger Mitarbeiter, Vertrauter und Freund von Willy Brandt. Ich erlebte ihn nicht nur als glänzenden, unzimperlichen Redner, sondern auch als Anreger, Vermittler und vertrauensvollen Gesprächspartner. Gerade diese seine Qualitäten waren in der Zeit der heftig umstrittenen Ostpolitik ebenso rar wie unentbehrlich und hilfreich. Auch mit ihm zu streiten, war nicht selten unausweichlich und brachte stets Gewinn.

Ehmke hat sich mit seinem Wesen und Wirken einen ganz eigenen, unvergessenen Platz in der Entwicklung unserer Demokratie der letzten Jahrzehnte geschaffen. Zu seinem Geburtstag gelten ihm meine herzlichen Glückwünsche.

FÜNFTER TEIL

Horst Ehmke, der Kunstfreund und Autor von Politkrimis

INGKE BRODERSEN

Champagner für den Modernisierer

Horst hatte ich lange, bevor wir uns kennen lernten, schon im Auge. In dem winzigen Büro von Freimut Duve, in meinen Anfangsjahren bei Rowohlt mein »Chef«, prangte unübersehbar an der Wand über der Tür die herausgerissene Seite aus einer Illustrierten, vielleicht die »Bunte«, vielleicht der »Stern«. Darauf ein ganzseitiges Foto von Horst Ehmke im Smoking mit Fliege, blitzblanken Schuhen an den Füßen, Arm in Arm mit Gabriele Henkel im leicht durchsichtigen Orangerotenetwas. Beide stiegen, nein: glitten eine Treppe hinab, einer von beiden, oder gar jeder, das weiß ich nicht mehr so genau, ein Champagnerglas in der Hand. Horst schien der Dame an seiner Seite gerade etwas zugeraunt zu haben, sicher Lästerliches, was die zwei offensichtlich königlich amüsierte.

Ich habe versäumt, Freimut zu fragen, warum dieses Bild bei ihm im Büro hing – nicht uninteressant, das zu erfahren. Vielleicht fand er Gabriele Henkel attraktiv. Vielleicht wäre er selbst gern Champagner trinkend an ihrer Seite gewesen, wer weiß. Ich glaube, es war mehr. Das Bild strahlte Glamour aus, auf den flüchtigen Blick hin hätte man Horst fast mit Richard Gere, dem »Mann für gewisse Stunden«, verwechseln können. Anders als den eher scheu wirkenden Hollywoodstar, umwehte Horst allerdings ein Hauch von Diabolischem. Man sah ihm an, dass er gern »mittendrin« war, der »Mann für Zupackendes«.

Für mich war es ein Hoffnungsbild. Horst brachte Chuzpe, Glanz und die Moderne in die sozialdemokratische Hütte, die mich bei aller politischen Solidarität ästhetisch immer eher abgeschreckt hat. In der Baracke, dem Hauptquartier der SPD, war ich oft genug gewesen, um mein Vorurteil durch den Blick in manche Büros zu festigen: Ungenutzt vor sich hinstaubende Flugblätter und Broschüren, angetrocknete Kaffeetassen auf den Schreibtischen und hier und da ein kümmerlicher Ficus auf der Fens-

Horst Ehmke, der Kunstfreund und Autor von Politkrimis

terbank. Dagegen dieses Bild! Das war keine Blechmusik, sondern
große Oper. Der Mann interessierte mich.

Erst 15 Jahre später lernte ich Horst kennen. Da war er in den
Endzeiten des einfachen Abgeordneten-Daseins angekommen,
das er mit dem gleichen Engagement ausfüllte wie Jahre zuvor
die Rolle der vielgefragten »Mehrzweckwaffe der SPD«. Aber die
Hauptstadt-Diskussion, in die er sich noch einmal mit Verve gestürzt hatte, war »gelaufen«. Horst haderte mit den außenpolitischen Schritten der Regierung Kohl, und außerdem störte ihn
die Anmaßung, mit der der »Dicke« sich den Mantel der Geschichte umhängte und als »Vater der Einheit« präsentierte. Das
wollte und konnte er so nicht stehen lassen: Die ersten Mauer-
spechte waren Brandt, Bahr und Ehmke gewesen. Ihre Treffen
mit den Stophs, den Honeckers, den Breschnews waren vermutlich nicht immer ein vergnügliches Zusammensein gewesen, ich
stelle mir besonders diese drei doch eher als Fleisch gewordenes
Kontrastprogramm zu Gabriele Henkel vor. Aber die Kunst der
Annäherung, die Horst so gut beherrscht, vermochte, zum politischen Programm erhoben, eben auch Betonköpfe zu erweichen.
Zu Recht konnten die drei in Anspruch nehmen, die bundesrepu-
blikanische Wirklichkeit verändert zu haben. Und Ehmke war
homo politicus genug, um die Deutungshoheit nie unwidersprochen anderen zu überlassen. Schon gar nicht dem Dicken.

Auch deshalb hatte Horst beschlossen, auf einem neuen Spiel-
feld aufzulaufen. Er wollte seine Memoiren schreiben. Nicht von
ungefähr hieß der Titel »Mittendrin«. Das Buch war, so rundet
sich alles, »Willy zum Achtzigsten« gewidmet. Und ich war die
Verlegerin und Lektorin. So lernte ich Horst Ehmke – mein Bild
im Kopf – kennen.

Auch wenn der Schmelz der früheren Jahre physisch schon
ein wenig ausgeblichen war, so traf ich doch auf einen, der das
Versprechen des Fotos von damals einlöste. Horst war ein lustvoll
streitender Autor, voller Geschichten aus der Zeit der Reifeprü-
fung der Bonner Republik. In mir, meinem eigenen Selbstverständnis nach am ehesten noch ein Kind der APO, sah er – fälsch-
licherweise – eine überzeugte Grüne, der jetzt noch einmal ins

politische Stammbuch geschrieben werden müsse, was der Deutsche Bundestag den Grünen zu sagen versäumt hatte. Der Stoff, um den es in diesem Buch ging, gab für eine solche Auseinandersetzung einiges her.

»Mittendrin« ist ein pralles Geschichtsbuch über 25 Jahre Bonner Republik, ihre innenpolitischen Emanzipationsprozesse, in denen sich die Protest- und Bürgerbewegungen als eine Art »watchdog« der offiziellen Politik fest etablierten; über die sozialliberale Entspannungspolitik und die Aufweichung der Blockgrenzen, über die Große und die sozial-liberale Koalition, über Rücktritt und Misstrauensvotum und über den Fall der Berliner Mauer. Horst war nicht nur Mitgestalter der »Bonner Republik«, sondern auch ihr bester Anwalt. Und er ließ es sich nicht entgehen, mir hier und da – liebevoll und unmissverständlich – verbal heimzuzahlen, dass die APO in ihm den »Knecht des Establishments« hatte sehen wollen.

Wir hatten heftige politische Auseinandersetzungen, am meisten über die Studentenrevolte, die Notstandsgesetze und die Grünen natürlich. Da trennten uns zuweilen die 25 Jahre, die zwischen unseren Geburtsjahren liegen, wir waren einfach in unterschiedlichen Erfahrungsräumen zuhause. Horst verdankt dieses Land, dass die miefigen Räume der alten Adenauer-Republik kräftig durchlüftet wurden: Endlich kamen nicht mehr alle Nazi-Täter ungestraft davon, der Staat musste aus dem Schlafzimmer weichen, als der Straftatbestand Ehebruch abgeschafft wurde, mit den Eurokommunisten setzte er sich an einen Tisch – lauter Tabubrüche, die die Altvorderen damals zur Weißglut trieben. Das war nicht mehr ihr Deutschland. Die Generation, der ich angehörte, nahm das schon als selbstverständliches Startkapital. Das »moderne Deutschland«, das Horst und seine Generation schufen, war uns zu wenig. Außerdem, was scherte uns Deutschland? Wir waren auf Größeres aus – das internationale Kapital, der internationale Klassenkampf, die internationale Solidarität, die Befreiung aller Geknechteten und Ausgebeuteten dieser Erde. Das aber war dem leidenschaftlichen Vernunftpolitiker gefühlsduseliger, vielleicht sogar gefährlicher Utopismus. Recht hatte er, und ich

Horst Ehmke, der Kunstfreund und Autor von Politkrimis

kann von Glück sagen, dass ich schon geläutert war, als wir uns
trafen. Aber ich hätte in meinen wilden Jahren des Kampfes gegen den Muff unter den Talaren gern einen wie ihn getroffen.
Bei unseren heftigen Debatten habe ich immer wieder bedauert,
welch guter Professor der Universität dereinst verloren gegangen war, denn Horst verstand zu provozieren, und er schätzte
den Widerspruch. In seiner Mischung aus Ironie, Offenheit und
Selbstüberzeugtheit war er ein Sparringspartner, wie man ihn
sich wünscht.

Stärker allerdings als meine ohnehin vergeblichen politischen
Überzeugungsversuche scheint ihn beeindruckt zu haben, dass
ich mich bei seinen Ausflügen in die »Ich-erklär-dem-Mädel-mal,-
was-Politik-wirklich-ist,-nicht-was-sie-dafür-hält«-Welt gerne auf
den Boden legte. Ich wusste, jetzt war viel Zeit, Atem zu holen
fürs nächste Gefecht.

Meine Hauptaufgabe sah ich darin, ihn daran zu hindern, das
Skript für ein mehrsemestriges Hauptseminar auszuarbeiten.
Hier drohte zusammenzuwachsen, was nicht zusammen gehört.
Der Professor wollte sich zurückerobern, was dem Politiker zuweilen gefehlt haben muss: endlich einmal ununterbrochen und
unwidersprochen sagen respektive schreiben zu können, was er
zu sagen hatte. Ich glaube, Horst fand jeden Versuch, ihm die eine
oder andere Seite abzuhandeln, nicht nur respektlos, sondern
fast obszön. Ich rechne es mir an, dass es bei einem Umfang von
450 Seiten geblieben ist.

Beim Schreiben zeigte sich: Horst war ein witziger und char-
manter Geschichtenerzähler. Er verstand es, in den Stoff, aus
dem die Republik gemacht ist, wunderbare Anekdoten hinein-
zuweben, »schtories« nannte er das: wie Herbert Wehner den
aus bürgerlichem Elternhaus stammenden »Renegaten« spöttisch
empfing, »König Silberzunge« Kiesinger und Carlo Schmid schön-
geistige Dispute über Tocqueville ausfochten und Strauß, ener-
viert von Kiesingers Entscheidungsunfähigkeit, den Kollegen
Ehmke aufforderte, Hammer und Haken mitzubringen, er selbst
würde Hängematten beisteuern, dann könnten sie beide es sich
gemütlich machen; über Conny Ahlers, der in seiner neuen Rolle

als Regierungssprecher den frischgebackenen Chef des Bundeskanzleramtes Horst Ehmke auf einer seiner ersten Pressekonferenzen als »Chef des Bundeskanzlers« ankündigte, über Gustav Heinemann, der in Fragen der schönen Künste »so schmucklos wie ein reformierter Kirchensaal« gewesen sei, oder über Willy Brandt, der dazu neigte, immer mal wieder seiner »Melancholie Termine einzuräumen«.

Meine Lieblingsgeschichte ist der Besuch von Horst Ehmke und Conny Ahlers auf Oeland zu Herbert Wehners 65. Geburtstag. Horst erzählt, wie sie Wehners Ferienhaus verschlossen vorfanden. Allen war bekannt: Der »Alte« war kein Freund von Überraschungsgästen, auch wenn jeder wusste, wie beleidigt er wäre, käme keiner. Wehner hatte also Spuren gelegt, wo er zu finden sein könnte – im Ferienhaus eines Hamburger Kaufmanns. Als Ehmke und Ahlers sich im Schutz von Büschen anschlichen, nicht sicher, ob sie willkommen sein würden, und Horst beim Anblick der friedlich im Grünen sitzenden Wehner-Trias mit Lotte, Herbert und Greta schon willens war, den Rückzug anzutreten, da sprang Conny Ahlers wie Ziethen aus dem Busch und schmetterte dem Jubilar Glückwünsche entgegen. »Connys Auftritt löste einen Klimasturz aus. Wehner befreite sich aus der Hängematte und sagte zu seinen Frauen: ›Packt ein, das hier ist zu Ende.‹ Frost im Hochsommer.« Aber Wehner wusste sich zu rächen. Die beiden Bonner mussten ihm über steinigen Strand ins Meer zum Baden folgen. »Als wir im Wasser waren, entschwand Wehner schon im Nebel. Conny hielt mich fest und flüsterte: Lass uns zusammenbleiben, sonst ertränkt er uns einzeln.« Horst ist ein Meister der lakonisch-ironischen Übertreibung.

Auch sich selbst schonte er nicht. Er schrieb von der Zeit, als er »vor Kraft nicht laufen konnte«, von seinem Geltungsdrang und von seinem Anteil an der unsinnigen Überhäufung mit Aufgaben in Regierung und Partei. »Ich fühlte mich geehrt und von dem großen Gefühl getragen, an der Renovierung der Welt mitzuwirken.« Es muss ja nicht gleich die Welt sein, aber die Renovierung der Republik, Herr Professor, dürfen Sie sich schon auf die Fahne schreiben.

Horst Ehmke, der Kunstfreund und Autor von Politkrimis

Eines Tages musste ich Horst mit einem anderen Verleger teilen. Mein Autor hatte seinen ersten Roman geschrieben. Und ich sah mich nicht imstande, ihn zu verlegen. In dem Verlag, den ich leitete, pflegten wir ein puristisches literarisches Programm, fast ausschließlich bestückt mit Autoren aus Mittel- und Osteuropa. Eher die Art von Literatur, die mit dem Nobelpreis prämiert werden wollte – einer der Autoren schaffte es dann auch nach Stockholm. Horst hingegen strebte nicht nach höheren literarischen Weihen, er wollte erzählen. Er hatte einen politischen Krimi geschrieben, von »faction« sprach er. Zu Recht. Mir waren es zu viele Fakten und zu wenig Fiktion.

In einem Punkt kann mir Horst – bei aller Unerschrockenheit – nicht das Wasser reichen: in der unverblümten Meinungsäußerung. Ich lehnte den Roman ab – wie das geschah, darüber würde ich gern den gnädigen Mantel des Schweigens decken. Vor allem aber, und das zerknirscht mich bis heute, hatte ich kein Auge für den Mut, mit dem hier einer wiederum neues Gelände eroberte. Horst hat die Absage getroffen. Wolfgang Ferchl vom Eichborn Verlag sah seine Chance gekommen und nutzte sie – zum Guten des Autors. Der Roman erschien bei Eichborn und verkaufte sich hervorragend. Bei Eichborn wurde er zum »Coup«. Ich war erleichtert. Unsere Freundschaft litt vorübergehend unter meiner Entscheidung, und ich verdanke es Horst, dass sie nicht in die Brüche ging. Er knüpfte irgendwann wieder dort an, wo wir schon gewesen waren.

Mit meiner Tochter ging er Pommes essen, als Pommes für ihre Milchzähne noch ein irdisches Vergnügen waren, das ihre Mutter ihr allzu oft verweigerte. Er verstand es, meinem Sohn fast philosophische Grundsatzfragen zu stellen – was mir schlagartig klar machte, worüber man in der familiären Alltagslogistik zu wenig spricht. Mit meinem Mann verbindet ihn ohnehin die Politik. Die Treffen mit Horst und Maria sind immer voller Leben, Interesse an dem, was der andere macht und denkt, und Neugier auf Unbekanntes. Ich nehme gerne Abschied von dem Bild von Horst und Gabriele Henkel, wenn ich für Frau Henkel Maria bekomme. Mit ihr sind diese Begegnungen richtig »rund«.

Ich bin dankbar für diese Freundschaft. Und dir, Horst Ehmke, danke ich besonders. Ich lerne von dir und deinen eigenwilligen Mischungen aus Erinnerungen und Zukunftsfragen, aus Genauigkeit und Lässigkeit, aus Zupackendem und Diskretem, aus deinen poetischen und prosaischen Ausflügen. Vor allem aber kann man an dir studieren, was das Leben so lebendig macht.

Horst Ehmke, der Kunstfreund und Autor von Politkrimis

Wählt Stockmann!

Politiker, die sich aus der so genannten »aktiven« Politik zurückziehen, werden des öfteren »Berater« oder ähnliches, um endlich viel Geld zu verdienen, vor allem aber, um Einfluss zu behalten. Beliebter noch erscheint jene Form der Jagd nach Aufmerksamkeit und Rampenlicht, in der sich Ex-Politfunktionäre in Dauertalkshowgäste, vulgo Besserwisser, verwandeln, die sich zu jedem und allem folgenlos äußern können. So prägen sie das Bild der Medienöffentlichkeit darüber, wie Politiker eben sind: interessiert an sozialem und realem (Eigen-)Kapital statt an der Lösung drängender gesellschaftlicher Probleme.

Was könnte ein »political animal«, dem viele Weggefährten und politische Kommentatoren bescheinigen, es passe so recht in keine Schublade und sei einer der markanten Querdenker, aber auch strategischen Vordenker der Bonner Republik gewesen, was könnte ein derart Nachdenklicher tun, um diesen Gefahren für Ex-Politiker zu entgehen? Er macht etwas scheinbar Paradoxes und wird Autor von Unterhaltungsromanen. So Horst Ehmkes überraschende Lösung.

Wie aber passt das zusammen? Was bewirkte die Berufung Horst Ehmkes zum Romancier? Sicher spielte die Lust des Menschen Ehmke dabei eine Rolle, der seine Gesprächspartner gerne durch Belesenheit quer durch Zeiten und Genres und durch persönliche Bekanntschaft mit namhaften Künstlern aller Sparten beeindruckt, endlich auch selbst einmal künstlerisch kreativ zu sein. Bei einer so gestaltungsorientierten Persönlichkeit wie bei ihm liegt auch das Motiv auf der Hand, dass ein Romanautor seine Welt vermeintlich frei erschafft, ohne Rücksicht auf Karriere, Institutspolitik, die Rechten in der Partei oder einen Koalitionspartner. Aber beides sind bestimmt nicht mehr als gern in Kauf genommene Sekundäreffekte, die die Strapazen des Schreibens erleichtert haben mögen –, der eigentliche Antrieb sind sie meines Erachtens nicht dafür, dass Horst Ehmke inzwischen fünf Romane verfasst hat.

Wollte Horst Ehmke also einfach, nachdem er als Abschluss seiner Politikkarriere mit »Mittendrin« bereits eine ungewöhnliche Politikerbiographie – statt schreiben zu lassen – selbst geschrieben hatte, Öffentlichkeit wie Freunde ein weiteres Mal überraschen? Hat er sich, so sieht es von außen betrachtet aus, schlicht ein weiteres Mal neu erfunden: Dem Wissenschaftler und akademischen Lehrer auf dem Gebiet des Staatsrechts und dem Parlamentarier und politischen Funktionsträger folgte zu guter letzt der Autor von Unterhaltungsromanen, genauer: Politkrimis. Das erschien vielen eher als Abstieg, als entschlösse sich ein einst ausgezeichneter Hersteller von Grandes Crues zuerst zur Produktion von Tafelweinen mit Prädikat, um schließlich bei einem »Himmlischen Moseltröpfchen« zu enden.

Die richtige Antwort findet nur, wer einen genauen Blick auf die Inhalte der Romane wirft und die literarische Form bedenkt, zu der sich Horst Ehmke entschlossen hat.

»Global Players« heißt der erste, 1998 erschienene Roman, der den SPD-Politiker Karl Stockmann einführt, dessen politischer Karriere, aber auch dessen Beziehung zu der Galeristin Monika Burghardt der Leser über zwei weitere Romane (»Der Euro-Coup«, 1999, und »Himmelsfackeln«, 2001) folgt. Dieser Karl Stockmann wird im Laufe der Romantrilogie, die den Kern des belletristischen Oeuvres Ehmkes darstellt, im ersten Band vom Staatssekretär zum Innenminister, nachdem der alte Innenminister einem Attentat der Organisierten Kriminalität zum Opfer gefallen ist. Im zweiten Band wird Stockmann Präsident der Europäischen Kommission. Und schließlich wird er in »Himmelsfackeln« zum deutschen Bundeskanzler gewählt.

Als Privatmann, und dies erscheint mindestens ebenso bedeutend, geht er den Weg durch alle Beziehungshöhen und -tiefen, wird vom eher bindungsunfähigen Geliebten zum Lebensgefährten, wird – als er das Angebot, Kommissionspräsident zu werden, annimmt – von Monika verlassen, weil Privates und Intimität sich nicht mit dem öffentlichen Amt vereinbaren lassen.

Als Kanzler schließlich scheint dieser Erzählstrang mit der Heirat von Karl und Monika als Happy End gelöst, bevor Ehmke im Showdown der Trilogie Karl Stockmann brutal aus beiden Rollen, die des Ehemannes und die des Kanzlers, reißt: Seine Frau wird nach einer Entführung durch sich islamistisch gerierende Fundamentalisten in einem türkischen Urlaubsort erschossen, worauf Stockmann das politische Amt auf dem Höhepunkt seines politischen Schaffens aufgibt. Die Zusammenhänge zwischen Stockmanns großem politischen Werk für Deutschland und Europa – »Europas religiöser Vielfalt und kultureller Toleranz«, wie es im Buch heißt –, das quasi den Charakter eines Vermächtnisses annimmt, und dem Verlust der geliebten Frau sind signifikant eng, das Politische und das Private werden auf radikale, ja tragische Weise verschränkt. Es liegt also nahe, dahinter eine Botschaft zu vermuten, die man vielleicht so lesen darf: Politik ist nur zu machen auf Kosten des Privaten, eine Versöhnung der beiden Sphären ist ausgeschlossen.

Der Politiker ist bei Ehmke aber nicht nur eine tragische Figur, die mit dem letzten Satz der Trilogie, »ohne sich noch einmal umzudrehen, in das Dunkel seiner Einsamkeit (eintritt)«, der Politiker ist auch – ganz im Gegensatz zu seiner öffentlichen Einschätzung als Teilnehmer an einem »schmutzigen Geschäft« – ein Ehrenmann in jeder Beziehung. Es gibt zwar auch bei Ehmke schwarze Schafe in der Politik. Aber die perspektivetragende Figur Karl Stockmann, die den Leser zur Identifikation einlädt, und die meisten politischen Agenten seines Umfeldes sind im moralischen Sinne gut. Stockmann ist sogar so »gut«, dass er sich im Zweifelsfall über Regeln und Vorschriften hinwegsetzt. Auch dabei hilft dem Autor das Muster des Kriminalromans, bei dem sich der klassische Ermittler genau dadurch auszeichnet, dass er sich nicht an die »Spielregeln« hält. Inwieweit diese Genrekonvention wiederum ihre Ehmke-typischen Weiterungen erfährt, wird noch zu zeigen sein.

Blickt man nun inhaltlich auf die Politikfelder, die Horst Ehmke in seinen Romanen besetzt, so darf man davon ausgehen, dass der politische Kopf Ehmke zur Zeit der jeweiligen Recherche-

und Textarbeit die in den Büchern aufgeworfenen Themen für die gesellschaftlich und historisch entscheidenden gehalten hat.

Die »Schönwetterdemokratie« der frühen Bonner Republik ist in den Romanen definitiv zu Ende. Um dies zu unterstreichen, projiziert der Autor seine Geschichten in eine – zum Erscheinen der Bücher jeweils – nahe Zukunft. Nebenbei bemerkt, will Ehmke damit auch das Missverständnis vermeiden, er schreibe aktualistische Schlüsselromane über konkret agierende Politiker. Die rot-grüne Koalition ist an Fragen der inneren Sicherheit zerbrochen, es regiert eine Große Koalition unter der Führung der Sozialdemokraten. Der schrankenlose, globalisierte Kapitalismus zeigt seine hässliche Fratze, und die Hintermänner der Organisierten Kriminalität, die Global Players, sind nicht einfach böse Mafiosi, die in Italien, den USA oder Lateinamerika ihr mehr oder weniger weit entferntes Unwesen treiben. Diese Kriminellen sind uns so nahe gerückt, dass wir sie für lautere Geschäftsleute halten, mit ihnen auf Empfängen und Vernissagen herumstehen oder mit ihnen sogar in einem Berliner Luxusrestaurant gemeinsam an einem Tisch essen. Und sie infiltrieren alle gesellschaftlichen Institutionen – auch die Politik. Stockmann bekämpft diese Seite des Kapitalismus doppelt: politisch und exekutiv. Aber auch mit seinem Sieg am Ende des Romans »Global Players« ist nicht mehr erreicht, als dass der Hydra ein Kopf abgeschlagen wurde.

Konsequent wird Stockmann dann im »Euro-Coup« mit einem anderen für die Volkswirtschaften der Welt desaströsen Auswuchs des modernen Kapitalismus konfrontiert: der internationalen Währungsspekulation. Hierfür konstruiert der Autor einen Plot, der die systemimmanenten Kräfte von Währungsspekulationen mit der kriminellen Sphäre verbindet. Fachleute haben angemerkt, dass es Ehmke in diesem Roman gelungen ist, diese Milieus und ihre Techniken so verständlich zu beschreiben, dass der Roman als Einführung in diese Bereiche des Geldmarktes herangezogen werden kann.

In »Himmelsfackeln« schließlich ist religiöser Fundamentalismus das zentrale Thema des Romans. Und wenn Ehmke auch den

Fundamentalismus im Roman als islamistischen maskiert – der Roman wurde im Wesentlichen im Jahr 2000 geschrieben und erschien rund drei Monate vor dem 11. September 2001 –, so sind es auch Fundamentalisten der anderen monotheistischen Religionen, die ihre Finger im Spiel haben. Dass die Protagonisten des Bösen sich jenseits ihres jeweiligen ideologischen Überbaus als knallharte Kapitalisten erweisen, ist sicher nicht nur ein Fingerzeig des Autors, der konsequent auf der Seite der Unterprivilegierten steht, sondern entspringt auch Horst Ehmkes politischen und historischen Erfahrungen.

Organisierte Kriminalität, entfesselter Kapitalismus, religiöse Fundamentalismen – sie bilden in der Stockmann-Trilogie die Trias der Bedrohung unseres politischen Systems im 21. Jahrhundert.[1]

Stockmann hat auf diese Bedrohungen politische Antworten, nicht nur eine moralisch-politische Haltung: Die Organisierte Kriminalität muss weltweit radikal bekämpft werden, bevor sie sich weiter in »saubere« Institutionen einnistet – sowohl bei uns, als auch und vor allem in den vergleichsweise jungen osteuropäischen Staaten, die ihre politischen und Rechtssysteme noch nicht vollständig etabliert, geschweige denn stabilisiert haben. Ein politisch wie ökonomisch möglichst starkes, handlungsfähiges Europa mit einer gemeinsamen Währung (inklusive England!)

---

1 Einmal auf den Geschmack gekommen, hat Horst Ehmke der Stockmann-Trilogie zwei weitere Romane folgen lassen, die man ebenfalls als Politkrimis bezeichnen kann: »Privatsache«, erschienen 2003, führen Autor und Personal auf den vergessenen Kontinent Afrika, auf die Spuren von Kindersoldaten, Mädchenhandel, Ausbeutung von Rohstoffen – und hin zur Rolle von NGOs (Nichtregierungsorganisationen). Der jüngste Roman »Im Schatten der Gewalt« (im Frühjahr 2006 erschienen) spielt nochmals mit zwei vertrauten Motiven: mit der Gefahr des islamistischen Fundamentalismus, der vermeintlich ein blutiges Attentat auf ein Fußballstadion während der Fußball-Weltmeisterschaft plant, und mit dem Problem der inneren Sicherheit. Dabei folgt der Erzähler der Biographie eines »Helden«, den man als Metapher für das Verhältnis der (west)deutschen Gesellschaft zu Fragen der Gewalt und staatlichen Gegengewalt verstehen kann.

ist das beste Instrument, unsere Volkswirtschaft vor »legalen« und »illegalen« Angriffen zu schützen. Und religiöse Fundamentalismen sind zu bekämpfen, indem man innenpolitisch auf Integration setzt, auf Religionsfreiheit und kulturelle Toleranz sowieso, und außenpolitisch auf eine Integration der Türkei in die liberal-demokratisch verfasste Völkerfamilie Europas. Und trotzdem: Wenn Stockmann von der Bühne der drei Romane abtritt, ist er, abstrakt gesehen, gescheitert – im Konkreten und im Allgemeinen, im Politischen wie im Privaten. Auch die Tatsache, dass die »Fälle« genrekonform gelöst sind und er politische Siege errungen hat, kann daran nichts ändern. Denn die genannten Bedrohungen sind immer noch in der Welt, vielleicht sogar virulenter als je zuvor.

Aber ist auch der Erzähler gescheitert? Wenn die These stimmt, dass es in der Stockmann-Trilogie eigentlich um die Rolle der Politik und des Politikers in unserer Gesellschaft geht und um deren Bild beim Publikum, so hat sich durch die Hintertür eine Botschaft eingeschlichen: Anders als der Ermittler im Politkrimi löst der Politiker, auch wenn er im doppelten Sinne noch so »gut« – moralisch und auf der Ebene pragmatisch-politischen Handelns – ist, seine Fälle beziehungsweise die Probleme nicht ein für alle Mal.

Unterstellt, diese interpretatorischen Anmerkungen können Plausibilität beanspruchen, bleibt die Frage: Warum in aller Welt verpackt Ehmke diese Botschaften ausgerechnet in ein so »triviales« Genre wie den Politkrimi? Der Autor selbst hat diese Frage wiederholt beantwortet, indem er darauf hingewiesen hat, dass es in Deutschland, anders als in anderen »Kulturen« – vor allem den angelsächsischen –, eine klare Trennung gibt zwischen dem Feld der »seriösen« Politik und der Unterhaltungskultur. In diese Lücke will er stoßen. Denn, so Horst Ehmkes zugrundeliegende Überlegung, nur ein Insider kann eine soziale Institution wie die Politik wirklich wahrhaftig beschreiben. Wie aber erzählt man die Wahrheiten einer dem Publikum doch sehr fernen Institution so, dass der Uneingeweihte es auch versteht? Man greift, das ist das probate Mittel, auf dem Publikum ver-

traute »Plots« zurück. Beispielhaft und sehr erfolgreich hat das in
Deutschland Dietrich Schwanitz vorgemacht, indem er die Institution »Universität« mit dem Plot der »sexuellen Denunziation«
erzählerisch überzeugend bewältigt hat. Vertrautere Muster stellt
allerdings die Spannungsliteratur mit ihren Genreregeln zur Verfügung, um in einer Form zu erzählen, die Ehmke gerne auch
»Faction« nennt: eine Amalgamierung von auf eigenem Wissen
fußenden oder recherchierten Fakten mit freien Erfindungen
des Autors.

Horst Ehmke hat aber nicht nur die Regeln des Genres gern
genutzt, er hat sie auch aufgrund seiner profunden Kenntnis der
Sphäre des Politischen qua gelebter Teilnahme gezähmt, ja wegen
seines Anspruchs auf Wahrhaftigkeit zähmen müssen. Ein »Autor
von außen« hätte sicher die Erschaffung eines aktiven Politikers
– im dritten Roman sogar des Bundeskanzlers – als Ermittler-
figur konsequent und kreativ genutzt, um das Genre derart zu
erweitern. Ehmke hat dagegen allen in diese Richtung zielenden
Einflüsterungen seiner Lektoren konsequent widerstanden und
für die polizeilichen Ermittlungsaufgaben sein Romanpersonal
entsprechend ergänzt: Döpfner, übernehmen Sie! (Döpfner, das
ist, für alle, die Ehmkes Romane noch nicht gelesen haben, weder
ein Kardinal noch der Vorstand der Axel Springer AG, sondern
ein waschechter Kommissar.)

Es ist dieses Wissen des Insiders in Sachen Politik, das im
Großen, aber auch im Detail, den Möglichkeiten des Genres,
aber auch des Fabulierens Grenzen setzt. Als beispielsweise die
Lektoren dem Autor vorschlugen, in einer Szene von »Global
Players« Staatssekretär Stockmann und Kommissar Döpfner ein
informelles Gespräch in einer Bar führen zu lassen, hat Ehmke
das mit der Bemerkung abgelehnt, so ein Gespräch würde nie
stattfinden, »zwischen denen liegen doch fünf Gehaltsklassen«.
Genauso konsequent hat Ehmke seinen ursprünglichen Plan,
Hedgefonds gegen den Euro spekulieren zu lassen, zugunsten
einer Spekulation gegen das Britische Pfund aufgegeben, nachdem ihm ein Deutschbanker die »Wahrscheinlichkeiten« beider
Szenarien erklärt hatte. Solche »Genauigkeiten« sind Legion in

diesen Romanen, sie waren dem Autor immer wichtiger als der literarische Effekt – auch das ein Ausweis für Einzigartigkeit und Qualität der Ehmke-Romane. Und was der Autor-Politiker nicht wusste oder wo er an seinem Wissen zweifelte, da hat er – ganz der exakte Wissenschaftler – recherchiert: über die Topographie Kreuzbergs, Freetowns und Mersins, bei Bankern, Geheimdienstlern und leitenden Polizisten, bei türkischen Generälen und religiösen Führern des Islams in Konya.

In der klassischen Theorie des erzählerischen »gesellschaftskritischen, politischen Realismus« galt als ein entscheidendes Kriterium für Qualität und Wert von Texten, ob es dem Autor gelingt, zukünftige Entwicklungen »antizipatorisch« vorwegzunehmen, indem er gesellschaftliche Strukturen durchschaut und fiktionalisiert. In diesem Sinne ist der Autor Ehmke ein Realist erster Güte, hat er doch die Währungsspekulation gegen das Britische Pfund als auch den 11. September erzählerisch gleichsam vorweggenommen (wobei ihm noch im Juni 2001 vorgeworfen wurde, das Finale von »Himmelsfackeln« sei doch ein wenig zu blutig geraten). Karl Stockmann ist die Art von Politiker, den alle nur allzu gern wählen würden: Indem er die Welt beobachtet und analysiert, erkennt er ihre dringendsten Probleme. Und diese packt er konsequent und mit Weitsicht an, auch unter Verzicht auf privates Lebensglück, indem er die Verantwortung für das Gemeinwesen nach bestem Wissen und Gewissen und, so wahr ihm Gott helfe, annimmt.

Deshalb: Wählt Stockmann!

So profitiert also der Leser dieser Romane gleichermaßen vom Wissenschaftler und Juristen Ehmke, der der Genauigkeit verpflichtet ist, und vom Politiker, der sich auch oder besser gerade als Autor von Unterhaltungsromanen noch einmal in den Dienst des Politischen stellt. Einerseits greift er die »heißen Eisen« auf und dekliniert sie allgemeinverständlich durch, andererseits wirbt er für Vertrauen in die Politik und ihre Agenten und klärt auf über die Möglichkeiten und Restriktionen von Politik und den Menschen, die politisch-professionell handeln. Also hat Horst Ehmkes politische Karriere – so paradox das klingen mag – vielleicht sogar ihre Vollendung im Politkrimi gefunden. Denn er ist sich über alle seine Rollen hinweg als Aufklärer und Kämpfer für Gerechtigkeit und Freiheit treu geblieben.

Beeindruckt – Ein Brief aus dem Jahre 1980

1. Juni 1980

Lieber Horst,

es waren schöne Tage letzte Woche, als Du und Maria wieder in Stuttgart gewesen seid. Das Fest in Cannstatt für Dich, ja eigentlich für die Stuttgarter war schön. Manche sind zu mir gekommen und haben ihr Bedauern ausgedrückt, daß Ihr nun nicht mehr einer von ihnen – Stuttgartern – seid. Ich sage das auch.

Gerne hätte ich das im Kursaal gesagt, doch es gab keine Gelegenheit für mich.

Natürlich hätte ich auch davon gesprochen, daß ich erst durch Dich, nachdem wir uns 1969 kennengelernt haben, so als Bürger in die Öffentlichkeit ging, in diese politische Öffentlichkeit kam.

Ja, und daß Du mir doch in vielen Situationen meines Lebens auch irgendwie ein Beispiel gewesen bist. So in der Begegnung von Andersdenkenden, auch wenn man meinte im Recht zu sein, des anderen Denken zu erkennen.

Auch hat mich Dein ureigenes Mühen um die sozial schwachen Menschen wie 1976 während Deines Urlaubes stark beeindruckt.

Na ja, und daß Du mir in Sachen Kunst – Kulturpolitik doch ständig geholfen hast.

Ich meine das nicht nur aus der Freundschaft zu mir, sondern es liegt in Deinem Wesen begründet, sich um die konstituierenden Werte des Menschen zu bemühen und die Wege dafür aufzuzeigen, da hilfst Du, schaust Du eben allerseits.

Horst Ehmke, der Kunstfreund und Autor von Politkrimis

Da wäre schon noch recht viel zu sagen gewesen und ich hatte mir das schon etwas vorbereitet.

Da es ja nur eine Station auf Deinem Wege war – die Zeit in Stuttgart – so hoffe ich stark, daß ich nicht ausgeschlossen werde auf den.weiteren Stationen.

Das wollte ich Dir doch einfach so sagen und grüße Dich und Maria herzlich

Dein Herbert

Zeichnung von Otto Herbert Hajek
für Horst Ehmke (1980)

Viel Leben

Lieber Horst, ich werde nie vergessen, wie Du 1969 das erste Mal in mein Zuhause auf dem Hasenberg in Stuttgart gekommen bist. Die Aufregung in unserem Hause war groß, denn Du wurdest als ein damals schon berühmter Mann angekündigt, und die ganze Familie sollte strammstehen. Leider mussten wir auch diesmal – wie so oft schon – feststellen, dass sich unsere Familie zum Strammstehen nur bedingt eignet. Gott sei Dank entpuppte sich der berühmte Politiker als protokollarisch durchaus belastbar. Das produktive Chaos dieses Nachmittags begründete unsere langjährige und bis heute während Freundschaft.

Immer bliebst Du seither unserer Familie verbunden, hast alle großen Ausstellungen meines Vaters begleitet und vor allem – nicht zu vergessen – die vielen Feste maßgeblich mitgefeiert. Wie sich bald herausstellen sollte, erwies sich auch für Dich die Freundschaft zu unserer Familie als schicksalhaft: Bei dem großen Happening anlässlich der Ausstellung meines Vaters am »kleinen Schlossplatz« in Stuttgart sorgtest Du, wie ich mich noch gut erinnern kann, unter Deinen Parteigenossen für große Aufregung, als Du plötzlich spurlos verschwunden warst! Wenn sich die anfängliche Sorge, der tschechische Geheimdienst habe Dich entführt, auch als unbegründet herausstellte, so waren die Gerüchte über eine »wildgewordene Tschechin« doch beunruhigend genug. Glücklicherweise erwiesen sich alle Befürchtungen als gegenstandslos, und die geheimnisvolle Dame ernannte sich aufgrund ihrer und meiner gemeinsamen böhmischen Wurzeln unverzüglich zu meiner großen Schwester.

Wie Du weißt, ist Maria noch heute stolz darauf, dass sie es war, die mir den ersten BH und die ersten »richtigen« Schuhe gekauft hat. Bis dahin hatte ich anscheinend nur Knobelbecher getragen und Schuhe, die, wie ihr sagtet, eher zu Golda Meir gepasst hätten. Daran mag es auch liegen, dass ich für Euch immer

Horst Ehmke, der Kunstfreund und Autor von Politkrimis

noch »die Kleine« bin, obwohl ich mittlerweile älter bin als Du
damals.

Im Jahr 2007 feiern wir alle – Maria, Du und ich – einen runden Geburtstag. Die sieben ist unsere gemeinsame Glückszahl. Zusammen werden wir in diesem Jahr stolze 190 Jahre alt. Das ist doch was: viel Leben. Alles Liebe, Deine Aurelia

Dass er bald König von Deutschland wär!

Darüber soll geschrieben werden!
Bin ich die Brockhausredaktion?
Schuf ich bei Meyers Großem Lexikon?
Hat mich Alice S. im EMMA-Turm vergraben,
damit ich Casanova-Ehmke neu vermesse.
Auf schöne Frauen waren beide Kerls versessen,
war doch die Politik ein gar zu trocken Brot
und Frau Justitia lang erotisch tot.

Als Jüngling früh schon in den Krieg gezwungen,
dem Grauen aber nach nur kurzer Zeit entsprungen,
hat er studiert, den Doktorhut erworben,
gar mannhaft sich vermehrt,
die USA besucht
und hie und da gelehrt.
Wie Zeus bezirzte er die Menschheit weiblich,
mit seinem Intellekt die Männerseite neidlich.
Es musste Einstein sein, bei dem er hörte,
und Carlo Schmid, den Ehmkes Kessheit kaum verstörte.

Man stellte sich landauf, landab die Frage,
was hat denn er, was ich nicht habe?
Nun ja, er hatte jenen Sexappeal,
bei dem schon immer jede Grenze fiel:
er war ein Roter,
stand im Dienst der SPD
ne schroffe Mischung, aber sehr o.k.
Ein Preuße, links und klug,
das war die Mischung, die zur Spitze trug.
War ministrabel auf so manchem Felde.

Horst Ehmke, der Kunstfreund und Autor von Politkrimis

Verkehr war klar. Justiz und Post bestellte
er wie die Wissenschaft mit feinem Zug.

Er schaute aus der Wäsche schön wie Ganymed,
auch alleswissend wie Apoll.
Und listenreicher wie Odysseus
war er mit Pfeil und Bogen überlegen,
sollt' es am Hof gesäubert sein auf allen Wegen.

Mehr als ein Lebensdrittel wirkte er am Rhein.
Parteisoldat in Vorstand und Fraktion,
fand in Maria seine große Liebe,
war Willys treuer Knappe
und niemals Jochens Sohn.

Sein Lebenswunsch, im Außenamt
das deutsche Ansehn in der Welt zu mehren,
wurde zu spät erkannt.
Alternativ sucht in der Eifel er nach Beeren,
nach Ruhe, dass sich seine Bücher mehren
und dass gefordert bleibe sein Verstand.

Er ist ein Roter, den die Menschen lieben,
was will er denn noch mehr?

Dass er bald König von Deutschland wär!

PHILIP HUSEMANN

Geschichten aus dem Römerlager

Mein ganz persönlicher Eindruck von Horst Ehmke ist durch die vielen Nachmittage geprägt, die ich schon seit einigen Jahren mit Horst und Maria verbringe.

Damals beschloss Maria, dass die beiden dringend einen Computer benötigen. Die Begeisterung von Horst hielt sich (und hält sich weiterhin) arg in Grenzen. Trotzdem steht nun ein Apple I-Mac in seinem Arbeitszimmer – natürlich rosafarben.

Meine Aufgabe bestand darin, zunächst Maria und anschließend vielleicht auch Horst fit zu machen für die Welt des Computers. Mit letzterem bin ich bislang gescheitert.

Dass ein Computer so gar nicht in Horsts Welt passt, wurde mir schon am ersten Tag klar. Während ich nämlich Maria die Funktion einer Maus und einer Tastatur erklärte, saß Horst in seiner üblichen Freizeitkluft (Hemd mit dazu passender Jogginghose) am Esstisch und brütete – ganz klassisch – mit Füllfederhalter und Tinte über den politischen Verstrickungen in seinem damals neu entstehenden Thriller.

Seit vielen Jahren besuche ich die beiden jetzt schon im Hochhaus am Römerlager. Die Arbeit am PC rückt dabei zunehmend in den Hintergrund. Wenn ich im Fahrstuhl auf dem Weg ins Ehmkesche Stockwerk bin, freue ich mich schon auf die Herzlichkeit, die mir Horst und Maria entgegenbringen, auf die unglaublich witzigen, teils loriotesken Gespräche der beiden und auf Horsts Fundus an interessanten politischen Geschichten, die für mich ganze Vorlesungsreihen ersetzen können.

Seine eigenen Verdienste und seine bedeutende Rolle in der Brandtschen Politik unter dem Motto »Mehr Demokratie wagen« sind mir aber nicht in den vielen Gesprächen mit ihm, sondern in Gesprächen mit Dritten, bei der Lektüre der üblichen Standardwerke im Laufe meines Geschichts- und Politikstudiums und beim Lesen seiner Biographie »Mittendrin« deutlich geworden.

Horst Ehmke, der Kunstfreund und Autor von Politkrimis

Horst selbst ist nämlich, wenn es um seine eigene Verdienste geht, sehr bescheiden. Nie prahlt er mit seinen zahlreichen, für mich bewundernswerten politischen Erfolgen und Erlebnissen. Eigenlob, Überheblichkeit oder gar Arroganz sind ihm völlig fremd. Voller Begeisterung spricht er hingegen über andere. Mit Witz und Charme – und wenn er zu weit ausholt: unter Marias harter Zensur – erzählt er dann von seinen Treffen mit Max Ernst, seinen Besuchen im Weißen Haus oder seiner gemeinsamen Zeit mit Willy Brandt.

Die SPIEGEL-Affäre, die Große Koalition, die darauf folgende sozial-liberale Koalition, die dort entfaltete Entspannungspolitik, der Radikalenerlass und der aufkommende Terrorismus – all diese politischen Themen, die fast revolutionären Umbrüche in den sechziger und siebziger Jahren sind meiner Generation oft fremder als die Geschichte der Franken im Frühmittelalter.

Wohl als Einziger, der an dieser Festschrift beteiligt ist, habe ich Horst Ehmkes berufliche, politische Laufbahn nicht verfolgen können. Für meine Generation ist dies keine erlebte Geschichte. Die Art aber, wie Horst seine Geschichten erzählt, sie mit Humor, zunehmender Begeisterung und seinem unverkennbar spitzbübischen Grinsen anreichert, hat mir dieses Vierteljahrhundert bundesrepublikanischer Geschichte greifbarer gemacht.

So fremd Horst auch Eigenlob ist, so peinlich ist ihm vermutlich eine übertriebene Lobeshymne. Doch ein letztes Lob darf ich mir wohl noch erlauben: Die Persönlichkeit und die Biographie Horst Ehmkes sollte sich jeder aus meiner Generation vor Augen führen. Mein Wunsch wäre, dass aus unserer Generation, der – leider nicht ganz zu Unrecht – eine zunehmend spießige, konservative Grundhaltung und Politikverdrossenheit attestiert wird, viele Politiker hervorgehen, die ein wenig sind wie Horst: Außergewöhnlich intelligent, zielstrebig und erfolgreich. Aber eben auch natürlich, selbst- und vorbehaltlos, humorvoll und lebenslustig:

Schön, dass man in Gesprächen mit Horst letztendlich doch bei den wirklich wichtigen Themen des Lebens landet: der Welt des

Fußballs und der Frauen. Und dazu ein frisch gezapftes Rothaus Tannenzäpfle Pils aus dem Breisgau!

Horst Ehmke, der Kunstfreund und Autor von Politkrimis

Bedachtsam, ohne Hektik, selbstsicher, direkt – und gelegentlich verletzend
Vom politischen Macher zum Spätliteraten

»Ein Raum ohne Bücher ist ein Körper ohne Seele«, schrieb der römische Politiker und Schriftsteller Marcus Tullius Cicero. Er konnte nicht wissen, dass zweitausend Jahre später auch das Gegenteil wahr sein würde: Ein Raum mit Büchern kann zum Körper ohne Seele werden. Jedenfalls dann, wenn deutsche Politiker – ob amtierend oder im Ruhestand – die Verkaufsräume der Buchhandlungen mit Erinnerungen oder Ratschlägen eindecken. Am liebsten schreiben Politiker natürlich über sich selbst, über das eigene Leben und den politischen Werdegang. Besondere Vorsicht ist dann geboten, wenn dies in Form des Rückblicks geschieht – denn dann ist die Gefahr groß, dass vergangene Prozesse schöner und selbstherrlicher gefärbt werden, als sie sich politisch tatsächlich abgespielt haben.

Als einem der wenigen Politpensionäre ist es Horst Ehmke auf geschickte Weise gelungen, sich dieser Gefahr zu entziehen, indem er am Ende seiner politischen Laufbahn als Autor von Polit-Krimis ins fiktionale Fach übergelaufen ist. Bis zum Erscheinen seines Erstlings »Global Players« traute sich in Deutschland kein Bundesminister a. D., einen Kriminalroman zu schreiben. Horst Ehmke gelang aus dem Stand ein Roman, der von vielen Rezensenten mit dem Prädikat bedacht wurde, das sich jeder Autor wünscht – das Buch liest sich »einfach so weg«.

Und das, obwohl Horst Ehmke – wie er selbst sagt – eher aus seiner Grundüberzeugung zum Schreiben kam, dass man in seinem Leben möglichst viele Dinge machen sollte, jedenfalls nicht immer dasselbe. Außerdem war ihm klar geworden, dass er nach 52 Jahren SPD »nie mehr in Sitzungen hocken wollte«. In der für ihn typischen charmanten Direktheit gab er einem STERN-

Reporter zu Protokoll, sein Bedarf an solchen Sitzungen sei für die nächsten 150 Jahre gedeckt.

Dabei hatte der Krimi-Autor Horst Ehmke zunächst reichlich Spott zu ertragen: Als er zu schreiben anfing, war das in erster Linie ein Riesenspaß für seine Freunde, darunter auch Schriftsteller. Sie entwendeten ihm Manuskriptseiten und lasen daraus zur eigenen Erheiterung vor. Wer Horst Ehmke kennt, weiß, dass ihn dies nur noch mehr anspornen konnte.

Ansporn zum Krimi-Schreiben mag für ihn auch gewesen sein, dass das Genre der politischen Unterhaltungsliteratur, darunter insbesondere der politische Krimi, hierzulande »fast den Rang von Pornographie hat« und damit – anders als in den angelsächsischen Ländern – das »Bildungselement« des politischen Krimis bei uns nicht zum Tragen kommt. Es ist in der Tat seltsam, dass es in Deutschland keinen Roman gibt, der den Verfassungskrimi der SPIEGEL-Affäre von 1962 thematisiert hat. Keinen Krimi zum Korruptionsfall der gewerkschaftlichen »Neuen Heimat«, nicht einen nennenswerten deutschen Thriller zum Thema geteiltes Deutschland, Berliner Mauer oder Flick-Affäre. In den USA sind rund um Kennedys Tod mehr als 200 Bücher geschrieben worden – und nur ein kleiner Teil davon sind Sachbücher. Horst Ehmke hat erkannt, dass unsere Literatur unter der Ausklammerung solcher Stoffe, die Öffentlichkeit ausmachen und das öffentliche Bewusstsein bewegen, leidet. Er hat auch erkannt, dass Polit-Thriller durchaus dafür taugen, dass Missstände und Vergehen der politischen Klasse nicht so rasch in Vergessenheit geraten und damit im besten Fall demokratiefördernd wirken können. Ihm gebührt das Verdienst, als erster Politiker in Deutschland in diese kulturelle Lücke gesprungen zu sein.

Der Autor Horst Ehmke hat also das fiktionale Fach gewählt und auf das Sachbuch »Jetzt packe ich aus« verzichtet. Bei genauerem Hinsehen merkt der Leser – zumal der langjährige Freund – aber rasch, dass das, was Horst Ehmke in seinen Büchern beschreibt, mehr ist als reine Fiktion: Es spiegelt auch sein politisches Wirken, sein Wesen, seinen Charakter, seine Vielschichtigkeit – kurz: sein Leben. In seinen Romanhelden erkennen wir durchaus ein

Stück des alten »Partei-Haudegens«, des ungenierten »Hansdampf in allen Gassen« von temperamentvoller Intelligenz. Ebenso offenbart sein Schreibstil die ehemalige scharfzüngige Allzweckwaffe der Sozialdemokratie. Horst Ehmke schreibt, wie er ist – überlegt, bedachtsam, ohne Hektik, selbstsicher, direkt – und gelegentlich verletzend.

Durch seine bisherigen Bücher ziehen sich als roter Faden die Schattenseiten der Globalisierung. Die Mahnung ist deutlich: Die fortschreitende Internationalisierung der Waren-, Geld- und Informationswirtschaft führt – fast im Gleichschritt – zur Globalisierung auch krimineller Ideen und Praktiken. Sei es der fließende Übergang von der organisierten Spekulation zur organisierten Kriminalität im »Euro-Coup« oder die Ausbeutung von Flüchtlingsfrauen aus dem westafrikanischen Staat Sierra Leone, die Diamanten nach Europa schmuggeln müssen und dort zur Prostitution gezwungen werden, in »Privatsache« – immer legt Horst Ehmke die Sonde an den Zustand unserer Gesellschaft, immer geht die Darstellung auf Recherchen zurück und ist damit erschreckend nahe an der häufig offiziell verdrängten Realität. Insofern sind die Krimis von Horst Ehmke mehr als nur politische Unterhaltung – sie sind zu allererst literarische Globalisierungskritik und ein Instrument für den Bundesminister a. D., seine politischen Ansichten zu Grundfragen unserer Zeit und künftigen Entwicklungen, so zum Euro oder zur Devisenspekulation, auch nach Ende seiner politischen Laufbahn in die öffentliche Diskussion zu bringen – sozusagen als »Fortsetzung der Politik mit anderen Mitteln«.

Der eigentliche Reiz der Polit-Insider-Krimis des Vollblutpolitikers und ehemaligen Geheimdienstaufsehers Horst Ehmke liegt aber darin, dass in ihnen intime und reale politische Erfahrungen zugespitzt und verdichtet werden. Zwar ist die Handlung fiktiv, aber der politische Hintergrund, vor dem sie abläuft, könnte realistischer nicht sein. Dies mag auch erklären, warum der ehemalige Kanzleramtsminister mit der Fernseh-Serie »Kanzleramt« so hart ins Gericht ging. Statt an der parlamentarischen Demokratie orientiere sich die Serie am amerikanischen Präsidialsystem, kritisierte Horst Ehmke.

Aber es sind nicht nur seine intimen politischen Kenntnisse, die Horst Ehmke in seine Romane einfließen lässt – es ist genauso seine Lebenserfahrung im weitesten Sinne und in ihrer ganzen Bandbreite, denn Horst Ehmke kennt sowohl die Höhen als auch die Tiefen des Lebens. Seine Romane sind deshalb auch so etwas wie ein »Lebensmix«, in den alles hineingehört – auch die Schilderung der Einsamkeit der politischen Spitzenklasse.

Frappierend auch, wie er seine frühere Rolle als politischer Vordenker in den Romanen fortführt. In seinen Krimis immer wieder eine prophetische Perspektive einzunehmen und dabei politische Weitsicht zu beweisen bereitet ihm sichtliches Vergnügen. Er erreicht dies, indem er die Handlung seiner Romane immer in die Zukunft versetzt. So versucht Horst Ehmke im »Euro-Coup«, dem Leser das Europa vorzustellen, wie es in einem halben Jahrzehnt aussehen könnte. Der Blick voraus, den er mit »Global Players« begonnen hatte, wird hier fortgeschrieben.

Wie scharf dieser Blick voraus immer noch ist, belegen reale Ereignisse und Entwicklungen aus der jüngsten Vergangenheit, die Horst Ehmke zuvor in seinen Krimis zumindest in ähnlicher Weise beschrieben hat. So kommen uns die gesellschaftlichen und politischen Umstände, unter denen die »Global Players« ihr Unwesen treiben, ziemlich bekannt vor: Nachdem eine vorhergehende rot-grüne Koalition keinen Bestand mehr hatte, regiert eine Große Koalition von der schon nicht mehr so neuen Hauptstadt Berlin aus. Und im »Euro-Coup« des Jahres 2004 amtiert eine Frau zwar nicht als Bundeskanzlerin, aber als Bundespräsidentin. Als Horst Ehmke den Roman »Himmelsfackeln« – es ging um Vorbereitung und Ausführung einer fundamental-islamistischen Terrorattacke – in das Jahr 2012 verlegte, glaubte er sich seiner Zeit voraus. Doch schon vier Monate nach Erscheinen des Buches hat ihn das Weltgeschehen eingeholt – und sein Vorstellungsvermögen übertroffen. Was man bei der ersten Lektüre noch für phantastische Übertreibung gehalten hatte, liest sich beim zweiten Mal wie eine etwas zu vorsichtig formulierte Prophezeiung –

und der Leser ahnt einmal mehr, dass die Gefahr wohl näher ist, als lange Zeit gedacht.

Weit angenehmer für den Leser ist da schon die Darstellung weiblicher Erotik und Sinnlichkeit, aber auch psychologischer Raffinesse – für Horst Ehmke, den sein Parteikollege Ludwig Stiegler einmal als »größten Schäkerer im SPD-Parteivorstand« bezeichnete, absolute »Chefsache«. Unschwer ist dabei die Vorliebe des gebürtigen Danzigers Horst Ehmke für die slawische Weiblichkeit zu erkennen, wenn sein Kommissar Döpfner in »Global Players« im Rahmen der Ermittlungen nach Polen reisen darf und dort – neben wichtigen Beweisstücken – auch sein privates Glück findet: »Sie sind einfach und stark wie Feldblumen«, sinniert Döpfner über die Polinnen. Und weiter: »Sie haben aber die Eleganz von Lilien. Nein, sie [die polnische Kollegin] glich eher einem Strauß von Sommerblumen, und da hatte er es: Kommissarin Jadwiga erinnerte ihn an einen Strauß unverwüstlicher Wicken mit ihrer Form und Farbenpracht.« Oder stammt diese Passage von Horst Ehmkes Frau Maria?

Weit ernüchternder ist die in Horst Ehmkes Krimis offenbar werdende Erkenntnis, dass Politik und Liebe sich gegenseitig auszuschließen scheinen. Immer wieder stehen seine Helden [stand auch er??] vor diesem vielleicht typisch männlichen, inneren Konflikt, vor dem Dilemma, sich entscheiden zu müssen zwischen Frau und Macht.

Dass Horst Ehmke – auch abseits der Erotik – ein Freund des guten Geschmacks ist, bleibt dem Leser seiner Romane nicht verborgen. Wenn er die Mächtigen und gut Dotierten speisen lässt, zeigt er vollends seine Kenntnis der feinen Lebensart und führt vor, dass er vom Leben und der Liebe wie auch von anständigem Essen eine Menge versteht – daran haben sicherlich auch die östliche Vitalität und der rheinische Frohsinn ihren Anteil, die in seiner Person eine glückliche Verbindung eingegangen sind. Ich wünsche mir, von dieser Verbindung noch lange profitieren zu können.

JOHANO STRASSER

Kommissar Ehmke wechselt das Metier

Ich hatte ihn mehr als fünf Jahre nicht gesehen, das letzte Mal auf der Buchmesse, wo er eher lustlos, wie mir schien, mit Dagobert Lindlau über das organisierte Verbrechen diskutierte. Jetzt saßen wir uns in der fast leeren Bar eines Landhotels gegenüber und konnten den Zufall gar nicht fassen, der uns an diesem abgelegenen Ort zusammengeführt hatte.

Was führt Sie in dieses Kaff, fragte er, als der Ober uns unser Pils gebracht hatte.

Eine Lesung, sagte ich. Ich habe in der Buchhandlung Weinold aus meinem neuen Roman gelesen. Und Sie? Sind Sie beruflich hier, Herr Kommissar?

Er sah mich einen Augenblick an, als müsse er überlegen, was die Frage zu bedeuten habe. Dann winkte er ab.

Beruflich?... Ich bin ausgestiegen, vor zwei Jahren schon. Frühpension sozusagen. Seit kurzem wohne ich hier in der ländlichen Idylle.

Sie?

Ich war platt. Soweit ich mich erinnern konnte, war Kommissar Ehmke immer mit Begeisterung seinem Beruf nachgegangen. Ein Spürhund, vor dem kein Verbrecher sicher war.

Aber Sie waren doch immer mit Leib und Seele Kriminalist, wandte ich ein.

Das war ich, sagte er. Aber die Zeit ist über mich hinweggegangen. Ich werde nicht mehr gebraucht, Leute wie ich sind heute überflüssig wie der Heizer auf der E-Lok.

Überflüssig?

Ich verstand nicht, was er meinte.

Aber es gibt doch immer noch Mörder. Womöglich sogar mehr als früher.

Horst Ehmke, der Kunstfreund und Autor von Politkrimis

Er warf mir einen vernichtenden Blick zu.

Mörder? Sagten Sie Mörder?

Ich erschrak über die Heftigkeit seiner Reaktion, stammelte etwas wie, dass das vielleicht der falsche Ausdruck, dass ich ja schließlich nur ein Laie sei...

Aber er wischte meine Entschuldigungen beiseite.

Ich war auf Mörder spezialisiert, müssen Sie wissen, sagte er, auf *richtige* Mörder! Aber wo gibt es die heute denn noch? Es gibt Totschläger aller Sorten, Halbwüchsige, die mit dem Ballermann herumrennen und wegen ein paar Mark eine alte Frau abknallen, professionelle Killer mit Handschuhen und dunkler Brille und einem ausgeprägten Hang zu den Sekundärtugenden Sauberkeit, Fleiß und Pünktlichkeit. Aber Mörder? Nein, nein, mein Lieber. Mörder gibt es nicht mehr, und schon lange keine, wie sie wahrscheinlich in Ihren Romanen vorkommen.

Ich wollte etwas entgegnen, wollte sagen, dass ich gar keine Kriminalromane schriebe oder allenfalls Romane, die mit den Genre des Kriminalromans spielten. Aber er ließ mich nicht zu Wort kommen.

Weshalb bin ich damals, als ich aus der Politik ausschied, zur Mordkommission gegangen? ... Ich will es Ihnen sagen: Nicht um das Verbrechen zu bekämpfen, um dem Recht Geltung zu verschaffen, wie Sie vielleicht glauben. Dazu hätte ich als Justizminister wahrlich mehr Möglichkeiten gehabt. Nein. Als deutscher Ordnungshüter habe ich mich nie verstanden. Mich hat das Böse interessiert. ... Ja, das Böse... Schon als Kind. Ich suchte das Böse, ich spürte ihm nach bis in die geheimsten Winkel, weil ich mich von ihm angezogen fühlte. Verstehen Sie? Ich wollte endlich seinem Geheimnis auf die Spur kommen, nicht es austilgen. Ja, damals... Damals glaubte ich noch an das Böse. Es faszinierte mich. So sehr faszinierte es mich, dass ich die ersten Anzeichen für seinen Niedergang gar nicht bemerkte.

Er beugte sich über den Tisch, in seinem Gesicht nichts als flammende Empörung.

Erinnern Sie sich an den Fall des Todesschützen von Austin, der damals durch alle Zeitungen ging? ... Nein? ... In Austin, Texas, steigt so ein Kerl auf das Dach eines vierstöckigen Hauses und erschießt von da oben wahllos fünfzehn Menschen. Und als ihm die Munition ausgeht, kommt er runter, lässt sich von der Polizei widerstandslos festnehmen und erklärt den wartenden Journalisten, er habe seiner Freundin beweisen wollen, dass er ein Mann ist. Erinnern Sie sich? ... Nein, nein, mein Lieber, kein Verrückter! Ein durch und durch normaler Bürger, kinderlieb, hilfsbereit, netter Nachbar und Arbeitskollege mit den üblichen kleinen Verklemmtheiten und dem ganz normalen männlichen Imponiergehabe. So, mein Lieber, sieht das Verbrechen aus, wenn es von Normalbürgern begangen wird. Ohne Sinn und Verstand, ohne Gefühl für das Dämonische, einfach: Peng. Aber damals begriff ich noch nicht, was da auf mich zukam. Damals dachte ich, das ist halt Amerika. Hier in Europa, dachte ich, braucht man einen Grund, um jemand umzubringen, einen triftigen Grund. So ein richtiger abendländischer Mord, dachte ich damals, der braucht ein starkes, alle moralischen Bedenken hinwegfegendes Motiv: Hass, Habgier, Eifersucht, Rache, die Faszination der Macht. Es dauerte lange, bis ich begriff, dass auch bei uns immer mehr amerikanische Zustände eingerissen waren. Nehmen Sie den Fall Köselitz zum Beispiel. Vielleicht erinnern Sie sich noch daran. Die beiden Jugendlichen, die am helllichten Tag ohne jeden ersichtlichen Grund einen Rentner niederschlugen. Erinnern Sie sich? ... Sechsundsiebzig oder siebenundsiebzig muss das gewesen sein. Oder wenig später dieser Sparkassenangestellte, der nach Feierabend bloß so zum Spaß auf vorbeifahrende S-Bahn-Züge schoss und dabei ein sechsjähriges Mädchen umbrachte. Wie hieß er doch gleich? Winkler? Wankler? ...

Wandler, sagte ich, froh auch etwas zu unserem Gespräch beitragen zu können. Ich erinnerte mich an den Fall, der damals die Frontseiten der Boulevard-Presse beherrschte. Auch das also war sein Fall gewesen, ein Fall für Kommissar Ehmke.

Horst Ehmke, der Kunstfreund und Autor von Politkrimis

Richtig, sagte er. Wandler. Na, sehen Sie, Ihr Gedächtnis ist
besser als meins … Dabei war das Beste an dem Fall noch der
Name, und auf den wäre ich ohne Ihre Hilfe jetzt gar nicht gekommen… Ja, mein Lieber, Wandler, Köselitz, das waren meine
Fälle. Oder dieser bleiche Jüngling, wie alt wird der gewesen sein?
– zwanzig? einundzwanzig? –, der aus dem Gebüsch heraus auf
Fußballspieler und Reiter schoss. Wissen Sie, was der bei seiner
Vernehmung als Motiv angab? … Er schieße nun einmal so gern
auf sich bewegende Ziele! … Wörtlich so! Nun frage ich Sie: Sind
das Verbrechen? Wo ist denn da die kriminelle Energie? Das hat
doch alles kein Format! Das ist doch entsetzlich medioker! Verstehen Sie, mich interessierte das Vitale, die Kraft, die allen klein-
lichen Bedenken spottende *Schönheit des Verbrechens* … Ja, Schönheit. Sie haben richtig gehört. Auch ein Kriminalist hat Anspruch
auf Schönheit! Als Schriftsteller müssen Sie doch Verständnis dafür haben. Die Kriminalgeschichte ist voll von teuflischen Plänen,
geboren aus heißer Gier und kaltem Verstand, ins Werk gesetzt
mit der Energie von Besessenen, die alles riskieren, um ihr Ziel
zu erreichen, die die menschliche Ordnung selbst und die sie
schützende Macht in Frage stellen, die, wenn es sein muss, sogar
Gott die Stirn bieten! Und ich? Womit musste ich mich Tag für Tag
befassen? Mit verklemmten Spießern, mit dummen Jungen, mit
Biedermännern, die ihre Präzisionsgewehre pflegen wie andere
Leute ihre Kleinwagen!

Er seufzte tief und saß einen Augenblick schweigend und mit
geschlossenen Augen da. Während ich noch überlegte, was ich
dazu sagen könnte, nahm er seinen Monolog wieder auf.

Warum wimmelt es in der Literatur nur so von großen Verbrechern? Von Verbrechern und ihren Gegenspielern: Inspektor
Dupin, Sherlock Holmes, Hercule Poiret… Na, Ihnen brauche ich
die Namen nicht aufzuzählen. Kennen Sie ja alles. Warum, frage
ich Sie, ist die Literatur voll davon?

Er blickte mich herausfordernd an, aber ehe ich etwas sagen
konnte, gab er sich selbst die Antwort.

Weil das wirklich große Verbrechen schön ist! Und weil der begnadete Kriminalist sich dieser Tatsache bewusst ist und bei der Lösung seines Falles Scharfsinn und Eleganz verbindet... Scharfsinn und Eleganz... Wissen Sie, was das Geheimnis der großen Kriminalisten ist? Natürlich wissen Sie das. Dass Sie den großen Verbrechern so ähnlich sind. Sie versetzen sich in den Verbrecher, den sie jagen, denken mit seinem Hirn, lassen sich von seinen dämonischen Trieben mitreißen, *verschmelzen* mit ihm... Nur weil sie selbst der Dämonie des Verbrechens verfallen sind, gelingt es ihnen, das Geheimnis zu enträtseln, das die ruchlose Tat umgibt. *Ich* wusste, dass ich das Zeug zu einem großen Kriminalisten hatte, und ich glaubte fest daran, dass irgendwo da draußen mein Gegenstück lauerte, der große, geniale Verbrecher...

Er seufzte wieder, nahm einen kräftigen Schluck aus seinem Glas und fuhr fort.

Es war ein Irrtum! Ein verhängnisvoller Irrtum! Ich jagte Mörder, die gar keine waren. Ich setzte alle meine Phantasie und Einfühlungskraft daran, Fälle zu lösen, die der Zufall diktierte oder die banale Psychologie des Alltags, gedankenlose, belanglose Taten belangloser, austauschbarer Menschen... Wenn ich das vorher gewusst hätte, nie und nimmer hätte ich diesen Beruf ergriffen. Das können Sie mir glauben. Vielleicht wäre ich Schriftsteller geworden wie Sie ...

Das war mein Stichwort. Offenbar war er wie so viele der irrigen Meinung, Schriftsteller führten ein beneidenswertes Leben. Ich setzte zu einer beredten Klage über das schwere Los des Schriftstellers an, kam aber nicht weit, weil er mich unterbrach.

Was mir den Rest gab, sagte er, war das organisierte Verbrechen. Als es damit auch bei uns losging, hatte ich endgültig die Nase voll. Das organisierte Verbrechen! Den Ausdruck muss man sich auf der Zunge zergehen lassen: *Organisiertes Verbrechen!* Kriminelle Energie auf Flaschen gezogen! Böse Buben mit Pensionsberechtigung! Für Leute wie Dagobert Lindlau war das ein Thema. Darüber konnte der sich mehrere hundert Seiten lang erregen wie mein Schulfreund und späterer Intimgegner Wilhelm Hennis

Horst Ehmke, der Kunstfreund und Autor von Politkrimis

über den *organisierten Sozialismus*, den er mir in die Schuhe schieben wollte. Wie gesagt, als es auch bei uns mit dem organisierten Verbrechen losging, war für mich die Grenze erreicht. So nicht, sagte ich mir. Und mit mir schon gar nicht! Kennen Sie den *Global-Players*-Fall? Oder den Fall *Brotherhood of Profit?*

Natürlich kannte ich die Fälle. Wer hatte nicht darüber gelesen? Und immer stand Kommissar Ehmke im Mittelpunkt des Geschehens.

Jahrelang habe ich mich damit abgeplagt, sagte er. Tag und Nacht. Organisiertes Verbrechen. Sie müssen sich einmal klarmachen, was das heißt. Das sind keine Ganoven, mit denen Sie es da zu tun haben. Das sind Ehrenmänner, die ihr schmutziges Geschäft genauso gewissenhaft erledigen wie der Sparkassenangestellte seines. Wissen Sie, was ich damals zu meinem Chef gesagt habe? ... Ihr ganzes organisiertes Verbrechen, habe ich gesagt, interessiert mich einen Dreck. Wissen Sie überhaupt, was das für Leute sind, habe ich gesagt, diese so genannten Verbrecher? Buchhalter, Krämerseelen, Biedermänner mit Präzisionsgewehren. Sitzen den ganzen Tag hinter ihrem Computer und schieben Zahlenkolonnen hin und her, und dann machen sie drei Kniebeugen, stecken sich einen Schokoriegel ein und gehen los, um einen anderen Biedermann abzuknallen. Pfui Teufel! Wenn das das moderne Verbrechen ist, habe ich gesagt, dann will *ich* jedenfalls nichts damit zu tun haben...

Er war mit seiner Geschichte offenbar am Ende.

Noch ein Pils? fragte er. Als ich bejahte, winkte er den Ober herbei und bestellte.

Und jetzt?, fragte ich. Was machen Sie jetzt?

Jetzt, sagte er und machte ein verschmitztes Gesicht, schreibe ich Kochbücher.

Kochbücher!!

Dieser Ehmke, das wusste ich eigentlich, war schon immer für eine Überraschung gut gewesen. Aber Kochbücher?

Ja, sagte er. Nicht diesen modischen Quatsch wie *Toskanische Küche* oder *Fischgerichte aus der Normandie*. Das kann meinetwegen der Engholm machen oder der Schröder. Richtig deftige böhmische Kost. Hat mir meine Frau beigebracht. Übrigens erscheint mein erstes Kochbuch im nächsten Herbst. Vielleicht sehen wir uns dann wieder auf der Buchmesse. Aber dann *ohne* Lindlau und sein organisiertes Verbrechen.

Horst Ehmke, der Kunstfreund und Autor von Politkrimis

Horst Paul August Ehmke

1927	Geboren am 4. Februar in Danzig
1943–1945	Flakhelfer, Arbeitsdienst, Kriegsdienst als Fallschirmjäger
1945	Verwundet, russische Gefangenschaft, Entlassung
1946	Abitur in Flensburg
1946–1952	Studium der Rechtswissenschaft und der Nationalökonomie an der Universität Göttingen
1947	Eintritt in die SPD
1949/50	Studium der Geschichte und der Politikwissenschaft an der Princeton University
1951	Erstes juristisches Staatsexamen
1952	Promotion zum Dr. iur. an der Universität Göttingen
1952–1956	Wissenschaftlicher Assistent von Adolf Arndt in der SPD-Fraktion des Deutschen Bundestages
1952	Heirat mit Theda Beahr
1953	Geburt der Töchter Cornelia und Sabine
1955	Geburt des Sohnes Hannspeter
1956	Zweites juristisches Staatsexamen
1956–1960	Rechtsvergleichende Forschung im Köln-Berkeley-Programm der Ford Foundation
1958/59	Research Associate an der Law School, University of California, Berkeley.
1960	Habilitation an der Universität Bonn
1961	A.o. Professor an der Universität Freiburg i. Br.
1963	Lehrstuhl für öffentliches Recht an der Universität Freiburg i. Br.

1962–1966	SPIEGEL-Prozess: Verteidiger von Conrad Ahlers und Prozessvertreter des Verlags im Verfahren über die Verfassungsbeschwerde
1966	Dekan an der Rechts- und Staatswissenschaftliche Fakultät der Universität Freiburg i. Br.
1967–1969	Staatssekretär im Bundesministerium für Justiz
1969	Bundesminister für Justiz
1969–1994	Mitglied des Deutschen Bundestages
1969–1972	Chef des Bundeskanzleramtes und Bundesminister für besondere Aufgaben
1972	Scheidung und Heirat mit Maria Hlaváčová
1972–1974	Bundesminister für Forschung und Technologie sowie Bundesminister für das Post- und Fernmeldewesen
1973–1991	Mitglied im Bundesvorstand der SPD
1977–1990	Stellvertretender Vorsitzender der SPD-Fraktion des Deutschen Bundestages
1977–1990	Außenpolitischer Sprecher der SPD-Fraktion des Deutschen Bundestages
1994 bis heute	Freier Schriftsteller.

1953   *Grenzen der Verfassungsänderung.* Berlin: Duncker & Humblot.

1953/54   Verfassungsänderung und Verfassungsdurchbrechung. In: *Archiv des öffentlichen Rechts* 79 (4), 385–418.

1954   Militärischer Oberbefehl und parlamentarische Kontrolle. In: *Zeitschrift für Politik* 1, 337–356.

1956a   Parlamentarische Untersuchungsausschüsse und Verfassungsschutzämter. In: *Die öffentliche Verwaltung* 9 (14), 417–421.

1956b   Noch einmal: Die Verfassungsnovelle vom 26.März 1954. In: *Die öffentliche Verwaltung* 9 (15), 449–456.

1958   Besprechung von Joseph H. Kaiser, Die Repräsentation organisierter Interessen. In: *Zeitschrift für die gesamte Staatswissenschaft* 114 (1), 176–179.

1959   Besprechung von Peter Schneider, Ausnahmezustand und Norm. In: *Zeitschrift für die gesamte Staatswissenschaft* 115 (1), 187–191.

1960   *»Ermessen« und »unbestimmter Rechtsbegriff« im Verwaltungsrecht*, Recht und Staat in Geschichte und Gegenwart, 230/231. Tübingen: Mohr.

1961a   Delegata potestas non potest delegari«, a maxim of American constitutional law. In: *Cornell Law Quarterly* 1, 50–61.

1961b   Wirtschaft und Verfassung. In: *Politisches Seminar der Staatsbürgerlichen Vereinigung 1954 e.V., 8. Tagung 1961*, 28–41.

1961c   *Wirtschaft und Verfassung – Die Verfassungsrechtsprechung des Supreme Court zur Wirtschaftregulierung*, Berkeley-Kölner Rechtsstudien. Kölner Reihe, Bd. 2. Karlsruhe: C.F. Müller.

1962a   Besprechung von Ernst Fraenkel, Das amerikanische Re-   329
         gierungssystem. Leitfaden 1960. In: *Archiv des öffentlichen*
         Rechts 87 (4), 489–502.

1962b   »Staat« und »Gesellschaft« als verfassungspolitisches
         Problem. In: *Staatsverfassung und Kirchenordnung: Fest-*
         gabe für Rudolf Smend zum 80. Geburtstag am 15. Januar 1962.
         Tübingen: Mohr, 23–50.
         Auch erschienen in: *Staat und Gesellschaft*. Wissenschaft-
         liche Buchgesellschaft, Darmstadt 1976.

1963   Prinzipien der Verfassungsinterpretation. Mitbericht.
         In: *Veröffentlichungen der Vereinigung Deutscher Staatsrechts-*
         lehrer 20, 53–102.
         Auch erschienen in: Ralf Dreier und Friedrich Schwek-
         mann (Hg), 1976: *Probleme der Verfassungsinterpretation.*
         Dokumentation einer Kontroverse. Baden-Baden: Nomos,
         164–211; ferner in: Hans-Joachim Koch (Hg.), 1977: *Die ju-*
         ristische Methode im Staatsrecht. Seminar über Grenzen von
         Verfassungs- und Gesetzesbindung. Frankfurt/M., 485–
         508; außerdem in: Wissenschaftliche Buchgesellschaft,
         1976: *Verfassungsgerichtsbarkeit.* Darmstadt, 304–313.

1963/64 Bericht über eine Studienreise junger deutscher Juristen
         aus Bonn und Freiburg nach Israel (4. 3. bis 5. 4. 1962).
         In: *Mitteilungen der List-Gesellschaft 1963/64.*

1964   *Karl von Rotteck: Der ›politische Professor‹ – Freiburger Antritts-*
         vorlesung, gehalten am 5. Dez. 1963, Freiburger rechts- und
         staatswissenschaftliche Abhandlungen. Bd. 3. Karls-
         ruhe: Müller.

1965   Empfiehlt es sich, Struktur und Verfahren der par-
         lamentarischen Untersuchungsausschüsse grundlegend
         zu ändern? In: *Verhandlungen des 45. Deutschen Juristentages,*
         Band II/E. München: Beck, 7–52.

1966a   *Deutschland, die Sozialdemokraten und die Gewerkschaften.* Kon-
         ferenzbeitrag. Landesparteitag der SPD Baden-Württem-
         berg, Offenburg, 24. April 1966.

330 1966b Nachruf auf Otto Kirchheimer. In: *Archiv des öffentlichen Rechts* 91 (1),117–119.

1967a Deutsche Demokratie im Zweifrontenkampf. In: *Sozialdemokratischer Pressedienst* 22 (72), 2–3. *http://library.fes.de/spdpd/1967/670417.pdf*

1967b Grundgesetz und politisches Handeln. In: *Der Monat* 19 (229), 23–35.

1967c *Jugend, Demokratie, Nation: Kongreß der Jungsozialisten, Braunschweig, 8./9. April 1967*, Schriftenreihe der Jungsozialisten 3. Bonn: Vorwärts-Druck.

1967d Kommende Rechtsreformen. In: *Recht und Politik* 3, 65–66.

1968a Führung und Organisation der Streitkräfte im demokratisch-parlamentarischen Staat. Diskussionsbeiträge. In: *Veröffentlichungen der Vereinigung Deutscher Staatsrechtslehrer*, Heft 26.

1968b Die Generation, auf die wir gewartet haben: Referat auf dem SPD-Parteitag in Nürnberg, 17.3.–21.3.1968. In: *Der Monat* 20 (235), 5–15.

1968c Sozialdemokratische Perspektiven nicht hinter Godesberg zurück, sondern über Godesberg hinaus. In: *Die Neue Gesellschaft* 15, 485–490.

1968d Die Aufgabe der Sozialdemokraten. Oder: Die Zukunft der Industriegesellschaft. In: *Christ und Welt* Nr. 34, 23.8.1968.

1969a Die Verjährung von nationalsozialistischen Gewaltverbrechen – Rede im Deutschen Bundestag am 11. Juni 1969. In: Horst Ehmke: *Politik als Herausforderung*. Karlsruhe: C.F. Müller, 3–17.

1969b *Freiheit in der Presse*. Vortrag auf dem 4. Deutschen Journalistentag, Bad Godesberg 13.5.1969. In: *Der Journalist*, Beilage Nr. 6/1969.

1969c   *Politik der praktischen Vernunft: Aufsätze und Referate*. Frankfurt a. M.: S. Fischer.

1969d   Rechtspolitik im Dienste der Demokratie. In: *Recht und Politik* 1, 3–10.

1969e   Sozialdemokratische Rechtspolitik in der Bewährung. In: *Die Neue Gesellschaft* 16, 182–184.

1969f   *Festschrift für Adolf Arndt zum 65. Geburtstag*. Herausgegeben von Horst Ehmke. Frankfurt/M.: EVA.

1969g   Verfassungsrechtliche Fragen einer Reform des Pressewesens. In: *Festschrift für Adolf Arndt*, 77–100.

1969h   Aufhebung der Verjährungsfrist bei Mord und Völkermord. In: *Freiheit und Recht* 15, 14–17.

1969i   *Perspektiven sozialdemokratischer Politik im Übergang zu den siebziger Jahren*. Herausgegeben von Horst Ehmke. Reinbek: rororo aktuell.

1969j   Rechtspolitische Perspektiven der 70er Jahre. In: *Zeitschrift für Rechtspolitik* 2 (9), 208–210.

1969k   Zur Reform des Strafrechts. In: *Zeitschrift für den Strafvollzug* 18 (2), 77–88.

1970a   Vorwort: Kirche und Sexualstrafrecht. Stellungnahmen des Öffentlichkeitsausschusses der Evangelischen Kirche im Rheinland. In: *Kirche und Gesellschaft* 37. Stuttgart: Kreuz-Verlag.

1970b   Planung in der Bundesregierung. Leistungen und Perspektiven. Ein Jahr sozial-liberale Regierungsverantwortung. In: *Sozialdemokratischer Pressedienst* 25 (225), 5–8. *http://library.fes.de/spdpd/1970/701127.pdf* .

1970c   Ein Jahr Regierungsarbeit der inneren Reformen. In: *Bulletin Presse- und Informationsamt* Nr. 173, 1894–1898.

1971a   Das neue Betriebsverfassungsgesetz als Test. Fazitanmerkungen zum Thema Arbeitnehmer und CDU. In: *Sozialdemokratischer Pressedienst* 26 (224), 1. *http://library.fes. de/spdpd/1971/711220.pdf*

332   1971b   Planung im Regierungsbereich – Aufgaben und Widerstände. Vortrag in der Universität Freiburg. In: *Bulletin Presse- und Informationsamt der Bundesregierung* Nr. 187,
2026–2035.

1971c   Sachliches Gegeneinander – nationales Miteinander. Die
Opposition und ihr Verhältnis zur Bundesregierung. In:
Sozialdemokratischer Pressedienst 26 (203), 1. http://library.fes.
de/spdpd/1971/711022.pdf

1971d   Reformen für wen, durch wen, mit wem? In: *Beiträge zur
politischen Bildung* 7 (4), 3–8.

1972a   Aufgaben und Planung im Regierungsbereich. In: *Bulletin
Presse und Informationsamt der Bundesregierung.* 4, 29–33.

1972b   *Deshalb bin ich Sozialdemokrat: Bundesminister Prof. Dr. Horst
Ehmke.* Bonn: Vorstand der SPD.

1972c   So und jetzt! Zur Diskussion um die Ostverträge. Rede
im Deutschen Bundestag am 24. 2. 1972. In: *Bulletin Presse
und Informationsamt der Bundesregierung.* 17–48.

1972d   Konservatismus ohne Substanz. Das politisch-moralische
Krankheitsbild der Union. Gespräch. In: *Die Neue Gesellschaft* 19, 660–666.

1972e   Sicherung der freiheitlichen Demokratie. In: *Bulletin
Presse- und Informationsamt der Bundesregierung* 1972, 567–
568.

1972f   Zusammen mit Hans Rausching (Hg.): *Brandtmeister: Der
Bundeskanzler in der internationalen Karikatur. Vorwort von
Horst Ehmke.* Hannover: Fackelträger-Verlag.

1973a   *Demokratischer Sozialismus und demokratischer Staat, Gesprächskreis Politik und Wissenschaft.* Bonn: Friedrich-
Ebert-Stiftung.
Auch erschienen in: Horst Ehmke, 1974: *Politik als Verantwortung.* Karlsruhe: C.F. Müller, 191–210.

1973b   Forschungs- und Technologiepolitik aus der Sicht des
Staates und aus der Sicht der Wirtschaft. In: *Hochschul-
politische Informationen* 4 (24), 10–11.

1973c	*Forschungspolitik – Stetigkeit und Neuorientierung.* Sonderdruck. Presse- und Informationsamt der Bundesregierung, Juni 1973. Auch erschienen in: Horst Ehmke, 1974, *Politik als Herausforderung.* Karlsruhe: C.F. Müller, 49–64.	333

1973d Möglichkeiten und Aufgaben der Nachrichtentechnologien. Rede vor dem Bundesverband Deutscher Zeitungsverleger in Berlin am 3.9.1973. In: Horst Ehmke, 1974: *Politik als Herausforderung.* Karlsruhe: C.F. Müller, 137–153.

1973e *Prioritäten und Grenzen der staatlichen Forschungsförderung.* Bonn: Bundesministerium für Forschung und Technologie. Auch erschienen in: *Deutsche Universitäts-Zeitung* (1), 2–5.

1973f Verbesserung der Qualität des Lebens. Anmerkungen zur sozialen Komponente der Forschung. In: *Sozialdemokratischer Pressedienst* 28 (52), 1. http://library.fes.de/spdpd/1973/730315.pdf.

1973g Zum Bundesparteitag 1973. Rede auf dem SPD-Parteitag in Hannover, 11. April 1973. In: Horst Ehmke, 1974: *Politik als Herausforderung.* Karlsruhe: C.F. Müller, 211–217.

1974a Freiheit als soziale Wirklichkeit. In: *Die Neue Gesellschaft* 21, 431–435.

1974b Die Probleme der Post. In: *Archiv für Post- und Fernmeldewesen* 1974, 187.

1974c Die Tätigkeit der deutschen Bundespost unter dem Aspekt der gemeinwirtschaftlichen Aufgabenstellung. In: *Öffentliche Wirtschaft und Gemeinwirtschaft* 1974, 39.

1974d Forschung und Entwicklung zur Humanisierung des Arbeitslebens. In: Horst Ehmke, 1974: *Politik als Herausforderung.* Karlsruhe: C.F. Müller, 153–169.

1974e Rechtsordnung und Verfassungsentwicklung. In: Horst Ehmke, 1974: *Politik als Herausforderung.* Karlsruhe: C.F. Müller, 65–89.

334

1974f   *Politik als Herausforderung: Reden, Vorträge, Aufsätze. 1968–1974.* Karlsruhe: C.F. Müller.

1975a   *Die Fristenregelung und das Grundgesetz,* Theorie und Praxis der deutschen Sozialdemokratie. Bonn- Bad Godesberg: Verlag Neue Gesellschaft.

1975b   *Orientierungsrahmen '85. Text und Diskussion.* Herausgegeben von Peter v. Oertzen, Horst Ehmke und Herbert Ehrenberg. Bonn: Verlag Neue Gesellschaft.

1975c   »Reform und Staat« im Orientierungsrahmen '85. In: *Die Neue Gesellschaft* 22, 267.

1975d   Zusammen mit Herbert Ehrenberg und Peter von Oertzen: *Thema Wirtschaftspolitik,* Theorie und Praxis der deutschen Sozialdemokratie. Bonn-Bad Godesberg: Verlag Neue Gesellschaft.

1976a   *Adolf Arndt: Politische Reden und Schriften.* Herausgegeben von Horst Ehmke und Carlo Schmidt. Berlin und Bonn: Dietz Verlag.

1976b   Der »OR '85« und die Bundestagswahl. In: *Die Neue Gesellschaft* 23, 552–554.

1976c   *Der demokratische Sozialismus als geistige und politische Kraft – Entspannungspolitik und ideologische Auseinandersetzung.* Bonn-Bad Godesberg: Friedrich-Ebert-Stiftung, Gesprächskreis Wissenschaft und Politik.

1976d   Gustav Heinemann. Der erste Bürger unseres Staates. In: *DIE ZEIT* Nr. 30, 16.7.1976, 6.

1977a   *Democratic socialism and eurocommunism. The policy of détente and ideological controversy.* Bonn-Bad Godesberg: Friedrich-Ebert-Stiftung.

1977b   Keine Angst vor dem Fortschritt. Ein Plädoyer für den vorsichtigen Ausbau der Kernkraft. In: *DIE ZEIT* Nr. 18, 22.4.1977, 3–4.

1977c   Ein guter Anfang ist gemacht. Große Übereinstimmung zwischen SPD und der neuen US-Regierung. In: *Sozial-*

demokratischer Pressedienst 32 (47), 1–2. http://library.fes.de/
spdpd/1977/770309.pdf

1977d   Social Democracy and Euro-Communism. In: Socialist Affairs 27 (4), 94–101.

1977e   Menschenrechte und Entspannung. Rede vor dem Deutschen Bundestag am 23. 3. 1977. In: Horst Ehmke, 1979: Politik als Herausforderung II. Karlsruhe: C.F. Müller, 21–31.

1977f   Gute Wünsche für Jimmy Carter. Die Zusammenarbeit mit den Vereinigten Staaten geht mit neuen Impulsen weiter. In: Sozialdemokratischer Pressedienst 32 (14), 1. http://library.fes.de/spdpd/1977/770120.pdf.

1977g   Folgen der Weltwirtschaftskrise. Rede vor dem Deutschen Bundestag am 5. 10. 1977. Veröffentlicht in: Dieter Dettke (Hg.), 1980: Das Portrait Horst Ehmke. Reden und Beiträge. Bonn: GHM Verlag, 134–147.

1977h   Sozialismus ist zu Ende gedachte Demokratie. Flamme des demokratischen Sozialismus weiter tragen. In: Sozialdemokratischer Pressedienst 32 (88), 1–2. http://library.fes.de/spdpd/1977/770509.pdf

1977i   Verantwortungslose Haltung im Weltmaßstab. Satte wie Hungrige im Teufelskreis des Wettrüstens. In: Sozialdemokratischer Pressedienst 32 (243), 1–2. http://library.fes.de/spdpd/1977/771220.pdf

1977j   Was will die deutsche Sozialdemokratie? In: Harry Ristock (Hg.): Mitte-Links, Energie, Umwelt, Wirtschaftswachstum. Bonn-Bad Godesberg: Verlag Neue Gesellschaft, 25–58.

1977k   Europa und die Welt. Referat auf dem Europa-Kongreß des Landesverbandes Baden-Württemberg der SPD in Offenburg, 3. 9. 1977. Veröffentlicht in: Horst Ehmke, 1979: Politik als Herausforderung II. Karlsruhe: C.F. Müller, 109–125.

336   1977l   Zum Terrorismus. Rede vor dem Deutschen Bundestag am 5./6.10.1977. In: Horst Ehmke, 1979: *Politik als Herausforderung II*. Karlsruhe: C.F. Müller, 73–84.

1978a   The West and human rights. In: *Trialogue. A Bulletin of North American, European and Japanese Affairs* 19, 12–14.

1978b   Die Verbände in der Demokratie und ihre Regelungsprobleme. Beiträge zu einer Podiumsdiskussion. In: *Verhandlungen des 52. Deutschen Juristentages, Band II, Teil P*. München: Beck, 5–54.

1978c   Grundlagen der Entspannungspolitik. Rede vor dem Deutschen Bundestag am 1.6.1978. Veröffentlicht in: Horst Ehmke, 1979: *Politik als Herausforderung II*. Karlsruhe: C.F. Müller, 33–48.

1978d   Griechenland muss in die EG. Südeuropa kann unserer Solidarität gewiß sein. In: *Sozialdemokratischer Pressedienst* 33 (25), 3–4. *http://library.fes.de/spdpd/1978/780203.pdf*.

1978e   Weltweites Zentrum für Fortschritt und Befreiung. Die Sozialistische Internationale ist weit über Europa hinausgewachsen. In: *Sozialdemokratischer Pressedienst* 33 (213), 1–2. *http://library.fes.de/spdpd/1978/781106.pdf*.

1978f   Eine Neuformierung der europäischen Linken? Besprechung von Wolfgang Leonhard: Eurokommunismus – Herausforderung für Ost und West. In: *Forum DS* (6), 174–177.

1978g   Starke, schwache und scheinbar Selbständige. Stabilität der Mittelschicht ist eine politische Existenzfrage. In: *Bilanz* (6), 12–13.

1978h   Zusammen mit Heinz Timmermann (Hg.): *Eurokommunismus: Fakten, Analysen, Interviews*. Frankfurt a. M.: Fischer-Taschenbücher.

1979a   Bericht der Antragskommission II für den SPD-Parteitag in Berlin 1979. Veröffentlicht in: Dieter Dettke (Hg.), 1980: *Das Portrait Horst Ehmke. Reden und Beiträge*. Bonn: GHM Verlag, 108–114.

1979b   Ein Punkt der Gemeinsamkeit. Zur gemeinsamen Erklärung der Konferenz der Evangelischen Kirchenleitungen in der DDR und des Rates der Evangelischen Kirche in Deutschland (EKD). In: *Sozialdemokratischer Pressedienst* 34 (167), 1–2. *http://library.fes.de/spdpd/1979/790824.pdf*

1979c   Was ist des Deutschen Vaterland? In: Jürgen Habermas (Hg.): *Stichworte zur »Geistigen Situation der Zeit«.* Frankfurt/ M.: Suhrkamp, 51–76.

1979d   Mehr partnerschaftliche Zusammenarbeit. In: *Die Neue Gesellschaft* 26, 1110–1112.

1979e   *Politik als Herausforderung: Reden, Vorträge, Aufsätze II: 1975–1979.* Karlsruhe: C.F. Müller.

1979f   Sozialdemokratie und Eurokommunismus. In: Götz Hohenstein (Hg.): *Der Umweg zur Macht.* München: Langen – Müller Therbig, 223–231.

1979g   Von großer Bedeutung. Zur deutschen Ausgabe des Buches von Edvard Kardelj »Die Wege der Demokratie in der sozialistischen Gesellschaft«. In: *Sozialdemokratischer Pressedienst* 34 (239), 8–9. *http://library.fes.de/spdpd/1979/791213.pdf*

1979h   Karl Marx. Sonderdruck aus: Landesbank Rheinland-Pfalz (Hg.): *Personen und Wirkungen.* Mainz: Girozentrale.

1979i   Entspannung und Abrüstung. Rede vor dem Deutschen Bundestag am 9. 3. 1979. Veröffentlicht in: Horst Ehmke, 1979: *Politik als Herausforderung II.* Karlsruhe: C.F. Müller, 49–71.

1980a   Die Rentenreform 1984. In: *Wirtschaftswoche* (16), 33.

1980b   Mitbestimmung sichern. In: *Wirtschaftswoche* (36), 30.

1980c   Die Partei des Godesberger Programms in der Regierungsverantwortung. In: Thomas Meyer (Hg.): *Demokratischer Sozialismus – Geistige Grundlagen und Wege in die Zukunft.* München: Olzog, 179–191.

1980d   Perspektiven für die 8oer Jahre. SPD und FDP müssen ohne Dogmatismus Lösungen finden. In: *Sozialdemokratischer Pressedienst* 35 (224), 1–2. *http://library.fes.de/ spdpd/1980/801121.pdf*

1980e   SPD, Bundeswehr und NATO. In: *Die Neue Gesellschaft* 27, 959–963.

1980f   Was ist des Deutschen Vaterland? In: *Politik und Kultur* 7, 3–16.

1980g   »Karlchen«. Ansprache auf der Vernissage im Hause Weckerstr. 15, am 12. Mai 1980. In: K.H. Pruys (Hg.): *Karlchen. Geschichten um Karlchen Rosenzweig.* Bitburg/Eifel, 32–38.

1980h   Reden und Beiträge. In: Dieter Dettke (Hg.): *Das Portrait Horst Ehmke.* Bonn: GHM Verlag.

1980i   Zusammen mit Dieter Klama: *Die Macht der großen und der kleinen Tiere.* München: Hanser.

1981a   *Beiträge zur Verfassungstheorie und Verfassungspolitik.* Herausgegeben von Peter Häberle. Königstein/Ts.: Athenäum.

1981b   Konflikt statt Frieden. Die DGFK verdient die Unterstützung der Koalition gegen den Druck der Union. In: *Sozialdemokratischer Pressedienst* 36 (227), 3. *http://library. fes.de/spdpd/1981/811127.pdf.*

1981c   15 Thesen zur Ausgestaltung der Verbandsautonomie als Aufgabe des Gesetzgebers. In: Reinhard Göhner (Hg.): *Demokratie in Verbänden. Vorschläge zur Willensbildung in Interessenverbänden..* München: Olzog, 74–77.

1982a   Sozialdemokratische Außenpolitik. In: *Die Neue Gesellschaft* 29, 206–212.

1982b   »Wir müssen das nukleare Risiko teilen«: Der stellvertretende SPD-Fraktionsvorsitzende über Nato-Strategie und Abrüstung. In: *Der Spiegel* 36/1982, 45–56.

1982c   Das Undenkbare verhindern. In: *Informationen für die Truppe, Innere Führung* (3), 30–53. Bonn: Bundesministerium für Verteidigung.

1983a   10 Jahre Grundlagenvertrag: Ein Ergebnis realistischer Deutschlandpolitik. In: *Sozialdemokratischer Pressedienst* 38 (90), 1–2. *http://library.fes.de/spdpd/1983/830511.pdf*

1983b   Die deutsche Frage neu gestellt. In: *Bergedorfer Gesprächskreis*, 13. 11. 1983. Hamburg: Körber-Stiftung.

1983c   Die Logik der Aufrüstung. Die Welt taumelt einer gefährlichen Konfrontation entgegen. In: *Sozialdemokratischer Pressedienst* 38 (236), 5. *http://library.fes.de/spdpd/1983/831209.pdf*

1983d   Dokumentation: Die Vergangenheit mahnt – Die dreifache Bedeutung des 9. November. In: *Sozialdemokratischer Pressedienst* 38 (215), 8–9. *http://library.fes.de/spdpd/1983/831109.pdf*:

1983e   Im Widerspruch zum Nato-Doppelbeschluß. Die Außenpolitik der Bundesrepublik kommt ins Rutschen. In: *Sozialdemokratischer Pressedienst* 38 (204), 1–2. *http://library.fes.de/spdpd/1983/831024.pdf*

1983f   In Sachen Parteienfinanzierung. Feststellungen zu einer sachlich und rechtlich komplizierten Materie. In: *Sozialdemokratischer Pressedienst* 38 (217), 1–3. *http://library.fes.de/spdpd/1983/831111.pdf*

1983g   Sicherheitspartnerschaft. In: *Die Neue Gesellschaft* 30, 110–114.

1983h   Sicherheitspartnerschaft – der Weg zur Abrüstung. In: G. Brackelmann und Eberhard Müller (Hg.): *Abschaffung des Krieges*. Gütersloh: Bertelsmann, 112–117.

1984a   Danzig, Brotbänkengasse 39. In: Rudolf Pörtner (Hg.): *Mein Elternhaus – ein deutsches Familienalbum*. Düsseldorf: Econ, 261–271.

1984b   Berlinguer und die europäische Linke. In: *Die Neue Gesellschaft* 31, 722–728.
Der Text ist auch in Spanien und Italien erschienen.

1984c   Nichts war umsonst. (Besprechung des Buches von Peter Brandt u. a. über Leo Bauer). In: *Die Neue Gesellschaft* 31, 4–12.

1984d   Überlegungen zur Selbstbehauptung Europas. Ein Diskussionspapier. In: *Politik. Aktuelle Informationen der SPD* Nr. 1/1984. Bonn: Vorstand der SPD.
Der Text ist auch in englischen, französischen und italienischen Fassungen veröffentlicht worden.

1984e   Eine Politik zur Selbstbehauptung Europas. Überlegungen angesichts der Entfremdung zwischen Alter und Neuer Welt. In: *Europa-Archiv* 39 (7), 195–204.
Der Text ist auch in Frankreich und den Niederlanden veröffentlicht worden.

1984f   Wohin geht die Bundesrepublik? 10 Thesen, vorgelegt zu einem Streitgespräch mit Lothar Späth am 4.12.84. In: *Politik. Aktuelle Informationen der SPD Nr. 22/1984.* Bonn: Vorstand der SPD.

1984g   Scheitern der Entspannungspolitik könnte zu einer Katastrophe für die Menschheit führen. Ansprache anläßlich des Besuches einer Delegation der SPD-Fraktion bei der Volkskammer der DDR. In: *Informationen der SPD-Fraktion,* Nr. 433. Bonn: 8.3.1984.

1985a   Deutschland von außen gesehen. In: *Politik und Kultur* 12, 3–12.

1985b   Europe's self-assertion in economy and technology. In: *Studia diplomatica Bruxelles* 38, 471–480.

1985c   Frieden und Freiheit als Ziele der Entspannungspolitik. In: *Die Neue Gesellschaft* 32, 1003–1010.
Der Text wurde auch in Großbritannien veröffentlicht.

1985d   L' apport d' Enrico Berlinguer. In: *Politique aujourd' hui.*
         März/April 1985, 103–106.

1986a   Europe's technological self-assertion. In: Frans Bletz and
         Rio Praaning (eds.): *The Future of European Defense.* Dord-
         recht: Kluwer, 73–87.

1986b   SDI brachte Reykjavik zum Scheitern: Mit ihrer Unter-
         stützung des »Krieg-der-Sterne«-Projekts hat sich Bonn
         mitschuldig gemacht. In: *Sozialdemokratischer Pressedienst*
         42 (169), 1–3. *http://library.fes.de/spdpd/1986/861014.pdf*

1986c   Développement technologique, stratégie et désarmem-
         ment. In: *Politique aujourd'hui.* Mai/Juni 1986, 96–101.

1986d   Warnung vor dem Glauben an den Nutzen des tech-
         nischen Fortschritts. In: *Europäische Wehrkunde* 35, 202–
         207.

1986e   Wege zur Sicherheitspartnerschaft aus der Tätigkeit der
         gemeinsamen Arbeitsgruppe von SPD-Bundestagsfrak-
         tion und PVAP. In: *Blätter für deutsche und internationale
         Politik* 31, 699–674.

1986f   Entspannungspolitik – in einer anderen Sicht. In: *Die
         Neue Gesellschaft* 33, 548–556.

1986g   Zusammen mit Hans Apel: *Zwanzig Jahre Ostpolitik: Bilanz
         u. Perspektiven.* Bonn: Verlag Neue Gesellschaft.

1987a   40 Jahre Truman-Doktrin. Europa war der Hauptleid-
         tragende des Containment-Konzepts. In: *Sozialdemokra-
         tischer Pressedienst* 42 (47), 1–2. *http://library.fes.de/spdpd/
         1987/870310.pdf*

1987b   Feindbilder und politische Stabilität in Europa. In: *Die
         Neue Gesellschaft* 34, 1073–1078.

1987c   A second phase of detente. In: *World Policy Journal* 4, 363–
         382.

1988a   Deutsche »Identität« und unpolitische Tradition. Son-
         derdruck aus *Die Neue Gesellschaft* 35.

1988b   Eine alte Frage neu gestellt: zur Diskussion um die Einführung von Volksabstimmungen. In: *Die Neue Gesellschaft* 35, 247–254.

1988c   Eine Ankündigung von historischer Bedeutung. Zu Gorbatschows Rede und der Herbst- Tagung der NATO-Außenminister. In: *Sozialdemokratischer Pressedienst* 43 (235), 1–2. http://library.fes.de/spdpd/1988/881208.pdf

1988d   *Europäischer Binnenmarkt – europäischer Sozialraum. Zusammenfassung der Redebeiträge der Anhörung vom 2. Mai 1988.* Bonn: Arbeitskreis Außenpolitik der SPD-Bundestagsfraktion.

1988e   Le rôle de la France et de la RFA dans les relations Est-Ouest. In: *Politique étrangère*, 855–860.

1988f   UNO-Einsätze der Bundeswehr? Der Vorschlag ist außenpolitisch verfehlt. In: *Sozialdemokratischer Pressedienst* 43 (161), 1–2. http://library.fes.de/spdpd/1988/880824.pdf

1989a   Das erreichbare Maß an Einheit verwirklichen. Gedanken zu einer europäischen Friedensordnung. In: *Sozialdemokratischer Pressedienst* 44 (223), 1–3. http://library.fes.de/spdpd/1989/891120.pdf.

1989b   Perspektiven des europäisch-amerikanischen Verhältnisses in den neunziger Jahren: Vortrag vor der Mitgliederversammlung der DGAP. In: *Europa-Archiv* 44, 505–510.

1989c   Carlo Schmid – ein Bürger in der SPD. In: *Carlo Schmid. In die Politik gehen, um Wandel zu schaffen.* Bonn: Parteivorstand der SPD, 10–15.

1989d   Der unpolitische Michel. In: Klaus Staeck (Hg.): *Sand fürs Getriebe.* Göttingen: Steidl-Verlag, 81–87.

1989e   40 Jahre Bundeshauptstadt Bonn. In: *Das Parlament: die Woche im Bundeshaus* 39/1989, 1–18.

1990   Nur keine Neuauflage preußisch-deutscher Mystik! In: Horst Ehmke und Alois Rummel (Hg.): *Sinnbild deutscher*

Demokratie. *Zur Debatte um Hauptstadt und Regierungssitz.*
Bonn: Bouvier, 109–113.

1991   Beitrag zur Hauptstadtdebatte. In: *Die Hauptstadtdebatte.*
        Der Stenographische Bericht des Bundestages. Herausgegeben
        und kommentiert von Helmut Herles. Bonn: Bouvier,
        140–143.

1994   *Mittendrin: Von der Großen Koalition zur Deutschen Einheit.*
        Berlin: Rowohlt.
        1996 auch als rororo-Taschenbuch erschienen.

1995   Adolf Arndts Demokratieverständnis und die »Neue
        Rechte«. In: Claus Arndt (Hg.): *Adolf Arndt zum 90. Ge-*
        burtstag. Dokumentation der Festakademie in der Ka-
        tholischen Akademie Hamburg. Bonn: Friedrich-Ebert-
        Stiftung.

1997a   Laudatio auf Georgios Mangakis. In: G. Bemmann, D.
        Spinnelis (Hg.): *Strafrecht – Freiheit – Rechtsstaat. Fests-*
        schrift für G.A. Mangakis. Athen: Sakkoulas Verlag.

1997b   Carlo Schmid. In: *Nachdenken über Carlo Schmid und seine*
        Politik. Symposium im Haus der Geschichte der Bundes-
        republik Deutschland. Berlin: Argon, 95–99.

1998a   Das Bundesverfassungsgericht und Europa. In: *Integra-*
        tion 21, 168–172.

1998b   Vorwort zu Klaus Bloemer, *Bürden der Vormundschaft. Nato-*
        Syndrom und europäisches Dilemma. Bonn: Bouvier, 9–14.

1998c   Zusammen mit Rudolf Scharping und Egon Bahr: NATO
        und OSZE. In: *Perspektiven des Demokratischen Sozialismus 15;*
        Zeitschrift der Hochschulinitiative Demokratischer Sozialismus,
        172–175.

1998d   *Global players.* Kriminalroman. Frankfurt/M.: Eichborn.
        2000 auch als Ullstein-Taschenbuch erschienen.

1999   *Der Euro-Coup.* Kriminalroman. Frankfurt/M.: Eichborn.
        2001 auch als Ullstein-Taschenbuch erschienen.

344	2001a	Reformpolitik und »Zivilgesellschaft«: Vortrag im Rathaus Schöneberg zu Berlin, 14. März 2001. In: *Schriftenreihe der Bundeskanzler-Willy-Brandt-Stiftung*. Bd. 9. Berlin.
	2001b	Und wenn ich Karlsruhe einschalten muß: Ein Leben für den befriedeten Streit: Weshalb Adolf Arndt gegen das Wachstum der Verfassungsbeschwerden noch keine Beschwerde einlegte. In: *Frankfurter Allgemeine Zeitung*, 14. August 2001, 44.
	2001c	*Himmelsfackeln*. Kriminalroman. Frankfurt/M.: Eichborn. 2003 auch als Ullstein-Taschenbuch veröffentlicht.
	2002a	Adolf Arndt: die Macht des Rechts. In: *Jahrbuch des öffentlichen Rechts der Gegenwart* 50, 159–168.
	2002b	Ich war Brandts Blitzableiter gegen Helmut Schmidt. In: Mark vom Hofe und Anne Jüssen (Hg.): *Wir wollten Demokratie schaffen*. Düsseldorf: Patmos, 133–139.
	2003	*Privatsache*. Kriminalroman. Frankfurt/M.: Eichborn. 2005 auch als Ullstein-Taschenbuch veröffentlicht.
	2006	*Im Schatten der Gewalt*. Kriminalroman. Berlin: be.bra Verlag.

Foto auf der Vorderseite des Umschlags: Horst Ehmke an der Berliner Mauer im September 1961. Foto: Fritz W. Scharpf, Bornheim

Foto auf der Rückseite des Umschlags: Horst Ehmke im Juni 2004 in der Eifel. Foto: Fritz W. Scharpf, Bornheim

Zeichnungen auf den Auftaktseiten der Teile 1 bis 5 des Buchs (Seiten 43, 89, 159, 233 und 287): Dieter Klama (entnommen aus: Horst Ehmke/Dieter Klama, Die Macht der großen und der kleinen Tiere, Vorwort von Helmut Schmidt, München 1980)

Zeichnungen in dem Beitrag von Karl Garbe auf den Seiten 200 bis 205 des Buchs: Die Namen der Karikaturisten sind unter den einzelnen Portraits genannt. Die Karikaturen wurden von den Zeichnern für die Bundestagswahl 1980 entworfen und der Bonner Wählerinitiative für Horst Ehmke geschenkt, deren ehemalige Leiterin die Abzüge den Initiatoren dieser Festschrift zur Verfügung gestellt hat.

Zeichnung auf Seite 305 des Buchs: Otto Herbert Hajek. Die Zeichnung ist Bestandteil des auf den Seiten 304 f. dieses Buchs abgedruckten Briefs von Otto Herbert Hajek an Horst Ehmke.

BAHR, EGON, geb. 1922, Journalist, Bundesminister a. D., ehem. Direktor des Instituts für Friedensforschung und Sicherheitspolitik an der Universität Hamburg

BENTELE, KARLHEINZ, Dr., geb. 1947, Staatssekretär a. D., Präsident des Rheinischen Sparkassen- und Giroverbandes

BIRNBAUM, NORMAN, Prof., geb. 1926 (New York), em. Professor Georgetown Universität, Washington, D. C.

BRANDT, PETER, Prof. Dr., geb. 1948, Professor für Neuere Geschichte und Direktor des Instituts für Europäische Verfassungswissenschaften an der FernUniversität in Hagen

BRODERSEN, INGKE, geb. 1950, Autorin, Lektorin und Verlagsleiterin

CLEMENT, WOLFGANG, geb. 1940, Journalist, Ministerpräsident NRW a. D., Bundesminister a. D.

CONRADI, PETER, geb. 1932, Architekt, MdB (SPD) 1972–1988, Präsident Bundesarchitektenkammer 1999–2004.

DÄUBLER-GMELIN, HERTA, Prof. Dr., geb. 1943, Juristin, Bundesministerin a. D.

DETTKE, DIETER, Dr., geb. 1941, Politologe und Jurist, langjähriger Vertreter der Friedrich-Ebert-Stiftung in den USA

DIECKMANN, BÄRBEL, geb. 1949, Oberbürgermeisterin Bonn, stv. Bundesvorsitzende der SPD

DIECKMANN, JOCHEN, geb. 1947, MdL NRW, Staatsminister a. D., Vorsitzender der SPD NRW

DOHNANYI, KLAUS VON, Dr., geb. 1928, Bundesminister a. D., ehem. Erster Bürgermeister der Freien und Hansestadt Hamburg

FAERBER-HUSEMANN, RENATE, geb. 1946, Journalistin

FERCHL, WOLFGANG, geb. 1955, Verleger

FOCKE, KATHARINA, Dr., geb. 1922, Bundesministerin a. D.

FÜLGRAFF, GEORGES M., Prof. Dr., geb. 1939, em. Professor TU Berlin, ehem. Präsident des Bundesgesundheitsamtes, Staatssekretär a. D.

GARBE, KARL, geb. 1927, Publizist

GENSCHER, HANS-DIETRICH, geb 1927, Bundesminister a. D., ehem. Bundesvorsitzender der FDP

HÄBERLE, PETER, Prof. Dr. Dr. h. c. mult., geb. 1934, Jurist, o. em. Professor an den Universitäten Bayreuth und St. Gallen, Direktor des Bayreuther Institutes für Europäisches Verfassungsrecht, Herausgeber des Jahrbuches des öffentlichen Rechts

HAJEK, OTTO HERBERT, 1927–2005, Bildhauer, Zeichner, Maler, Stadt-Ikonograph, ehem. Vorsitzender des Deutschen Künstlerbundes

HAJEK-HOMOKI, AURELIA, geb. 1957, Sängerin

HARPPRECHT, KLAUS, geb. 1927, Journalist und Schriftsteller, ehem. Berater von Bundeskanzler Brandt für internationale Fragen und Leiter der »Schreibstube« im Bundeskanzleramt

HAUFF, VOLKER, Dr., geb. 1940, Bundesminister a. D., Unternehmensberater

HEMPEL-SOOS, KARIN, geb. 1939, Schriftstellerin und Kabarettistin

HUSEMANN, PHILIP, geb. 1982, Student Geschichte, Politik, Jura

JÄCKEL, EBERHARD, Prof. Dr., geb. 1929, Historiker, em. Professor Universität Stuttgart

KIESSLER, RICHARD, Dr., geb. 1944, Chefredakteur NRZ in Essen

KLIMMT, REINHARD, geb. 1942, Ministerpräsident a. D., Bundesminister a. D.

KONIECKI, DIETER, geb. 1931, Soziologe, ehem. Repräsentant der Friedrich-Ebert-Stiftung in Mexiko und Spanien

KRAATZ, BIRGIT M., geb. 1939, Journalistin, ehem. Italien-Korrespondentin für ZDF, STERN und SPIEGEL

MAIER, HANS, Prof. Dr., geb. 1931, em. Professor Universität München, Staatsminister a. D., ehem. Präsident des Zentralkomitees der deutschen Katholiken

MANN, WALTER, geb. 1929, Kriminalhauptkommissar a. D., ehem. Stadtrat in Stuttgart, Vorstand der Umweltstiftung Stuttgarter Hofbräu

NAPOLITANO, GIORGIO, geb. 1925, Journalist, Staatspräsident Italiens

NAYHAUSS, MAINHARDT GRAF VON, geb. 1926, Journalist und Autor

NESSELHAUF, MICHAEL, geb. 1939, ehem. Verlagsleiter des SPIEGEL, Rechtsanwalt, Richter am Hamburgischen Verfassungsgericht

NOWOTTNY, FRIEDRICH, geb. 1929, Journalist, ehem. Intendant des WDR

QUILISCH, MARTIN, Prof. Dr., geb. 1934, ehem. Finanzstadtrat und stv. Bürgermeister Berlin-Zehlendorf, em. Professor und ehem. Prorektor Fachhochschule für Wirtschaft, Berlin

ROTH, WOLFGANG, geb. 1941, MdB a. D., ehem. Vizepräsident der Europäischen Investitionsbank

SCHARPF, FRITZ W., Prof. Dr., geb. 1935, em. Professor Universität Konstanz, ehem. Direktor Wissenschaftszentrum Berlin, ehem. Direktor am Max-Planck-Institut für Gesellschaftsforschung, Köln

SPÄTH, LOTHAR, geb. 1937, Ministerpräsident Baden-Württemberg a. D., ehem. Vorstandsvorsitzender Jenoptik

STEINBRÜCK, PEER, geb. 1947, Ministerpräsident NRW a. D., Bundesfinanzminister

STRASSER, JOHANO, geb. 1939, Schriftsteller, Präsident des deutschen PEN-Clubs

STRUCK, PETER, Dr., geb. 1942, Jurist, Bundesminister a. D., Vorsitzender der SPD-Bundestagsfraktion

VOIGT, KARSTEN D., geb. 1941, Koordinator für die deutschamerikanische Zusammenarbeit, MdB a. D.

WEIZSÄCKER, RICHARD VON, Dr., geb. 1920, Bundespräsident von 1984–1994, ehem. Regierender Bürgermeister Berlin

WILKE, REINHARD, Dr., geb. 1929, ehemaliger Mitarbeiter des Bundesministeriums für Justiz, von 1970–1974 Leiter des persönlichen Büros von Willy Brandt und bis 1976 zugleich dessen persönlicher Referent, später u. a. Generalsekretär des Deutsch-Französischen Jugendwerkes

WULF-MATHIES, MONIKA, geb. 1942, ehem. Vorsitzende der Gewerkschaft ÖTV, EU-Kommissarin a. D.